HERZLICHEN GLÜCKWUNSCH

Und Dankeschön für den Kauf dieses Buches. Als besonderes Schmankerl* finden Sie unten Ihren persönlichen Code, mit dem Sie das Buch exklusiv und kostenlos als eBook erhalten.

Beachten Sie bitte die Systemvoraussetzungen auf der letzten Umschlagseite!

70181-r65p6-vyz00-5hgda

Registrieren Sie sich einfach in nur zwei Schritten unter **www.hanser.de/ciando** und laden Sie Ihr eBook direkt auf Ihren Rechner.

KOMPETENZ · GEWINNT · HANSER

*Bayrisch für eine leckere Kleinigkeit; ein Leckerbissen

Oechsle

Parallele und verteilte Anwendungen in Java

Bleiben Sie einfach auf dem Laufenden:
www.hanser.de/newsletter
Sofort anmelden und Monat für Monat
die neuesten Infos und Updates erhalten.

Lehrbücher zur Informatik

Begründet von
Prof. Dr. Michael Lutz und Prof. Dr. Christian Märtin
weitergeführt von
Prof. Dr. Christian Märtin
Hochschule Augsburg, Fachbereich Informatik

Zu dieser Buchreihe

Die Werke dieser Reihe bieten einen gezielten Einstieg in grundlegende oder besonders gefragte Themenbereiche der Informatik und benachbarter Disziplinen. Alle Autoren verfügen über langjährige Erfahrung in Lehre und Forschung zu den jeweils behandelten Themengebieten und gewährleisten Praxisnähe und Aktualität.

Die Bände der Reihe können vorlesungsbegleitend oder zum Selbststudium eingesetzt werden. Sie lassen sich teilweise modular kombinieren. Wegen ihrer Kompaktheit sind sie gut geeignet, bestehende Lehrveranstaltungen zu ergänzen und zu aktualisieren.

Die meisten Werke stellen Ergänzungsmaterialien wie Lernprogramme, Software-Werkzeuge, Online-Kapitel, Beispielaufgaben mit Lösungen und weitere aktuelle Inhalte auf eigenen Websites oder zum Buch gehörigen CD-ROMs zur Verfügung.

Lieferbare Titel in dieser Reihe:
- Christian Märtin, Einführung in die Rechnerarchitektur
- Rainer Oechsle, Parallele und verteilte Anwendungen in Java
- Wolfgang Riggert, Rechnernetze, Technologien – Komponenten – Trends
- Georg Stark, Robotik mit MATLAB
- Rolf Socher, Theoretische Grundlagen der Informatik

Rainer Oechsle

Parallele und verteilte Anwendungen in Java

3., erweiterte Auflage

mit 79 Bildern und 156 Programmen

HANSER

Alle in diesem Buch enthaltenen Informationen, Verfahren und Darstellungen wurden nach bestem Wissen zusammengestellt und mit Sorgfalt getestet. Dennoch sind Fehler nicht ganz auszuschließen. Aus diesem Grund sind die im vorliegenden Buch enthaltenen Informationen mit keiner Verpflichtung oder Garantie irgendeiner Art verbunden. Autoren und Verlag übernehmen infolgedessen keine juristische Verantwortung und werden keine daraus folgende oder sonstige Haftung übernehmen, die auf irgendeine Art aus der Benutzung dieser Informationen – oder Teilen davon – entsteht.

Ebenso übernehmen Autoren und Verlag keine Gewähr dafür, dass beschriebene Verfahren usw. frei von Schutzrechten Dritter sind. Die Wiedergabe von Gebrauchsnamen, Handelsnamen, Warenbezeichnungen usw. in diesem Buch berechtigt deshalb auch ohne besondere Kennzeichnung nicht zu der Annahme, dass solche Namen im Sinne der Warenzeichen- und Markenschutz-Gesetzgebung als frei zu betrachten wären und daher von jedermann benutzt werden dürften.

Bibliografische Information Der Deutschen Nationalbibliothek
Die Deutsche Nationalbibliothek verzeichnet diese Publikation in der
Deutschen Nationalbibliografie; detaillierte bibliografische Daten sind im
Internet über http://dnb.d-nb.de abrufbar.

Dieses Werk ist urheberrechtlich geschützt.
Alle Rechte, auch die der Übersetzung, des Nachdruckes und der Vervielfältigung des Buches, oder Teilen daraus, vorbehalten. Kein Teil des Werkes darf ohne schriftliche Genehmigung des Verlages in irgendeiner Form (Fotokopie, Mikrofilm oder ein anderes Verfahren), auch nicht für Zwecke der Unterrichtsgestaltung – mit Ausnahme der in den §§ 53, 54 URG genannten Sonderfälle –, reproduziert oder unter Verwendung elektronischer Systeme verarbeitet, vervielfältigt oder verbreitet werden.

© 2011 Carl Hanser Verlag München

Lektorat: Mirja Werner M.A.
Herstellung: Dipl.-Ing. Franziska Kaufmann
Coverconcept: Marc Müller-Bremer, www.rebranding.de, München
Coverrealisierung: Stephan Rönigk
Datenbelichtung, Druck und Bindung: Kösel, Krugzell
Ausstattung patentrechtlich geschützt. Kösel FD 351, Patent-Nr. 0748702
Printed in Germany

ISBN 978-3-446-42459-3

www.hanser.de/computer

Vorwort zur 3. Auflage

Wenn man ein Lehrbuch schreibt, dann muss man nicht nur Mitarbeiterinnen des Verlags, sondern auch sich selbst die Frage beantworten, warum man bei der Fülle vorhandener Lehrbücher ein weiteres Lehrbuch auf den Markt bringen möchte. Ich beantworte diese Frage für dieses Buch mit den folgenden drei „Alleinstellungsmerkmalen":

- In diesem Buch wird eine relativ ausführliche Einführung in das Gebiet der parallelen Programmierung gegeben. Die Sachverhalte sind anspruchsvoll, denn Programmcode, der bei rein sequenzieller Ausführung korrekt ist, kann im Fall einer parallelen Nutzung fehlerbehaftet sein. Der Einstieg in das Thema Parallelität ist für Neulinge insbesondere im Zusammenhang mit Objektorientierung häufig problematisch. Denn zum einen muss man verstehen, dass es Thread-Objekte gibt, dass diese aber nicht identisch mit den parallelen Aktivitäten, den Threads selbst, sind. Zum anderen muss man begreifen lernen, dass es mehrere Objekte einer Klasse geben kann, dass aber ein einziges Objekt (quasi) gleichzeitig von mehreren Threads verwendet werden kann, d.h., dass dieselbe und unterschiedliche Methoden auf einem Objekt mehrfach parallel ausgeführt werden können. In diesem Buch wird in die Gedankenwelt der Parallelität über eine Metapher aus dem täglichen Leben und mit zahlreichen Programmbeispielen behutsam eingeführt.

- Durch den momentanen Trend im Bereich der Hardware hin zu so genannten Multicore-Architekturen kann man davon ausgehen, dass die Bedeutung der parallelen Anwendungsprogrammierung in Zukunft deutlich an Bedeutung gewinnen wird. Deshalb ist die Beschäftigung mit dem Thema Parallelität (Kapitel 2 und 3) für sich allein schon lohnend. In diesem Buch wird darüber hinaus intensiv diskutiert, welche entscheidende Rolle Parallelität für verteilte Client-Server-Anwendungen spielt. Auf der Client-Seite geht es vor allem um den Zusammenhang von Parallelität und der Programmierung grafischer Benutzeroberflächen (Kapitel 4). So wird zum Beispiel ausführlich erläutert, welche negativen Effekte eine unter Umständen länger dauernde Kommunikation zwischen einem Client und einem Server bei naiver Programmierung haben kann. Auf der Server-Seite ist Parallelität notwendig, um mehrere Clients (quasi) gleichzeitig zu bedienen und somit die Bedienung eines Clients nicht beliebig lange durch die Bearbeitung eines länger dauernden Auftrags eines anderen Clients zu verzögern. Um die parallele Bearbeitung von Client-Aufträgen zu erreichen, müssen die Threads bei der Programmierung eines Servers auf Socket-Basis (Kapitel 5) selbst explizit erzeugt werden. Wenn RMI (Kapitel 6) oder Servlets und Java Server Pages (Kapitel 7) benutzt werden, dann werden Threads implizit (d.h. nicht im Programmcode der Anwendung) erzeugt. Dies muss man wissen und den Umgang damit beherrschen, wenn man korrekte Server-Programme schreiben will. In vielen Lehrbüchern werden Parallelitätsaspekte bei Programmen mit grafischer Benutzeroberfläche oder bei Server-Programmen nicht genügend oder überhaupt nicht berücksichtigt. So habe ich einige Beispiele in Lehrbüchern gefunden, die bezüglich der Synchronisation falsch sind, was beim Ausprobieren in der Regel (zum Glück oder leider?) nicht auffällt. In diesem Buch wird dagegen auch bei verteilten Anwendungen ein besonderes Augenmerk auf Parallelitätsaspekte gelegt.

■ Dieses Buch ist kein Überblicksbuch, in dem eine Fülle von Themen angerissen wird. Stattdessen konzentriert sich das Buch auf die zwei eng miteinander verknüpften Themen Parallelität (Nebenläufigkeit) und Verteilung. Bei dem Thema verteilte Programmierung beschränke ich mich auch wiederum auf einige wichtige und „schöne" Konzepte. So werden Themen wie zum Beispiel JMS und Web Services (SOAP) zugunsten einer ausführlicheren Betrachtung von RMI weggelassen. Man mag anderer Meinung sein, aber für mich ist exemplarisch vertieftes Wissen wichtiger als oberflächliches Breitenwissen. Ich bin überzeugt davon, dass Personen, die wesentliche Konzepte vertiefend beherrschen, sich leichter andere Konzepte selbst aneignen können. So ist auch die hier verwendete Programmiersprache Java nur ein Vehikel zur Darstellung unterschiedlicher Aspekte aus dem Bereich der Programmierung paralleler und verteilter Anwendungen. Viele der vorgestellten Konzepte finden sich in anderen Umgebungen wieder. Dies gilt insbesondere für C# und .NET.

In dieser dritten Auflage wurden die Fehler korrigiert, die sich in die zweite Auflage eingeschlichen haben und bemerkt wurden. Außerdem wurden einige Sachverhalte an aktuelle Entwicklungen angepasst. Komplett neu sind Abschnitt 2.11 über thread-lokale Daten, Abschnitt 7.5 über das Hoch- und Herunterladen von Dateien mit Servlets sowie Abschnitt 7.8 über AJAX und GWT. Außerdem wurden einige Abschnitte erweitert, so z.B. Abschnitt 3.6 um Betrachtungen zur Konsistenz von Objekten sowie Abschnitt 7.7 (entspricht Abschnitt 7.6 in der zweiten Auflage) um ein Beispiel, in dem Servlets und JSPs kombiniert werden. Insgesamt sind 28 Seiten dazugekommen.

Die Beispielprogramme folgen gängigen Programmierkonventionen für Java bezüglich der Groß- und Kleinschreibung von Bezeichnern und dem Einrücken. Alle Bezeichner für Klassen, Schnittstellen, Methoden und Attribute sind einheitlich in Englisch geschrieben. Die Ausgaben, die von den Programmen erzeugt werden, sind jedoch alle in deutscher Sprache. In den abgedruckten Programmen wurden alle Package-Anweisungen entfernt. Beachten Sie aber bitte, dass in der elektronischen Version, die Sie von der Web-Seite dieses Buches *puva.fh-trier.de* beziehen können, die Klassen und Schnittstellen in unterschiedliche Packages gruppiert sind. Alle Java-Programme wurden mit einem Java-Compiler der Version 6 (genauer: 1.6.0_17) übersetzt und ausprobiert. Die Servlets und JSP-Seiten wurden auf einem Tomcat-Server der Version 6 (genauer 6.0.24) probeweise ausgeführt.

Meinen Wunsch, geschlechtsneutrale Formulierungen zu verwenden, habe ich so umgesetzt, dass ich an manchen Stellen die männliche und weibliche Form angebe, an anderen Stellen aber nur die männliche und an wieder anderen Stellen nur die weibliche Form. Ich hoffe, dass sich dadurch Lesende beiderlei Geschlechts in gleicher Weise angesprochen fühlen.

Diese dritte Auflage wäre ohne die Hilfe der nachfolgend genannten Personen nicht bzw. nicht in dieser Form möglich gewesen. Ich bedanke mich daher gerne

- bei den Mitarbeiterinnen des Hanser-Verlags Mirja Werner und Franziska Kaufmann: bei Frau Werner für die Möglichkeit, dass das Buch in dritter Auflage erscheinen kann sowie für die Erlaubnis, dass ich das Buch um 28 Seiten erweitern durfte, und bei Frau Kaufmann für das Korrekturlesen und ihre Unterstützung bei der Herstellung der PDF-Datei;
- bei Dietmar Abts, Rainer David, Dominik Gruntz, Theo Krück, Cyrill Schlecht, Matthias Süß, Thomas Thum und Martin Weber für ihre Hinweise auf entdeckte Fehler und ihre Verbesserungsvorschläge, die alle auf der Web-Seite *puva.fh-trier.de* veröffentlicht und in dieser dritten Auflage berücksichtigt wurden, wobei ich den Kollegen Prof. Dr. Dietmar Abts besonders hervorheben möchte;
- bei Gaby Elenz von der FH Trier für ihre Unterstützung im Umgang mit Word, insbesondere für das Demonstrieren von Word-Funktionen, von denen ich nicht einmal ahnte, dass es solche geben könnte;
- bei Patrick Fries von der FH Trier für seine Unterstützung im Umgang mit GWT;
- und schließlich bei meiner Familie für die gewährte Zeit zur Überarbeitung des Buchs.

Über positive und negative Bemerkungen zu diesem Buch, Hinweise auf Fehler und Verbesserungsvorschläge würde ich mich auch dieses Mal wieder freuen. Senden Sie Ihre Kommentare bitte in Form einer elektronischen Post an *oechsle@fh-trier.de*.

Abschließend möchte ich nochmals auf die oben bereits erwähnte Web-Seite *puva.fh-trier.de* zu diesem Buch hinweisen. Von dieser Web-Seite können Sie u.a. alle Programme des Buchs in Form einer ZIP-Datei herunterladen. Nachträglich entdeckte Fehler werde ich mitsamt ihren Richtigstellungen und den Namen der Entdecker ebenfalls wieder auf dieser Seite veröffentlichen. Ich habe zwar für diese Auflage eine ganze Reihe von Fehlern korrigiert, aber es ist sehr wahrscheinlich, dass es weitere unentdeckte alte Fehler gibt, und dass ich bei der Überarbeitung unabsichtlich neue Fehler eingebaut habe. Ich bin Ihnen dankbar sowohl für die Meldung gravierender Fehler als auch einfacher Komma- und Tippfehler. Kommentare und weitere Programmbeispiele, die Sie mir gerne senden können, werde ich mit Ihrer Zustimmung ebenfalls auf dieser Web-Seite veröffentlichen, sofern sie mir für einen größeren Leserkreis interessant erscheinen.

Trier und Konz-Oberemmel, im November 2010   Rainer Oechsle

Inhalt

1 Einleitung ... 13
1.1 Parallelität, Nebenläufigkeit und Verteilung ... 13
1.2 Programme, Prozesse und Threads ... 14

2 Grundlegende Synchronisationskonzepte in Java ... 19
2.1 Erzeugung und Start von Java-Threads ... 19
    2.1.1 Ableiten der Klasse Thread ... 19
    2.1.2 Implementieren der Schnittstelle Runnable ... 21
    2.1.3 Einige Beispiele ... 22
2.2 Probleme beim Zugriff auf gemeinsam genutzte Objekte ... 28
    2.2.1 Erster Lösungsversuch ... 31
    2.2.2 Zweiter Lösungsversuch ... 33
2.3 Synchronized und volatile ... 35
    2.3.1 Synchronized-Methoden ... 35
    2.3.2 Synchronized-Blöcke ... 36
    2.3.3 Wirkung von synchronized ... 37
    2.3.4 Notwendigkeit von synchronized ... 39
    2.3.5 Volatile ... 40
    2.3.6 Regel für die Nutzung von synchronized ... 40
2.4 Ende von Java-Threads ... 42
    2.4.1 Asynchrone Beauftragung mit Abfragen der Ergebnisse ... 43
    2.4.2 Zwangsweises Beenden von Threads ... 48
    2.4.3 Asynchrone Beauftragung mit befristetem Warten ... 53
    2.4.4 Asynchrone Beauftragung mit Rückruf (Callback) ... 54
2.5 Wait und notify ... 57
    2.5.1 Erster Lösungsversuch ... 57
    2.5.2 Zweiter Lösungsversuch ... 58
    2.5.3 Korrekte Lösung mit wait und notify ... 59
2.6 NotifyAll ... 67
    2.6.1 Erzeuger-Verbraucher-Problem mit wait und notify ... 68
    2.6.2 Erzeuger-Verbraucher-Problem mit wait und notifyAll ... 71
    2.6.3 Faires Parkhaus mit wait und notifyAll ... 74
2.7 Prioritäten von Threads ... 75

2.8 Thread-Gruppen 82
2.9 Vordergrund- und Hintergrund-Threads 86
2.10 Weitere „gute" und „schlechte" Thread-Methoden 88
2.11 Thread-lokale Daten 89
2.12 Zusammenfassung 92

3 Fortgeschrittene Synchronisationskonzepte in Java 97

3.1 Semaphore 98
    3.1.1 Einfache Semaphore 98
    3.1.2 Einfache Semaphore für den gegenseitigen Ausschluss 99
    3.1.3 Einfache Semaphore zur Herstellung vorgegebener Ausführungsreihenfolgen 101
    3.1.4 Additive Semaphore 104
    3.1.5 Semaphorgruppen 106
3.2 Message Queues 108
    3.2.1 Verallgemeinerung des Erzeuger-Verbraucher-Problems 108
    3.2.2 Übertragung des erweiterten Erzeuger-Verbraucher-Problems auf Message Queues . 111
3.3 Pipes 113
3.4 Philosophen-Problem 116
    3.4.1 Lösung mit synchronized – wait – notifyAll 117
    3.4.2 Naive Lösung mit einfachen Semaphoren 119
    3.4.3 Einschränkende Lösung mit gegenseitigem Ausschluss 120
    3.4.4 Gute Lösung mit einfachen Semaphoren 121
    3.4.5 Lösung mit Semaphorgruppen 124
3.5 Leser-Schreiber-Problem 126
    3.5.1 Lösung mit synchronized – wait – notifyAll 127
    3.5.2 Lösung mit additiven Semaphoren 130
3.6 Schablonen zur Nutzung der Synchronisationsprimitive und Konsistenzbetrachtungen 131
3.7 Concurrent-Klassenbibliothek aus Java 5 135
    3.7.1 Executors 135
    3.7.2 Locks und Conditions 141
    3.7.3 Atomic-Klassen 148
    3.7.4 Synchronisationsklassen 149
    3.7.5 Queues 151
3.8 Ursachen für Verklemmungen 153
    3.8.1 Beispiele für Verklemmungen mit synchronized 154
    3.8.2 Beispiele für Verklemmungen mit Semaphoren 157
    3.8.3 Bedingungen für das Eintreten von Verklemmungen 158
3.9 Vermeidung von Verklemmungen 159
    3.9.1 Anforderung von Betriebsmitteln „auf einen Schlag" 162
    3.9.2 Anforderung von Betriebsmitteln gemäß einer vorgegebenen Ordnung 163
    3.9.3 Anforderung von Betriebsmitteln mit Bedarfsanalyse 164
3.10 Modellierung mit Petri-Netzen 171
    3.10.1 Petri-Netze 171
    3.10.2 Modellierung der Nutzung von Synchronized-Methoden 173
    3.10.3 Modellierung von wait, notify und notifyAll 176
3.11 Zusammenfassung 179

4 Parallelität und grafische Benutzeroberflächen **181**
4.1 Einführung in die Programmierung grafischer Benutzeroberflächen mit Swing 182
        4.1.1 Einige erste Beispiele 182
        4.1.2 Ereignisbehandlung 186
        4.1.3 Container 190
        4.1.4 Primitive Interaktionselemente 193
        4.1.5 Grafikprogrammierung 194
        4.1.6 Applets 199
4.2 MVC 201
        4.2.1 Prinzip von MVC 202
        4.2.2 MVC für die Entwicklung eigener Programme 205
        4.2.3 MVC in Swing 210
4.3 Threads und Swing 212
4.4 Zusammenfassung 223

5 Verteilte Anwendungen mit Sockets **225**
5.1 Einführung in das Themengebiet der Rechnernetze 226
        5.1.1 Schichtenmodell 226
        5.1.2 IP-Adressen und DNS-Namen 230
        5.1.3 Das Transportprotokoll UDP 231
        5.1.4 Das Transportprotokoll TCP 233
5.2 Socket-Schnittstelle 234
        5.2.1 Socket-Schnittstelle zu UDP 234
        5.2.2 Socket-Schnittstelle zu TCP 235
        5.2.3 Socket-Schnittstelle für Java 238
5.3 Kommunikation über UDP mit Java-Sockets 239
5.4 Multicast-Kommunikation mit Java-Sockets 246
5.5 Kommunikation über TCP mit Java-Sockets 250
5.6 Sequenzielle und parallele Server 260
        5.6.1 Server mit dynamischer Parallelität 262
        5.6.2 Server mit statischer Parallelität 266
5.7 Zusammenfassung 271

6 Verteilte Anwendungen mit RMI **273**
6.1 Prinzip von RMI 273
6.2 Einführendes RMI-Beispiel 276
        6.2.1 Basisprogramm 276
        6.2.2 RMI-Client mit grafischer Benutzeroberfläche 280
        6.2.3 RMI-Registry 283
6.3 Parallelität bei RMI-Methodenaufrufen 287
6.4 Wertübergabe für Parameter und Rückgabewerte 291
        6.4.1 Serialisierung und Deserialisierung von Objekten 292
        6.4.2 Serialisierung und Deserialisierung bei RMI 296
6.5 Referenzübergabe für Parameter und Rückgabewerte 300
6.6 Transformation lokaler in verteilte Anwendungen 316
        6.6.1 Rechnergrenzen überschreitende Synchronisation mit RMI 317

6.6.2 Asynchrone Kommunikation mit RMI 319
6.6.3 Verteilte MVC-Anwendungen mit RMI 319
6.7 Dynamisches Umschalten zwischen Wert- und Referenzübergabe – Migration von Objekten .. 321
6.7.1 Das Exportieren und „Unexportieren" von Objekten 321
6.7.2 Migration von Objekten 324
6.7.3 Eintrag eines Nicht-Stub-Objekts in die RMI-Registry 331
6.8 Laden von Klassen über das Netz 332
6.9 Realisierung von Stubs und Skeletons 333
6.9.1 Realisierung von Skeletons 333
6.9.2 Realisierung von Stubs 334
6.10 Verschiedenes 336
6.11 Zusammenfassung 337

7 Webbasierte Anwendungen mit Servlets und JSP 339
7.1 HTTP 340
7.1.1 GET 340
7.1.2 Formulare 343
7.1.3 POST 345
7.1.4 Format von HTTP-Anfragen und -Antworten 346
7.2 Einführende Servlet-Beispiele 347
7.2.1 Allgemeine Vorgehensweise 347
7.2.2 Erstes Servlet-Beispiel 348
7.2.3 Zugriff auf Formulardaten 355
7.2.4 Zugriff auf die Daten der HTTP-Anfrage und -Antwort 356
7.3 Parallelität bei Servlets 357
7.3.1 Demonstration der Parallelität von Servlets 357
7.3.2 Paralleler Zugriff auf Daten 359
7.3.3 Anwendungsglobale Daten 362
7.4 Sessions und Cookies 365
7.4.1 Sessions 366
7.4.2 Realisierung von Sessions mit Cookies 371
7.4.3 Direkter Zugriff auf Cookies 372
7.4.4 Servlets mit länger dauernden Aufträgen 374
7.5 Übertragung von Dateien mit Servlets 378
7.5.1 Herunterladen von Dateien 378
7.5.2 Hochladen von Dateien 381
7.6 JSP (Java Server Pages) 384
7.6.1 Scripting-Elemente 384
7.6.2 Direktiven 386
7.6.3 Aktionen 387
7.7 MVC-Prinzip mit Servlets und JSPs 390
7.8 MVC-Prinzip mit AJAX und GWT 397
7.9 Zusammenfassung 405

Literatur **407**

Register **409**

1 Einleitung

Computer-Nutzer dürften mit großer Wahrscheinlichkeit sowohl mit parallelen Abläufen auf ihrem eigenen Rechner als auch verteilten Anwendungen vertraut sein. So ist jeder Benutzer eines PC heutzutage gewohnt, dass z.B. gleichzeitig eine größere Video-Datei von einem Memory-Stick kopiert, ein Musikstück von einer CD abgespielt, ein Programm übersetzt und ein Dokument in einem Editor oder Textverarbeitungsprogramm bearbeitet werden kann. Aufgrund der Tatsache, dass die Mehrzahl der genutzten Computer an das Internet angeschlossen ist, sind heute auch nahezu alle den Umgang mit verteilten Anwendungen wie der elektronischen Post oder dem World Wide Web gewohnt.

Dieses Buch handelt allerdings nicht von der Benutzung, sondern von der Entwicklung paralleler und verteilter Anwendungen mit Java. In diesem ersten einleitenden Kapitel werden zunächst einige wichtige Begriffe wie Parallelität, Nebenläufigkeit, Verteilung, Prozesse und Threads geklärt.

1.1 Parallelität, Nebenläufigkeit und Verteilung

Wenn mehrere Vorgänge gleichzeitig auf einem Rechner ablaufen, so sprechen wir von *Parallelität* oder *Nebenläufigkeit* (engl. *concurrency*). Diese Vorgänge können dabei echt gleichzeitig oder nur scheinbar gleichzeitig ablaufen: Wenn ein Rechner mehrere Prozessoren bzw. einen Mehrkernprozessor (Multicore-Prozessor) besitzt, dann ist echte Gleichzeitigkeit möglich. Man spricht in diesem Fall auch von *echter Parallelität*. Besitzt der Rechner aber nur einen einzigen Prozessor mit einem einzigen Kern, so wird die Gleichzeitigkeit der Abläufe nur vorgetäuscht, indem in sehr hoher Frequenz von einem Vorgang auf den nächsten umgeschaltet wird. Man spricht in diesem Fall von *Pseudoparallelität* oder *Nebenläufigkeit*. Die Begriffe Parallelität und Nebenläufigkeit werden in der Literatur nicht einheitlich verwendet: Einige Autoren verwenden den Begriff Nebenläufigkeit als Oberbegriff für echte Parallelität und Pseudoparallelität, für andere Autoren sind Nebenläufigkeit und Pseudoparallelität Synonyme. In diesem Buch wird der Einfachheit halber nicht zwischen Nebenläufigkeit und Parallelität unterschieden; mit beiden Begriffen sollen sowohl die echte als auch die Pseudoparallelität gemeint sein.

Wenn das gleichzeitige Ablaufen von Vorgängen auf mehreren Rechnern betrachtet wird, wobei die Rechner über ein Rechnernetz gekoppelt sind und darüber miteinander kommunizieren, spricht man von *Verteilung* (*verteilte Systeme, verteilte Anwendungen*).

Wir unterscheiden also, ob die Vorgänge auf einem Rechner oder auf mehreren Rechnern gleichzeitig ablaufen; im ersten Fall sprechen wir von *Parallelität*, im anderen Fall von *Verteilung*. Die Mehrzahl der Leserinnen und Leser dürfte vermutlich mit dieser Unterscheidung zufrieden sein. In manchen Fällen ist es aber gar nicht so einfach zu entscheiden, ob ein gegebenes System einen einzigen Rechner oder eine Vielzahl von Rechnern darstellt. Betrachten Sie z.B. ein System zur Steuerung von Maschinen, wobei dieses System in einem Schaltschrank untergebracht ist, in dem sich mehrere Einschübe mit Prozessoren befinden. Handelt es sich hier um einen oder um mehrere kommunizierende Rechner? Zur Klärung dieser Frage wollen wir uns hier an die allgemein übliche Unterscheidung zwischen eng und lose gekoppelten Systemen halten: Ein *eng gekoppeltes System* ist ein Rechnersystem bestehend aus mehreren gekoppelten Prozessoren, wobei diese auf einen gemeinsamen Speicher (Hauptspeicher) zugreifen können. Ein *lose gekoppeltes System* (auch *verteiltes System* genannt) besteht aus mehreren gekoppelten Prozessoren ohne gemeinsamen Speicher (Hauptspeicher). Ein eng gekoppeltes System sehen wir als einen einzigen Rechner, während wir ein lose gekoppeltes System als einen Verbund mehrerer Rechner betrachten.

Parallelität und Verteilung schließen sich nicht gegenseitig aus, sondern hängen im Gegenteil eng miteinander zusammen: In einem verteilten System laufen auf jedem einzelnen Rechner mehrere Vorgänge parallel (echt parallel oder pseudoparallel) ab. Wie auch in diesem Buch noch ausführlich diskutiert wird, arbeitet ein Server im Rahmen eines Client-Server-Szenarios häufig parallel, um mehrere Clients gleichzeitig zu bedienen. Außerdem können verteilte Anwendungen, die für den Ablauf auf unterschiedlichen Rechnern vorgesehen sind, im Spezialfall auf einem einzigen Rechner parallel ausgeführt werden.

Sowohl Parallelität als auch Verteilung werden durch Hard- und Software realisiert. Bei der Software spielt das Betriebssystem eine entscheidende Rolle. Das Betriebssystem verteilt u.a. die auf einem Rechner gleichzeitig möglichen Abläufe auf die vorhandenen Prozessoren bzw. die vorhandenen Kerne des Rechners. Auf diese Art vervielfacht also das Betriebssystem die Anzahl der vorhandenen Prozessoren bzw. der vorhandenen Kerne virtuell. Diese Virtualisierung ist eines der wichtigen Prinzipien von Betriebssystemen, die auch für andere Ressourcen realisiert wird. So wird z.B. durch das Konzept des virtuellen Speichers ein größerer Hauptspeicher vorgegaukelt als tatsächlich vorhanden. Erreicht wird dies, indem immer die gerade benötigten Daten vom Hintergrundspeicher (Platte) in den Hauptspeicher transferiert werden.

1.2 Programme, Prozesse und Threads

Im Zusammenhang mit Parallelität bzw. Nebenläufigkeit und Verteilung muss zwischen den Begriffen Programm, Prozess und Thread (Ausführungsfaden) unterschieden werden.

1.2 Programme, Prozesse und Threads

Da es einen engen Zusammenhang zu den Themen Betriebssysteme, Rechner und verteilte Systeme gibt, sollen alle diese Begriffe anhand einer Metapher verdeutlicht werden:

- Ein *Programm* entspricht einem Rezept in einem Kochbuch. Es ist statisch. Es hat keine Wirkung, solange es nicht ausgeführt wird. Dass man von einem Rezept nicht satt wird, ist hinlänglich bekannt.

- Einen *Prozess* kann man sich vorstellen als eine Küche und einen Thread als einen Koch. Ein Koch kann nur in einer Küche existieren, aber nie außerhalb davon. Umgekehrt muss sich in einer Küche immer mindestens ein Koch befinden. Alle Köche gehen streng nach Rezepten vor, wobei unterschiedliche Köche nach demselben oder nach unterschiedlichen Rezepten kochen können. Jede Küche hat ihre eigenen Pfannen, Schüsseln, Herde, Waschbecken, Messer, Gewürze, Lebensmittel usw. Köche in unterschiedlichen Küchen können sich gegenseitig nicht in die Quere kommen, wohl aber die Köche in einer Küche. Diese müssen den Zugriff auf die Materialien und Geräte der Küche koordinieren.

- Ein *Rechner* ist in dieser Metapher ein Haus, in dem sich mehrere Küchen befinden.

- Ein *Betriebssystem* lässt sich mit einem Hausmeister eines Hauses vergleichen, der dafür sorgt, dass alles funktioniert (z.B. dass immer Strom für den Herd da ist). Der Hausmeister übernimmt u.a. auch die Rolle eines Boten zwischen den Küchen, um Gegenstände oder Informationen zwischen den Küchen auszutauschen. Auch kann er eine Küche durch einen Anbau vergrößern, wenn eine Küche zu klein geworden ist.

- Ein *verteiltes System* besteht entsprechend aus mehreren solcher Häuser mit Küchen, wobei die Hausmeister der einzelnen Häuser z.B. über Telefon oder über hin- und herlaufende Boten untereinander kommunizieren können. Somit können Köche, die in unterschiedlichen Häusern arbeiten, Gegenstände oder Informationen austauschen, indem sie ihre jeweiligen Hausmeister damit beauftragen.

Diese Begriffe und ihre Beziehung sind in **Abbildung 1.1** zusammenfassend dargestellt.

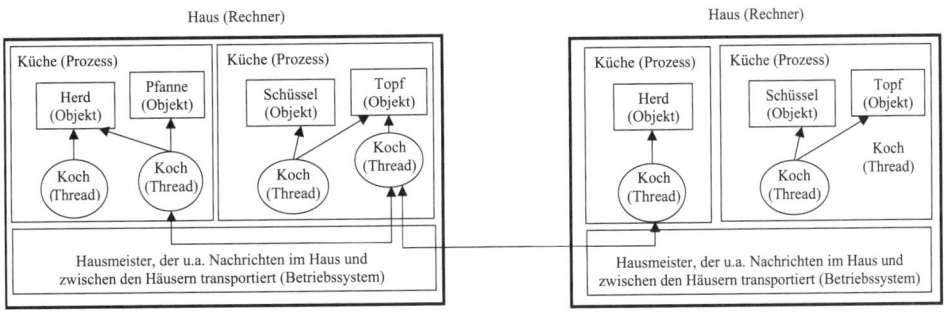

Abbildung 1.1: Häuser, Küchen, Köche und Hausmeister als Metapher für Rechner, Prozesse, Threads und Betriebssysteme

Am Beispiel der Programmiersprache Java und der Ausführung von Java-Programmen lässt sich diese Metapher nun auf die Welt der Informatik übertragen. Ein *Programm*

(Kochrezept) ist in einer Datei abgelegt: als Quelltext in einer oder mehreren Java-Dateien und als übersetztes Programm (Byte-Code) in einer oder mehreren Class-Dateien. Zum Ausführen eines Programms mit Hilfe des Kommandos java wird eine JVM (Java Virtual Machine) gestartet. Bei jedem Erteilen des Java-Kommandos wird ein neuer *Prozess* (Küche) erzeugt. Es ist möglich, mehrere JVMs zu starten, so dass die entsprechenden Prozesse alle gleichzeitig existieren, wobei jeder Prozess seinen eigenen Adressraum besitzt. Jeder Prozess und damit auch jede JVM hat als Aktivitätsträger mindestens einen *Thread* (Koch). Neben den so genannten Hintergrund-Threads, die z.B. für die Speicherbereinigung (Garbage Collection) zuständig sind, gibt es einen Thread, der die Main-Methode der im Java-Kommando angegebenen Klasse ausführt. Dieser Thread kann durch Aufruf entsprechender Methoden weitere Threads starten. Die Threads innerhalb desselben Prozesses können auf dieselben Objekte (Gegenstände in einer Küche wie Herd, Pfannen, Töpfe, Schüsseln usw.) lesend und schreibend zugreifen.

Das *Betriebssystem* (Hausmeister) verwaltet die Adressräume der Prozesse und teilt den Threads abwechselnd die vorhandenen Prozessoren bzw. den vorhandenen Kernen zu. Das Betriebssystem garantiert gemeinsam mit der Hardware, dass ein Prozess keinen Zugriff auf den Adressraum eines anderen Prozesses auf demselben *Rechner* besitzt. Damit sind die Prozesse eines Rechners voneinander isoliert. Zwei Prozesse auf unterschiedlichen Rechnern sind ebenfalls voneinander isoliert, da ein *verteiltes System* laut Definition ein lose gekoppeltes System ist, das keinen gemeinsamen Speicher hat.

Die Isolierung der Prozessadressräume kann durch Inanspruchnahme von Leistungen des Betriebssystems über Systemaufrufe in kontrollierter Weise durchbrochen werden. Damit können die Prozesse miteinander interagieren. Betriebssysteme bieten Dienste zur Synchronisation und Kommunikation zwischen Prozessen sowie zur gemeinsamen Nutzung von speziellen Speicherbereichen an. Ferner stellen Betriebssysteme Funktionen bereit, um über ein Rechnernetz Daten an Prozesse anderer Rechner zu senden oder eingetroffene Nachrichten entgegenzunehmen. Durch Systemaufrufe kann das Betriebssystem auch beauftragt werden, den Adressraum eines Prozesses zu vergrößern.

In diesem Buch geht es um zwei wesentliche Aspekte:

- Parallelität innerhalb eines Prozesses: Die Leserinnen und Leser sollen das Konzept der Parallelität innerhalb eines Prozesses aus Sicht einer Programmiererin bzw. eines Programmierers mit Java-Threads beherrschen lernen. Sie sollen erkennen, welche Probleme entstehen, wenn mehrere Threads auf dieselben Objekte zugreifen und wie diese Probleme gelöst werden können.

- Verteilung: Darüber hinaus zeigt das Buch, wie verteilte Anwendungen mit Java entwickelt werden. Wir unterscheiden dabei eigenständige Client-Server-Anwendungen und webbasierte Anwendungen. Bei eigenständigen Client-Server-Anwendungen entwickeln wir sowohl die Client- als auch die Server-Programme selbst. Client und Server kommunizieren dabei über die Socket-Schnittstelle oder über RMI (Remote Method Invocation). Bei webbasierten Anwendungen benutzen wir als Client einen Browser. Die Server-Seite besteht aus einem Web-Server, der durch selbst entwickelte Programme erweitert werden kann. Sowohl bei den eigenständigen Client-Server-Anwendungen als auch bei den webbasierten Anwendungen spielt die Parallelität insbesondere auf Server-Seite eine wichtige Rolle.

Wir betrachten hier nicht gesondert die Parallelität, Interaktion und Synchronisation von Threads unterschiedlicher Prozesse desselben Rechners. Dies liegt vor allem daran, dass es hierzu keine speziellen Java-Klassen gibt. Dies bedeutet aber keine Einschränkung, denn alle in diesem Buch vorgestellten Kommunikationskonzepte zwischen dem Client- und Server-Prozess einer verteilten Anwendung können auch angewendet werden, wenn sich Client und Server auf demselben Rechner befinden. Das heißt: Bezüglich der Kommunikation zwischen Threads unterschiedlicher Prozesse unterscheiden wir nicht, ob sich die Prozesse auf demselben oder auf unterschiedlichen Rechnern befinden.

Die Synchronisations- und Kommunikationskonzepte, die anhand von Java-Threads innerhalb eines Prozesses vorgestellt werden, gibt es in ähnlicher Weise auch für das Zusammenspiel von Threads unterschiedlicher Prozesse auf einem Rechner. Wie schon erwähnt gibt es zwar hierfür keine spezielle Java-Schnittstelle, aber die erlernten Konzepte wie Semaphore, Message Queues und Pipes bilden eine gute Grundlage für das Verständnis der Dienste, die ein Betriebssystem wie Linux zur Synchronisation und Kommunikation zwischen unterschiedlichen Prozessen anbietet.

2 Grundlegende Synchronisationskonzepte in Java

In diesem Kapitel geht es um die grundlegenden Synchronisationskonzepte in Java. Diese bestehen im Wesentlichen aus dem Schlüsselwort synchronized sowie den Methoden wait, notify und notifyAll der Klasse Object. Es wird erläutert, welche Wirkung synchronized, wait, notify und notifyAll haben und wie sie eingesetzt werden sollen. Außerdem spielt die Klasse Thread eine zentrale Rolle. Diese Klasse wird benötigt, um Threads zu erzeugen und zu starten.

2.1 Erzeugung und Start von Java-Threads

Wie schon im einleitenden Kapitel erläutert, wird beim Start eines Java-Programms (z.B. mittels des Kommandos java) ein Prozess erzeugt, der u.a. einen Thread enthält, der die Main-Methode der angegebenen Klasse ausführt. Der Programmcode weiterer vom Anwendungsprogrammierer definierter Threads muss sich in Methoden namens *run* befinden:

```
public void run ()
{
    // Code, der in eigenem Thread ausgeführt wird
}
```

Es gibt zwei Möglichkeiten, in welcher Art von Klasse diese Run-Methode definiert wird.

2.1.1 Ableiten der Klasse Thread

Die erste Möglichkeit besteht darin, aus der Klasse *Thread*, die bereits eine leere Run-Methode besitzt, eine neue Klasse abzuleiten und darin die Run-Methode zu überschreiben. Die Klasse Thread ist eine Klasse des Package java.lang (so wie String) und kann deshalb ohne Import-Anweisung in jedem Java-Programm verwendet werden. Hat man eine derartige Klasse definiert, so muss noch ein Objekt dieser Klasse erzeugt und dieses Objekt (das ja ein Thread ist, da es von Thread abgeleitet wurde) mit der *Start-Methode* gestartet werden. Das Programm in **Listing 2.1** zeigt dies anhand eines Beispiels.

Listing 2.1:

```
public class MyThread extends Thread
{
    public void run()
    {
        System.out.println("Hello World");
    }
    public static void main(String[] args)
    {
        MyThread t = new MyThread();
        t.start();
    }
}
```

An diesem ersten Programmbeispiel mag auf den ersten Blick verwirrend sein, dass in der Klasse MyThread zwar eine Run-Methode definiert wird, dass aber in der Main-Methode eine Methode namens *start* auf das Objekt der Klasse MyThread angewendet wird. Die Methode start ist in der Klasse Thread definiert und wird somit auf die Klasse MyThread vererbt.

```
public class Thread
{
    ...
    public void start () {...}
    ...
}
```

Natürlich könnte man statt start auch die Methode run auf das erzeugte Objekt anwenden. Der Benutzer würde keinen Unterschied zwischen den beiden Programmen feststellen können, denn in beiden Fällen wird „Hello World" ausgegeben. Allerdings ist der Ablauf in beiden Fällen deutlich verschieden: In der Metapher der Küchen und Köche passiert bei dem oben angegebenen Programm Folgendes: Der bereits vorhandene Koch, der nach dem Rezept der Main-Methode kocht, erzeugt einen neuen Koch und erweckt diesen mit Hilfe der Start-Methode zum Leben. Dieser neue Koch geht nach dem Rezept der entsprechenden Run-Methode vor und gibt „Hello World" aus. Würde dagegen der Aufruf der Start-Methode durch einen Aufruf der Run-Methode in obigem Programm ersetzt, so wäre dies ein gewöhnlicher Methodenaufruf, wie Sie das aus der bisherigen sequenziellen Programmierung bereits kennen. Die Ausgabe „Hello World" erfolgt also in diesem Fall durch den Thread, der die Main-Methode ausführt, und nicht durch einen neuen Thread. In der Metapher der Küchen und Köche könnte man einen Methodenaufruf so sehen wie einen Hinweis in einem Kochbuch, in dem in einem Rezept die Anweisung „Hefeteig zubereiten (s. Seite 456)" steht. Derselbe Koch, der diese Anweisung liest, würde dann auf die Seite 456 blättern, die dort stehenden Anweisungen befolgen und anschließend zum ursprünglichen Rezept zurückkehren.

Dieses kleine nur wenige Zeilen umfassende Beispielprogramm enthält noch ein weiteres Verständnisproblem für viele Neulinge: Warum muss ein Thread-Objekt (genauer: ein Objekt der aus Thread abgeleiteten Klasse MyThread) mit new erzeugt und warum muss dieses dann noch zusätzlich mit der Start-Methode gestartet werden? Diese Verständnisschwierigkeit kann beseitigt werden, indem man sich klar macht, dass es einen Unterschied zwischen einem Thread-Objekt und dem eigentlichen Thread im Sinne einer selbstständig ablaufenden Aktivität gibt. In unserer Küchen-Köche-Metapher entspricht das Thread-Objekt dem Körper eines Kochs. Ein solcher Körper wird mit new erzeugt. Man kann bei diesem Objekt wie bei anderen Objekten üblich Attribute lesen und verändern, also z.B. Name, Personalnummer und Schuhgröße des Kochs. Dieses Objekt ist aber leblos wie andere Objekte bei der sequenziellen Programmierung auch. Erst durch Aufruf der Start-Methode wird dem Koch der Odem eingehaucht; er beginnt zu atmen und eigenständig gemäß seines Run-Rezepts zu handeln. Dieses Leben des Kochs ist als Objekt im Programm nicht repräsentiert, sondern lediglich der Körper des Kochs. Das Leben des Kochs ist beim Ablauf des Programms durch die vorhandene Aktivität zu erkennen.

Wie im richtigen Leben kann auf ein Thread-Objekt nur ein einziges Mal die Start-Methode angewendet werden. Wenn mehrere gleichartige Threads gestartet werden sollen, dann müssen entsprechend viele Thread-Objekte erzeugt werden (s. Abschnitt 2.1.3).

Ist das Run-Rezept eines Kochs abgehandelt (d.h. ist die Run-Methode zu Ende), so stirbt dieser Koch wieder (der Thread ist als Aktivität nicht mehr vorhanden). Damit muss aber der Körper des Kochs nicht auch verschwinden, sondern dieser kann weiter existieren (falls es noch Referenzen auf das entsprechende Thread-Objekt gibt, ist dieses Objekt noch vorhanden; die verbleibenden Threads können weitere Methoden auf dieses Objekt anwenden).

2.1.2 Implementieren der Schnittstelle Runnable

Falls sich im Rahmen eines größeren Programms die Run-Methode in einer Klasse befinden soll, die bereits aus einer anderen Klasse abgeleitet ist, so kann diese Klasse nicht auch zusätzlich aus Thread abgeleitet werden, da es in Java keine Mehrfachvererbung gibt. Als Ersatz für die Mehrfachvererbung existieren in Java Schnittstellen (Interfaces). Es gibt eine Schnittstelle namens *Runnable* (wie die Klasse Thread im Package java.lang), die nur die schon oben vorgestellte Run-Methode enthält.

```
public interface Runnable
{
    public void run();
}
```

Will man nun die Run-Methode in einer nicht aus Thread abgeleiteten Klasse definieren, so sollte diese Klasse stattdessen die Schnittstelle Runnable implementieren. Wenn ein Objekt einer solchen Klasse, die diese Schnittstelle implementiert, dem Thread-Konstruktor als Parameter übergeben wird, dann wird die Run-Methode dieses Objekts nach dem Starten des Threads ausgeführt. Das Programm in **Listing 2.2** zeigt diese Vorgehensweise anhand eines Beispiels.

Listing 2.2:

```java
public class SomethingToRun implements Runnable
{
    public void run()
    {
        System.out.println("Hello World");
    }
    public static void main(String[] args)
    {
        SomethingToRun runner = new SomethingToRun();
        Thread t = new Thread(runner);
        t.start();
    }
}
```

Voraussetzung für die korrekte Übersetzung beider Beispielprogramme ist, dass die Klasse Thread u.a. folgende Konstruktoren besitzen muss:

```java
public class Thread
{
    public Thread() {...}
    public Thread(Runnable r) {...}
    ...
}
```

Der zweite Konstruktor ist offenbar für das zweite Beispiel nötig. Die Nutzung des ersten Konstruktors im ersten Beispiel ist weniger offensichtlich. Da in der Klasse MyThread kein Konstruktor definiert wurde, ist automatisch der folgende Standardkonstruktor vorhanden:

```java
public MyThread()
{
    super();
}
```

Der Super-Aufruf bezieht sich auf den parameterlosen Konstruktor der Basisklasse Thread. Einen solchen muss es geben, damit das Programm übersetzbar ist.

Auch für das zweite Beispiel gilt die Unterscheidung zwischen dem Thread-Objekt und dem eigentlichen Thread. Deshalb muss auch hier nach der Erzeugung des Thread-Objekts der eigentliche Thread noch gestartet werden.

Auch wenn wie oben beschrieben ein Thread nur einmal gestartet werden kann, kann hier dennoch dasselbe Runnable-Objekt mehrmals als Parameter an Thread-Konstruktoren übergeben werden. Es wird ja jedes Mal ein neues Thread-Objekt erzeugt, das dann nur einmal gestartet wird. Unter Umständen kann dies aber zu Synchronisationsproblemen führen (s. Abschnitte 2.2 und 2.3).

2.1.3 Einige Beispiele

Um das bisher Gelernte etwas zu vertiefen, betrachten wir das Beispielprogramm aus **Listing 2.3:**

2.1 Erzeugung und Start von Java-Threads

Listing 2.3:

```java
public class Loop1 extends Thread
{
    private String myName;

    public Loop1(String name)
    {
        myName = name;
    }

    public void run()
    {
        for(int i = 1; i <= 100; i++)
        {
            System.out.println(myName + " (" + i + ")");
        }
    }

    public static void main(String[] args)
    {
        Loop1 t1 = new Loop1("Thread 1");
        Loop1 t2 = new Loop1("Thread 2");
        Loop1 t3 = new Loop1("Thread 3");
        t1.start();
        t2.start();
        t3.start();
    }
}
```

In diesem Beispiel werden drei zusätzliche Threads gestartet. Die dazugehörigen Thread-Objekte gehören alle derselben Klasse an, so dass die Threads alle dieselbe Run-Methode ausführen. Bei der Ausgabe innerhalb der For-Schleife der Run-Methode wird auf das Attribut name des dazugehörigen Thread-Objekts und auf die lokale Variable i zugegriffen. Für alle Threads gibt es jeweils eigene Exemplare sowohl von name als auch von i. Für das Attribut name ist dies deshalb so, weil jeder Thread zu genau einem Thread-Objekt gehört und die Run-Methode jeweils auf das Attribut des dazugehörigen Thread-Objekts zugreift. Da in jedem Thread ein Aufruf der Methode run stattfindet, gibt es entsprechend auch für jeden Methodenaufruf gesonderte Exemplare der lokalen Variablen wie bei rein sequenziellen Programmen auch.

Nach dem Übersetzen dieses Programms ergibt sich bei der Ausführung des Programms auf meinem Rechner folgende Ausgabe (... steht für Zeilen, die aus Gründen des Platzsparens ausgelassen wurden):

```
Thread 1 (1)
Thread 1 (2)
...
Thread 1 (45)
Thread 1 (46)
Thread 2 (1)
Thread 3 (1)
Thread 2 (2)
Thread 3 (2)
Thread 2 (3)
Thread 3 (3)
Thread 2 (4)
Thread 1 (47)
Thread 2 (5)
Thread 1 (48)
```

```
Thread 2 (6)
Thread 1 (49)
Thread 3 (4)
Thread 1 (50)
Thread 3 (5)
Thread 1 (51)
Thread 3 (6)
Thread 1 (52)
Thread 3 (7)
Thread 2 (7)
Thread 3 (8)
Thread 2 (8)
Thread 3 (9)
Thread 2 (9)
Thread 1 (53)
Thread 2 (10)
Thread 1 (54)
Thread 2 (11)
Thread 1 (55)
Thread 2 (12)
Thread 1 (56)
Thread 3 (10)
Thread 2 (13)
Thread 1 (57)
Thread 3 (11)
Thread 2 (14)
...
```

Offenbar wird automatisch zwischen den verschiedenen Threads umgeschaltet, so dass sich der Eindruck eines parallelen Ablaufs ergibt. Dabei ist die Anzahl der Schleifendurchläufe, die ein Thread durchführen kann, bevor auf einen anderen Thread umgeschaltet wird, nicht immer gleich. Wie Sie sehen können, kann der erste Thread seine Schleife 46-mal durchlaufen. Danach wird auf den zweiten Thread umgeschaltet. Diesem wird aber nur ein einziger Schleifendurchlauf gegönnt. Danach ist der dritte Thread an der Reihe, und zwar auch nur mit einer einzigen Runde. Dieses Verhalten ist schematisch in **Abbildung 2.1** illustriert. Dabei ist die horizontale Achse die Zeitachse. Man sieht, welcher der Threads zu einem bestimmten Zeitpunkt ausgeführt wird. Auch ist zu erkennen, dass die Zeitintervalle, in denen die Threads ununterbrochen laufen können, unterschiedlich lang sind.

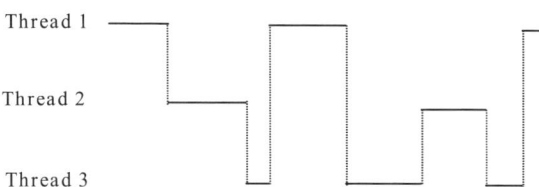

Abbildung 2.1: Ausführungsintervalle von drei Threads

Der Ablauf und entsprechend auch die Ausgabe dieses Programms müssen nicht bei jeder Ausführung gleich sein. Bei wiederholter Ausführung des Programms können sich unterschiedliche Ausgaben ergeben. Auch kann die Ausgabe vom eingesetzten Betriebssystem (z.B. Windows oder Linux) und der Hardware (z.B. Taktrate des Prozessors) abhängen. Falls Sie dieses Beispiel ausprobieren und Sie finden Ihre Ausgabe zu langweilig (erst alle 100 Ausgaben des ersten Threads, dann alle des zweiten und schließlich alle des dritten), dann sollten Sie die Anzahl der Schleifendurchläufe so lange erhöhen (z.B. von 100 auf 1000), bis Sie eine Vermischung der Ausgaben der unterschiedlichen Threads sehen können.

Das Attribut name ist nicht nötig, da die Klasse Thread bereits ein solches String-Attribut für den Namen des Threads besitzt. Der Wert des Namens-Attribut kann im Konstruktor als Argument angegeben werden und später durch die Methode *setName* verändert werden. Mit Hilfe der Methode *getName* kann der Name gelesen werden. Wird der Name eines Threads nicht explizit gesetzt, so wird ein Standardname gewählt. Neben den schon bekannten Konstruktoren der Klasse Thread ohne Argument und mit einem Runnable-Argument gibt es Konstruktoren mit einem zusätzlichen Namensargument. Damit kennen wir nun vier Konstruktoren der Klasse Thread. Zusätzlich werden die neuen Methoden setName und getName gezeigt:

```
public class Thread
{
    public Thread() {...}
    public Thread(Runnable r) {...}
    public Thread(String name) {...}
    public Thread(Runnable r, String name) {...}
    ...
    public final void setName(String namc) {...}
    public final String getName() {...}
    ...
}
```

Im folgenden Beispiel (**Listing 2.4**) wird das Namensattribut der Klasse Thread statt eines eigenen Attributs verwendet. Beachten Sie, dass in der Ausgabe von System.out.println der Name nun mit getName beschafft werden muss.

Listing 2.4:

```
public class Loop2 extends Thread
{
    public Loop2(String name)
    {
        super(name);
    }

    public void run()
    {
        for(int i = 1; i <= 100; i++)
        {
            System.out.println(getName() + " (" + i + ")");
        }
    }

    public static void main(String[] args)
    {
        Loop2 t1 = new Loop2("Thread 1");
        Loop2 t2 = new Loop2("Thread 2");
        Loop2 t3 = new Loop2("Thread 3");
        t1.start();
        t2.start();
        t3.start();
    }
}
```

Das nächste Beispiel (**Listing 2.5**) variiert das vorige Beispiel nochmals. Die For-Schleife der Run-Methode, die jetzt nur noch 10-mal durchlaufen wird, enthält einen zusätzlichen Sleep-Aufruf.

Listing 2.5:

```
public class Loop3 extends Thread
{
    public Loop3(String name)
    {
        super(name);
    }
    public void run()
    {
        for(int i = 1; i <= 10; i++)
        {
            System.out.println(getName() + " (" + i + ")");
            try
            {
                sleep(100);
            }
            catch(InterruptedException e)
            {
            }
        }
    }
    public static void main(String[] args)
    {
        Loop3 t1 = new Loop3("Thread 1");
        Loop3 t2 = new Loop3("Thread 2");
        Loop3 t3 = new Loop3("Thread 3");
        t1.start();
        t2.start();
        t3.start();
    }
}
```

Die Methode *sleep* ist eine Static-Methode der Klasse Thread und kann deshalb ohne Angaben eines Objekts oder einer Klasse in der Run-Methode der Klasse Loop3, die ja aus Thread abgeleitet ist, aufgerufen werden:

```
public class Thread
{
    public static void sleep(long millis)
        throws InterruptedException {...}
    public static void sleep(long millis, int nanos)
        throws InterruptedException {...}
    ...
}
```

Der Aufruf von sleep bewirkt, dass der aufrufende Thread die als Argument angegebene Zahl von Millisekunden „schläft". In einer überladenen Variante der Methode sleep kann diese Zeit feiner in Milli- und Nanosekunden angegeben werden, wobei die Angabe der Nanosekunden von den meisten Implementierungen ignoriert wird. Das „Schlafen" wird dabei so realisiert, dass es keine Rechenzeit beansprucht. Das heißt, die Sleep-Methode ist nicht so realisiert, dass in einer Schleife immer wieder abgefragt wird, ob die angegebene

Zeit vergangen ist, sondern der Thread wird für die angegebene Zeit bei der Thread-Umschaltung nicht mehr berücksichtigt und verbraucht in dieser Phase keine Rechenzeit.

Die Sleep-Methoden können eine Ausnahme vom Typ *InterruptedException* werfen (wodurch eine solche Ausnahme ausgelöst werden kann, wird in Abschnitt 2.4 besprochen). Aus diesem Grund muss der Aufruf von sleep in einem Try-Catch-Block erfolgen oder die Methode, die diesen Aufruf enthält (im Beispiel run), muss so gekennzeichnet sein, dass sie selbst Ausnahmen dieser Art werfen kann (z.B. so wie sleep auch mit „throws InterruptedException"). In obigem Beispielprogramm wurde die erste Alternative gewählt (Try-Catch-Block). Als Argument von sleep wurde 100 angegeben. Der aufrufende Thread schläft somit 100 Millisekunden oder 0,1 Sekunden. Dies ist zwar für uns Menschen eine kurze Zeitspanne, die uns für eine echte Erholung nicht reichen würde. Für den Rechner ist dies aber eine sehr lange Zeit. Die Ausführung der Ausgabeanweisung System.out.println dauert wesentlich weniger lang. Wenn also ein Thread sleep aufruft, wird auf einen anderen Thread umgeschaltet. Dieser kann dann seine Ausgabe machen und beginnt ebenfalls zu schlafen. Da der erste Thread zu diesem Zeitpunkt gerade erst angefangen hat zu schlafen und deshalb immer noch schläft, kann jetzt nur noch auf den dritten Thread geschaltet werden. Dieser führt ebenfalls seine Ausgabe durch und ruft sleep auf. Dies läuft alles so schnell ab, dass von der Schlafenszeit des ersten Threads noch fast nichts vergangen ist. Somit schlafen alle Threads für einen gewissen Zeitraum. Danach wacht der erste Thread auf. Es wird auf ihn umgeschaltet. Er führt seine Ausgabe durch und schläft wieder. Inzwischen ist aber der zweite Thread aufgewacht. Sie können sicher selber den weiteren Ablauf gedanklich fortsetzen. Die Ausgabe dieses Programms ist deshalb auch so wie erwartet: Die Ausgaben der drei Threads wechseln sich regelmäßig ab:

```
Thread 1 (1)
Thread 2 (1)
Thread 3 (1)
Thread 1 (2)
Thread 2 (2)
Thread 3 (2)
...
Thread 1 (9)
Thread 2 (9)
Thread 3 (9)
Thread 1 (10)
Thread 2 (10)
Thread 3 (10)
```

Allerdings sollte man sich darauf nicht verlassen. Bei mehrfacher Ausführung des Programms kann man z.B. auch einmal folgende Ausgabe sehen:

```
Thread 1 (1)
Thread 2 (1)
Thread 3 (1)
Thread 1 (2)
Thread 2 (2)
Thread 3 (2)
...
Thread 1 (9)
Thread 3 (9)
Thread 2 (9)
```

```
Thread 1 (10)
Thread 3 (10)
Thread 2 (10)
```

Zunächst erfolgt 8 Mal die Ausgabe in der Reihenfolge 1-2-3. Ab dem neunten Mal ist die Reihenfolge 1-3-2. Eine solche Reihenfolgeänderung kann erfolgen, weil wegen der sehr kurzen Ausführungszeit der Ausgabeanweisung alle Threads fast gleichzeitig einschlafen. Auf vielen Rechnersystemen ist nun aber die zeitliche Auflösung nicht sehr fein. So kann das Aufwachen nur zu bestimmten Zeitpunkten erfolgen (z.B. in einem 10 Millisekunden-Raster). Aus dem täglichen Leben ist Ihnen eine solche Sachlage vertraut: So können Sie einen Wecker nur so einstellen, dass er Sie zur vollen Minute weckt, also z.B. um 7:30 oder 7:31 Uhr, aber eben nicht z.B. 16 Sekunden nach 7:30 Uhr. Für unser Beispielprogramm bedeutet dies, dass alle Threads eventuell genau zur selben Zeit geweckt werden. Die Reihenfolge, in der auf die Threads umgeschaltet wird, ist aber nicht fest vorgegeben. Aus diesem Grund kann es wie gesehen zu einer Änderung der Reihenfolge kommen.

Aus diesem Beispiel sollte eine wichtige Lehre gezogen werden: Wenn man eine bestimmte Ausführungsreihenfolge zwischen Threads erzwingen möchte, dann ist man sehr schlecht beraten, wenn man dies mit Sleep-Methoden realisiert. Die Wahl der Schlafenszeit ist hierbei nämlich außerordentlich kritisch. Wenn eine Zeit gewählt wird, die beim Testen in allen Fällen funktioniert hat, so kann es unter gewissen Bedingungen (z.B. nach der Installation eines neuen Betriebssystems oder der Portierung des Programms auf einen anderen Rechner) dazu kommen, dass die gewünschte Reihenfolge nicht mehr eingehalten wird. Wählt man auf der anderen Seite eine sehr große Zeit, die in jedem Fall ausreicht, so ist dies in den meisten Fällen ineffizient, weil ein Thread dann viel zu lange schläft.

Wenn Sie an der Lösung dieses Problems interessiert sind, so lesen Sie weiter. Ein großer Teil dieses Buchs beschäftigt sich u.a. mit der Problematik, gewünschte Reihenfolgen zwischen Threads zu erzwingen.

2.2 Probleme beim Zugriff auf gemeinsam genutzte Objekte

In den bisherigen Beispielen arbeiten die einzelnen Threads weitgehend unabhängig voneinander, da jeder Thread seine eigenen Attribute und lokalen Variablen besitzt. In vielen Anwendungen werden Threads jedoch eingesetzt, um in kooperativer Weise an einer gemeinsamen Aufgabe zu arbeiten. In solchen Fällen ist immer auch der Zugriff auf gemeinsame Daten (in der Regel in einem Objekt gekapselt) von mehreren Threads aus nötig.

Im folgenden Beispiel wird in stark vereinfachter Form ein Bankbetrieb programmiert. Eine Bank verwaltet mehrere Konten (Account). Für jede Angestellte der Bank (Clerk) wird ein Thread realisiert. Diese Threads führen Buchungen auf den Konten durch. Dabei soll von jedem Thread aus der Zugriff auf jedes Konto möglich sein.

Die von mehreren Threads aus gemeinsam genutzten Objekte können nicht als Argumente der Run-Methode übergeben werden, da diese Methode keine Argumente besitzt und auch nie vom Anwendungsprogramm explizit aufgerufen wird, so dass solche Argumente übergeben werden könnten. Es bieten sich mehrere Alternativen an. So können z.B. Referenzen auf die von mehreren Threads benutzten Objekte in den Klassen, in denen sich die Run-Methoden befinden, als Attribute geführt werden. Die Werte dieser Attribute müssen dann „von außen" mit Hilfe bestimmter Methoden gesetzt oder bereits als Argumente im Konstruktor übergeben werden. In fast allen Beispielen dieses Buches werden Referenzen auf gemeinsam benutzte Objekte als Argumente von Konstruktoren übergeben. Dies kann auch im folgenden Beispiel (**Listing 2.6**) gesehen werden.

Listing 2.6:

```java
class Account //Konto
{
    private float balance; //Kontostand

    public void setBalance(float balance)
    {
        this.balance = balance;
    }

    public float getBalance()
    {
        return balance;
    }
}
class Bank
{
    private Account[] account;

    public Bank()
    {
        account = new Account[100];
        for(int i = 0; i < account.length; i++)
        {
            account[i] = new Account();
        }
    }

    public void transferMoney(int accountNumber, float amount)
    {
        float oldBalance = account[accountNumber].getBalance();
        float newBalance = oldBalance + amount;
        account[accountNumber].setBalance(newBalance);
    }
}
class Clerk extends Thread
{
    private Bank bank;

    public Clerk(String name, Bank bank)
    {
        super(name);
        this.bank = bank;
        start();
    }

    public void run()
    {
        for(int i = 0; i < 10000; i++)
        {
```

```
            /* Kontonummer einlesen;
               simuliert durch Wahl einer Zufallszahl
               zwischen 0 und 99
            */
            int accountNumber = (int)(Math.random()*100);

            /* Überweisungsbetrag einlesen;
               simuliert durch Wahl einer Zufallszahl
               zwischen -500 und +499
            */
            float amount = (int)(Math.random()*1000) - 500;

            bank.transferMoney(accountNumber, amount);
        }
    }
}

public class Banking
{
    public static void main(String[] args)
    {
        Bank myBank = new Bank();
        new Clerk("Andrea Müller", myBank);
        new Clerk("Petra Schmitt", myBank);
    }
}
```

Die Klasse Account repräsentiert ein Konto mit einem Attribut für den aktuellen Kontostand und Methoden zum Abfragen und Setzen des Kontostands. Die Klasse Bank hat als Attribut ein Feld von Referenzen auf Konto-Objekte. Dieses Feld sowie die Konto-Objekte selbst werden im Konstruktor der Klasse Bank erzeugt. Mit der Methode transferMoney kann auf einem bestimmten Konto der Bank ein bestimmter Betrag gebucht werden. Dabei erhöht sich der Kontostand um diesen Betrag, falls der Betrag positiv ist, andernfalls erniedrigt sich der Kontostand entsprechend. Die Klasse Clerk repräsentiert eine Bankangestellte und ist aus Thread abgeleitet. Da es möglich sein soll, dass mehrere Angestellte für dieselbe Bank arbeiten, wird eine Referenz auf die Bank neben dem Namen der Angestellten, der der Name des Threads wird, im Konstruktor übergeben. In der Run-Methode werden sehr viele Buchungen auf unterschiedliche Konten der Bank, für die die Angestellte arbeitet, ausgeführt. In der Klasse Banking befindet sich die Main-Methode. Darin werden eine Bank sowie zwei Bankangestellte, die beide für diese Bank arbeiten, erzeugt. Beachten Sie eine kleine Variation gegenüber unseren vorigen Beispielen: Im Konstruktor der Klasse Clerk befindet sich der Aufruf der Thread-Methode start. Somit muss also in der Main-Methode nur das entsprechende Clerk-Objekt erzeugt werden. Der Thread läuft dann automatisch los; in main muss keine Start-Methode mehr explizit aufgerufen werden.

So weit, so gut. Allerdings steckt in diesem scheinbar einfachen Programm ein großes und grundsätzliches Problem, das immer dann vorkommt, wenn mehrere Threads auf gemeinsamen Objekten arbeiten und deren Zustände lesen und verändern. Betrachten wir dazu folgende Situation: Die Angestellte Andrea Müller möchte 100 € vom Konto 47 abbuchen. Es wird also die Methode transferMoney mit den Argumenten 47 und –100 aufgerufen. In der Methode transferMoney wird nun in der ersten Anweisung der aktuelle Kontostand des Kontos 47 in die lokale Variable oldBalance gespeichert. Nehmen wir an, dieser Kontostand sei 0. Nehmen wir nun weiter an, dass just in diesem Augenblick auf den anderen Thread umgeschaltet wird. Petra Schmitt führt nun mehrere Buchungen durch, u.a. sollen

1000 € dem Konto 47 gutgeschrieben werden. Es wird also vom Thread mit dem Namen „Petra Schmitt" die TransferMoney-Methode der Klasse Bank mit den Argumenten 47 und 1000 ausgeführt. Dort wird nun zunächst der aktuelle Kontostand, der natürlich immer noch 0 ist, gelesen. Anschließend wird der neue Stand zu 1000 berechnet und entsprechend gesetzt. Petra Schmitt führt nun noch weitere Buchungen auf anderen Konten durch. Irgendwann wird wieder auf den Thread von Andrea Müller geschaltet. In dem eigenen Exemplar der lokalen Variablen oldBalance befindet sich immer noch der Wert 0. Der neue Kontostand wird entsprechend zu –100 berechnet und für das Konto 47 so gesetzt. Die Gutschrift von 1000 €, die Petra Schmitt ausgeführt hat, ist verloren gegangen; der aktuelle Kontostand beträgt –100 € statt +900 €. Diese Tatsache dürfte den Kontoinhaber nicht gerade erfreuen.

Man könnte nun einwenden, dass der soeben beschriebene Ablauf sehr unwahrscheinlich ist. Dies ist in der Tat so. Allerdings sollte dies kein Grund zur Beruhigung sein. Im Gegenteil: Wenn das angegebene Programm über Wochen und Monate läuft, wird diese Situation früher oder später doch eintreten. Eine verlorene Buchung wird zunächst keinen Fehler ergeben und nicht auffallen, sondern vermutlich erst später. Man wird dann vielleicht sogar Petra Schmitt verdächtigen, die Buchung nicht durchgeführt zu haben. Eventuell gehen im Laufe des Jahres weitere Buchungen verloren. Schließlich denkt man auch daran, dass der Fehler in der Software zu suchen sein könnte. Solche Fehler, die nur sehr selten unter ganz bestimmten Bedingungen vorkommen, sind besonders schwer zu finden und damit auch schwer zu beheben.

Es kann auch vorkommen, dass derartige Probleme erst auftreten, nachdem eine neue Version des Betriebssystems installiert oder das Programm auf eine andere Hardware portiert wurde. Das Programmierteam der Bankensoftware argumentiert dann, dass der Fehler auf keinen Fall in ihrer Software zu suchen sei, denn diese lief ja auf dem alten System seit längerer Zeit fehlerfrei. Wenn sich dann nach einer gewissen Zeit, die der Bank durch die vorhandenen Probleme finanzielle Verluste eingebracht haben, herausstellt, dass der Fehler doch in der Bankensoftware steckt, dann wird dies die Geschäftsbeziehungen zwischen der Bank und dem Programmierteam enorm belasten. Sie sollten also im Zusammenhang mit paralleler Programmierung besonders sensibel für derartige Probleme sein.

Wir betrachten im Folgenden zwei Versuche, das obige Problem zu lösen. Diese Ansätze lösen das Problem allerdings nicht. Erst im Abschnitt 2.3 werden Sie eine korrekte Lösung des geschilderten Problems kennen lernen.

2.2.1 Erster Lösungsversuch

Das Problem der verlorenen Buchungen kommt offensichtlich daher, dass eine Buchung aus mehreren Arbeitsschritten (Java-Anweisungen) besteht. Man könnte also denken, dass das Problem dann gelöst ist, wenn eine Buchung durch eine einzige Java-Anweisung realisiert wird. Im folgenden Programm (**Listing 2.7**) sind nur die Änderungen gegenüber dem obigen Programm dargestellt. Die Klasse Account enthält eine Methode transferMoney statt der Methoden zum Abfragen und Setzen des Kontostands. Diese Methode besteht aus einer einzigen Java-Anweisung. Die TransferMoney-Methode der Klasse Bank ruft dann einfach die TransferMoney-Methode der Klasse Account auf.

Listing 2.7:

```
class Account
{
    private float balance;
    public void transferMoney(float amount)
    {
        balance += amount;
    }
}
class Bank
{
    private Account[] account;
    public Bank()
    {
        ... // wie bisher
    }
    public void transferMoney(int accountNumber, float amount)
    {
        account[accountNumber].transferMoney(amount);
    }
}
... //wie bisher
```

Dies ist keine Lösung unseres Problems, denn Java-Programme werden nicht im Quellcode ausgeführt, sondern erst in Java-Bytecode übersetzt und dieser Bytecode wird ausgeführt. Eine Anweisung wie

```
balance += amount;
```

wird dabei in mehrere primitive Anweisungen für die JVM (Java Virtual Machine) übersetzt. Schematisch sieht dies dann so aus:

```
lade den Inhalt von balance aus dem Hauptspeicher in ein Register;
addiere auf dieses Register den Inhalt von amount;
schreibe den Inhalt des Registers auf balance zurück;
```

Nun hat man wieder dasselbe Problem wie im ursprünglichen Bankenprogramm. Die Buchung besteht aus mehreren Teilschritten. Wenn nach Ausführung der ersten Anweisung eine Umschaltung erfolgt, kann dieselbe Situation, die zum Verlust einer Buchung führt, auch hier eintreten. Der Registerinhalt wird übrigens beim Umschalten auf einen anderen Thread abgespeichert und beim Zurückschalten auf diesen Thread wieder hergestellt. Das Register hat hier eine ähnliche Rolle wie zuvor die lokale Variable newBalance.

Ein weiterer Grund, der gegen diese Lösung spricht, ist die fehlende Allgemeingültigkeit. Wenn es uns auch hier gelungen ist, die kritische Operation in einer Java-Anweisung auszudrücken, so ist dies im Allgemeinen nicht möglich.

2.2.2 Zweiter Lösungsversuch

Ein weiterer Ansatz, das Problem der verlorenen Buchungen zu lösen, besteht in der Überlegung, dass zu einem Zeitpunkt nur eine Angestellte eine Buchung durchführen darf. Erst wenn eine Buchung vollständig abgeschlossen ist, darf eine andere Angestellte eine Buchung vornehmen. Dies ist in der Tat eine korrekte Lösung des Problems. Die Frage ist, wie man das realisieren kann. Im Folgenden wird dies mit Hilfe eines Sperrattributs der Klasse Bank versucht.

Die Klasse Account ist wieder so realisiert wie im ursprünglichen Programm; sie hat also Methoden zum Abfragen und Setzen des Kontostands. Alle anderen Klassen außer der Klasse Bank sind ebenfalls unverändert. Die Klasse Bank wird wie folgt verändert (Änderungen sind in **Listing 2.8** fett gedruckt):

Listing 2.8:

```java
class Bank
{
    private Account[] account;
    private boolean locked;

    public Bank()
    {
        account = new Account[100];
        for(int i = 0; i < account.length; i++)
        {
            account[i] = new Account();
        }
        locked = false;
    }

    public void transferMoney(int accountNumber, float amount)
    {
        while(locked);
        locked = true;

        float oldBalance = account[accountNumber].getBalance();
        float newBalance = oldBalance + amount;
        account[accountNumber].setBalance(newBalance);

        locked = false;
    }
}
```

Die drei bisherigen Anweisungen der TransferMoney-Methode können nur ausgeführt werden, falls die Bank im Moment nicht gesperrt ist (d.h. falls kein anderer Thread im Moment gerade dabei ist, eine Buchung durchzuführen). Ist die Bank gesperrt, so wartet man so lange, bis sie wieder frei ist. Danach sperrt man selber die Bank, um anzuzeigen, dass gerade eine Buchung läuft und dass kein anderer Thread eine Buchung beginnen darf. Nachdem die Buchung vollständig durchgeführt wurde, wird die Sperre wieder freigegeben.

Diese auf den ersten Blick richtig aussehende Lösung hat allerdings eine ganze Reihe von Problemen:

1. Die Parallelität wird unnötig stark eingeschränkt. Es ist nämlich nicht kritisch, wenn Buchungen (quasi-)gleichzeitig auf unterschiedlichen Konten durchgeführt werden. Probleme können sich nur ergeben, wenn zwei Bankangestellte auf demselben Konto arbeiten. Sperren sollte es also für jedes Konto und nicht für die gesamte Bank geben.
2. Die Effizienz der Lösung ist äußerst schlecht. Wenn auf einen Thread umgeschaltet wird, der eine Buchung nicht durchführen kann, weil die Bank gerade gesperrt ist, so wird die gesamte kostbare Rechenzeit dafür verwendet, die Schleife `while(locked);` sehr oft auszuführen. Für die Geschäfte der Bank bringt dies keinen Fortschritt. Man bezeichnet diese Art des Wartens als *aktives Warten* (*busy waiting*) oder *Polling*. Die Leserinnen und Leser dieses Buches sollen unter anderem lernen, aktives Warten grundsätzlich zu vermeiden.
3. Das größte Problem dieser Lösung besteht jedoch darin, dass sie falsch ist! Das Warten auf das Freiwerden der Sperre und das Setzen der Sperre ist wiederum eine Aktion, die in mehrere Teilschritte zerfällt. Auch hier kann es wiederum zu einem Umschalten zu einem ungünstigen Zeitpunkt kommen.

Um dies zu verstehen, betrachten wir die Anweisungen

```
while(locked);
locked = true;
```

und ihre Übersetzung, die man schematisch so darstellen kann:

```
lade locked in ein Register;
falls dieses Register == true, springe zurück zur vorigen Anweisung;
lade true in locked;
```

Nehmen wir wieder an, dass eine Umschaltung nach der ersten Anweisung stattfindet, wobei der Registerwert gerettet wird. Nehmen wir weiter an, dass die Sperre zu diesem Zeitpunkt frei ist (das Register enthält also den Wert false). Der nächste Thread kann nun ebenfalls die TransferMoney-Methode einmal oder mehrmals ausführen. Wenn auf den ersten Thread zurückgeschaltet wird, während sich der zweite mitten in der Ausführung der TransferMoney-Methode befindet, dann kann der erste nun ebenfalls die Buchung durchführen, denn der alte Registerwert, der wieder geladen wird, enthält false. Also findet der Rücksprung in der zweiten Anweisung nicht statt und der erste Thread kann mit der Buchung beginnen. Dass dieser Ablauf tatsächlich eintritt und dann noch zusätzlich eine Buchung verloren geht, ist noch unwahrscheinlicher als zuvor. Aber wie schon zuvor diskutiert wurde, sollte dies kein Grund zur Beruhigung sein.

2.3 Synchronized und volatile

2.3.1 Synchronized-Methoden

Zur Lösung der soeben beschriebenen Probleme Nr. 2 und 3 verwenden wir die Möglichkeit, in Java Methoden als *synchronized* zu kennzeichnen. Im Folgenden (**Listing 2.9**) ist die Klasse Bank nochmals gezeigt. Das eingefügte Schlüsselwort synchronized, das zur Hervorhebung fett gedruckt ist, ist die einzige Änderung, die an dem ursprünglichen Bankprogramm vorgenommen werden muss.

Listing 2.9:

```java
class Bank
{
    private Account[] account;

    public Bank()
    {
        ... // wie im ursprünglichen Bankprogramm
    }
    public synchronized void transferMoney(int accountNumber,
                                           float amount)
    {
        float oldBalance = account[accountNumber].getBalance();
        float newBalance = oldBalance + amount;
        account[accountNumber].setBalance(newBalance);
    }
}
```

In Java besitzt jedes Objekt eine *Sperre*. Diese ist in der Klasse Object realisiert. Da jede Klasse direkt oder indirekt von Object abgeleitet ist, gilt dies für alle Klassen und damit für alle Objekte. Wird eine Methode, die nicht static ist, mit synchronized gekennzeichnet, so muss die Sperre des betreffenden Objekts zuerst gesetzt werden, bevor die Methode ausgeführt werden kann. Ist die Sperre von einem anderen Thread bereits gesetzt, so wird der aufrufende Thread blockiert. Dieses Blockieren geschieht aber nicht durch aktives Warten, sondern in ähnlicher Form wie beim Aufruf der Methode sleep: Der Thread wird im Folgenden nicht mehr berücksichtigt, wenn es darum geht, auf welchen Thread umgeschaltet wird. Das Warten auf das Freiwerden der Sperre benötigt also keine kostbare Rechenzeit. Wenn eine mit synchronized gekennzeichnete Methode verlassen wird, so wird die Sperre für das entsprechende Objekt wieder freigegeben. Falls ein Thread auf die Freigabe der Sperre wartet, kann dieser jetzt fortgesetzt werden.

Das geschilderte Problem der Ineffizienz (Problem Nr. 2) besteht bei dieser Lösung nicht mehr, da die Threads nicht aktiv auf die Freigabe der Sperre warten. Das Problem der Inkorrektheit (Problem Nr. 3) besteht ebenfalls nicht mehr. Der Programmierer kann sich darauf verlassen, dass der Sperrmechanismus von Java in korrekter Weise umgesetzt wird, worauf im Rahmen dieses Buches aber nicht näher eingegangen werden soll.

2 Grundlegende Synchronisationskonzepte in Java

Das Problem der unnötigen Einschränkung der Parallelität (Problem Nr. 1) ist damit noch nicht gelöst. Es ist naheliegend, statt der Sperre des Bank-Objekts die Sperren der Konto-Objekte zu verwenden. Ein erster Versuch dafür ist, dass man synchronized aus der TransferMoney-Methode der Klasse Bank wieder entfernt und stattdessen die Methoden getBalance und setBalance der Klasse Account mit synchronized kennzeichnet. Dies hilft allerdings gar nichts. Buchungen können wieder verloren gehen wie im ursprünglichen Bankprogramm. Denn wenn auch die Methoden zum Setzen und Abfragen synchronized sind, so kann dennoch zwischen dem Aufruf der beiden Methoden getBalance und setBalance umgeschaltet werden wie zuvor:

```
float oldBalance = account[accountNumber].getBalance();
float newBalance = oldBalance + amount;
account[accountNumber].setBalance(newBalance);
```

Eine korrekte Lösung besteht darin, dass für die Klasse Account statt getBalance und setBalance eine TransferMoney-Methode wie in Abschnitt 2.2.1 definiert wird und diese als synchronized gekennzeichnet wird. Damit werden die Sperren der Konto-Objekte in korrekter Weise genutzt.

2.3.2 Synchronized-Blöcke

Falls man diese Lösung nicht einsetzen will oder kann, weil man z.B. keinen Zugriff auf den Quellcode der Klasse Account hat, so können *Synchronized-Blöcke* verwendet werden. Mit Synchronized-Blöcken kann eine beliebige Gruppe von Anweisungen durch { und } zu einem Anweisungsblock zusammengefasst und als synchronized gekennzeichnet werden. Dabei muss hinter dem Schlüsselwort synchronized eine Referenz auf ein Objekt angegeben werden, dessen Sperre zunächst frei sein muss und gesetzt wird, bevor mit der Ausführung des Anweisungsblocks begonnen wird. Am Ende des Anweisungsblocks wird die Sperre wieder freigegeben.

Im folgenden Beispielprogramm (**Listing 2.10**) ist dies umgesetzt, wobei wieder nur die Klasse Bank gezeigt wird und die Änderungen gegenüber der ursprünglichen Version fett gedruckt sind. In der Methode transferMoney wird zunächst die Sperre für das entsprechende Konto-Objekt belegt und dann wird, während diese Sperre gehalten wird, der Kontostand abgefragt und neu gesetzt. Wenn jetzt zwischen dem Abfragen und dem Setzen auf einen anderen Thread umgeschaltet wird, so kann dieser Thread zwar auf anderen Konten buchen, nicht aber auf demjenigen, für das der erste Thread die Sperre belegt hat. Zur Verdeutlichung sei erwähnt, dass die Methoden der Klasse Account immer noch so aussehen wie im ursprünglichen Bankprogramm, also nicht synchronized sind.

Listing 2.10:

```
class Bank
{
    private Account[] account;

    public Bank()
    {
```

```
        ... // wie im ursprünglichen Bankenprogramm
    }
    public void transferMoney(int accountNumber, float amount)
    {
        synchronized(account[accountNumber])
        {
            float oldBalance = account[accountNumber].getBalance();
            float newBalance = oldBalance + amount;
            account[accountNumber].setBalance(newBalance);
        }
    }
}
```

Damit haben wir nun eine korrekte Lösung für unsere Bank, bei der auch die Parallelität nicht unnötig eingeschränkt wird.

Synchronized-Blöcke stellen ein allgemeineres Konzept dar als *Synchronized-Methoden*, denn man kann jede Synchronized-Methode als Nicht-Synchronized-Methode und einem Synchronized-Block realisieren. Statt

```
class C
{
    public synchronized void m()
    {
        ...
    }
}
```

kann man auch schreiben:

```
class C
{
    public void m()
    {
        synchronized(this)
        {
            ...
        }
    }
}
```

2.3.3 Wirkung von synchronized

Zur Überprüfung, ob die Bedeutung von synchronized verstanden wurde, betrachten wir folgende Klasse C:

```
class C
{
    public void m1() {...}
    public void m2() {...}
    public synchronized void ms1() {...}
    public synchronized void ms2() {...}
}
```

Wenn ein Thread die Methode ms1 auf ein Objekt o1 aufruft, und wenn während dieser Ausführung eine Umschaltung auf einen anderen Thread stattfindet, so kann dieser weder die Methode ms1 noch ms2 auf o1 anwenden, wohl aber die Methoden m1 und m2. Die Sperre für das Objekt o1 ist ja vom ersten Thread gesetzt worden, deshalb kann beim Aufruf von ms1 oder ms2 die Sperre nicht gesetzt werden und der aufrufende Thread wird blockiert. Es ist dabei gleichgültig, ob ms1 oder ms2 aufgerufen wird; die Sperre hängt nicht von der Methode ab, sondern vom Objekt. Der Aufruf der Methoden m1 und m2 kann deshalb erfolgen, weil hier der Zustand der Sperre gar nicht geprüft wird. Umgekehrt gilt, dass ein zweiter Thread alle Methoden m1, m2, ms1 und ms2 bei einem Objekt o1 aufrufen kann, während ein erster Thread gerade die Methode m1 auf o1 anwendet.

Bisher haben wir nur ein Objekt betrachtet. Wenn ein Thread gerade dabei ist, die Methode ms1 auf ein Objekt o1 anzuwenden, so kann ein anderer Thread alle Methoden m1, m2, ms1 und ms2 auf ein anderes Objekt o2 anwenden, da dieses ja nicht gesperrt ist. Die Sperre bezieht sich also auf ein Objekt. Dies gilt allerdings nur für Synchronized-Methoden, die nicht static sind. Static-Attribute und -Methoden sind ja so genannte Klassenattribute bzw. Klassenmethoden, die sich auf die Klasse und nicht auf einzelne Objekte beziehen. Entsprechend wird beim Aufruf einer Static-Synchronized-Methode eine Sperre für die Klasse geprüft und gesetzt. Es existieren also Sperren für jedes Objekt einer Klasse und für die Klasse selbst. Diese sind alle unabhängig voneinander. Das heißt, dass eine Synchronized-Methode, die nicht static ist, auf ein Objekt angewendet und die Sperre für dieses Objekt gesetzt werden kann, auch wenn die Sperre für die Klasse schon gesetzt ist. Das Setzen der Sperre für die Klasse bedeutet also nicht, dass auf allen Objekten dieser Klasse die entsprechenden Sperren gesetzt werden.

Wenn ein Objekt gesperrt ist und durch Aufruf einer Synchronized-Methode auf dieses Objekt die Sperre erneut gesetzt werden soll, dann hängt das Ergebnis dieser Prüfung davon ab, welcher Thread das Objekt momentan gesperrt hat. Ist es derselbe Thread, der jetzt erneut die Sperre anfordert, dann wird der Thread nicht blockiert, sondern kann die Methode ausführen. Andernfalls würde es hier zu einer Blockierung kommen, die nie wieder aufgelöst werden könnte. Das folgende Programm (**Listing 2.11**) verdeutlicht diesen Sachverhalt; die Main-Methode kann bis zum Ende ausgeführt werden.

Listing 2.11:

```java
class MyClass
{
    public synchronized void m1()
    {
        m2();
    }
    public synchronized void m2()
    {
    }
    public static void main(String[] args)
    {
        MyClass obj = new MyClass();
        obj.m1();
        //diese Stelle wird erreicht!!!
    }
}
```

In diesem Fall erfolgt also keine endlose Blockierung. Damit soll aber nicht gesagt werden, dass solche endlosen Blockierungen grundsätzlich nie vorkommen können. Im Gegenteil: Diese als Verklemmung bekannte Problematik wird später ausführlich behandelt. In solchen Verklemmungssituationen befinden sich dann aber immer mindestens zwei Threads.

Konstruktoren können nie als synchronized gekennzeichnet werden. Man sollte immer so programmieren, dass dies auch nicht notwendig ist. Das heißt, die Initialisierung eines Objekts sollte abgeschlossen sein, bevor andere Threads damit arbeiten. Sollte es in einem extremen Fall aber dennoch notwendig sein, so kann man sich mit einem Synchronized(this)-Block behelfen.

2.3.4 Notwendigkeit von synchronized

Die Problematik der verloren gegangenen Buchung sollte nicht dazu führen, bei der Nutzung von Threads grundsätzlich alle Methoden mit synchronized zu kennzeichnen. Zum einen können dadurch eher Verklemmungen entstehen. Zum anderen ist die Verwendung von synchronized nicht ganz kostenlos. Es ist beim Aufruf der entsprechenden Methoden die Sperre zu prüfen und zu setzen. Entsprechend muss am Ende die Sperre wieder freigegeben werden. Man sollte sich also im Zusammenhang mit Threads immer genau überlegen, ob synchronized notwendig ist oder nicht.

Wie schon einige Seiten zuvor erwähnt sind lokale Variablen von Methoden für jeden Aufruf vorhanden und daher nie ein Grund für den Einsatz von synchronized. Dies gilt in jedem Fall für die primitiven Datentypen (int, boolean, short, float usw.). Für Referenzen gilt dies auch, nicht aber in jedem Fall für die Objekte, auf die solche Referenzen zeigen. Werden die Objekte, auf die die lokalen Referenzvariablen zeigen, in der Methode neu erzeugt, dann gibt es auch hier keine Probleme bzgl. der Parallelität. Die gemeinsame Nutzung bezieht sich also immer auf Attribute von Objekten und Klassen. Hier ist im Einzelfall zu analysieren, ob eine Synchronisation nötig ist.

Man kann sich nun fragen, ob für das Lesen und Schreiben von Attributen der Basisdatentypen wie boolean, int, long usw. sowie Referenzen auch synchronized notwendig ist. Um uns einer Antwort auf diese Frage zu nähern, betrachten wir zunächst, dass bei Java garantiert wird, dass das Lesen und Schreiben von Referenzen sowie aller Basisdatentypen außer long und double *atomar* (d.h. *unteilbar*) erfolgt. Für long und double wird diese *Atomarität* nicht gewährleistet, weil diese beiden Datentypen durch 64 Bits repräsentiert werden. Deshalb kann es sein, dass das Lesen und Schreiben in zwei Schritten für jeweils 32 Bits erfolgt. Dadurch könnte ohne Synchronisation z.B. Folgendes passieren: Angenommen, die Bits eines Attributs des Typs wären alle null. Der Wert würde nun so verändert, dass alle Bits eins sind. Wenn ein anderer Thread diesen Wert liest, so liest er entweder vor oder nach der Änderung, woraus folgt, dass er entweder lauter Nullen oder lauter Einsen liest. Wenn nun aber das Lesen und Schreiben nicht atomar ist und nicht synchronisiert erfolgt, kann es dazu kommen, dass ein lesender Thread einen Wert zurück bekommt, bei dem 32 Bits null und 32 Bits eins sind. Das ist ein Wert, den es nie gegeben hat und der deshalb nie gelesen werden sollte. Also muss auch in diesem Fall synchronized verwendet werden.

2.3.5 Volatile

Nun scheint es also so zu sein, dass für das Lesen und Schreiben von Attributen der Basisdatentypen außer long und double sowie Referenzen kein synchronized notwendig ist. Aber auch dies kann im Allgemeinen nicht angenommen werden, denn es kann zu einem weiteren Problem kommen, das wir noch nicht diskutiert haben. Angenommen, wir haben eine Klasse mit einem Int-Attribut und einer Get- und Set-Methode zum Lesen und Schreiben des Attributs. Nehmen wir an, beide Methoden seien nicht synchronized. Nun kann es sein, dass ein Thread wiederholt die Get-Methode aufruft. Der Compiler könnte nun folgende Optimierung beim Erzeugen von Byte-Code vorgenommen haben: Da der Wert des Attributs scheinbar zwischen den Get-Aufrufen nicht verändert wird, muss der Wert des Attributs nicht jedes Mal aus dem Hauptspeicher geladen werden, sondern der Wert könnte in einem Register des Prozessors gespeichert und immer wieder verwendet werden. Dadurch würde dieser Thread nicht bemerken, wenn der Wert durch einen anderen Thread verändert wird. Diese Optimierung kann vermieden werden, indem das Attribut mit dem Schlüsselwort *volatile* gekennzeichnet wird (s. **Listing 2.12**):

Listing 2.12:

```
class VolatileExample
{
    private volatile int value;
    public void setValue(int value)
    {
        this.value = value;
    }
    public int getValue()
    {
        return value;
    }
}
```

Das Wort „volatile" bedeutet flüchtig. Damit ist gemeint, dass man nicht davon ausgehen kann, dass sich dieser Wert zwischen zwei lesenden Zugriffen nicht ändert, falls er vom betrachteten Thread nicht verändert wird, sondern dass er von anderen Threads verändert werden könnte und deshalb bei jedem Lesezugriff aus dem Hauptspeicher geholt werden soll. Die Synchronized-Blöcke und Synchronized-Methoden haben neben dem Behandeln der Sperre zusätzlich den Volatile-Effekt. Das heißt, synchronized wirkt so, als ob alle betroffenen Attribute mit volatile gekennzeichnet wären. Der Einfachheit halber werden wir im weiteren Verlauf des Buchs volatile nicht mehr verwenden, sondern nur noch synchronized.

2.3.6 Regel für die Nutzung von synchronized

Aus den bisherigen Ausführungen ergibt sich, dass der Zugriff auf gemeinsam benutzte Attribute durch mehrere Threads immer synchronized erfolgen muss, auch wenn es nur um das Lesen und Schreiben eines einfachen Int-Attributs geht (**Listing 2.13**):

Listing 2.13:

```
class SynchronizedExample
{
    private int value;
    public synchronized void setValue(int value)
    {
        this.value = value;
    }
    public synchronized int getValue()
    {
        return value;
    }
}
```

Falls aber die Attribute eines Objekts von einem Thread verändert werden und erst anschließend werden weitere Threads erzeugt, die diese Attribute lediglich lesen, dann muss man nicht synchronisieren. Denn zum einen ist keine Gleichzeitigkeit im Spiel, zum anderen garantiert das Neustarten von Threads einen Volatile-Effekt (dasselbe gilt übrigens für das Warten auf das Ende von Threads mit join, s. Abschnitt 2.4). Synchronisation ist immer nur dann nötig, falls mehrere Threads auf gemeinsame Daten zugreifen und mindestens einer dieser Threads verändert die Daten. In diesem Fall ist es wichtig, alle Methoden, die auf Attribute des Objekts zugreifen, als synchronized zu kennzeichnen, gleichgültig, ob in einer Methode die Attribute des Objekts nur gelesen oder auch verändert werden. Die schreibenden Methoden überführen den Zustand eines Objekts (repräsentiert durch die aktuellen Werte seiner Attribute) von einem konsistenten Zustand in einen anderen konsistenten Zustand. In der Regel erfolgt dieser Zustandswechsel durch mehrere Einzelschritte. Wenn nun eine rein lesende Methode den Zustand des Objekts in einem Zwischenzustand sehen könnte, dann wird ein inkonsistenter Zustand des Objekts ausgelesen. Dies ist in der Regel nicht erwünscht und kann zu Folgefehlern führen. Nehmen wir als Beispiel eine Bank, in der nur Überweisungen von einem Konto dieser Bank auf ein anderes Konto dieser Bank durchgeführt werden können. Dies bedeutet, dass die Summe aller Kontostände immer konstant bleibt. Eine Überweisung wird durchgeführt, indem zuerst ein Betrag von einem Konto abgebucht und einem anderen Konto gutgeschrieben wird (oder in umgekehrter Reihenfolge). Wenn nun ein Thread eine Überweisung vornimmt und nach der Änderung des ersten Kontos auf einen rein lesenden Thread umgeschaltet wird, der überprüft, ob die Summe aller Kontostände noch denselben Wert hat, dann wird diese Überprüfung fehlschlagen – es fehlt scheinbar Geld (oder es ist scheinbar zu viel Geld vorhanden).

Es ist also folgende Regel einzuhalten:

> Wenn von mehreren Threads gleichzeitig auf ein Objekt zugegriffen werden kann, wobei mindestens ein Thread den Zustand des Objekts ändert (das heißt dessen Attribute schreibt), dann müssen alle Methoden, die auf den Zustand des Objekts lesend oder schreibend zugreifen, mit synchronized gekennzeichnet werden.

2.4 Ende von Java-Threads

Ein Thread ist zu Ende, wenn seine Run-Methode bzw. die Main-Methode im Falle des Ursprungs-Threads beendet ist. Sind alle Threads zu Ende, so ist der gesamte Prozess zu Ende (diese Aussage ist nicht ganz korrekt; sie wird in Abschnitt 2.9 präzisiert werden). Betrachten Sie nochmals die Beispiele aus dem Abschnitt 2.1.3. In der Main-Methode werden nur die Thread-Objekte erzeugt und die Threads gestartet. Auch wenn danach die Main-Methode zu Ende ist, so läuft der Prozess noch weiter, und zwar so lange, bis die gestarteten Threads ebenfalls zu Ende gelaufen sind.

Für die weiteren Überlegungen sollte man sich nochmals den Unterschied zwischen dem Thread-Objekt und dem eigentlichen Thread verdeutlichen. In der Küchen-Köche-Metapher könnte man das Thread-Ende mit dem Tod eines Kochs vergleichen, wobei der Körper, der dem Thread-Objekt entspricht, nach dem Tod des Kochs noch vorhanden ist. Wie ein Toter nicht wieder zum Leben erweckt werden kann, kann auf ein Thread-Objekt die Start-Methode maximal einmal angewendet werden. Zu einem Thread-Objekt gibt es also maximal einen Thread.

Durch die Methode *isAlive* der Klasse Thread kann ein Thread-Objekt befragt werden, ob der dazugehörige Thread lebt. Die Methode liefert true oder false zurück, je nachdem, ob der entsprechende Thread läuft oder beendet ist bzw. nie gestartet wurde. Damit diese Methode angewendet werden kann, muss natürlich noch das dazugehörige Thread-Objekt vorhanden sein. Die Methode isAlive ist in der Klasse Thread wie folgt definiert:

```
public class Thread
{
    ...
    public final boolean isAlive() {...}
    ...
}
```

Man sollte diese Methode allerdings nicht einsetzen, um in einer Schleife auf das Ende eines Threads zu warten:

```
//MyThread sei eine aus Thread abgeleitete Klasse
MyThread t = new MyThread();
t.start();
while(t.isAlive());
//jetzt gilt: t.isAlive() == false; also ist der Thread beendet
...
```

Denn diese Art des Wartens ist *aktives Warten* wie beim Versuch der Realisierung einer Sperre im Abschnitt 2.2; es wird unnötig Rechenzeit verbraucht. Wenn man also nicht nur zwischendurch wissen möchte, ob ein Thread zu Ende gelaufen ist, sondern wenn man auf das Ende eines Threads warten möchte, dann sollte man die *Join-Methoden* der Klasse Thread einsetzen:

```
public class Thread
{
    ...
    public final void join()
                throws InterruptedException {...}
```

```
    public final void join(long millis)
                throws InterruptedException {...}
    public final void join(long millis, int nanos)
                throws InterruptedException {...}
    ...
}
```

Alle Join-Methoden können eine Ausnahme der Art *InterruptedException* werfen wie sleep. Die Methode join ist mehrfach überladen. Die Variante ohne Argumente wartet auf das Ende eines Threads, wie lange das auch immer dauern mag. Im Extremfall kann das unendliches Warten bedeuten, wenn z.B. der Thread, auf den gewartet wird, eine Endlosschleife in seiner Run-Methode ausführt. Die beiden Varianten mit Argumenten geben eine maximale Wartezeit an, wobei einmal die Wartezeit in Millisekunden und einmal in Milli- und Nanosekunden angegeben werden kann. Der aufrufende Thread kehrt aus dem Aufruf der Join-Methode zurück, falls der Thread, auf dessen Ende gewartet wird, zu Ende gelaufen oder die angegebene Zeit vergangen ist, was immer auch zuerst eintreten mag.

2.4.1 Asynchrone Beauftragung mit Abfragen der Ergebnisse

Das folgende Programm zeigt ein Beispiel, in dem auf das Ende von Threads gewartet werden muss. Die Aufgabe besteht darin, in einem sehr großen Feld des Typs boolean die Anzahl der True-Werte zu zählen. Diese Aufgabe wird auf mehrere Threads aufgeteilt, wobei jeder Thread in einem gewissen Bereich dieses Feldes zählt. Nachdem alle Threads zu Ende gelaufen sind (auf dieses Ende wird mit join gewartet), werden die Zählergebnisse der Threads addiert. Im folgenden Beispiel (**Listing 2.14**) wird zur Abwechslung mit der Schnittstelle Runnable gearbeitet.

Listing 2.14:

```
class Service implements Runnable
{
    private boolean[] array;
    private int start;
    private int end;
    private int result;

    public Service(boolean[] array, int start, int end)
    {
        this.array = array;
        this.start = start;
        this.end = end;
    }

    public int getResult()
    {
        return result;
    }

    public void run()
    {
        for(int i = start; i <= end; i++)
        {
            if(array[i])
            {
                result++;
            }
```

```java
                }
            }
        }

        public class AsynchRequest
        {
            private static final int ARRAY_SIZE = 500000000;
            private static final int NUMBER_OF_SERVERS = 10;

            public static void main(String[] args)
            {
                /*
                 * Feld erzeugen, jeder 10. Wert ist true
                 */
                boolean[] array = new boolean[ARRAY_SIZE];
                for(int i = 0; i < ARRAY_SIZE; i++)
                {
                    if(i % 10 == 0) //alternativ: if(Math.random() < 0.1)
                    {
                        array[i] = true;
                    }
                    else
                    {
                        array[i] = false;
                    }
                }

                // Startzeit messen
                long startTime = System.currentTimeMillis();

                // Feld für Services und Threads erzeugen
                Service[] service = new Service[NUMBER_OF_SERVERS];
                Thread[] serverThread = new Thread[NUMBER_OF_SERVERS];

                // Threads erzeugen
                int start = 0;
                int end;
                int howMany = ARRAY_SIZE / NUMBER_OF_SERVERS;

                for(int i = 0; i < NUMBER_OF_SERVERS; i++)
                {
                    if(i < NUMBER_OF_SERVERS-1)
                    {
                        end = start + howMany - 1;
                    }
                    else
                    {
                        end = ARRAY_SIZE-1;
                    }
                    service[i] = new Service(array, start, end);
                    serverThread[i] = new Thread(service[i]);
                    serverThread[i].start();
                    start = end + 1;
                }

                // Synchronisation mit Servern (auf Serverende warten)
                for(int i = 0; i < NUMBER_OF_SERVERS; i++)
                {
                    try
                    {
                        serverThread[i].join();
                    }
                    catch(InterruptedException e)
                    {
                    }
                }

                // Gesamtergebnis aus Teilergebnissen berechnen
                int result = 0;
                for(int i = 0; i < NUMBER_OF_SERVERS; i++)
```

```
        {
            result += service[i].getResult();
        }

        // Endzeit messen
        long endTime = System.currentTimeMillis();
        float time = (endTime - startTime) / 1000.0f;
        System.out.println("Rechenzeit: " + time);

        // Ergebnis ausgeben
        System.out.println("Ergebnis: " + result);
    }
}
```

Die Klasse Service enthält als Attribute die Parameter des Auftrags, der von einem Thread bearbeitet werden soll, nämlich eine Referenz auf das boolesche Feld und die Indizes, in denen das Feld untersucht werden soll. Diese Attribute werden im Konstruktor gesetzt. Ein weiteres Attribut ist das errechnete Resultat, das mit der Methode getResult erfragt werden kann. Die Run-Methode zählt die True-Werte im angegebenen Bereich des Feldes. In der Main-Methode der Klasse AsynchRequest wird zunächst ein relativ großes boolesches Feld der Größe 500.000.000 erzeugt, wobei jedes 10. Feldelemente auf true gesetzt wird (alternativ könnte man z.B. mit Hilfe von Zufallszahlen auch im Mittel 1/10 der Werte auf true setzen, s. Kommentar im Programmcode). Anschließend wird je ein Feld für die Service-Objekte und die Thread-Objekte erzeugt. Danach erfolgt in einer Schleife die Erzeugung der Service-Objekte und der Thread-Objekte. Dem Konstruktor aller Service-Objekte wird eine Referenz auf dasselbe boolesche Feld übergeben, während die Bereiche, in denen nach True-Werten gesucht wird, jeweils neu berechnet werden. Alle Threads werden nach ihrer Erzeugung gestartet und können nun parallel ihre Suche durchführen. Wenn man wie in diesem Fall einen Auftrag startet und nicht direkt danach auf das Ergebnis wartet, sondern noch andere Tätigkeiten durchführt (in diesem Fall weitere Aufträge startet), so wird dies als asynchrone Auftragserteilung bezeichnet. Daher wurde diese Klasse AsynchRequest genannt. Anschließend wird gewartet, bis alle gestarteten Threads zu Ende gelaufen sind. Hierzu wird die neu eingeführte Methode join verwendet. Erst danach kann das Ergebnis, das die einzelnen Threads berechnet haben, abgefragt und aufsummiert werden. Zum Schluss wird das Endergebnis ausgegeben.

Obwohl jedes einzelne Ergebnisattribut von dem dazugehörigen Thread geschrieben und vom Main-Thread gelesen wird, ist an dieser Stelle kein synchronized notwendig, denn zum einen erfolgt der Zugriff nicht gleichzeitig: Die Threads werden erst erzeugt, nachdem das boolesche Feld beschrieben wurde. Die parallel ablaufenden Threads greifen auf unterschiedliche Bereiche des Feldes zu, und dies auch nur lesend. Das Attribut result wird vom Main-Thread erst abgefragt, nachdem alle Threads beendet sind und daher dieser Wert nicht mehr verändert wird. Zum anderen besitzen start und join einen Volatile-Effekt.

Wie aus **Listing 2.14** ersichtlich ist, befindet sich noch eine Zeitmessung in der Main-Methode. Damit kann man untersuchen, wie die Laufzeit für das Zählen der True-Werte von der Anzahl der eingesetzten Threads abhängt. Die **Tabelle 2.1** zeigt einige Messergebnisse. Dabei wurde die Konstante NUMBER_OF_SERVERS der Reihe nach entsprechend variiert.

Tabelle 2.1: Laufzeiten des Programms AsynchRequest

NUMBER_OF_SERVERS	Gemessene Zeit (in Sekunden)
1	1,123
2	0,562
3	0,609
4	0,608
5	0,608
10	0,625
50	0,655
100	0,639
1.000	0,733
10.000	1,716
100.000	10,873

Wie man sieht, ergibt sich eine Halbierung der Laufzeit bei der Benutzung von zwei Threads gegenüber einem Thread. Das ist nicht verwunderlich, denn die Messungen wurden auf einem Rechner mit einem Zweikern-Prozessor durchgeführt. Offenbar können also die beiden Threads echt parallel von diesem Dualkern-Prozessor ausgeführt werden.

Werden mehr als zwei Threads verwendet, so sinkt die Ausführungszeit nicht weiter ab, sondern bleibt bis ca. 100 Threads in etwa gleich (die Schwankungen dürften statistischer Natur sein, denn es wird ja nicht wirklich die Ausführungszeit gemessen, sondern die vergangene Zeit, die natürlich auch davon abhängt, was während der Messung sonst noch alles auf dem Rechner passiert). Werden sehr viele Threads verwendet (10.000 oder gar 100.000), so steigt die Laufzeit sehr deutlich an. Dies liegt zum einen daran, dass nun die Thread-Erzeugung deutlich ins Gewicht fällt. Außerdem sollte man sich vor Augen führen, dass beim Einsatz von sehr vielen Threads das Starten aller Threads relativ lange dauert, während jeder einzelne Thread nur noch eine kleine Ausführungszeit hat. Bei 100.000 Threads z.B. untersucht jeder Thread nur noch 5.000 Feldelemente, so dass das Starten von 100.000 Threads deutlich aufwändiger sein dürfte als das, was jeder einzelne Thread zu tun hat. Daraus folgt, dass z.B. bei 100.000 gestarteten Threads diese zu keinem Zeitpunkt gleichzeitig existieren, denn die zuerst gestarteten Threads dürften schon wieder zu Ende gelaufen sein, wenn die letzten Threads schließlich gestartet werden. Dies ist ein weiterer Grund, warum sich bei einer Vergrößerung der Anzahl von Threads keine weiteren Geschwindigkeitssteigerungen mehr ergeben können.

Daraus könnte man nun folgern, dass man immer genau so viele Threads verwenden sollte, wie der Rechner Prozessoren bzw. Kerne besitzt. Durch die folgende Anweisung kann die Anzahl der Prozessoren bzw. Kerne erfragt werden:

```
int numberOfProcessors = Runtime.getRuntime().availableProcessors();
```

Diese Schlussfolgerung (Anzahl der Threads = Anzahl der Kerne bzw. Prozessoren) gilt aber nur für rechenintensive Threads. Damit sind Threads gemeint, die nie warten müssen (z.B. wegen einer Ein-/Ausgabe [EA]). Handelt es sich jedoch um EA-intensive Threads, die immer wieder warten müssen, dann gibt es auch dann noch Laufzeitverbesserungen, wenn man deutlich mehr Threads einsetzt, als es Prozessoren bzw. Kerne auf dem verwendeten Rechner gibt. Im folgenden Programm wird dieses Warten simuliert, indem in der Schleife der Run-Methode der Klasse Service nach dem Zählen ein Aufruf der Sleep-Methode eingefügt wird (der eingefügte Programmcode ist in **Listing 2.15** fett gedruckt):

Listing 2.15:

```
public void run()
{
    for(int i = start; i <= end; i++)
    {
        if(array[i])
        {
            result++;
        }
        try
        {
            Thread.sleep(10);
        }
        catch(InterruptedException e)
        {
        }
    }
}
```

Wenn die Messungen jetzt wiederholt werden, dann ist natürlich die Laufzeit insgesamt wesentlich größer. Wir verwenden daher jetzt nur noch ein Feld der Größe 10.000 (der Wert der Konstanten ARRAY_SIZE wurde entsprechend verringert). Jetzt kann man die Geschwindigkeitssteigerungen auch beim Einsatz einer deutlich größeren Anzahl von Threads erkennen (bis ca. 1.000 Threads), wie die **Tabelle 2.2** zeigt:

Tabelle 2.2: Laufzeiten des Programms AsynchRequest bei einer Feldgröße 10.000 mit zusätzlichem sleep(10)

NUMBER_OF_SERVERS	Gemessene Zeit (in Sekunden)
1	100,113
2	50,041
5	20,058
10	10,015
50	2,006
100	1,011
500	0,265
1.000	0,196
5.000	0,584
10.000	1,072

Die Laufzeit bei einem Thread ergibt sich im Wesentlichen aus der aufsummierten Wartezeit:

10.000 * 10 ms = 100.000 ms = 100 s.

Die Lösung mit N Threads ist ca. um den Faktor N schneller als die Lösung mit einem Thread, da das Warten, welches den wesentlichen Teil der Laufzeit ausmacht, vollständig parallel erfolgt. Eine solche Verbesserung ist bis zum Einsatz von ca. 500 Threads erkennbar. Bei der Verwendung von 1.000 Threads sinkt zwar die Laufzeit nochmals ab, aber nicht mehr auf die Hälfte der Laufzeit von 500 Threads. Danach wird die Laufzeit wieder größer, weil jetzt der Overhead durch den Einsatz sehr vieler Threads dominiert und außerdem sehr viele Threads hintereinander ausgeführt werden.

2.4.2 Zwangsweises Beenden von Threads

In manchen Fällen soll es möglich sein, das Beendigen eines Threads „von außen" anzustoßen. Wenn etwa wie im letzten Beispiel ein Thread mit einem gewissen Auftrag gestartet wird, dann kann es sein, dass der Auftraggeber für die Ausführung eines Auftrags nur eine bestimmte Maximalzeit einräumt. Sollte der Thread innerhalb dieser Zeit seinen Auftrag nicht erledigt haben, soll er vom Auftraggeber abgebrochen werden. Die Klasse Thread besitzt zu diesem Zweck die Methode *stop*. Diese Methode ist in neueren Java-Versionen allerdings „deprecated" (missbilligt). Das bedeutet, dass empfohlen wird, sie nicht mehr zu verwenden, denn sie könnte in zukünftigen Java-Versionen nicht mehr vorhanden sein und dann wären Programme, die diese Methode verwenden, nicht mehr lauffähig. Diese Methode wurde praktisch wieder aus der Klasse Thread herausgenommen, weil bei einer derartigen Beendigung alle von diesem Thread gesperrten Objekte wieder freigegeben werden. Wenn der Thread aber gerade dabei war, durch Aufruf einer Synchronized-Methode den Zustand eines Objekts zu verändern, so kann es sein, dass diese Methode nur zum Teil ausgeführt wurde und sich das Objekt danach in einem inkonsistenten Zustand befindet.

Das Problem eines inkonsistenten Zustands wurde schon am Ende des vorigen Abschnitts 2.3 durch folgendes Beispiel erläutert: Angenommen, bei einer Bank gebe es nur Umbuchungen von einem Konto der Bank auf ein anderes. Das heißt, dass der Betrag, der von einem Konto abgebucht wird, einem anderen gutgeschrieben wird. Für das System gilt die *Invariante*, dass die Summe aller Kontostände immer dieselbe ist. Wenn nun aber ein Thread während einer Umbuchung abgebrochen wird, so könnte eine der beiden Buchungen schon erfolgt sein, während die andere Buchung nicht mehr ausgeführt wird. Die Invariante der konstanten Kontostandssumme wäre damit nicht mehr gültig.

Da also durch die Möglichkeit des Abbruchs von Threads inkonsistente Zustände entstehen können, soll die Methode stop nicht benutzt werden. Stattdessen muss der Anwendungsprogrammierer die Möglichkeit des Abbrechens selber umsetzen. Dies kann z.B. durch ein boolesches Attribut des Thread-Objekts, das in der Run-Methode regelmäßig abgefragt wird, realisiert werden. Ist der Attributwert true, so läuft der Thread weiter, andernfalls wird die Run-Methode beendet, wodurch dann auch der Thread zu Ende ist. Dieser

Attributwert muss „von außen" veränderbar sein, damit der Thread abgebrochen werden kann. Das folgende Programm (**Listing 2.16**) zeigt die Idee dieser Realisierung.

Listing 2.16:

```java
public class StopThread extends Thread
{
    private boolean running = true;

    public StopThread()
    {
        start();
    }
    public synchronized void stopRunning()
    {
        running = false;
    }
    public synchronized boolean isRunning()
    {
        return running;
    }
    public void run()
    {
        int i = 0;
        while(isRunning())
        {
            i++;
            System.out.println("Hello World (" + i + ")");
        }
        System.out.println("thread terminating ...");
    }
    public static void main(String[] args)
    {
        StopThread st = new StopThread();
        try
        {
            Thread.sleep(5000);
        }
        catch(InterruptedException e)
        {
        }
        st.stopRunning();
    }
}
```

Das Attribut running der Klasse StopThread wird von zwei Threads benutzt, wobei einer der beiden Threads, der Main-Thread, dieses Attribut durch Aufruf der Methode stopThread verändert. Nach unseren bisher eingeführten Prinzipien muss der Zugriff auf dieses Attribut daher in Synchronized-Methoden stattfinden. Dabei ist es gleichgültig, ob das Attribut nur gelesen wird wie in der Methode isRunning oder ob das Attribut verändert wird wie in der Methode stopRunning. Wie erwähnt sind zwar lesende und schreibende Zugriffe auf ein Attribut des Typs boolean atomar, aber wegen möglicher Compiler-Optimierungen müsste man das Attribut zumindest als volatile kennzeichnen. Da wir aber volatile in diesem Buch nicht verwenden, haben wir die Zugriffe entsprechend synchronisiert.

Das Programm gibt einem Thread 5 Sekunden Zeit, wiederholt „Hello World" mit einer Nummerierung auszugeben. Eine solche Ausgabe könnte so aussehen:

```
Hello World (1)
...
Hello World (16012)
thread terminating ...
```

Diese Ausgabe ist in der Regel von Ausführung zu Ausführung unterschiedlich: Bei wiederholter Ausführung dieses Programms ergeben sich unterschiedliche Anzahlen von Ausgabezeilen. Auch hängt die Ausgabe sehr stark von der Größe des Fensters ab; bei kleineren Fenstern ist die Anzahl der ausgegebenen Zeilen größer als bei größeren Fenstern. Dies ist dadurch zu erklären, dass bei der Ausgabe einer Zeile das gesamte Fenster neu auf den Bildschirm gezeichnet werden muss. Ein großes Fenster neu zu zeichnen ist aufwändiger als ein kleines Fenster neu zu zeichnen und dauert daher länger. Noch mehr Zeilen werden ausgegeben, wenn das Programmfenster direkt nach dem Start des Programms zu einem Icon verkleinert wird (auf meinem PC über 200.000 statt wie zuvor ca. 16.000 Zeilen).

Allerdings ist es nicht notwendig, ein Attribut wie running in **Listing 2.16** selbst zu definieren. Die Klasse Thread besitzt nämlich bereits ein solches Attribut (diese Situation ist ähnlich wie zuvor beim Namensattribut, das wir in **Listing 2.3** selbst definiert haben, bevor wir dann in **Listing 2.4** das Namensattribut der Klasse Thread verwendet haben). Das Attribut heißt *Interrupt-Flag*. Die Belegung ist gerade umgekehrt wie beim Running-Attribut zuvor; wenn das Interrupt-Flag true ist, dann interpretieren wir das so, dass der Thread beendet werden soll; im anderen Fall soll er weiterlaufen. Mit der Methode *isInterrupted* kann das Interrupt-Flag abgefragt und mit der Methode *interrupt* auf true gesetzt werden. Die Verwendung des Interrupt-Flags eines Threads hat aber nicht nur den Vorteil, dass man selbst kein Attribut und keine eigenen Methoden definieren muss. Mit dem Interrupt-Flag ist es zusätzlich möglich, einen Thread aus einem Zustand, in dem der Thread nicht laufen kann (z.B. weil er sich gerade in sleep, join oder wait [s. Abschnitt 2.5] befindet), herauszuholen, die Blockade eines Threads also sozusagen zu unterbrechen (daher der Name Interrupt-Flag).

Wir ändern das Programm aus **Listing 2.16** nun dahingehend, dass wir statt dem selbst definierten Attribut running das Interrupt-Flag benutzen. Um den Unterbrechungseffekt zusätzlich zu demonstrieren, lassen wir den Thread, den wir beenden wollen, wiederholt 3 Sekunden in sleep schlafen (siehe **Listing 2.17**).

Listing 2.17:

```java
public class StopThreadByInterrupt extends Thread
{
    public StopThreadByInterrupt()
    {
        start();
    }
    public void run()
    {
        int i = 0;
        try
        {
            while(!isInterrupted())
            {
                i++;
                System.out.println("Hello World (" + i + ")");
```

```
                Thread.sleep(3000);
            }
        }
        catch(InterruptedException e)
        {
            System.out.println(e.getMessage());
        }
        System.out.println("thread terminating ...");
    }
    public static void main(String[] args)
    {
        StopThreadByInterrupt st = new StopThreadByInterrupt();
        try
        {
            Thread.sleep(9100);
        }
        catch(InterruptedException e)
        {
        }
        st.interrupt();
    }
}
```

Hätten wir dieses sleep auch in die Run-Methode von **Listing 2.16** eingebaut, so hätte es im ungünstigsten Fall sein können, dass wir nach Aufruf der Methode interrupt noch 3 Sekunden hätten warten müssen, bis der Thread tatsächlich zu Ende gelaufen wäre (nämlich dann, wenn stopRunning ausgeführt worden wäre, kurz nachdem der andere Thread sein Attribut running abgefragt hatte). Beim Programm aus **Listing 2.17** wird das Programm immer sehr schnell beendet, denn das Setzen des Interrupt-Flags unterbricht die Sleep-Methode mit einer Ausnahme des Typs *InterruptedException*. Dabei ist es unerheblich, ob das Interrupt-Flag gesetzt wird, wenn der Thread bereits im Schlafenszustand ist, oder ob das Interrupt-Flag schon vorher gesetzt war. Wenn das Interrupt-Flag schon gesetzt war, dann wird unmittelbar beim Aufruf von sleep die Ausnahme ausgelöst.

In der Run-Methode von **Listing 2.17** ist die While-Schleife in den Try-Block geschachtelt. Die umgekehrte Schachtelung (d.h. try-catch innerhalb der While-Schleife) würde übrigens nicht funktionieren, denn mit dem Auslösen (d.h. „Werfen") der Ausnahme InterruptedException wird das Interrupt-Flag wieder zurück (d.h. auf false) gesetzt. Somit würde nach Ausführung des Catch-Blocks die erneute Abfrage des Interrupt-Flags durch die Methode isInterrupted wieder false liefern; die Schleife und damit die Run-Methode würden nicht beendet werden.

Das Abfragen des Interrupt-Flags verändert den Wert des Flags nicht. Es gibt allerdings auch die Static-Methode *interrupted* zum Abfragen des Interrupt-Flags des ausführenden Threads. Dabei wird das Interrupt-Flag allerdings zurückgesetzt. Damit haben wir also drei weitere Methoden der Klasse Thread kennen gelernt:

```
public class Thread
{
    public void interrupt {...}
    public boolean isInterrupted() {...}
    public static boolean interrupted() {...}
    ...
}
```

Zur Sicherheit sei noch erwähnt, dass man natürlich in dem Programm aus **Listing 2.17** nicht davon ausgehen kann, dass unmittelbar nach Ausführung der Methode interrupt der unterbrochene Thread beendet ist. Denn dieser unterbrochene Thread muss ja selbst zu Ende laufen. Das heißt, dass ihm erst wieder der Prozessor vom Betriebssystem zugewiesen werden muss, damit er laufen kann, und er dann seine restlichen Anweisungen vollends ausführen und seine Run-Methode beenden muss. Dies demonstriert das Beispielprogramm aus **Listing 2.18**:

Listing 2.18:

```java
public class Polling extends Thread
{
    public Polling()
    {
        start();
    }

    public void run()
    {
        int i = 0;
        while(!isInterrupted())
        {
            i++;
            System.out.println("Hello World (" + i + ")");
        }
    }

    public static void main(String[] args)
    {
        Polling p = new Polling();
        try
        {
            Thread.sleep(5000);
        }
        catch(InterruptedException e)
        {
        }
        System.out.println("isAlive: " + p.isAlive());
        int i = 0;
        p.interrupt();
        while(p.isAlive())
        {
            i++;
            System.out.println("still alive");
        }
        System.out.println("was alive: " + i + " cycle(s)");
    }
}
```

In diesem Programm wird nach Ausführung der Methode interrupt in einer While-Schleife mit isAlive auf das Ende des unterbrochenen Threads gewartet. Auf das Ende eines Threads sollte man im Normalfall natürlich mit join warten. Das aktive Warten wird hier lediglich zur Demonstration verwendet, um zu zeigen, dass der unterbrechende Thread noch mehrere Anweisungen ausführen kann, bevor der unterbrochene Thread wirklich zu Ende ist. Eine Ausführung des Programms aus **Listing 2.18** könnte folgende Ausgabe produzieren:

```
Hello World (1)
...
```

```
Hello World (188874)
isAlive: true
Hello World (188875)
still alive
still alive
...
still alive
was alive: 39 cycles
```

Der unterbrechende Thread konnte seine While-Schleife nach dem Interrupt-Aufruf also noch 39 Mal ausführen, bis der unterbrochene Thread wirklich zu Ende war.

2.4.3 Asynchrone Beauftragung mit befristetem Warten

Durch die Möglichkeit, laufende Threads abzubrechen, kann man nun einem Thread, den man zur Lösung einer Aufgabe beauftragt hat, eine begrenzte Zeit zur Erledigung der Aufgabe einräumen. Ist der Thread dann noch nicht zu Ende, dann wird er abgebrochen. Dies kann zum Beispiel angewendet werden, wenn der Thread ein gewisses Ergebnis berechnet und diese Berechnung ständig verfeinert und damit genauer wird. Man kann so einem Thread eine gewisse Zeit zur Berechnung gewähren und dann das Ergebnis mit der Genauigkeit, die in der verfügbaren Zeit erreicht werden konnte, benutzen. Das Schema eines solchen Programms ist im folgenden Beispiel (**Listing 2.19**) gezeigt:

Listing 2.19:

```
class Server extends Thread
{
    private double result;

    public Server(...)
    {
        ...
    }

    public double getResult()
    {
        return result;
    }

    public void run()
    {
        boolean morePrecisionPossible = true;
        while(!isInterrupted() && morePrecisionPossible)
        {
            // nächste Iteration: result genauer berechnen
            ...
            if(...)
            {
                morePrecisionPossible = false;
            }
        }
    }
}
public class BoundedTime
{
    private static final int TIMEOUT = 10000;

    public static void main(String[] args)
    {
        Server server = new Server(...);
```

```
            server.start();

            // auf Serverende beschränkte Zeit warten
            try
            {
                server.join(TIMEOUT);
            }
            catch(InterruptedException e)
            {
            }

            // Server sanft abbrechen
            server.interrupt();

            // Synchronisation mit Server
            try
            {
                server.join();
            }
            catch(InterruptedException e)
            {
            }

            // Ergebnis abholen und ausgeben
            double result = server.getResult();
            System.out.println("Ergebnis: " + result);
        }
    }
```

In diesem Programm wird auf das Ende des Server-Threads eine bestimmte Zeit (10 Sekunden) gewartet. Danach wird der Server-Thread abgebrochen. Sollte der Server zu diesem Zeitpunkt schon zu Ende gelaufen sein, so hat dieses Abbrechen keine Wirkung. Anschließend muss nochmals auf das Ende des Threads gewartet werden, bevor das Resultat abgeholt werden kann. Dies liegt daran (wie zuvor erklärt wurde), dass der abgebrochene Thread erst wieder an die Reihe kommen muss und dann auch noch einige Anweisungen ausführen muss, um sich selbst zu beenden.

2.4.4 Asynchrone Beauftragung mit Rückruf (Callback)

Zum Abschluss dieses Abschnitts betrachten wir eine Alternative zum Aufsammeln der Ergebnisse, die von mehreren Servern berechnet werden (**Listing 2.14**). Bisher wurde in der Klasse AsynchRequest auf das Ende der Server-Threads gewartet und danach wurden alle Ergebnisse abgefragt. Eine andere Möglichkeit besteht darin, dass die Server-Threads von sich aus ihre Ergebnisse nach der Berechnung melden. Die Server rufen sozusagen zurück. Man bezeichnet dieses Verhalten daher als *Callback*. In einem solchen Fall muss der Auftraggeber nicht auf das Ende der Threads warten. Das Prinzip ist beispielhaft im folgenden Programm (**Listing 2.20**) dargestellt, das das frühere Beispiel AsynchRequest zum Zählen der True-Werte in einem booleschen Feld variiert.

Listing 2.20:

```
    interface ResultListener
    {
        public void putResult(int result);
    }
```

```java
class ServiceCallback implements Runnable
{
    private boolean[] array;
    private int start;
    private int end;
    private ResultListener h;

    public ServiceCallback(boolean[] array, int start, int end,
                           ResultListener listener)
    {
        this.array = array;
        this.start = start;
        this.end = end;
        this.h = listener;
    }

    public void run()
    {
        int result = 0;
        for(int i = start; i <= end; i++)
        {
            if(array[i])
            {
                result++;
            }
        }
        h.putResult(result);
    }
}

class ResultHandler implements ResultListener
{
    private int result;
    private int numberOfResults;
    private int expectedNumberOfResults;

    public ResultHandler(int r)
    {
        expectedNumberOfResults = r;
    }

    public synchronized void putResult(int r)
    {
        result += r;
        numberOfResults++;
        if(numberOfResults == expectedNumberOfResults)
        {
            System.out.println("Ergebnis: " + result);
        }
    }
}

public class AsynchRequestCallback
{
    private static final int ARRAY_SIZE = 500000000;
    private static final int NUMBER_OF_SERVERS = 10;

    public static void main(String[] args)
    {
        /*
         * Feld erzeugen, Werte sind abwechselnd true und false
         */
        boolean[] array = new boolean[ARRAY_SIZE];
        for(int i = 0; i < ARRAY_SIZE; i++)
        {
            if(i % 2 == 0)
            {
                array[i] = true;
            }
            else
```

```
            {
                array[i] = false;
            }
        }

        // ResultHandler erzeugen
        ResultHandler h = new ResultHandler(NUMBER_OF_SERVERS);

        // Threads erzeugen
        int start = 0;
        int end;
        int howMany = ARRAY_SIZE / NUMBER_OF_SERVERS;

        for(int i = 0; i < NUMBER_OF_SERVERS; i++)
        {
            if(i < NUMBER_OF_SERVERS-1)
            {
                end = start + howMany - 1;
            }
            else
            {
                end = ARRAY_SIZE-1;
            }
            ServiceCallback service = new ServiceCallback(array,
                                                    start, end, h);
            Thread t = new Thread(service);
            t.start();
            start = end + 1;
        }
    }
}
```

In diesem Programm wird den Objekten der Klasse ServiceCallback neben den Argumenten für das boolesche Feld, dem Start- und Endeindex noch eine Referenz auf ein Objekt übergeben, das die Schnittstelle ResultListener implementiert. Diese Schnittstelle besitzt eine Methode namens putResult, mit der ein Resultat gemeldet werden kann. Die Klasse ServiceCallback enthält im Vergleich zu der Klasse Service die Methode getResult nicht mehr. Da das Resultat nicht mehr abgefragt werden kann, ist auch result kein Attribut mehr dieser Klasse. Stattdessen genügt es, das Resultat in der Methode run in einer lokalen Variablen zu berechnen und diesen Wert am Ende durch Aufruf der Methode putResult zu melden. Die Klasse ResultHandler implementiert die Schnittstelle ResultListener. Im Konstruktor wird angegeben, wie viele Resultatmeldungen erwartet werden. Die Methode putResult addiert das Argument zu dem bisherigen Ergebnis und zählt die Anzahl der gemeldeten Resultate um eins hoch. Sind alle erwarteten Resultatmeldungen eingetroffen, so wird bei der letzten Meldung das Gesamtergebnis ausgegeben. Die Main-Methode ist ähnlich wie zuvor in der Klasse AsynchRequest. Nur wird jetzt ein ResultHandler-Objekt erzeugt und allen ServiceCallback-Objekten im Konstruktor mitgegeben. Dafür ist es jetzt nach dem Starten der Threads nicht mehr nötig, auf das Ende der Threads zu warten und die Ergebnisse aufzusammeln, da jeder Thread sein Ergebnis von sich aus meldet. Folglich müssen auch die Service- und Thread-Objekte nicht mehr in Feldern gespeichert werden.

2.5 Wait und notify

Mit den bisher eingeführten Konzepten kann bereits eine ganze Reihe von Anwendungen mit Threads realisiert werden. Die gemeinsam benutzten Objekte kapseln ihre Zustände (die Werte der Attribute). Für diese Zustände gelten in der Regel gewisse *Konsistenzbedingungen* (*Invarianten*). Für eine doppelt verkettete Liste z.B. ist eine Konsistenzbedingung, dass der Vorgänger des Nachfolgers eines Elements e dieses Element e ist. Mit den Methoden wird der Zustand eines Objekts von einem *konsistenten Zustand* in einen anderen konsistenten Zustand überführt, wobei zwischenzeitlich die *Konsistenz* verletzt sein kann. Bei einer doppelt verketteten Liste gilt die obige Bedingung vor und nach dem Einfügen eines Elements. Allerdings können während des Einfügens die Konsistenzbedingungen verletzt sein, da der Einfügevorgang aus mehreren Einzelschritten besteht. Werden Objekte von mehreren Threads aus benutzt und dabei deren Zustände auch verändert, dann gewährleisten Synchronized-Methoden, dass ein Thread beim Aufruf einer Methode immer einen konsistenten Zustand des Objekts vorfindet. Wenn nämlich ein anderer Thread gerade dabei ist, den Zustand dieses Objekts zu verändern, dann ist dieses Objekt gesperrt und der Aufruf der Synchronized-Methode wird solange verzögert, bis der andere Thread die Änderung durchgeführt hat und damit der Zustand des Objekts wieder konsistent ist.

In manchen Situationen will man erreichen, dass gewisse Methoden nur dann ausgeführt werden können, wenn zusätzlich zu dem konsistenten Zustand gewisse weitere anwendungsabhängige Bedingungen erfüllt sind. Sind diese Bedingungen nicht erfüllt, so soll der Thread so lange warten, bis diese Bedingungen gelten. Anhand eines Beispiels aus dem täglichen Leben soll dieser Sachverhalt veranschaulicht werden. Wir wollen ein Parkhaus (ParkingGarage) modellieren, wobei wir das Parkhaus so weit abstrahieren, dass wir für den Zustand des Parkhauses lediglich die Anzahl der noch freien Parkplätze festhalten. Verschiedene Threads, welche die Autos darstellen, können die Methoden enter (Einfahrt in das Parkhaus) und leave (Ausfahrt aus dem Parkhaus) aufrufen. Beim Einfahren wird die Anzahl der freien Plätze um eins vermindert, beim Ausfahren entsprechend um eins erhöht. Allerdings kann die Anzahl der freien Plätze nicht um eins vermindert werden, wenn sie bereits null ist. Dieser Effekt dürfte den meisten Leserinnen bekannt sein; man kann in ein volles Parkhaus nicht mehr einfahren, da die Anzahl der freien Plätze nicht negativ werden kann. Da das Parkhaus von mehreren Auto-Threads benutzt wird und dabei der Zustand auch verändert wird, müssen die Methoden enter und leave beide synchronized sein.

In den folgenden zwei Implementierungen werden zuerst wieder einmal vergebliche Versuche unternommen, das Problem des Wartens auf einen freien Platz zu lösen.

2.5.1 Erster Lösungsversuch

Hier ist der erste Versuch (**Listing 2.21**):

Listing 2.21:

```
class ParkingGarage
{
    private int places; //Anzahl freier Plätze

    public ParkingGarage(int places)
    {
        if(places < 0)
            places = 0;
        this.places = places;
    }

    public synchronized void enter()
    {
        while(places == 0);
        places--;
    }

    public synchronized void leave()
    {
        places++;
    }
}
```

Diese Lösung hat zwei Probleme:

1. Wieder einmal wird *aktives Warten* benutzt, was sehr ineffizient ist.
2. Das noch größere Problem bei dieser Lösung ist, dass sie nicht korrekt arbeitet. Sobald nämlich ein Auto in ein volles Parkhaus durch Aufruf der Methode enter einfahren will, kann dieser Thread die Methode enter nie mehr verlassen und somit die Sperre des Parkhausobjekts nie mehr freigeben. Deshalb können auch keine Autos mehr aus dem Parkhaus herausfahren; das Parkhaus kann folglich nicht mehr benutzt werden.

2.5.2 Zweiter Lösungsversuch

Versuchen wir zuerst das größere Problem (Problem Nr. 2) zu lösen. Offenbar ist die Ursache des geschilderten Problems das Warten auf einen freien Platz innerhalb der Synchronized-Methode. Deshalb wird im Folgenden (**Listing 2.22**) versucht, das Warten auf einen freien Platz nicht innerhalb einer Synchronized-Methode durchzuführen.

Listing 2.22:

```
class ParkingGarage
{
    private int places; //Anzahl freier Plätze

    public ParkingGarage(int places)
    {
        if(places < 0)
            places = 0;
        this.places = places;
    }

    private synchronized boolean isFull()
    {
        return (places == 0);
    }
```

```
    private synchronized void decrementPlaces()
    {
        places--;
    }
    public void enter()
    {
        while(isFull());
        decrementPlaces();
    }
    public synchronized void leave()
    {
        places++;
    }
}
```

Im Vergleich zu der vorigen Lösung ist die Methode enter nun nicht mehr synchronized. Um auf den Zustand des Parkhausobjekts zuzugreifen, werden deshalb neue, private Synchronized-Methoden isFull und decrementPlaces bereitgestellt, um den Zustand des Parkhauses abzufragen bzw. die Anzahl der freien Plätze um eins zu reduzieren. Aber auch diese Lösung hat zwei große Nachteile:

1. Wie zuvor wird aktiv gewartet, was nicht verwunderlich ist, da wir dieses Problem aus dem ersten Lösungsversuch nicht angegangen sind.
2. Auch diese Lösung ist nicht korrekt. Das Herausziehen des Wartens aus synchronized bringt uns zurück zum Problem der verlorenen Buchung. Angenommen, es ist noch ein Platz im Parkhaus frei. Ein Auto, das einfahren will, ruft die Methode isFull auf und bekommt den Wert false zurückgeliefert. Deshalb wird die While-Schleife verlassen. Wir befinden uns jetzt in der Ausführung zwischen den beiden Anweisungen der Methode enter. Wenn jetzt auf einen anderen Thread umgeschaltet wird, der ebenfalls in das Parkhaus einfahren will, so kann er dies tun, da immer noch ein Platz frei ist. Wird danach wieder auf den ersten Thread geschaltet, so setzt dieser seine Ausführung an der Stelle, an der er vorher war, fort, indem die Methode decrementPlaces aufgerufen wird. Das Auto kann jetzt fälschlicherweise auch noch einfahren und die Anzahl der freien Plätze des Parkhauses ist nun –1.

2.5.3 Korrekte Lösung mit wait und notify

Das Warten auf einen freien Platz ist sowohl im gesperrten Zustand des Parkhausobjekts als auch im nicht gesperrten Zustand nicht korrekt. Zudem verwenden beide Lösungen das unerwünschte aktive Warten. Eine korrekte und effiziente Lösung ist unter Verwendung der Methoden *wait* und *notify* der Klasse Object möglich:

```
public class Object
{
    ...
    public final void wait() throws InterruptedException {...}
    public final void notify() {...}
}
```

Beide Methoden müssen auf ein Objekt angewendet werden, das in diesem Augenblick durch synchronized gesperrt ist (sonst wird eine *IllegalMonitorStateException* geworfen). Im nachfolgenden Beispiel (**Listing 2.23**) ist dies der Fall: Die fehlende Angabe des Objekts beim Aufruf bedeutet bekanntlich this.wait() und this.notify(). Da sich diese Aufrufe in Methoden der Klasse ParkingGarage befinden, werden wait und notify auf das Parking-Garage-Objekt angewendet, das in diesem Augenblick in der Tat gesperrt ist, da wait und notify in den Synchronized-Methoden enter und leave aufgerufen werden. Die Methode wait blockiert den aufrufenden Thread und fügt ihn in eine Warteschlange des Objekts ein, auf das die Wait-Methode aufgerufen wird (d.h. in diesem Fall also in eine Warteschlange des entsprechenden ParkingGarage-Objekts). Die Methode notify entfernt einen Thread aus der Warteschlange des Objekts, auf das diese Methode angewendet wird. Ist diese Warteschlange leer, so hat der Aufruf von notify keine Wirkung. Es gibt keine Garantie, dass der Thread, der sich am längsten in der Warteschlange befindet, geweckt wird, sondern es wird irgendein Thread geweckt.

Im Folgenden ist eine korrekte Lösung des Parkhausproblems mit wait und notify zu sehen. Der Vollständigkeit halber sind neben der Klasse ParkingGarage auch noch die Auto-Threads der Klasse Car zu sehen, die ein Parkhaus benutzen, sowie eine Main-Methode zum Ausprobieren der Klassen.

Listing 2.23:

```java
class ParkingGarage
{
    private int places;
    public ParkingGarage(int places)
    {
        if(places < 0)
            places = 0;
        this.places = places;
    }
    public synchronized void enter()
    {
        while(places == 0)
        {
            try
            {
                wait();
            }
            catch(InterruptedException e)
            {
            }
        }
        places--;
    }
    public synchronized void leave()
    {
        places++;
        notify();
    }
}
class Car extends Thread
{
    private ParkingGarage garage;
```

```
        public Car(String name, ParkingGarage garage)
        {
            super(name);
            this.garage = garage;
            start();
        }
        public void run()
        {
            while(true)
            {
                try
                {
                    sleep((int) (Math.random() * 10000));
                }
                catch(InterruptedException e)
                {
                }
                garage.enter();
                System.out.println(getName() + ": eingefahren");
                try
                {
                    sleep((int) (Math.random() * 20000));
                }
                catch(InterruptedException e)
                {
                }
                garage.leave();
                System.out.println(getName() + ": ausgefahren");
            }
        }
    }
    public class Parking
    {
        public static void main(String[] args)
        {
            ParkingGarage garage = new ParkingGarage(10);
            for(int i = 1; i <= 40; i++)
            {
                new Car("Auto " + i, garage);
            }
        }
    }
```

Es ist sehr wichtig, dass beim Aufruf von wait gleichzeitig die Sperre für das Objekt, auf das wait angewendet wird, aufgehoben wird. Denn sonst hätte diese Lösung dasselbe Problem wie der erste vergebliche Lösungsversuch, dass nämlich das Parkhaus bei dem Versuch einer Einfahrt in das volle Parkhaus gesperrt bleibt, folglich kein Auto mehr das Parkhaus verlassen und damit auch kein Auto mehr einfahren könnte. Wenn ein Thread aus wait durch notify von einem anderen Thread geweckt wird, dann muss der geweckte Thread zuerst das Objekt erneut sperren, bevor er weiteren Code der Anwendung ausführen kann.

Um das Verständnis dieses Sachverhalts zu überprüfen, wollen wir jetzt zwei Änderungen des Programms durchführen und prüfen, ob das resultierende Programm immer noch korrekt ist:

- Angenommen, wir vertauschen die beiden Anweisungen in der Methode leave der Klasse ParkingGarage. Im ersten Augenblick könnte es so aussehen, dass damit das Programm nicht mehr korrekt arbeitet, denn es wird zuerst ein wartender Thread geweckt und dann erst der Zähler erhöht. Tatsächlich ist das Programm aber weiterhin korrekt, denn der geweckte Thread kann erst weiterlaufen, wenn er die Sperre für das Parkhaus setzen kann. Dies ist aber erst dann der Fall, wenn der weckende Thread aus der Methode leave zurückgekehrt ist und damit dann auch der Zähler erhöht wurde. Die ursprüngliche Schreibweise wird aber bevorzugt, weil sie naheliegender und daher besser verständlich ist.

- Eine andere mögliche Änderung des Parkhausprogramms besteht darin, das while in der Enter-Methode durch if zu ersetzen. Auf den ersten Blick scheint diese Änderung an der Korrektheit des Programms nichts zu verändern, denn wenn ein Thread nicht einfahren kann, wird er durch wait blockiert. Dieser Thread wird aber genau dann geweckt, wenn ein anderer Thread ausfährt und die Anzahl der freien Plätze um eins erhöht hat. Man könnte meinen, dass damit ein geweckter Thread in jedem Fall einen freien Platz vorfinden muss. Diese Überlegung ist aber nicht korrekt und zeigt die Schwierigkeit im Umgang mit parallelen Abläufen. Es ist nämlich nicht gesagt, dass der geweckte Thread auch tatsächlich als nächster läuft. Es könnte genauso gut sein, dass ein dritter Thread den Prozessor zugeteilt bekommt und in das Parkhaus einfahren will. Da soeben ein Auto das Parkhaus verlassen hat, ist ein Platz frei und die Einfahrt möglich. Wenn dann etwas später auf den geweckten Thread umgeschaltet wird, so sind bereits wieder alle Plätze belegt und er muss erneut warten. Die Ersetzung von while durch if wäre also nicht korrekt. Die beschriebene Situation entspricht einer Situation, wo ein Auto vor einem vollen Parkhaus wartet, bis ein anderes Auto ausfährt. Nachdem ein Auto ausgefahren ist, kommt von hinten ein Auto und fährt vor dem schon seit längerer Zeit wartenden Auto in das Parkhaus ein. Diese ärgerliche Situation ist in unserem Parkhausprogramm also durchaus möglich. Will man das verhindern, so muss dies explizit programmiert werden; im Abschnitt 2.6.3 wird eine faire Variante eines Parkhauses vorgestellt.

Die Auto-Threads schlafen eine zufällig gewählte Zeit zwischen 0 und 10 Sekunden, bevor sie in das Parkhaus einfahren. Dies soll das Umherfahren auf den Straßen simulieren. Im Parkhaus hält sich ein Auto eine zufällig gewählte Zeit zwischen 0 und 20 Sekunden auf. Außerdem ist die Anzahl der Autos (40) deutlich größer als die Anzahl der freien Plätze im Parkhaus (10). Diese Werte wurden deshalb so gewählt, damit beim Ablauf des Programms mit hoher Wahrscheinlichkeit das Parkhaus voll wird und damit überprüft werden kann, ob sich zu jedem Zeitpunkt höchstens 10 Autos im Parkhaus befinden.

Wenn wir zur Überprüfung dieses Sachverhalts das Parkhausprogramm übersetzen und ausführen, erhalten wir z.B. folgende Ausgabe, wobei am Ende jeder Zeile manuell als Java-Kommentar die Anzahl der Autos angegeben ist, die sich offensichtlich nun im Parkhaus befinden:

```
Auto 14: eingefahren // 1
Auto 23: eingefahren // 2
Auto  5: eingefahren // 3
Auto 12: eingefahren // 4
Auto 20: eingefahren // 5
Auto 26: eingefahren // 6
Auto 33: eingefahren // 7
Auto 12: ausgefahren // 6
Auto 38: eingefahren // 7
```

```
Auto 2:  eingefahren   // 8
Auto 30: eingefahren   // 9
Auto 27: eingefahren   // 10
Auto 25: eingefahren   // 11
Auto 20: ausgefahren   // 10
...
```

Bei der Betrachtung der Ausgabe des Programms fällt auf, dass sich nach Einfahrt des Autos 25 scheinbar 11 Autos im Parkhaus befinden. Verfolgt man die Ausgabe weiter (oben nicht gezeigt), so bleibt es bei einem scheinbaren Höchststand von 11 (d.h. die Zahl der Autos im Parkhaus wächst nicht über 11). Programmieranfänger werden vielleicht relativ lange den „Programmierfehler" vergeblich suchen. Hier liegt aber ein relativ tückischer Fall vor, bei dem das Programm nur scheinbar fehlerhaft ist. In Wirklichkeit ist das Programm korrekt und lediglich dessen Ausgabe verwirrend. Das Problem der Ausgabe ist am Ende der While-Schleife in der Run-Methode der Klasse Car zu suchen. Zuerst verlässt ein Auto das Parkhaus und danach erst erfolgt die Ausgabe. Wenn also im obigen Beispiel das Auto 20 das Parkhaus verlassen hat, wird auf das wartende Auto 25 umgeschaltet. Dieses fährt ein und gibt seinen Erfolg aus (vorletzte Zeile in der obigen Ausgabe). Danach wird auf den schon zuvor ausgefahrenen Thread mit dem Namen „Auto 20" zurückgeschaltet und dieser gibt erst jetzt bekannt, dass er aus dem Parkhaus herausgefahren ist. Manchmal macht man beim Programmieren Fehler und erkennt sie nicht. In diesem Fall ist es umgekehrt: Man sieht Fehler, die gar nicht da sind.

Obwohl wir nun also hoffentlich doch von der Korrektheit des Programms überzeugt sind, ist die vorliegende Situation dennoch unbefriedigend, denn man möchte ein Verhalten des Programms sehen, das auch den Tatsachen entspricht und weniger irreführend ist. Offenbar ist die Ursache des Problems, dass Ein- und Ausfahrvorgänge und deren Ausgabe nicht eng genug gekoppelt sind und dazwischen eine Thread-Umschaltung erfolgen kann. Folgende Lösungsversuche kann man unternehmen:

1. Wenn die Ausgaben von der Run-Methode in die Enter- und Leave-Methoden verlagert werden, so entspricht die Ausgabe wesentlich besser dem tatsächlichen Verlauf. Allerdings ist davon abzuraten, wenn die Klasse ParkingGarage anderen Anwendungen zur Verfügung gestellt wird, die diese Ausgaben nicht brauchen oder nicht wollen. Eine Anwendung könnte das Verhalten z.B. grafisch darstellen, so dass die Ausgabe unnötig ist. Eine andere Anwendung könnte mit Hilfe der ParkingGarage-Klasse eine Simulation über die benötigte Parkplatzkapazität einer Stadt durchführen, in der Tausende von Ein- und Ausfahrten simuliert werden, um statistische Auswertungen vornehmen zu können. In einem solchen Fall verlangsamt diese Ausgabe die Simulation erheblich. Im Allgemeinen sollten keine Ausgaben in derartige Methoden eingebaut werden.

2. Um die Ein- und Ausfahrt mit der jeweiligen Ausgabe zu koppeln, könnte man auf die Idee kommen, beide Vorgänge jeweils in einem Synchronized-Block zusammenzufassen. Und zwar so, dass jeweils vor einer Ein- bzw. Ausfahrt eine Sperre gesetzt und nach der Ausgabe diese Sperre wieder freigegeben wird. Dabei müssen alle Threads dasselbe Objekt sperren und entsperren. Eine mögliche Lösung ist, hierfür ein Klassenobjekt der Klasse Car zu verwenden. Dies ist im folgenden Programm realisiert (Änderungen fett gedruckt):

```
class Car extends Thread
{
    private ParkingGarage garage;
    private static Object lock = new Object();

    public Car(String name, ParkingGarage garage)
    {
        ... //wie zuvor
    }

    public void run()
    {
        while(true)
        {
            ... //sleep wie zuvor
            synchronized(lock)
            {
                garage.enter();
                System.out.println(getName() + ": eingefahren");
            }
            ... //sleep wie zuvor
            synchronized(lock)
            {
                garage.leave();
                System.out.println(getName() + ": ausgefahren");
            }
        }
    }
}
```

Jetzt kann es offenbar nicht mehr passieren, dass ein Auto ausfährt und – bevor die entsprechende Ausgabe auf dem Bildschirm zu sehen ist – ein anderes Auto in das Parkhaus einfährt. Wird das Programm übersetzt und ausgeführt, so erlebt man allerdings eine Enttäuschung:

```
Auto 34: eingefahren  // 1
Auto 6:  eingefahren  // 2
Auto 38: eingefahren  // 3
Auto 21: eingefahren  // 4
Auto 12: eingefahren  // 5
Auto 26: eingefahren  // 6
Auto 16: eingefahren  // 7
Auto 19: eingefahren  // 8
Auto 12: ausgefahren  // 7
Auto 37: eingefahren  // 8
Auto 40: eingefahren  // 9
Auto 12: eingefahren  // 10
Auto 40: ausgefahren  // 9
Auto 31: eingefahren  // 10
```

Hier wurden keine Zeilen für die Wiedergabe in diesem Buch weggelassen; dies ist tatsächlich die gesamte Ausgabe (ohne dass das Programm beendet ist). Das Programm scheint zu stehen. Dies ist bei näherer Betrachtung aber auch verständlich. Ein Auto, das in ein volles Parkhaus einfahren will, wird in der Methode enter blockiert. Dabei wird die Wait-Methode aufgerufen und die Sperre für das ParkingGarage-Objekt freigegeben. Da aber die Methode enter innerhalb des Synchronized(lock)-Blocks aufgerufen wird, wird die Sperre des Objekts lock nicht freigegeben. Damit kann aber kein Auto mehr das Parkhaus verlassen, denn dazu müsste erst die Sperre des Objekts lock gesetzt werden, um dann die Methode leave aufrufen zu können. Somit kann also kein weiteres Auto mehr ein- oder ausfahren. Man spricht in diesem Fall von einer *Ver-*

klemmung. Verklemmungen werden in Kapitel 3 ausführlich besprochen. Dieser Lösungsversuch ist also gescheitert.

3. Für diesen speziellen Fall gibt es eine wesentlich einfachere Lösung. Man vertauscht in der Run-Methode einfach die beiden letzten Anweisungen des ursprünglichen Programms (Änderungen fett gedruckt):

```
class Car extends Thread
{
    private ParkingGarage garage;

    public Car(String name, ParkingGarage garage)
    {
        ... //wie zuvor
    }

    public void run()
    {
        while(true)
        {
            ... //sleep wie zuvor
            garage.enter();
            System.out.println(getName() + ": eingefahren");
            ... //sleep wie zuvor
            System.out.println(getName() + ": ausgefahren");
            garage.leave();
        }
    }
}
```

Damit erhalten wir eine stimmige Ausgabe. Beachten Sie, dass eine Vertauschung der Ausgabe mit dem Aufruf der Enter-Methode bei der Einfahrt wieder zu einer irreführenden Ausgabe führen würde.

4. Alle bisherigen Lösungsversuche sind nicht besonders befriedigend, denn Lösungsversuch Nr. 1 ist unschön, Lösungsversuch Nr. 2 ist nicht korrekt, und Lösungsversuch Nr. 3 funktioniert zwar in diesem speziellen Fall, lässt sich aber nicht verallgemeinern. Wir betrachten nun als letzte Variante eine allgemeingültige Lösung des Problems, die dem 2. Lösungsversuch sehr ähnlich ist: Wieder wird der Methodenaufruf zum Ein- bzw. Ausfahren in einem Synchronized-Block mit der entsprechenden Ausgabe gekoppelt. Der wesentliche Unterschied ist nun aber, dass als Sperrobjekt dieses Mal das Parkhaus-Objekt selbst verwendet wird.

```
class Car extends Thread
{
    private ParkingGarage garage;

    public Car(String name, ParkingGarage garage)
    {
        ... //wie zuvor
    }

    public void run()
    {
        while(true)
        {
            ... //sleep wie zuvor
            synchronized(garage)
```

```
            {
                garage.enter();
                System.out.println(getName() + ": eingefahren");
            }
            ... //sleep wie zuvor
            synchronized(garage)
            {
                garage.leave();
                System.out.println(getName() + ": ausgefahren");
            }
        }
    }
}
```

Betrachtet man den zweiten Synchronized-Block, so wird deutlich, dass nach dem Herausfahren eines Autos kein anderer Thread eine Ausgabe machen kann, da das Parkhaus-Objekt noch so lange gesperrt bleibt, bis auch die dazugehörige Ausgabe erfolgt ist. Die zuvor geschilderte Problematik einer möglichen Verklemmung existiert allerdings nicht mehr: Wenn nämlich nun die Methode enter aufgerufen wird, dann ist das Parkhaus zwar schon gesperrt, aber von demselben Thread, der jetzt enter aufruft, so dass das Parkhaus-Objekt sozusagen nochmals gesperrt wird und die Methode enter betreten werden kann. Der entscheidende Unterschied zu Lösungsversuch Nr. 2 ist nun, dass beim Aufruf von wait in enter die Doppelsperre aufgehoben wird und damit ein anderer Thread den zweiten Synchronized-Block, in dem leave aufgerufen wird, betreten kann. Wenn ein in enter wartender Thread später dann weiterläuft, so wird das Parkhaus erneut doppelt gesperrt (d.h. es wird derselbe Zustand wieder hergestellt, der vor dem Aufruf von wait vorlag). Sollte der Thread dann in das Parkhaus einfahren können und die Methode enter verlassen, so wird der Sperrenzähler von 2 auf 1 erniedrigt; das Parkhaus bleibt aber gesperrt, da der Sperrenzähler immer noch größer als 0 ist. Erst wenn die Ausgabe über das Einfahren erfolgt ist, wird der Synchronized-Block verlassen, der Sperrenzähler geht auf 0 und die Sperre des Parkhauses wird freigegeben.

Zum Abschluss dieses Abschnitts sei noch darauf hingewiesen, dass die Methode *wait* wie join mehrfach überladen ist, um das Warten zu befristen (wie üblich durch Angabe der Wartezeit in Millisekunden oder in Milli- und Nanosekunden):

```
public class Object
{
    ...
    public final void wait(long millis)
        throws InterruptedException {...}
    public final void wait(long millis, int nanos)
        throws InterruptedException {...}
}
```

Damit scheinen die beiden überladenen Varianten von wait den beiden Sleep-Methoden ähnlich zu sein. Es gibt allerdings signifikante Unterschiede zwischen sleep und wait, die in der folgenden **Tabelle 2.3** zusammenfassend aufgeführt sind:

Tabelle 2.3: Gegenüberstellung von sleep und wait

Sleep	wait
Methoden der Klasse Thread	Methoden der Klasse Object
Klassenmethoden (static)	Instanzenmethoden (nicht static)
Keine Bedingungen für Aufruf	Kann nur angewendet werden auf ein Objekt, das im Augenblick durch synchronized gesperrt ist
Falls Objekte gesperrt sind, so bleiben sie gesperrt.	Die Sperre des Objekts, auf das der Aufruf angewendet wird, wird aufgehoben (eventuell andere gesetzte Sperren bleiben allerdings gesetzt)

2.6 NotifyAll

Mit synchronized, wait und notify lässt sich eine große Zahl von Synchronisationsaufgaben lösen. Betrachten wir nun folgende Aufgabe: Ein Thread, im Folgenden *Erzeuger* (*Producer*) genannt, will Messwerte (z.B. Temperatur, Geschwindigkeit eines vorbeifahrenden Autos) einem anderen Thread, im Folgenden *Verbraucher* (*Consumer*) genannt, zur Weiterverarbeitung (Anzeige, Mittelwertberechnung, Speichern) übergeben. Man könnte dazu ein von beiden Threads genutztes Objekt verwenden, in das mit put ein Messwert abgelegt und mit get ein Messwert ausgelesen werden kann (beide Methoden müssen dann natürlich synchronized sein). Wir nehmen an, dass dieses von beiden Threads genutzte Objekt nur Platz zum Speichern eines einzigen Messwerts hat. Dabei soll es aber nicht vorkommen, dass ein Messwert verloren geht. Dies könnte passieren, wenn der Erzeuger einen Messwert in das gemeinsam benutzte Objekt ablegt, obwohl der vorige Wert vom Verbraucher noch nicht gelesen wurde. Der alte Wert würde dann überschrieben. Es soll außerdem nicht vorkommen, dass der Verbraucher einen einzigen Messwert mehrfach ausliest. Dies könnte dann passieren, wenn zwischen zwei Aufrufen der Get-Methode kein neuer Wert vom Erzeuger angeliefert wurde. Durch Vergleichen des neu gelesenen Werts mit dem alten kann man übrigens nicht erkennen, ob ein Wert mehrfach gelesen wurde, denn wenn zwei aufeinanderfolgende gelesene Werte gleich sind, kann dies auch vorkommen, wenn derselbe Wert tatsächlich zweimal hintereinander gemessen wurde.

Das Verlieren sowie das Mehrfachlesen von Messwerten soll durch Warten verhindert werden: Will der Erzeuger mit put einen Messwert ablegen, dann wird dies solange verzögert, bis ein zuvor abgelegter Wert vom Verbraucher gelesen wurde und der Puffer somit wieder frei ist. Will umgekehrt der Verbraucher mit get einen Messwert abholen, dann wird dies so lange verzögert, bis ein neuer Messwert im Puffer bereitsteht. Wie schon zu vermuten, soll das Warten nicht durch aktives Warten realisiert werden.

2.6.1 Erzeuger-Verbraucher-Problem mit wait und notify

Im Folgenden wird eine Lösung dieser Aufgabe mit synchronized, wait und notify angegeben. Die Klasse Buffer (siehe **Listing 2.24**) realisiert das Austauschen der Messwerte mit den Methoden put und get. Ein einziges Attribut zur Zwischenspeicherung eines Messwerts (es wird hier von ganzzahligen Messwerten ausgegangen) reicht nicht aus, sondern es muss auch erkennbar sein, ob der Puffer voll oder leer ist (d.h. ob der aktuell vorhandene Messwert schon ausgelesen wurde oder noch nicht). Dieser Sachverhalt kann dem Messwert selber nicht angesehen werden, wenn man davon ausgeht, dass alle Zahlen (also auch z.B. 0) gültige Messwerte sein können. Aus diesem Grund besitzen alle Objekte der Klasse Buffer ein zweites Attribut des Typs boolean mit dem Namen available, das angibt, ob ein Messwert im Moment zur Verfügung steht (d.h. ob der Puffer voll ist) oder nicht (d.h. ob der Puffer leer ist). Entsprechend muss in der Put-Methode gewartet werden, so lange der Puffer voll ist (d.h. so lange available == true) und in der Get-Methode, so lange der Puffer leer ist (d.h. so lange available == false).

Listing 2.24:

```java
class Buffer
{
    private boolean available = false;
    private int data;
    public synchronized void put(int x)
    {
        while(available)
        {
            try
            {
                wait();
            }
            catch(InterruptedException e)
            {
            }
        }
        data = x;
        available = true;
        notify();
    }
    public synchronized int get()
    {
        while(!available)
        {
            try
            {
                wait();
            }
            catch(InterruptedException e)
            {
            }
        }
        available = false;
        notify();
        return data;
    }
}
```

Am Ende der While-Schleife in der Put-Methode gilt die Bedingung available == false, d.h. der Puffer ist leer. Er wird dann mit dem Wert des Arguments gefüllt. Ferner wird das Attribut available auf true gesetzt, um anzuzeigen, dass ein neuer Messwert verfügbar ist. Schließlich wird mit notify der eventuell wartende Verbraucher geweckt. Entsprechendes gilt für die Methode get. Der Notify-Aufruf kann hier nicht die letzte Anweisung sein, da die Methode get einen Int-Wert als Rückgabewert zurückliefern muss. Dies ist aber nicht kritisch, wie im letzten Abschnitt im Zusammenhang mit dem Parkhaus bereits erläutert wurde, denn erst wenn die Rückgabe erfolgt ist, wird die Sperre auf das Objekt aufgehoben, und erst dann kann ein anderer Thread mit dem Buffer-Objekt arbeiten.

Im Folgenden sind der Erzeuger- und Verbraucher-Thread dargestellt (**Listing 2.25**). Wie im Parkhausbeispiel und in diesem Buch allgemein üblich wird eine Referenz auf das gemeinsam benutzte Objekt der Klasse Buffer im Konstruktor des Threads übergeben und als Attribut gemerkt. In der Run-Methode der Threads kann dann auf dieses Objekt zugegriffen werden. Der Verbraucher verbraucht 100 Werte. Entsprechend erzeugt der Erzeuger auch 100 Werte. Der erste zu produzierende Wert wird im Konstruktor der Klasse Producer zusätzlich zu der Referenz auf das gemeinsam benutzte Objekt als Parameter übergeben. Die anderen erzeugten Werte sind dann jeweils um 1 größer.

Listing 2.25:

```
class Producer extends Thread
{
    private Buffer buffer;

    private int start;

    public Producer(Buffer b, int s)
    {
        buffer = b;
        start = s;
    }

    public void run()
    {
        for(int i = start; i < start + 100; i++)
        {
            buffer.put(i);
        }
    }
}

class Consumer extends Thread
{
    private Buffer buffer;

    public Consumer(Buffer b)
    {
        buffer = b;
    }

    public void run()
    {
        for(int i = 0; i < 100; i++)
        {
            int x = buffer.get();
            System.out.println("gelesen: " + x);
        }
```

```
        }
    }
public class ProducerConsumer
{
    public static void main(String[] args)
    {
        Buffer b = new Buffer();
        Consumer c = new Consumer(b);
        Producer p = new Producer(b, 1);
        c.start();
        p.start();
    }
}
```

In der Klasse ProducerConsumer befindet sich die Main-Methode. In ihr werden ein Buffer-Objekt, ein Verbraucher- und Erzeuger-Thread erzeugt und beide Threads gestartet. Die Ausgabe ist wie erwartet:

```
gelesen: 1
gelesen: 2
...
gelesen: 100
```

Es ist interessant zu sehen, was passiert, wenn mehrere Erzeuger- und Verbraucher-Threads gestartet werden, die alle auf demselben Buffer-Objekt arbeiten. Dazu ist die Main-Methode entsprechend zu ändern. In **Listing 2.26** ist das Ergebnis dieser Änderung gezeigt.

Listing 2.26:

```
public class ProducerConsumer
{
    public static void main(String[] args)
    {
        Buffer b = new Buffer();
        Consumer c1 = new Consumer(b);
        Consumer c2 = new Consumer(b);
        Consumer c3 = new Consumer(b);
        Producer p1 = new Producer(b, 1);
        Producer p2 = new Producer(b, 101);
        Producer p3 = new Producer(b, 201);
        c1.start();
        c2.start();
        c3.start();
        p1.start();
        p2.start();
        p3.start();
    }
}
```

Wenn Sie dieses Programm ausführen, kann es passieren (je nach Betriebssystem, Java-Version usw.), dass einige Zeilen an Ausgabe erzeugt werden und das Programm dann stehen bleibt (d.h. es ist keine neue Ausgabe zu sehen, obwohl das Programm noch nicht zu Ende gelaufen ist). Ein solcher pathologischer Fall kann eintreten, wenn durch notify der „falsche" Thread geweckt wird. Dazu betrachten wir den folgenden möglichen Ablauf des Programms:

1. Die drei Verbraucher-Threads c1, c2 und c3 bekommen alle zuerst die Möglichkeit zu laufen. Da der Puffer am Anfang leer ist, werden alle drei Threads blockiert und in die Warteschlange des Buffer-Objekts aufgenommen.
2. Als nächster Thread läuft der Erzeuger-Thread p1. Er kann einen Wert im Puffer ablegen und weckt einen der Verbraucher-Threads, nämlich c1. In der Warteschlange befinden sich nun noch c2 und c3, ein Messwert ist verfügbar.
3. Der Thread p1 läuft nach dem Wecken von c1 weiter und will den nächsten Wert im Puffer ablegen. Dies ist aber nicht möglich, da der Puffer voll ist. Der Thread blockiert sich. Die Warteschlange beinhaltet nun p1, c2 und c3, ein Messwert ist weiterhin verfügbar.
4. Es wird nun auf den Erzeuger-Thread p2 geschaltet, der ebenfalls einen Wert im Puffer ablegen will. Wie p1 zuvor wird auch p2 blockiert. Dasselbe wiederholt sich für den Erzeuger-Thread p3. Die Warteschlange enthält nun p1, p2, p3, c2 und c3, ein Messwert ist immer noch verfügbar.
5. Der einzige Thread, auf den umgeschaltet werden kann, ist der zuvor geweckte Thread c1. Dieser kann nun den verfügbaren Messwert entnehmen. Ferner wird irgendeiner der in der Warteschlange wartenden Threads geweckt. Dies sei z.B. c2. Die Warteschlange enthält jetzt p1, p2, p3 und c3, ein Messwert steht nicht zur Verfügung.
6. Der Thread c1 arbeitet weiter und will den nächsten Wert aus dem Puffer entnehmen. Da dies nicht möglich ist, wird c1 blockiert und in die Warteschlange eingefügt. Damit enthält die Warteschlange nun p1, p2, p3, c1 und c3, ein neuer Messwert steht immer noch nicht zur Verfügung.
7. Der einzige lauffähige Thread ist c2. Dieser Verbraucher-Thread versucht ebenfalls einen Wert aus dem Puffer zu entnehmen und wird blockiert, da kein Messwert vorhanden ist. Jetzt befinden sich alle Threads p1, p2, p3, c1, c2 und c3 in der Warteschlange. Es tut sich nichts mehr.

Das entscheidende Ereignis passiert im fünften Schritt, in dem der Verbraucher-Thread c1 den „falschen" Thread, nämlich einen anderen Verbraucher-Thread c2, weckt. Wie Sie sehen, ist ein solcher Ablauf aber durchaus möglich. Es gibt mehrere Möglichkeiten, diesen Fehler zu beheben. Die einfachste Möglichkeit ist diejenige, jedes Mal alle wartenden Threads zu wecken statt nur irgendeinen. Damit ist man auf der sicheren Seite. Dass damit zu viele Threads geweckt werden, ist – unter Vernachlässigung von Effizienzgesichtspunkten – kein Problem, da der Aufruf von wait ohnehin in einer While-Schleife erfolgt und nach dem Erwachen die Wartebedingung erneut überprüft wird.

2.6.2 Erzeuger-Verbraucher-Problem mit wait und notifyAll

Mit der Methode *notifyAll* aus der Klasse Object können alle in der Warteschlange eines Objekts wartenden Threads geweckt werden. Es werden dabei aber nicht alle vorhandenen Threads des Prozesses oder gar des ganzen Systems geweckt, sondern eben nur alle an dem betreffenden Objekt Wartenden. Ist die Warteschlange leer, so ist notifyAll wirkungslos. Wie wait und notify muss notifyAll auf ein Objekt angewendet werden, das momentan mit synchronized gesperrt ist, ansonsten wird eine *IllegalMonitorStateException* ausgelöst.

```
public class Object
{
    ...
    public final void notifyAll() {...}
    ...
}
```

Wenn also ein Buffer-Objekt von mehreren Erzeuger- und Verbraucher-Threads benutzt wird, dann sollte eine korrekte Variante der Klasse Buffer aussehen wie in **Listing 2.27** (Änderungen gegenüber der vorigen Version aus **Listing 2.24** sind fett gedruckt):

Listing 2.27:

```
class Buffer
{
    private boolean available = false;
    private int data;

    public synchronized void put(int x)
    {
        while(available)
        {
            try
            {
                wait();
            }
            catch(InterruptedException e)
            {
            }
        }
        data = x;
        available = true;
        notifyAll();
    }

    public synchronized int get()
    {
        while(!available)
        {
            try
            {
                wait();
            }
            catch(InterruptedException e)
            {
            }
        }
        available = false;
        notifyAll();
        return data;
    }
}
```

Wie schon erwähnt wurde, schadet es – von Effizienzgesichtspunkten abgesehen – nicht, wenn zu viele Threads geweckt werden, da alle Threads ihre Wartebedingungen nach dem Wecken nochmals überprüfen. Aus diesem Grund kann in einem Programm jeder Notify-Aufruf durch einen NotifyAll-Aufruf ersetzt werden. Das Umgekehrte gilt nicht. Dies wurde am Erzeuger-Verbraucher-Problem deutlich: Falls der Puffer von mehreren Erzeuger- und Verbraucher-Threads benutzt wird, muss notifyAll verwendet werden. Die ursprüngliche Lösung mit notify ist nicht korrekt.

Aus dem Gesagten könnte man folgern, dass man nur notifyAll verwenden sollte, um immer auf der sicheren Seite zu sein. Es ist aber weniger effizient, wenn immer alle an einem Objekt wartenden Threads geweckt werden, auch wenn nur einer weiterlaufen kann wie im Parkhausbeispiel. Also sollte man notifyAll tatsächlich nur dann verwenden, wenn man es wirklich braucht.

Es gilt folgende Regel:

> Die Methode notifyAll muss statt notify benutzt werden, wenn mindestens einer der beiden folgenden Fälle gilt:
> 1. In der Warteschlange befinden sich Threads mit unterschiedlichen Wartebedingungen. In diesem Fall besteht bei Verwendung von notify die Gefahr, dass der „falsche" Thread geweckt wird. Das Erzeuger-Verbraucher-Problem ist ein Beispiel dafür. Hier gibt es Threads, die darauf warten, dass der Puffer voll wird und andere Threads, die darauf warten, dass der Puffer leer wird.
> 2. Durch die Veränderung des Zustands eines Objekts können mehrere Threads ihre While-Wait-Schleife verlassen. Als Beispiel kann man sich eine Ampel vorstellen, an der mehrere Autos warten. Wird die Ampel auf grün geschaltet, können alle wartenden Autos weiterfahren.

Wir können nun zum Abschluss dieses Abschnitts das Erzeuger-Verbraucher-Programm übersetzen und ausführen. Es gibt drei Erzeuger, wobei der erste die Werte 1 bis 100, der zweite die Werte 101 bis 200 und der dritte die Werte 201 bis 300 erzeugt. Da zwischen den Threads umgeschaltet wird, müssen diese Werte nicht sortiert in der Reihenfolge 1 bis 300 in den Puffer abgelegt werden. Allerdings werden die Werte streng in aufsteigender Reihenfolge erzeugt, wenn man einen einzigen Erzeuger-Thread betrachtet. Das heißt also z.B., dass der Wert 97 vor dem Wert 98 erzeugt wird. Bei der Ausführung des Programms kann allerdings unter bestimmten Umständen folgende Ausgabe beobachtet werden:

```
...
gelesen: 98
gelesen: 97
...
```

Wie im Parkhausprogramm könnte man auch hier einen Fehler vermuten, der in Wirklichkeit aber nicht existiert. Das Programm ist korrekt. Die irreführende Ausgabe kommt nicht durch die Erzeuger zustande, sondern durch das Vorhandensein mehrerer Verbraucher. Es kann vorkommen, dass ein Verbraucher den Wert 97 aus dem Puffer entnimmt, allerdings ohne die dazugehörige Meldung auszugeben. Danach wird auf den Erzeuger-Thread, der die 97 produziert hat, umgeschaltet. Dieser Thread legt dann den Wert 98 in den Puffer ab. Jetzt wird wieder auf einen Verbraucher-Thread umgeschaltet, aber auf einen anderen als den, der zuvor die 97 aus dem Puffer gelesen hat. Dieser andere Verbraucher-Thread entnimmt dem Puffer nun den Wert 98 und gibt die entsprechende Meldung auf dem Bildschirm aus. Anschließend wird auf den Verbraucher-Thread geschaltet, der zuvor den Wert

97 gelesen hat. Dieser Thread gibt jetzt erst seinen zuletzt gelesenen Wert 97 aus. Somit wird 98 vor 97 ausgegeben, obwohl der Wert 97 vor dem Wert 98 aus dem Puffer gelesen wurde. Derartige Ausgaben können vermieden werden, indem dieselbe Strategie wie im Parkhausbeispiel (Lösungsversuch Nr. 4) angewendet wird: Der Aufruf von buffer.get und System.out.println kann in einem Synchronized-Block mit buffer als Sperrobjekt gekoppelt werden (synchronized(buffer)).

2.6.3 Faires Parkhaus mit wait und notifyAll

In Abschnitt 2.5 wurde ein Parkhaus vorgestellt, bei dem die Autos nicht unbedingt *fair* bedient werden. Das heißt, dass die Autos nicht unbedingt in der Reihenfolge, in der sie beim Parkhaus ankommen, einfahren dürfen. Es kann sogar sein, dass ein Auto, das neu in das Parkhaus einfahren will und bisher noch gar nicht gewartet hat, wartende Autos überholt. Im Folgenden geben wir eine mögliche Implementierung eines fairen Parkhauses an (s. Listing 2.28). Dabei wird die in manchen Supermärkten übliche Form der Bedienung an Wurst- und Käsetheken nachgeahmt. Jede Kundin, die bedient werden will, zieht sich zu Beginn eine Wartenummer. Hinter dem Bedienpersonal leuchtet die Nummer der Kundin auf, die gerade bedient wird. Man wird nur dann bedient, wenn man an der Reihe ist.

Listing 2.28:

```java
public class ParkingGarageFair
{
    private int places;
    private int nextWaitingNumber;
    private int nextEnteringNumber;

    public ParkingGarageFair(int places)
    {
        this.places = places;
        this.nextWaitingNumber = 0;
        this.nextEnteringNumber = 0;
    }

    public synchronized void enter()
    {
        int myNumber = nextWaitingNumber++;
        while(myNumber != nextEnteringNumber || places == 0)
        {
            try
            {
                wait();
            }
            catch(InterruptedException e)
            {
            }
        }
        places--;
        nextEnteringNumber++;
        notifyAll(); // wichtig !!!!
    }
    public synchronized void leave()
    {
        places++;
        notifyAll(); // wichtig !!!!
    }
}
```

Wie zuvor wird mit dem Attribut places die Anzahl der freien Plätze im Parkhaus gezählt. Das Attribut nextWaitingNumber repräsentiert die Rolle, von der sich Kunden ihre Wartenummer abreißen. Schließlich steht das Attribut nextEnteringNumber für die Nummer, die gerade an der Reihe ist. Jeder Kunde speichert sich die von ihm gezogene Nummer in der lokalen Variable myNumber. Man kann in das Parkhaus einfahren, wenn es mindestens einen freien Platz gibt und man an der Reihe ist. Durch die Wartenummer wird die Wartebedingung parametrisiert. Deshalb muss beim Herausfahren notifyAll statt notify aufgerufen werden. Außerdem ist nun auch ein Aufruf von notifyAll nach erfolgreichem Einfahren notwendig, was auf den ersten Blick überraschend sein mag. Stellen Sie sich aber vor, dass ein Auto aus dem Parkhaus ausfährt und mit notifyAll alle wartenden Autos weckt. Anschließend fährt ein zweites Auto heraus, wobei der Aufruf von notifyAll dann keine Wirkung mehr hat, weil keine Autos mehr warten. Von den geweckten Autos kann zufällig zuerst das Auto laufen, das als übernächstes Auto an der Reihe ist. Folglich wartet dieses Auto erneut. Nachdem das Auto, das an der Reihe ist, in das Parkhaus eingefahren ist, muss es das nun nächste Auto, das inzwischen wieder blockiert ist, deblockieren.

2.7 Prioritäten von Threads

Threads besitzen *Prioritäten*. Diese Prioritäten wirken sich auf die so genannte *Prozessorzuteilungsstrategie* (*Scheduling*) aus. Diese Strategie entscheidet darüber, wie lange ein Thread rechnend sein darf, bevor auf den nächsten Thread umgeschaltet wird, und welcher Thread als nächster an der Reihe ist. Die Prioritäten werden durch Zahlen repräsentiert, wobei bei den Java-Threads eine größere Zahl eine höhere Priorität bedeutet (in manchen Betriebssystemen ist dies umgekehrt). Der minimale und maximale Prioritätswert werden durch die Thread-Konstanten *MIN_PRIORITY* bzw. *MAX_PRIORITY* festgelegt. Der Wert von MIN_PRIORITY ist auf 1 und der von MAX_PRIORITY auf 10 gesetzt. Die Standard-Priorität, die alle Threads besitzen, falls man ihre Priorität nicht explizit ändert und die alle Threads in den bisher behandelten Beispielen hatten, wird durch die Konstante *NORM_PRIORITY* der Klasse Thread angegeben. Ihr Wert ist auf 5 gesetzt.

Mit den Methoden *setPriority* und *getPriority* der Klasse Thread kann die Priorität eines Threads verändert bzw. gelesen werden:

```
public class Thread
{
    ...
    public final void setPriority(int newPriority) {...}
    public final int getPriority() {...}
    ...
}
```

Im Folgenden wird die Wirkung der Prioritäten anhand eines Beispiels beschrieben. Jeder Thread füllt sein eigenes Feld der Länge 1.000.000 mit dem jeweils aktuellen Zeitwert. Die aktuelle Zeit kann durch Methoden der Klasse System, die static sind, in Milli- oder Nanosekunden gelesen werden:

2 Grundlegende Synchronisationskonzepte in Java

```
public class System
{
    ...
    public static long currentTimeMillis() {...}
    public static long nanoTime() {...}
    ...
}
```

Die Methode *currentTimeMillis* gibt die Anzahl der Millisekunden an, die seit dem 1. Januar 1970, 0 Uhr, vergangen sind. Die Methode *nanoTime* liefert einen Wert, dessen Bezug zur aktuellen Uhrzeit nicht spezifiziert ist. Beide Methoden können aber verwendet werden, um Zeiten durch mehrmaliges Aufrufen der jeweils selben Methode zu vergleichen. Im folgenden Beispiel verwenden wir die Methode nanoTime wegen der genaueren Auflösung.

Nachdem alle Threads jeweils 1.000.000 Zeitwerte in ihr Feld geschrieben haben, kann anschließend festgestellt werden, welcher Thread wie viele Werte am Stück in sein Feld geschrieben hat und wann auf einen anderen Thread umgeschaltet wurde.

Betrachten wir zum besseren Verständnis ein einfaches Beispiel mit zwei Threads und einer Feldlänge von 10. Wir stellen uns vor, dass die gelesenen Zeitwerte kleine, fortlaufende ganze Zahlen beginnend bei 1 sind (in Wirklichkeit handelt es sich natürlich um wesentlich größere Zahlen, wobei die Differenz zwischen zwei hintereinander gelesenen Werten in der Regel größer als eins ist). Angenommen, nach der Ausführung der beiden Threads würden die Felder der beiden Threads folgende Werte beinhalten:

```
Feld des Threads 0: {1, 2, 3, 4, 8, 9, 10, 15, 16, 17}
Feld des Threads 1: {5, 6, 7, 11, 12, 13, 14, 18, 19, 20}
```

Dann können wir daraus folgende Ausgabe erzeugen, die beschreibt, welcher Thread wie lange an der Reihe war:

```
Thread 0: 4
Thread 1: 3
Thread 0: 3
Thread 1: 4
Thread 0: 3
Thread 1: 3
```

Das bedeutet, dass Thread 0 zuerst 4 Mal an der Reihe war; dies entspricht den vier kleinsten Werten 1, 2, 3 und 4, die alle im Feld von Thread 0 zu finden sind. Danach wurde auf Thread 1 umgeschaltet. Thread 1 war 3 Mal an der Reihe, da die nächsten Werte 5, 6 und 7 alle aus dem Feld des Threads 1 stammen. Danach war Thread 0 wieder an der Reihe, und zwar ebenfalls 3 Mal; dies entspricht den Werten 8, 9 und 10 im Feld des Threads 0.

In **Listing 2.29** ist der vollständige Programmtext zu finden. Mit Hilfe der Kommandozeilenargumente kann man angeben, wie viele Threads laufen und welche Priorität diese haben sollen. Gibt man als Argumente z.B. „2 5 3" an, dann werden drei Threads gestartet, wobei der erste Thread die Priorität 2, der nächste Thread die Priorität 5 und der dritte Thread die Priorität 3 hat.

Listing 2.29:

```java
class TimestampThread extends Thread
{
    private long[] timestamps;

    public TimestampThread(int capacity)
    {
        timestamps = new long[capacity];
    }

    public void run()
    {
        for(int i = 0; i < timestamps.length; i++)
        {
            timestamps[i] = System.nanoTime();
        }
    }

    public long getTimestamps(int i)
    {
        if(i >= 0 && i < timestamps.length)
        {
            return timestamps[i];
        }
        return Long.MAX_VALUE;
    }
}

public class SchedulingObserver
{
    private static final int NUMBER_OF_ITERATIONS = 1000000;

    public static void main(String[] args)
    {
        if(args.length == 0)
        {
            System.out.println("Argumente: Liste von Prioritäten");
            return;
        }

        Thread.currentThread().setPriority(Thread.MAX_PRIORITY);
        TimestampThread[] t = new TimestampThread[args.length];
        for(int i = 0; i < t.length; i++)
        {
            t[i] = new TimestampThread(NUMBER_OF_ITERATIONS);

            int priority = Thread.NORM_PRIORITY;
            try
            {
                priority = Integer.parseInt(args[i]);
                if(priority < Thread.MIN_PRIORITY ||
                   priority > Thread.MAX_PRIORITY)
                {
                    throw new NumberFormatException();
                }
            }
            catch(NumberFormatException e)
            {
                System.out.println("ungültiger Prioritätswert: "
                                   + args[i]);
                return;
            }
            t[i].setPriority(priority);
        }
        for(int i = 0; i < t.length; i++)
        {
            t[i].start();
```

```java
        }
        for(int i = 0; i < t.length; i++)
        {
            try
            {
                t[i].join();
            }
            catch(InterruptedException e)
            {
            }
        }
        for(int i = 0; i < t.length; i++)
        {
            System.out.println("Priorität von Thread " + i
                    + ": " + t[i].getPriority());
        }
        System.out.println("=======================");
        int currentThread = -1;
        int runs = 1;
        int[] currentIndices = new int[t.length];
        for(int i = 0; i < NUMBER_OF_ITERATIONS * t.length; i++)
        {
            int previousThread = currentThread;
            currentThread = -1;
            long minimum = Long.MAX_VALUE;
            for(int j = 0; j < t.length; j++)
            {
                if(t[j].getTimestamps(currentIndices[j]) <= minimum)
                {
                    currentThread = j;
                    minimum = t[j].getTimestamps(currentIndices[j]);
                }
            }
            currentIndices[currentThread]++;
            if(currentThread == previousThread)
            {
                runs++;
            }
            else if(previousThread != -1)
            {
                System.out.println("Thread " + previousThread
                        + ": " + runs);
                runs = 1;
            }
        }
        System.out.println("Thread " + currentThread
                + ": " + runs);

        System.out.println("=======================");
    }
}
```

Die Thread-Klasse ist leicht verständlich; in der Run-Methode werden die aktuellen Zeitwerte in das Feld geschrieben, und mit der Methode getTimestamps können die Zeitstempel wieder gelesen werden. Eine Synchronisation ist nicht nötig, da das Lesen der Werte erst nach dem Ende der schreibenden Threads erfolgt.

In der Main-Methode werden die Threads erzeugt, die Kommandozeilenargumente ausgewertet, die Prioritäten gesetzt, die Threads gestartet, auf deren Ende gewartet, die Felder mit den Zeitstempeln analysiert und eine Ausgabe produziert, die anzeigt, wie viele Runden ein Thread jeweils an der Reihe war (wie oben im Beispiel angegeben). Die Details mögen sich die Leserinnen und Leser selber erschließen. Lediglich auf einen Aspekt soll noch hingewiesen werden, der in der folgenden Anweisung enthalten ist:

```
Thread.currentThread().setPriority(Thread.MAX_PRIORITY);
```

Die Methode *currentThread* der Klasse Thread ist static. Sie liefert den aktuell laufenden Thread (d.h. den Thread, der diese Methode momentan aufruft) zurück:

```
public class Thread
{
    ...
    public static Thread currentThread() {...}
    ...
}
```

In obigem Programm bekommen wir damit eine Referenz auf den Thread, der die Main-Methode ausführt. Seine Priorität wird auf die maximale Priorität gesetzt. Dies geschieht deshalb, damit beim Starten der Threads möglichst alle Threads relativ schnell hintereinander gestartet werden. Sonst könnte es sein, dass der erste Thread relativ lange rechnend ist, wenn er eine höhere Priorität als der Main-Thread besitzt. Ein weiterer Thread mit noch höherer Priorität würde dann erst einmal längere Zeit gar nicht gestartet. So könnte es zu irreführenden Ausgaben kommen.

Betrachten wir nun die Ausgaben einiger Probeläufe unseres Programms aus **Listing 2.29**. Wir beginnen mit drei Threads mit Normalpriorität (d.h. das Programm wird mit den Kommandozeilenargumenten „5 5 5" gestartet). Das Ergebnis sieht auf meinem Notebook unter Windows so aus (... deutet wieder auf nicht abgedruckte Ausgabezeilen hin):

```
Priorität von Thread 0: 5
Priorität von Thread 1: 5
Priorität von Thread 2: 5
======================
Thread 0: 38390
Thread 1: 40329
Thread 2: 41333
Thread 0: 46236
Thread 1: 51596
Thread 2: 51459
Thread 0: 51274
Thread 1: 51581
Thread 2: 51598
Thread 0: 51273
Thread 1: 51566
Thread 2: 51587
...
Thread 0: 51303
Thread 1: 51473
Thread 2: 51582
Thread 0: 41315
Thread 1: 33203
Thread 2: 31512
======================
```

Man sieht, dass die Threads relativ gleichmäßig ca. 50.000 Schleifendurchläufe machen, bevor auf den nächsten Thread umgeschaltet wird. Ein weiterer Lauf des Programms mit den Kommandozeilenargumenten „2 3" ergibt folgende Ausgabe:

2 Grundlegende Synchronisationskonzepte in Java

```
Priorität von Thread 0: 2
Priorität von Thread 1: 3
======================
Thread 1: 1000000
Thread 0: 1000000
======================
```

Nicht ganz überraschend sieht man bei dieser Ausgabe, dass der Thread mit der größeren Priorität 3 zuerst ganz zu Ende lief, bevor der andere Thread an die Reihe kam. Wenn man jetzt vermutet, dass dies bei unterschiedlichen Prioritäten immer so sein muss, dann hat man sich aber getäuscht, wie die Ausgabe eines Laufs unseres Programms mit den Kommandozeilenargumenten „1 2" zeigt:

```
Priorität von Thread 0: 1
Priorität von Thread 1: 2
======================
Thread 0: 30323
Thread 1: 39100
Thread 0: 49767
Thread 1: 51690
Thread 0: 51430
Thread 1: 51704
Thread 0: 51657
Thread 1: 51096
Thread 0: 51607
Thread 1: 51626
...
Thread 0: 51400
Thread 1: 51693
Thread 0: 44269
Thread 1: 33103
======================
```

Diese Ausgabe sieht genau so aus, als ob die beiden Threads dieselbe Priorität gehabt hätten. In Windows war dies wohl auch so. Daran sieht man, dass Java-Threads mit unterschiedlicher Priorität auf Threads derselben Priorität im darunter liegenden Betriebssystem abgebildet werden können. Aber selbst, wenn die Prioritäten offensichtlich auch im darunter liegenden Betriebssystem unterschiedlich sind, dann heißt das nicht, dass Threads mit kleinerer Priorität nie zum Zuge kommen, so lange es lauffähige Threads mit höherer Priorität gibt, wie die Ausgabe des letzten Probelaufs unseres Programms mit den Kommandozeilenargumenten „2 4 6 2 4 6" zeigt:

```
Priorität von Thread 0: 2
Priorität von Thread 1: 4
Priorität von Thread 2: 6
Priorität von Thread 3: 2
Priorität von Thread 4: 4
Priorität von Thread 5: 6
======================
Thread 2: 36864
Thread 5: 41019
Thread 2: 48391
Thread 5: 51824
Thread 2: 52008
Thread 5: 51248
Thread 2: 51987
...
Thread 2: 32511
Thread 5: 28202
Thread 1: 50518
Thread 4: 51317
```

```
Thread 1: 51399
Thread 4: 51585
Thread 1: 51621
Thread 4: 51535
...
Thread 1: 50811
Thread 4: 51498
Thread 1: 51603
Thread 3: 95055
Thread 4: 51343
Thread 1: 51703
Thread 4: 51461
...
Thread 1: 22561
Thread 4: 23768
Thread 0: 99689
Thread 3: 51217
Thread 0: 51695
Thread 3: 51342
...
Thread 0: 51588
Thread 3: 30722
Thread 0: 27068
=======================
```

Zunächst laufen die Threads 2 und 5 mit der höchsten Priorität 6 bis zu ihrem Ende. Dann laufen die Threads 1 und 4 mit der nächst höheren Priorität 4. Hier schiebt sich aber an einer Stelle einmal der Thread 3 mit der niedrigsten Priorität 2 dazwischen.

Aus diesen Beobachtungen kann gefolgert werden, dass die Auswirkung von Thread-Prioritäten auf das Umschaltverhalten nicht exakt definiert ist. Man kann nur generell davon ausgehen, dass ein Thread mit einer höheren Priorität gegenüber einem Thread mit einer niedrigeren Priorität eventuell bevorzugt wird. Wie sich diese Bevorzugung auswirkt und wie stark diese Bevorzugung ist, ist nicht genau definiert und hängt von sehr vielen Umständen ab, u.a. auch vom Betriebssystem, auf dem das Programm ausgeführt wird. In keinem Fall dürfen daher Prioritäten zur Synchronisation verwendet werden. Wenn z.B. ein Thread eine Aktion a1 ausführt und ein anderer Thread eine Aktion a2 erst dann beginnen soll, nachdem a1 abgeschlossen ist, dann genügt es nicht, dem ersten Thread eine höhere Priorität als dem zweiten Thread zuzuweisen. In diesem Fall ist z.B. die Nutzung eines Semaphors (s. Kapitel 3) eine richtige Maßnahme.

Man fragt sich an dieser Stelle vielleicht nun, wozu Thread-Prioritäten denn dann überhaupt nützlich sind. Eine Einsatzmöglichkeit könnte eine Situation sein, in der einige Threads einer Anwendung Berechnungen durchführen (z.B. Simulationen) und andere Threads auf Ereignisse „von außen" reagieren (z.B. Eingaben einer Benutzerin oder Ankunft von Daten über eine Netzverbindung). Die Threads, die Berechnungen durchführen, sind selten blockiert und die meiste Zeit rechenbereit. Man nennt solche Threads auch *rechenintensive Threads*. Die Threads, die auf Ereignisse „von außen" warten, reagieren auf solche Ereignisse, indem auf eine Netzanfrage eine Antwort geschickt wird bzw. auf eine Benutzereingabe eine entsprechende Feedback-Meldung erfolgt. Danach wird auf das Eintreffen des nächsten Ereignisses gewartet. Solche Threads, die die meiste Zeit wegen des Wartens auf Ereignisse blockiert sind, werden *EA-intensive Threads* (EA: Ein-/Ausgabe) genannt. Im Allgemeinen ist es günstig, rechenintensiven Threads niedrigere Prioritäten und EA-intensiven Threads höhere Prioritäten zuzuordnen, denn die Anwendung sollte schnell auf äußere Ereignisse reagieren.

Zusammenfassend können folgende Erkenntnisse als Regeln für die Benutzung von Thread-Prioritäten festgehalten werden:

1. Die Korrektheit eines Programms darf nicht von der Zuteilung von Prioritäten an Threads und einem entsprechenden Umschaltverhalten des Systems abhängen. Prioritäten dürfen also z.B. nicht für die Synchronisation eingesetzt werden.
2. Prioritäten können verwendet werden, um die Effizienz eines Systems oder das Verhalten eines Systems nach außen zu verbessern, d.h. also zum so genannten Tunen eines Systems.

2.8 Thread-Gruppen

Threads sind in Gruppen zusammengefasst. Ein neu erzeugter Thread wird im Normalfall zu der Gruppe hinzugefügt, in der sich der erzeugende Thread befindet. Beim Erzeugen eines Threads kann aber auch eine andere *Thread-Gruppe* angegeben werden, in der der neue Thread Mitglied wird. Diese Thread-Gruppe wird als erstes Argument der Thread-Konstruktoren angegeben. Das heißt, zu fast allen bereits kennen gelernten Thread-Konstruktoren gibt es überladene Varianten mit einer Thread-Gruppe als erstem Argument, zu der der neue Thread hinzugefügt wird. Im Folgenden sind alle Thread-Konstruktoren dargestellt:

```
public class Thread
{
    public Thread() {...}
    public Thread(Runnable r) {...}
    public Thread(String name) {...}
    public Thread(Runnable r, String name) {...}
    public Thread(ThreadGroup group, Runnable r) {...}
    public Thread(ThreadGroup group, String name) {...}
    public Thread(ThreadGroup group, Runnable r, String name) {...}
    public Thread(ThreadGroup group, Runnable r, String name,
                  long stackSize) {...}
    ...
}
```

Bei dem zuletzt angegebenen Konstruktor kann als letzter Parameter die Kellergröße des Threads angegeben werden, die ohne diese explizite Festlegung auf einen Standardwert gesetzt wird. Auf den Keller wird bei jedem Methodenaufruf ein Datensatz gelegt, der bei der Rückkehr wieder entfernt wird. Da die zuletzt aufgerufene Methode als erte wieder verlassen wird, liegt hier das Kellerprinip (LIFO: Last In, First Out) vor. Der Datensatz, der pro Methodenaufruf erzeugt wird, enthält im Wesentlichen alle lokalen Variablen der aufgerufenen Methode sowie die Rücksprungadresse. Das ist die Adresse der nächsten Anweisung im Programmcode, die der Methodenaufrufanweisung folgt.

Doch nun kehren wir zurück zu der Betrachtung von Thread-Gruppen: Die Zugehörigkeit eines Threads zu einer Thread-Gruppe kann nach dem Erzeugen nicht mehr verändert werden. Das heißt, es gibt keine Methoden zum Hinzufügen, Verschieben oder Entfernen von Threads.

Thread-Gruppen befinden sich selber wieder in Thread-Gruppen. Damit bilden die Threads und die Thread-Gruppen eine Baumhierarchie, wobei die Wurzel-Thread-Gruppe den Namen „system" trägt. Neue Thread-Gruppen können explizit im Programm erzeugt werden. Die Klasse *ThreadGroup*, die in den Konstruktoren der Klasse Thread schon vorkam, hat zwei Konstruktoren:

```
public class ThreadGroup
{
    public ThreadGroup(String name) {...}
    public ThreadGroup(ThreadGroup parent, String name) {...}
    ...
}
```

Der zweite Konstruktor gibt neben dem Namen der neu erzeugten Thread-Gruppe die Gruppe an, in der die neue Gruppe Mitglied wird. Beim ersten Konstruktor, wo nur der Name der neuen Gruppe als Argument angegeben wird, wird die Thread-Gruppe zu der Gruppe hinzugefügt, in der sich auch der erzeugende Thread befindet.

Die Bedeutung von Thread-Gruppen ist eher als gering einzustufen. So gibt es z.B. für die Klasse ThreadGroup die Methoden *stop*, *suspend* und *resume*, die auf alle Thread-Mitglieder dieser Gruppe angewendet werden. Da diese Methoden aber auf Threads nicht mehr angewendet werden sollen (sie sind als „deprecated" gekennzeichnet, s. Abschnitt 2.10), gilt dasselbe für die gleichnamigen Methoden für Thread-Gruppen (auch sie sind „deprecated"). Wie für Threads gibt es auch für Thread-Gruppen die Methode interrupt, welche die Methode interrupt auf alle Mitglieder der Gruppe anwendet (d.h. auf alle enthaltenen Threads und rekursiv alle enthaltenen Thread-Gruppen). Diese Funktion könnte aber bei Bedarf auch leicht selbst geschrieben werden.

Eine andere Methode der Klasse ThreadGroup ist *setMaxPriority*. Damit kann die maximal mögliche Priorität für alle Thread-Mitglieder dieser Gruppe festgelegt werden. Wenn ein Thread-Mitglied aber bereits eine höhere Priorität besitzt, so wird diese Priorität nicht reduziert, sondern so belassen.

Für Thread-Gruppen gibt es den Status eines *Daemons*. Dies bedeutet nicht, dass alle Thread-Mitglieder Daemon Threads (also Hintergrund-Threads, s. Abschnitt 2.9) sind, sondern dass eine solche Thread-Gruppe automatisch gelöscht wird, wenn sie keine Mitglieder mehr besitzt.

Der gesamte Baum der Thread-Gruppen und Threads lässt sich durchlaufen und anzeigen. Dazu gibt es Methoden, mit denen man sich im Baum „nach oben" und „nach unten" bewegen kann. Die Klasse ThreadGroup hat nur eine Methode, um sich „nach oben" zu bewegen. Diese Methode heißt *getParent* und liefert die Thread-Gruppe zurück, in der sie sich befindet:

```
public class ThreadGroup
{
    ...
```

2 Grundlegende Synchronisationskonzepte in Java

```
        public final ThreadGroup getParent() {...}
        ...
}
```

Zum Bewegen „nach unten" kann man alle Mitglieder einer Thread-Gruppe erfragen:

```
public class ThreadGroup
{
    ...
    public int enumerate(Thread[] list) {...}
    public int enumerate(Thread[] list, boolean recurse) {...}
    public int enumerate(ThreadGroup[] list) {...}
    public int enumerate(ThreadGroup[] list, boolean recurse) {...}
    ...
}
```

Zum Abfragen der Mitglieder gibt es vier überladene Enumerate-Methoden. Man kann entweder die Threads dieser Gruppe oder die Thread-Gruppen dieser Gruppe erfragen. Für beide Methoden gibt es eine Variante mit einem Argument des Typs boolean. Falls dieses Argument beim Aufruf true ist, so werden die entsprechenden Threads oder Thread-Gruppen rekursiv im Baum von diesem Knoten an abwärts ermittelt; ist das Argument false, werden nur die Mitglieder dieser Gruppe zurückgeliefert. Keine Angabe des zweiten Parameters bedeutet true (also rekursives Auflisten). Beim Auflisten der Threads werden nur solche Threads zurückgegeben, die gestartet wurden, aber noch nicht zu Ende gelaufen sind. In allen Fällen muss der Aufrufer ein Feld passender Länge zur Verfügung stellen. Ist das Feld zu klein, so werden nur so viele Mitglieder zurückgegeben, wie in das Feld passen. Ist das Feld zu groß, so werden nicht alle Feldelemente gefüllt. Der Rückgabewert aller Enumerate-Methoden gibt die Anzahl der zurückgelieferten Mitglieder an. Zum Abfragen, wie viele Threads bzw. Thread-Gruppen eine Thread-Gruppe enthält, dienen die Methoden *activeCount* und *activeGroupCount*:

```
public class ThreadGroup
{
    ...
    public int activeCount() {...}
    public int activeGroupCount() {...}
    ...
}
```

Im folgenden Beispiel (**Listing 2.30**) werden alle Threads und alle Thread-Gruppen ausgegeben. Um die Wurzel aller Thread-Gruppen zu finden, wird diese mit Hilfe der Methode getRoot ermittelt, indem man im Baum so lange „nach oben" geht, bis es nicht mehr weiter geht (die Methode getParent der Klasse ThreadGroup liefert null zurück). Als Startpunkt der Suche wird dabei vom gerade laufenden Thread ausgegangen. Dieser wird mit der Static-Methode currentThread der Klasse Thread ermittelt (s. Abschnitt 2.7). Zu jedem Thread kann man mit der Methode *getThreadGroup* der Klasse Thread die Thread-Gruppe erfragen, in der dieser Thread Mitglied ist:

```
public class Thread
{
    public final ThreadGroup getThreadGroup() {...}
    ...
}
```

2.8 Thread-Gruppen

Im Beispiel werden zu Demonstrationszwecken einige Thread-Gruppen und Threads erzeugt. Da die Threads gestartet sein müssen, aber noch nicht zu Ende sein dürfen, damit sie aufgelistet werden, wird die Run-Methode der Threads in diesem Beispiel so programmiert, dass sie nie zu Ende läuft. Dies wird realisiert, indem jeder Thread mit join auf sein eigenes Ende wartet. Nachdem die Threads erzeugt und gestartet sind, werden alle Thread-Gruppen und Threads ausgegeben.

Listing 2.30:

```java
class NeverEndingThread extends Thread
{
    public NeverEndingThread(ThreadGroup group, String name)
    {
        super(group, name);
        start();
    }

    public void run()
    {
        try
        {
            this.join();
        }
        catch(InterruptedException e)
        {
        }
    }
}

public class GroupTree
{
    private static ThreadGroup getRoot()
    {
        ThreadGroup result = Thread.currentThread().getThreadGroup();
        while(result.getParent() != null)
            result = result.getParent();
        return result;
    }

    private static void dump(ThreadGroup group, int blanks)
    {
        for(int i = 0; i < blanks; i++)
            System.out.print(" ");
        System.out.println(group);

        int numberOfThreads = group.activeCount();
        Thread[] threadList = new Thread[numberOfThreads];
        int threadNumber = group.enumerate(threadList, false);
        for(int i = 0; i < threadNumber; i++)
        {
            for(int j = 0; j < blanks + 3; j++)
                System.out.print(" ");
            System.out.println(threadList[i]);
        }

        int numberOfGroups = group.activeGroupCount();
        ThreadGroup[] threadgroupList = new ThreadGroup[numberOfGroups];
        int threadgroupNumber = group.enumerate(threadgroupList, false);
        for(int i = 0; i < threadgroupNumber; i++)
        {
            dump(threadgroupList[i], blanks + 3);
        }
    }
```

2 Grundlegende Synchronisationskonzepte in Java

```
        public static void dumpAll()
        {
            dump(getRoot(), 0);
        }

        public static void main(String[] args)
        {
            ThreadGroup group1 = new ThreadGroup("eigene Obergruppe");
            ThreadGroup group2 = new ThreadGroup(group1,
                                                "eigene Untergruppe");
            new NeverEndingThread(group1, "erster Thread");
            new NeverEndingThread(group2, "zweiter Thread");
            new NeverEndingThread(group2, "dritter Thread");

            dumpAll();
            System.exit(0);
        }
    }
```

Dieses Programm erzeugt folgende Ausgabe:

```
java.lang.ThreadGroup[name=system,maxpri=10]
    Thread[Reference Handler,10,system]
    Thread[Finalizer,8,system]
    Thread[Signal Dispatcher,10,system]
    Thread[Attach Listener,5,system]
    java.lang.ThreadGroup[name=main,maxpri=10]
        Thread[main,5,main]
        java.lang.ThreadGroup[name=eigene Obergruppe,maxpri=10]
            Thread[erster Thread,5,eigene Obergruppe]
            java.lang.ThreadGroup[name=eigene Untergruppe,maxpri=10]
                Thread[zweiter Thread,5,eigene Untergruppe]
                Thread[dritter Thread,5,eigene Untergruppe]
```

Die Ausgabe basiert auf überschriebenen ToString-Methoden der Klassen ThreadGroup und Thread. Bei einer ThreadGroup wird offensichtlich der volle Klassenname und in eckigen Klammern der Name der Gruppe sowie die maximale Priorität dieser Gruppe ausgegeben. Für einen Thread wird der Klassenname und in eckigen Klammern der Name des Threads, dessen Priorität sowie der Name der Thread-Gruppe, in der sich dieser Thread befindet, ausgegeben. Neben dem Main-Thread und den durch das Programm erzeugten Threads und Thread-Gruppen sind u.a. auch die Threads mit den Namen „Reference Handler" und „Finalizer" zu sehen. Diese sind für die „Abfallbehandlung" (Garbage Collection) von Java zuständig: der erste Thread sucht nach nicht mehr referenzierten Objekten, während der zweite Thread die Methode finalize auf jedes Objekt, das nicht mehr referenziert wird, vor dem Löschen anwendet.

2.9 Vordergrund- und Hintergrund-Threads

In Abschnitt 2.4 wurde gesagt, dass ein Java-Programm – oder genauer, ein Prozess, der ein Java-Programm ausführt – zu Ende ist, wenn alle Threads zu Ende sind. Dies passt aber bei näherem Hinsehen nicht damit zusammen, dass es u.a. einen Thread gibt, der nach nicht mehr referenzierten Objekten sucht und den belegten Speicherplatz solcher Objekte wieder dem Freispeicher hinzufügt („Reference Handler" in Abschnitt 2.8), denn ein solcher Thread läuft in einer Endlosschleife und endet somit nicht von selber. Die Lösung dieses Widerspruchs ist, dass es zwei Arten von Threads gibt, so genannte *User Threads* und so genannte *Daemon Threads*, die wir als *Vordergrund-* und *Hintergrund-Threads* bezeichnen wollen. Die obige Aussage lautet präziser, dass ein Java-Programm genau dann zu Ende ist, wenn alle Vordergrund-Threads zu Ende sind. Hintergrund-Threads werden also nicht beachtet, wenn es darum geht, festzustellen, ob ein Java-Programm zu Ende ist oder nicht.

Threads wie der Reference Handler sind Hintergrund-Threads, während der Thread, der die Main-Methode ausführt, und alle explizit vom Anwendungsprogramm heraus gestarteten Threads im Normalfall Vordergrund-Threads sind. Der Programmierer bzw. die Programmiererin kann aber einen selbst erzeugten Thread zu einem Hintergrund-Thread machen. Dies ist z.B. dann sinnvoll, wenn dieser Thread in einer Endlos-Schleife läuft und wenn das Ende des Java-Programms nicht von diesem Thread abhängen soll.

In der Klasse Thread gibt es in diesem Zusammenhang zwei Methoden, mit denen der Status bzgl. Vordergrund- oder Hintergrund-Thread gesetzt und gelesen werden kann. Diese Methoden heißen *setDaemon* und *isDaemon*:

```
public class Thread
{
    ...
    public final void setDaemon(boolean on) {...}
    public final boolean isDaemon() {...}
    ...
}
```

Wendet man auf einen Thread die Methode setDaemon mit dem Argument true an, so wird dieser Thread ein Hintergrund-Thread. Mit dem Argument false legt man fest, dass der Thread ein Vordergrund-Thread sein soll. Ohne explizite Festlegung hat ein neuer Thread immer denselben Status wie der erzeugende Thread.

Zwei Punkte verdienen besondere Beachtung:

1. Der Status eines Threads (Vordergrund- oder Hintergrund-Thread) hat nichts damit zu tun, wie häufig ein Thread läuft. Im Abschnitt 2.7 wurden Prioritäten von Threads behandelt. Nur diese Prioritäten spielen für die Prozessorzuteilungsstrategie eine Rolle. Der Status eines Threads wirkt sich nur auf das Ende des Java-Programms aus und hat mit Prioritäten nichts zu tun. Es ist also durchaus möglich, einem Hintergrund-Thread eine sehr hohe Priorität zuzuweisen. Dies trifft beispielsweise für den Reference Handler zu, der als Hintergrund-Thread die höchste Priorität 10 hat (s. Abschnitt 2.8).

2. Der Status eines Threads kann verändert werden, solange der Thread noch nicht gestartet wurde. Der Thread, der die Main-Methode der im Java-Kommando angegebenen Klasse ausführt, der so genannte Main-Thread, ist ein Vordergrund-Thread. Sein Status kann nicht mehr verändert werden, da er ja schon läuft. Von diesem Main-Thread erzeugte Threads können vor dem Starten allerdings zu Hintergrund-Threads gemacht werden.

2.10 Weitere „gute" und „schlechte" Thread-Methoden

Damit haben wir die meisten Methoden (nach Ansicht des Autors alle wichtigen Methoden) der Klasse Thread behandelt. Weitere Methoden sind z.B.

- *dumpStack*, um einen „Stack Trace" des gerade laufenden Threads auszugeben (was jeder Java-Programmierer und jede Java-Programmiererin beim Auftreten einer nicht abgefangenen Ausnahme schon einmal gesehen haben dürfte),
- *holdsLock*, um abzufragen, ob der gerade laufende Thread das als Parameter angegebene Objekt momentan mit synchronized gesperrt hat oder nicht (Rückgabe boolean),
- *setUncaughtExceptionHandler* bzw. *setDefaultUncaughtExceptionHandler*, um ein Objekt anzumelden, dessen Methode *uncaughtException* vor dem Abbruch eines Threads aufgerufen wird, falls in dem Thread eine nicht behandelte Ausnahme ausgelöst wird,
- *getState*, um den Status eines Threads (erzeugt, laufend, blockiert, beendet usw.) abzufragen,
- und *yield*, um die Wahrscheinlichkeit, dass auf einen anderen Thread umgeschaltet wird, deutlich zu erhöhen.

Die Methode yield sollte für „produktiven Code" nicht benutzt werden, da sie kein Umschalten garantiert und schon gar nicht, auf welchen Thread umgeschaltet wird. Sie kann aber zum Demonstrieren von Situationen, wie sie in Abschnitt 2.2 beschrieben wurden, gewinnbringend eingesetzt werden. Es handelt sich dabei um Situationen, die man umgangssprachlich mit „wenn jetzt an dieser Stelle im Programm umgeschaltet werden würde" beschreibt. Man kann solche Situationen wie z.B. die verloren gegangene Buchung aus Abschnitt 2.2 durch yield mit größerer Wahrscheinlichkeit gezielt herbeiführen.

Im Abschnitt 2.4.2 wurde bereits erwähnt, dass die Thread-Methode *stop*, mit der ein Thread zwangsweise beendet werden kann, „schlecht" ist und deshalb von deren Benutzung abgeraten wird. Wenn nämlich ein Thread gerade eine Methode aufruft, so kann es sein, dass diese Methode beim Abbruch des Threads nur zum Teil ausgeführt wurde und sich das Objekt danach in einem inkonsistenten Zustand befindet. Dies kann im Folgenden beim Zugriff auf das Objekt durch andere Threads zu Problemen führen.

Neben der Methode stop wird auch vor der Verwendung der Thread-Methoden *suspend* und *resume* gewarnt; auch sie sind wie stop „deprecated". Mit der Methode suspend kann die Ausführung eines Threads angehalten werden, mit resume wird ein angehaltener Thread fortgesetzt. Warum die auf den ersten Blick nützlichen Methoden suspend und resume als „schlecht" gelten, sei anhand von zwei Beispielen erläutert:

Zum einen kann die Benutzung von suspend und resume die Verklemmungsgefahr erhöhen. So kann z.B. ein Thread durch suspend angehalten werden, der gerade eine Synchronized-Methode ausführt. Dadurch bleibt aber das betreffende Objekt längere Zeit gesperrt, denn die Synchronized-Methode läuft so erst einmal nicht zu Ende und im Gegensatz zu wait wird bei suspend keine Sperre freigegeben. Dies erhöht die Gefahr von Verklemmungen.

Zum anderen sind die Methoden suspend und resume nicht geeignet für die Synchronisation von Threads. Nehmen wir an, dass eine Aktion a1 in einem Thread ausgeführt werden soll und erst dann, wenn diese Aktion beendet wurde, eine Aktion a2 in einem anderen Thread. Man könnte meinen, dass dieses Problem einfach mit suspend und resume gelöst werden könnte. Im folgenden Beispiel sei t2 eine Referenz auf den Thread, der die zweite Run-Methode ausführt. Eine solche Referenz sei sowohl in der ersten als auch in der zweiten Run-Methode vorhanden, wobei die erste Run-Methode von einem anderen Thread ausgeführt wird.

```
/* Diese Run-Methode wird vom ersten Thread ausgeführt;
   t2 sei eine Referenz auf den Thread,
   der die zweite Run-Methode ausführt.
*/
public void run()
{
    a1();
    t2.resume(); // den zweiten Thread weiterlaufen lassen
}

//-----------------------------------------------------------------

/* Diese Run-Methode wird vom zweiten Thread ausgeführt;
   die dazugehörige Klasse sei von Thread abgeleitet. */
public void run()
{
    this.suspend(); //sich selber anhalten
    a2();
}
```

Diese Synchronisation funktioniert zwar dann richtig, falls zuerst suspend im zweiten Thread ausgeführt wird und danach resume im ersten Thread. Falls aber zuerst resume ausgeführt wird, so hat der Aufruf dieser Methode keine Wirkung. Wenn dann anschließend suspend aufgerufen wird, dann hält sich dieser Thread für immer an. Wie dieses Problem korrekt mit Semaphoren gelöst werden kann, erfahren Sie im 3. Kapitel.

2.11 Thread-lokale Daten

Die Klasse ThreadLocal besitzt die Methoden set und get, mit denen ein Objekt abgespeichert und wieder ausgelesen werden kann. Das Besondere dabei ist, dass unterschieden wird, welcher Thread welches Objekt mit set abgelegt hat. Entsprechend bekommt ein Thread mit get genau das Objekt zurück, das er mit set gespeichert hat (bzw. null, falls der aufrufende Thread noch nichts in das ThreadLocal-Objekt abgelegt hat).

In **Listing 2.31** ist die Klasse CommonAndThreadLocalData zu sehen, die ein Attribut des Typs int und ein Attribut des Typs ThreadLocal, das ein Integer-Objekt beinhalten kann, besitzt. Die Synchronized-Methode next erhöht sowohl den Wert des Attributs des Typs int als auch den Wert des Integer-Objekts, welches in dem ThreadLocal-Objekt gespeichert wird. Sollte das ThreadLocal-Objekt noch nichts enthalten, so wird es mit einem Integer-

2 Grundlegende Synchronisationskonzepte in Java

Objekt, das den Wert 0 hat, initialisiert. Anschließend werden beide erhöhten Werte ausgegeben.

Es werden drei Threads erzeugt, die die Methode next auf ein gemeinsam benutztes Objekt der Klasse CommonAndThreadLocalData jeweils drei Mal anwenden.

Listing 2.31:

```java
class CommonAndThreadLocalData
{
    private int common;
    private ThreadLocal<Integer> local;

    public CommonAndThreadLocalData()
    {
        common = 0;
        local = new ThreadLocal<Integer>();
    }

    public synchronized void next()
    {
        common++;
        Integer integer = local.get();
        if(integer == null)
        {
            integer = new Integer(0);
        }
        int localData = integer.intValue() + 1;
        local.set(new Integer(localData));
        System.out.println(Thread.currentThread().getName()
                + ": common = " + common
                + ", local = " + localData);
    }
}

class CommonAndThreadLocalThread extends Thread
{
    private CommonAndThreadLocalData data;

    public CommonAndThreadLocalThread(CommonAndThreadLocalData data,
                                      String name)
    {
        super(name);
        this.data = data;
    }

    public void run()
    {
        for(int i = 1; i <= 3; i++)
        {
            data.next();
            yield();
        }
    }
}

public class ThreadLocalDemo
{
    public static void main(String[] args)
    {
        CommonAndThreadLocalData data = new CommonAndThreadLocalData();
        for(int i = 1; i <= 3; i++)
        {
            CommonAndThreadLocalThread t =
                    new CommonAndThreadLocalThread(data, "T" + i);
            t.start();
```

```
            }
        }
    }
```

Wie zu sehen ist, wird in der Methode run die statische Thread-Methode yield aufgerufen, um ein Umschalten auf einen anderen Thread nahezulegen und so eine möglichst große Durchmischung der Ausgaben zu erhalten. Betrachtet man die Ausgabe, so sieht man, dass jeder Thread seinen eigenen Zähler durch das ThreadLocal-Objekt besitzt, während das Attribut common von allen Threads gemeinsam benutzt wird (daher auch die Wahl der Bezeichner common und local sowie der Name der Klasse):

```
T1: common = 1, local = 1
T3: common = 2, local = 1
T2: common = 3, local = 1
T1: common = 4, local = 2
T3: common = 5, local = 2
T1: common = 6, local = 3
T3: common = 7, local = 3
T2: common = 8, local = 2
T2: common = 9, local = 3
```

Die Implementierung der Klasse ThreadLocal ist relativ einfach, denn man kann eine HashMap verwenden, in der als Schlüssel das Thread-Objekt des jeweils aufrufenden Threads verwendet wird. **Listing 2.32** zeigt eine eigene Implementierung dieser Klasse.

Listing 2.32:

```java
class MyThreadLocal<T>
{
    private HashMap<Thread,T> map;

    public MyThreadLocal()
    {
        map = new HashMap<Thread,T>();
    }

    public T get()
    {
        return map.get(Thread.currentThread());
    }

    public void set(T value)
    {
        map.put(Thread.currentThread(), value);
    }

    public void remove()
    {
        map.remove(Thread.currentThread());
    }
}
```

Wird diese Klasse statt ThreadLocal in der obigen Anwendung in **Listing 2.30** verwendet, erhält man dieselbe Ausgabe wie zuvor.

2.12 Zusammenfassung

Mit synchronized, wait, notify und notifyAll lassen sich alle gängigen Synchronisationsaufgaben in Java lösen. Zum Abschluss werden die wichtigsten Konzepte noch einmal wiederholt.

Ein zentrales Konzept im Zusammenhang mit Threads in Java ist synchronized. Dieses Konzept ist in die Sprache Java „eingebaut". Methoden einer Klasse (static und nicht static) können mit diesem Schlüsselwort versehen werden.

```
class C
{
    public synchronized void sm(...) {...}
    public static synchronized void ssm(...) {...}
}
```

Außerdem können Anweisungsblöcke mit synchronized geklammert werden, wobei hierzu die Angabe einer Referenz auf ein Objekt nötig ist:

```
class C
{
    public void sm(...)
    {
        ...
        synchronized(objReference)
        {
            ...
        }
        ...
    }
}
```

Ferner sind die Schnittstelle Runnable und die Klassen Thread, ThreadGroup und Object aus dem Package java.lang mit den im Folgenden aufgeführten Methoden in diesem Kapitel eingeführt worden:

```
public interface Runnable
{
    public void run();
}

public class Thread
{
    public Thread() {...}
    public Thread(Runnable r) {...}
    public Thread(String name) {...}
    public Thread(Runnable r, String name) {...}
    public Thread(ThreadGroup group, Runnable r) {...}
    public Thread(ThreadGroup group, String name) {...}
    public Thread(ThreadGroup group, Runnable r, String name) {...}
    public Thread(ThreadGroup group, Runnable r, String name,
                  long stackSize) {...}
    public static Thread currentThread() {...}
    public static void dumpStack() {...}
    public final String getName() {...}
    public final int getPriority() {...}
    public Thread.State getState() {...}
    public final ThreadGroup getThreadGroup() {...}
    public static boolean holdsLock(Object obj) {...}
```

2.12 Zusammenfassung

```
        public void interrupt() {...}
        public static boolean interrupted() {...}
        public final boolean isAlive() {...}
        public final boolean isDaemon() {...}
        public boolean isInterrupted() {...}
        public final void join()
                throws InterruptedException {...}
        public final void join(long millis)
                throws InterruptedException {...}
        public final void join(long millis, int nanos)
                throws InterruptedException {...}
        public void run() {}
        public final void setDaemon(boolean on) {...}
        public static void setDefaultUncaughtExceptionHandler(
                        Thread.UncaughtExceptionHandler eh) {...}
        public final void setName(String name) {...}
        public final void setPriority(int newPriority) {...}
        public void setUncaughtExceptionHandler(
                        Thread.UncaughtExceptionHandler eh) {...}
        public static void sleep(long millis)
                throws InterruptedException {...}
        public static void sleep(long millis, int nanos)
                throws InterruptedException {...}
        public void start() {...}
        public String toString() {...}
        public static void yield() {...}
        ...
}

public class ThreadGroup
{
        public ThreadGroup(String name) {...}
        public ThreadGroup(ThreadGroup parent, String name) {...}

        public int activeCount() {...}
        public int activeGroupCount() {...}
        public int enumerate(Thread[] list) {...}
        public int enumerate(Thread[] list, boolean recurse) {...}
        public int enumerate(ThreadGroup[] list) {...}
        public int enumerate(ThreadGroup[] list, boolean recurse) {...}
        public final int getMaxPriority() {...}
        public final String getName() {...}
        public final ThreadGroup getParent() {...}
        public final void interrupt() {...}
        public final boolean isDaemon() {...}
        public final void setDaemon(boolean on) {...}
        public final void setMaxPriority(int newPriority) {...}
        public String toString() {...}
        ...
}

public class Object
{
        ...
        public final void notify() {...}
        public final void notifyAll() {...}
        public final void wait() throws InterruptedException {...}
        public final void wait(long millis)
                throws InterruptedException {...}
        public final void wait(long millis, int nanos)
                throws InterruptedException {...}
        ...
}
```

Die Wirkung der behandelten Mechanismen lässt sich zusammenfassend mit einem *Zustandsübergangsdiagramm* (siehe **Abbildung 2.2**) darstellen.

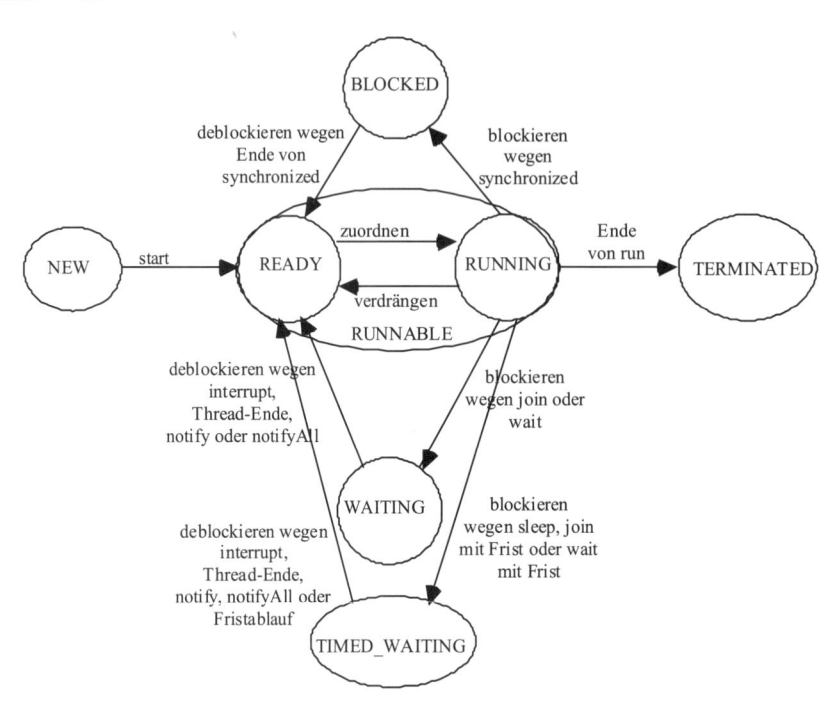

2 Grundlegende Synchronisationskonzepte in Java

Abbildung 2.2: Zustandsübergangsdiagramm für Java-Threads

Zunächst muss ein Thread-Objekt erzeugt werden. Damit läuft der Thread aber noch nicht. Der Thread befindet sich im Zustand NEW. Erst wenn die Methode start auf das Thread-Objekt angewendet wird, kann der Thread loslaufen. Das Loslaufen erfolgt aber in der Regel nicht sofort, sondern es kann zum Beispiel der Thread, der start aufgerufen hat, zunächst noch eine Weile weiterlaufen. Ein Thread gelangt deshalb durch start vom Zustand NEW erst in den Zustand READY. In diesem Zustand bleibt der Thread so lange, bis tatsächlich auf ihn umgeschaltet wird. Während der Thread dann tatsächlich ausgeführt wird, befindet er sich im Zustand RUNNING. Die Methode getState der Klasse Thread, mit der die Zustände eines Threads erfragt werden können, unterscheidet die hier eingeführten Zustände READY und RUNNING nicht; diese werden zu einem Zustand RUNNABLE zusammengefasst.

Der Zustand RUNNING kann auf fünf Arten verlassen werden: Erstens könnte die ausgeführte Run-Methode verlassen werden (z.B. durch return oder eine nicht behandelte Ausnahme). In diesem Fall gelangt der Thread in den Zustand TERMINATED. Zweitens könnte der Thread genügend lange ausgeführt worden sein, so dass entschieden wird, auf einen anderen Thread umzuschalten. In diesem Fall wird der Thread verdrängt und wechselt wieder in den Zustand READY (bleibt aber somit RUNNABLE). Die Gründe Nr. 3, 4 und 5 für das Verlassen des RUNNING-Zustands sind, dass der Thread nicht mehr weiterlaufen kann und sich blockiert. Grund Nr. 3 ist, dass ein Thread eine Synchronized-Methode bzw. einen Synchronized-Block betreten will (z.B. auch nach dem Benachrichtigtwerden durch notify oder notifyAll in der Wait-Methode), das betreffende Objekt aber momentan gesperrt ist. In diesem Fall gelangt er in den Zustand BLOCKED, aus dem er wieder in den RUNNABLE-Zustand (genauer in den READY-Zustand) wechselt, wenn die Sperre des betreffenden Objekts freigegeben wird und von diesem Thread dann gesetzt werden kann. Der Grund Nr. 4, warum ein Thread nicht mehr weiterlaufen kann, besteht darin, dass der Thread durch Aufruf der Methoden wait oder join in einen Wartezustand gelangt. Dieser Zustand wird WAITING genannt. Aus diesem Zustand kehrt der Thread in den RUNNABLE- bzw. READY-Zustand zurück, indem ein anderer Thread die Methode notify oder notifyAll aufruft, oder indem der Thread, auf dessen Ende mit join gewartet wird, terminiert. Eine weitere Möglichkeit für einen Thread, den Zustand WAITING zu verlassen, ist die Anwendung der Methode interrupt auf diesen Thread von einem anderen Thread aus. In diesem Fall wird wait oder join durch eine InterruptedException unterbrochen. Der fünfte Grund für eine Blockierung eines Threads ist der Aufruf von wait oder join mit Angabe einer maximalen Wartezeit oder durch Aufruf von sleep. In diesem Fall gelangt der Thread in den Zustand TIMED_WAITING. Gründe für das Verlassen dieses Zustands sind dieselben wie diejenigen für das Verlassen des Zustands WAITING. Hinzu kommt jetzt als Grund noch der Ablauf der Wartezeit.

In jedem Fall bewirkt das Verlassen des Zustands RUNNING durch einen Thread einen Übergang von READY nach RUNNING für einen anderen Thread.

Befindet sich ein Thread in einem der drei Zustände WAITING, TIMED_WAITING oder BLOCKED, kann nicht auf ihn umgeschaltet werden. Das heißt, wenn ein Thread blockiert ist, wird er nie rechnend und verbraucht keine Rechenzeit. Wir haben schon gesehen, dass dies eine sehr effiziente Art des Wartens auf ein Ereignis ist. Sobald der Grund für die Blockade eines Threads nicht mehr besteht, gelangt er wieder in den Zustand READY. Wie schon beim Starten bewirkt das Deblockieren eines Threads also nicht sein unmittelbares Weiterlaufen. Der Thread gelangt erst in den Zustand READY und muss sich gedulden, bis wieder auf ihn umgeschaltet wird (d.h. bis er wieder in den Zustand RUNNING gelangt).

Mit diesen Konzepten wurden in diesem Kapitel und werden im folgenden Kapitel eine Reihe von Anwendungen entwickelt. Dabei gab es immer *aktive* und *passive Klassen* bzw. *Objekte*. Aktive Klassen sind die Thread-Klassen bzw. die Klassen, welche die Runnable-Schnittstelle implementieren. Passive Klassen sind solche, deren Objekte von mehreren Threads benutzt werden. In **Tabelle 2.4** sind einige der Anwendungen nach diesem Schema noch einmal zusammenfassend dargestellt.

Tabelle 2.4: Zusammenfassung einiger Anwendungen dieses Kapitels

Aktive Klassen	Passive Klassen
Bankangestellte (Klasse Clerk)	Bank und Konten (Klassen Bank und Account)
Autos (Klasse Car)	Parkhaus (Klasse ParkingGarage)
Erzeuger und Verbraucher (Klassen Producer und Consumer)	Puffer (Klasse Buffer)

Bitte beachten Sie, dass die Synchronisation (synchronized, Aufrufe von wait, notify und notifyAll) in der Regel immer in den passiven Klassen realisiert wird.

3 Fortgeschrittene Synchronisationskonzepte in Java

In diesem Kapitel werden wir weitere Synchronisationsmechanismen von Java kennen lernen. Diese basieren zum großen Teil auf Anwendungen der Synchronisationsprimitive synchronized, wait, notify und notifyAll, mit denen wir uns im vorigen Kapitel beschäftigt haben. Die Inhalte dieses Kapitels sind:

- Zunächst werden Synchronisations- und Kommunikationskonzepte, die aus Unix bzw. Linux bekannt sind, nachgeahmt. Um den Unterschied zwischen diesen von Betriebssystemen bereitgestellten Mechanismen und den bereits kennen gelernten Konzepten in Java deutlich zu machen, sei nochmals daran erinnert, dass es hier in diesem Kapitel immer noch um die Synchronisation von Threads innerhalb eines Prozesses geht, wobei der Zugriff auf gemeinsame Objekte möglich ist, da die Threads sich einen Adressraum teilen (Metapher: alle Köche sind in einer gemeinsamen Küche). Bei den Synchronisations- und Kommunikationsmechanismen der Betriebssysteme geht es vorwiegend um die Synchronisation und Kommunikation zwischen Threads unterschiedlicher Prozesse, die keinen gemeinsamen Adressraum besitzen. Die Nachbildung der Synchronisations- und Kommunikationskonzepte von Unix bzw. Linux in Java ist aber dennoch sinnvoll, denn die Leserinnen und Leser dürften dadurch ein besseres Verständnis dieser Konzepte erreichen, sie bekommen weiteres Anschauungsmaterial im Umgang mit den Java-Synchronisationsprimitiven, und sie können nicht zuletzt die entwickelten Klassen auch gewinnbringend zur Synchronisation und Kommunikation der Threads innerhalb eines Prozesses einsetzen. Bei den Synchronisations- und Kommunikationskonzepten aus Unix bzw. Linux handelt es sich um Semaphore bzw. Semaphorgruppen (Abschnitt 3.1), Message Queues (Abschnitt 3.2) und Pipes (Abschnitt 3.3).

- Danach werden Lösungen für bekannte „klassische" Synchronisationsaufgaben angegeben. Diese Aufgaben werden in Lehrbüchern häufig zur Illustration von Synchronisationskonzepten herangezogen. Die in diesem Kapitel besprochenen Lösungen dieser Aufgaben basieren nicht nur direkt auf den Java-Konzepten synchronized, wait, notify und notifyAll, sondern es werden auch Lösungen diskutiert, die die zuvor eingeführten Semaphore benutzen. Die behandelten „klassischen" Synchronisationsaufgaben sind

- das Philosphenproblem (Abschnitt 3.4) und das Leser-Schreiber-Problem (Abschnitt 3.5).

- Nachdem eine ganze Reihe von Programmen mit synchronized, wait, notify bzw. notifyAll besprochen wurde, werden anschließend Schablonen für Synchronized-Methoden vorgestellt (Abschnitt 3.6), die typisch sind und die den Lesern helfen sollen, eigene Anwendungen zu programmieren. Alle besprochenen Synchronized-Methoden passen auf diese Schablonen. In diesem Zusammenhang wird auch das Thema Konsistenz von Objektzuständen angesprochen.

- Seit der Version 5 von Java wurde die Klassenbibliothek um viele nützliche Klassen und Schnittstellen zum Umgang mit Parallelität erweitert (u.a. auch Semaphore). In Abschnitt 3.7 wird ein Überblick über diesen Teil der Klassenbibliothek gegeben. Auf einige ausgewählte Aspekte wird etwas ausführlicher anhand von Beispielprogrammen eingegangen.

- Zum Abschluss werden einige weitere Aspekte im Zusammenhang mit Synchronisation betrachtet. Hier handelt es sich zum einen um den Themenbereich Verklemmungen (Ursachen, s. Abschnitt 3.8, und Strategien zur Vermeidung, Abschnitt 3.9) und zum anderen um die Modellierung von Parallelität und Synchronisation mit Petri-Netzen (Abschnitt 3.10).

3.1 Semaphore

3.1.1 Einfache Semaphore

Das klassische Synchronisationskonzept schlechthin ist der *Semaphor* (engl. *semaphore*). Glücklicherweise kennen wir dieses Konzept schon, und zwar als Parkhaus. Aus der Klasse ParkingGarage kann lediglich durch Änderung der verwendeten Bezeichner für die Klasse, das Attribut und die Methoden eine korrekte Implementierung eines Semaphors erzeugt werden (s. **Listing 3.1**):

Listing 3.1:

```
public class Semaphore
{
    private int value;
    public Semaphore(int init)
    {
        if(init < 0)
            init = 0;
        value = init;
    }
    public synchronized void p()
    {
        while(value == 0)
        {
```

```
            try
            {
                wait();
            }
            catch(InterruptedException e)
            {
            }
        }
        value--;
    }
    public synchronized void v()
    {
        value++;
        notify();
    }
}
```

Ein Semaphor ist von der Idee her ein abstraktes Konzept. Als Attribut enthält jedes Objekt der Klasse Semaphore einen Wert des Typs int, der nie negativ werden kann. Über den Konstruktor lässt sich ein initialer Wert einstellen. Ferner existieren Methoden zum Herunter- bzw. Hochzählen des Attributwerts. Die „klassische" Bezeichnung für diese Methoden lautet p und v (manchmal auch *down* und *up*, seit Java 5 *acquire* und *release*, s. Abschnitt 3.7). Die Bezeichnungen p und v stammen von den holländischen Begriffen passeeren (passieren) und vrijgeven (freigeben). Beim Aufruf der Methode p wird der aufrufende Thread blockiert, falls der Wert des Semaphors durch das Erniedrigen negativ würde. Ein von einem anderen Thread ausgeführter V-Aufruf weckt einen wartenden Thread wieder auf. Eine Rückbesinnung auf das Parkhaus hilft den Leserinnen und Lesern hoffentlich, dieses etwas abstraktere Konzept eines Semaphors und die Wirkung der Methoden p und v zu verstehen und in Erinnerung zu behalten.

3.1.2 Einfache Semaphore für den gegenseitigen Ausschluss

Semaphore werden häufig zur Realisierung des *gegenseitigen Ausschlusses* (engl. *mutual exclusion*) eingesetzt. Damit ist gemeint, dass ein bestimmtes Programmstück zu einer Zeit nur von höchstens einem Thread ausgeführt werden kann (s. **Listing 3.2**). Eine Synchronized-Methode stellt ebenfalls eine Form des gegenseitigen Ausschlusses dar: Auf ein Objekt kann diese Methode zu einem Zeitpunkt höchstens von einem Thread angewendet werden. Im Kontext unterschiedlicher Prozesse und im Kontext anderer Programmiersprachen als Java kann auf synchronized nicht zurückgegriffen werden. Eine Standard-Lösung ist der Einsatz eines so genannten *Mutex-Semaphors* (Mutex steht für MUTual EXclusion), der im Folgenden wieder für Threads eines einzigen Prozesses und mit Java gezeigt wird. Die Idee dieses Beispiels lässt sich aber auf einen allgemeineren Kontext übertragen.

Listing 3.2:

```
    class MutexThread extends Thread
    {
        private Semaphore mutex;

        public MutexThread(Semaphore mutex)
        {
            this.mutex = mutex;
```

```
            start();
    }
    public void run()
    {
        while(true)
        {
            mutex.p();
            System.out.println("kritischen Abschnitt betreten");
            try
            {
                sleep((int)(Math.random() * 1000));
            }
            catch(InterruptedException e)
            {
            }
            System.out.println("kritischer Abschnitt wird verlassen");
            mutex.v();
        }
    }
}
public class MutualExclusion
{
    public static void main(String[] args)
    {
        Semaphore mutex = new Semaphore(1);
        for(int i = 1; i <= 10; i++)
        {
            new MutexThread(mutex);
        }
    }
}
```

Das Programmstück, das zu einem Zeitpunkt nur von höchstens einem Thread ausgeführt werden darf, wird in der Regel *kritischer Abschnitt* genannt. In diesem Beispiel schläft der ausführende Thread eine zufällig gewählte Zeit von maximal einer Sekunde. In einer realen Anwendung würde an dieser Stelle zum Beispiel der exklusive Zugriff auf gemeinsame Daten erfolgen. Eine Referenz auf den von allen Threads benutzten Semaphor wird auch in diesem Programm wieder im Konstruktor übergeben. Außerdem befindet sich im Konstruktor der Aufruf der Methode start. In der Main-Methode wird der Semaphor erzeugt. Wichtig hierbei ist der Initialisierungswert 1. Der Initialisierungswert gibt an, wie viele Threads maximal gleichzeitig den kritischen Abschnitt durchlaufen können. Ist dieser Wert 0, so kann nie ein Thread den kritischen Abschnitt betreten.

Im Kontext von Threads aus unterschiedlichen Prozessen ist ein Zugriff auf ein gemeinsames Objekt wie den Mutex-Semaphor in dieser direkten Form nicht möglich. In diesem Fall existiert der Semaphor im Betriebssystemkern. Er wird nicht wie in obigem Beispiel über eine direkte Referenz angesprochen, sondern durch eine Art von Kennung (oder Nummer), die als Parameter des Systemaufrufs mit übergeben wird. Ferner ist der Zugriff auf gemeinsame Daten von Threads unterschiedlicher Prozesse möglich über die Nutzung von gemeinsamem Speicher, der ebenfalls über Systemaufrufe eingerichtet wird. Wir wollen auf diese Aspekte aber nicht näher eingehen.

3.1.3 Einfache Semaphore zur Herstellung vorgegebener Ausführungsreihenfolgen

Ein zweiter gängiger Einsatz von Semaphoren neben dem gegenseitigen Ausschluss ist der zur Herstellung einer bestimmten Ausführungsreihenfolge von Aktionen in unterschiedlichen Threads. Als Beispiel sind in **Abbildung 3.1** unterschiedliche Aktionen a1 bis a5 gezeigt, die alle in jeweils unterschiedlichen Threads t1 bis t5 ausgeführt werden sollen. Die Pfeile geben eine zeitliche Relation vor. So muss zum Beispiel a1 vor a2 ausgeführt werden, während es zwischen a2 und a3 keine Vorschrift für die zeitliche Beziehung gibt. Das bedeutet, dass a2 und a3 echt parallel oder in einer nicht vorgegebenen zeitlichen Beziehung ausgeführt werden können.

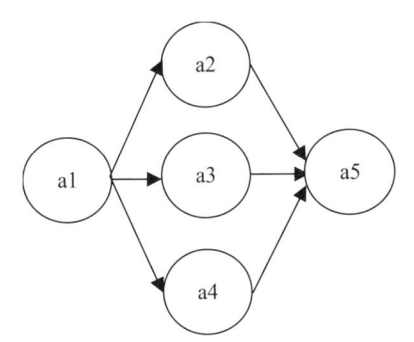

Abbildung 3.1: Beispiel für eine vorgegebene zeitliche Beziehung von auszuführenden Aktionen in unterschiedlichen Threads

Das folgende Programm (**Listing 3.3**) realisiert die vorgegebene zeitliche Relation zwischen den Aktionen. Dabei wird für jeden Pfeil aus **Abbildung 3.1** ein Semaphor verwendet. Bevor eine Aktion ausgeführt werden kann, wird die P-Methode für alle Semaphore, die den ankommenden Pfeilen entsprechen, ausgeführt. Entsprechend wird nach einer Aktion die V-Methode auf allen Semaphoren ausgeführt, die den von dieser Aktion abgehenden Pfeilen entsprechen. Der Einheitlichkeit und Einfachheit halber werden allen Threads Referenzen auf alle Semaphore in einem Feld übergeben, obwohl nicht alle Threads alle Semaphore benutzen.

Listing 3.3:

```
class T1 extends Thread
{
    private Semaphore[] sems;

    public T1(Semaphore[] sems, String name)
    {
        super(name);
        this.sems = sems;
        start();
    }

    private void a1()
    {
```

```java
            System.out.println("a1");
        }

        public void run()
        {
            a1();
            sems[0].v();
            sems[1].v();
            sems[2].v();
        }
    }

    class T2 extends Thread
    {
        private Semaphore[] sems;

        public T2(Semaphore[] sems, String name)
        {
            super(name);
            this.sems = sems;
            start();
        }

        private void a2()
        {
            System.out.println("a2");
        }

        public void run()
        {
            sems[0].p();
            a2();
            sems[3].v();
        }
    }

    class T3 extends Thread
    {
        private Semaphore[] sems;

        public T3(Semaphore[] sems, String name)
        {
            super(name);
            this.sems = sems;
            start();
        }

        private void a3()
        {
            System.out.println("a3");
        }

        public void run()
        {
            sems[1].p();
            a3();
            sems[4].v();
        }
    }

    class T4 extends Thread
    {
        private Semaphore[] sems;

        public T4(Semaphore[] sems, String name)
        {
            super(name);
            this.sems = sems;
            start();
        }
```

```
        private void a4()
        {
            System.out.println("a4");
        }

        public void run()
        {
            sems[2].p();
            a4();
            sems[5].v();
        }
    }
    class T5 extends Thread
    {
        private Semaphore[] sems;

        public T5(Semaphore[] sems, String name)
        {
            super(name);
            this.sems = sems;
            start();
        }

        private void a5()
        {
            System.out.println("a5");
        }

        public void run()
        {
            sems[3].p();
            sems[4].p();
            sems[5].p();
            a5();
        }
    }
    public class TimingRelation
    {
        public static void main(String[] args)
        {
            Semaphore[] sems = new Semaphore[6];
            for(int i = 0; i < sems.length; i++)
            {
                sems[i] = new Semaphore(0);
            }
            new T1(sems, "T1");
            new T2(sems, "T2");
            new T3(sems, "T3");
            new T4(sems, "T4");
            new T5(sems, "T5");
        }
    }
```

Wie leicht nachzuvollziehen ist, wird der Semaphor im Feld mit dem Index 0 für die zeitliche Relation zwischen a1 und a2 verwendet. Entsprechendes gilt für die Semaphore mit den Indizes 1, 2, 3, 4 und 5, die für die zeitliche Relation zwischen a1 und a3, a1 und a4, a2 und a5, a3 und a5 sowie a4 und a5 eingesetzt werden. Beachten Sie den richtigen Initialisierungswert 0 beim Erzeugen der Semaphore in main (im Unterschied zum Initialisierungswert 1 beim gegenseitigen Ausschluss).

3.1.4 Additive Semaphore

Ein Sonderfall der Semaphore, den wir nicht extra programmieren, stellen *binäre Semaphore* dar. In binären Semaphoren kann das Semaphorattribut nur die beiden Werte 0 oder 1 annehmen. Dies reicht in den beiden obigen Beispielen, gegenseitiger Ausschluss und vorgegebene Reihenfolge, aus. Im Gegensatz zu dieser Spezialisierung sind *additive Semaphore* eine Verallgemeinerung der bisher kennen gelernten Semaphore. Die Verallgemeinerung besteht darin, dass der Wert des Semaphors nicht nur um eins erhöht oder erniedrigt werden kann, sondern um beliebige Werte. Additive Semaphore können realisiert werden, indem die Methoden p und v einen Int-Parameter erhalten, der angibt, um wie viel der Attributwert des Semaphors erniedrigt bzw. erhöht werden soll. Alternativ dazu genügt eine einzige Methode mit einem Int-Argument, das die Wertänderung (positiv oder negativ) angibt. Im folgenden Programm (**Listing 3.4**) werden beide Alternativen gleichzeitig realisiert, wobei zusätzlich die „alten" P- und V-Methoden ohne Argumente aus Kompatibilitätsgründen auch noch vorhanden sind.

Listing 3.4:

```java
public class AdditiveSemaphore
{
    private int value;

    public AdditiveSemaphore(int init)
    {
        if(init < 0)
            init = 0;
        this.value = init;
    }

    public synchronized void p(int x)
    {
        if(x <= 0)
            return;
        while(value - x < 0)
        {
            try
            {
                wait();
            }
            catch(InterruptedException e)
            {
            }
        }
        value -= x;
    }

    public synchronized void v(int x)
    {
        if(x <= 0)
            return;
        value += x;
        notifyAll(); // nicht notify
    }

    public void p()
    {
        p(1);
    }
```

```
public void v()
{
    v(1);
}
public void change(int x)
{
    if(x > 0)
        v(x);
    else if(x < 0)
        p(-x);
}
```

Offensichtlich sind nicht alle Methoden mit synchronized gekennzeichnet. Dies ist auch nicht nötig, da nur in den Methoden p und v mit Int-Argument auf das Value-Attribut zugegriffen wird. Es wäre allerdings nicht falsch, alle Methoden mit synchronized zu versehen, denn wie in Abschnitt 2.3 besprochen wurde, ergeben sich keine Probleme, wenn eine Synchronized-Methode eine andere Synchronized-Methode für dasselbe Objekt aufruft. Beachten Sie, dass in der V-Methode mit Int-Argument notifyAll verwendet wird. Die Verwendung von notify wäre hier nicht korrekt, da in diesem Fall unter Umständen mehrere Threads weiterlaufen können (vgl. Abschnitt 2.6). Die Methode v erwartet ein positives Argument. Denn sonst könnte man mit der V-Methode z.B. den Wert des Attributs erniedrigen durch Angabe eines negativen Argumentwerts. Der Wert des Value-Attributs könnte somit sogar negative Werte annehmen. Aber auch in p sind nur positive Argumente zugelassen, denn bei Angabe eines negativen Werts würde der Attributwert hochgezählt, ohne dass wartende Threads geweckt würden. Deshalb wird sowohl am Anfang von p als auch am Anfang von v überprüft, ob der Argumentwert positiv ist. Ist er negativ oder null, so hat der Aufruf der Methoden keine Wirkung.

Die Methode change bietet die Möglichkeit, den Wert des Value-Arguments zu erhöhen oder zu erniedrigen, je nach dem, ob der Argumentwert positiv oder negativ ist. Bei der Angabe eines negativen Argumentwerts (z.B. –3) wird der Auftrag erteilt, den Wert des Attributs um 3 zu erniedrigen. Also wird die P-Methode mit dem positiven Argumentwert +3 aufgerufen. Wird change mit positivem Argumentwert versorgt, so wird dieser an die Methode v durchgereicht.

Die While-Bedingung in der P-Methode prüft ab, ob nach Subtraktion des Arguments x das Value-Attribut negativ werden würde. Wenn dem so ist, so wird der Wert zunächst nicht verändert, sondern es wird stattdessen gewartet, bis die Subtraktion möglich ist, ohne dass der Wert negativ wird. Sie sehen anhand dieser Erläuterungen des Programmcodes, dass der Wert des Attributs nicht schrittweise erniedrigt wird, sondern „auf einen Schlag". Dies bedeutet, dass es einen großen Unterschied ausmachen kann, ob ein Semaphorwert durch einen Aufruf „p(3)" oder durch 3 aufeinanderfolgende Aufrufe „p(1)" bzw. „p()" erniedrigt wird.

Betrachten wir dazu ein Beispiel: Angenommen, das Attribut eines additiven Semaphors, der von zwei Threads gemeinsam benutzt wird, habe den Wert 4. Nehmen wir weiter an, die beiden Threads möchten den Semaphor jeweils um 3 erniedrigen. Wird dies schrittweise durch drei aufeinanderfolgende Aufrufe „p(1)" realisiert, so kann es zu einer Verklemmung kommen, wenn z.B. der erste Thread den Wert des Semaphors zweimal um jeweils 1 erniedrigt hat und dann auf den zweiten Thread umgeschaltet wird. Der zweite Thread kann den Semaphorwert dann ebenfalls zwei Mal um jeweils 1 erniedrigen, er wird aber beim dritten Versuch blockiert. Wenn dann auf den ersten Thread zurückgeschaltet wird, so wird auch dieser versuchen, den Wert des Semaphors ein drittes Mal um 1 zu erniedrigen, was ebenfalls nicht möglich ist und zum Blockieren des Aufrufers führt. Beide Threads warten dann gegenseitig darauf, dass der jeweils andere Thread den Semaphorwert wieder erhöht. Dies ist eine *Verklemmungssituation* (siehe Abschnitt 3.8). Wenn dagegen die beiden Threads den Semaphorwert durch „p(3)" erniedrigen, so kann es zu keiner Verklemmung kommen, denn einer der beiden Threads kann den Semaphor in jedem Fall erniedrigen, der andere muss warten. Nach einer gewissen Zeit wird der eine Thread den Semaphor wieder erhöhen, so dass der andere Thread ebenfalls weiterlaufen kann – eine Verklemmung tritt in diesem Fall nicht ein.

3.1.5 Semaphorgruppen

Diese grundlegende Eigenschaft des Durchführens einer Änderung „auf einen Schlag" („alles oder nichts") ist auch die wesentliche Motivation für die Einführung so genannter *Semaphorgruppen*. In Unix bzw. Linux werden diese Gruppen einfach Semaphore genannt. In diesem Buch sprechen wir aber der Deutlichkeit halber von Semaphorgruppen. Semaphorgruppen stellen eine Verallgemeinerung der additiven Semaphore dar. Es ist möglich, mit dem Aufruf der Change-Methode mehrere Semaphore der Gruppe „auf einen Schlag" zu verändern (zu erhöhen oder zu erniedrigen). Alle Änderungen werden nur durchgeführt, wenn nach der Änderung die Werte aller Semaphore der Gruppe nicht negativ sind. Andernfalls wird gewartet, ohne dass irgendeine Änderung vorgenommen wird. Das heißt, dass in diesem Fall zunächst keine Änderungen an den Semaphorwerten durchgeführt werden, ganz unabhängig davon, ob dies für einzelne Semaphore der Gruppe möglich wäre oder nicht (es werden also auch keine Erhöhungen vorgenommen, die für einen einzelnen Semaphor ja immer möglich sind). Wie bei den additiven Semaphoren kann es bezüglich der Verklemmungsproblematik einen großen Unterschied ausmachen, ob eine Semaphorgruppe oder eine Reihe einzelner Semaphore verwendet wird. Wir werden darauf bei der Besprechung des so genannten Philosophenproblems in Abschnitt 3.4 näher eingehen.

Im Folgenden ist der Programmcode der Klasse SemaphoreGroup dargestellt (**Listing 3.5**).

Listing 3.5:

```
public class SemaphoreGroup
{
    private int[] values;

    public SemaphoreGroup(int numberOfMembers)
    {
        if(numberOfMembers <= 0)
            return;
        values = new int[numberOfMembers];
    }
```

```java
    public int getNumberOfMembers()
    {
        return values.length;
    }
    public synchronized void changeValues(int[] deltas)
    {
        if(deltas.length != values.length)
            return;
        while(!canChange(deltas))
        {
            try
            {
                wait();
            }
            catch(InterruptedException e)
            {
            }
        }
        doChange(deltas);
        notifyAll();
    }
    private boolean canChange(int[] deltas)
    {
        for(int i = 0; i < values.length; i++)
            if(values[i] + deltas[i] < 0)
                return false;
        return true;
    }
    private void doChange(int[] deltas)
    {
        for(int i = 0; i < values.length; i++)
            values[i] = values[i] + deltas[i];
    }
}
```

Wie am Programmcode zu erkennen ist, basiert die Implementierung der Klasse SemaphoreGroup nicht auf einzelnen Semaphoren, denn – wie oben erläutert – die Wirkung der Methode changeValues ist nicht gleichbedeutend mit einer Hintereinanderausführung mehrerer P- und V-Methodenaufrufe, die auf einzelne Semaphore angewendet werden. Die Werte der Semaphore werden in einem Int-Feld namens values gehalten. Die Größe des Feldes (und damit die Anzahl der Mitglieder der Semaphorgruppe) wird im Konstruktor über einen Parameter bestimmt. Die Klasse SemaphoreGroup besitzt keine P- und V-Methoden mehr, sondern neben der Methode getNumberOfMembers zum Abfragen der Anzahl der enthaltenen Semaphore nur eine einzige weitere öffentliche Methode changeValues mit einem Int-Feld als Parameter, das genau so lang sein muss wie das Values-Feld (eine tolerantere Implementierung wäre leicht möglich). Der Parameter der Methode changeValues gibt an, um welchen Wert die Semaphore jeweils verändert werden sollen (d.h. deltas[i] gibt an, um wie viel values[i] verändert werden soll). Die Werte der Feldelemente des Parameters können dabei positiv, negativ oder null sein. Im letzten Fall bleibt der Wert des entsprechenden Semaphors unverändert. Die private Methode canChange liefert true zurück, falls alle Änderungen durchgeführt werden können, sonst false. Die private Methode doChange führt alle Änderungen durch. In changeValues wird mit canChange geprüft, ob alle Änderungen durchführbar sind. Falls dies nicht der Fall ist, wird gewartet, ohne irgendetwas verändert zu haben. Nach der Durchführung der Änderungen werden alle an diesem Objekt wartenden Threads durch notifyAll geweckt. Es muss notifyAll statt notify verwendet werden, da zum einen die durchgeführten Änderungen mehreren Threads das Weiterlaufen ermöglichen können, und da zum anderen die wartenden Threads auf unterschiedliche Bedingungen warten. So kann es vorkommen, dass z.B. ein Thread darauf wartet, den Wert des ersten Semaphors der Gruppe zu erniedrigen, während ein anderer Thread den Wert des zweiten Semaphors verringern will. Wenn nun ein Thread den Wert des zweiten Semaphors erhöht, so kann es bei der Nutzung von notify vorkommen, dass der falsche Thread, im Beispiel der erste, geweckt wird. Dieser kann aber nicht weiterlaufen und blockiert sich erneut. Der zweite Thread könnte weiterlaufen, wurde aber nicht geweckt.

In unserer Merkregel, wann notifyAll verwendet werden muss (s. Abschnitt 2.6), bedeutet also die Bedingung, dass mehrere Wartebedingungen vorhanden sein müssen, nicht, dass in der betreffenden Klasse nur an einer Stelle eine While-Wait-Schleife vorkommen darf. Wenn wie im Fall der Klasse SemaphoreGroup die While-Bedingung parametrisiert ist, dann gibt es durch den Aufruf der umgebenden Methode mit unterschiedlichen Parametern unterschiedliche Wartebedingungen. Dasselbe gilt übrigens auch für die additiven Semaphore (**Listing 3.4**). Hier lautet die Bedingung in der While-Wait-Schleife

```
value - x < 0
```

(x ist ein Parameter). Ein Thread wartet also z.B., bis value mindestens den Wert 1 hat (Aufruf der Methode mit Parameterwert 1), während ein anderer Thread wartet, bis value mindestens den Wert 5 hat (Aufruf der Methode mit Parameterwert 5).

Zurück zur Klasse SemaphoreGroup: Wenn in changeValues alle Semaphorwerte nur erniedrigt werden, ist kein notifyAll nötig. In der Implementierung der Klasse SemaphoreGroup wurde dieser Fall aber nicht gesondert behandelt. Es wird stattdessen nach jeder Änderung notifyAll aufgerufen, wodurch die Implementierung einfacher gehalten werden konnte.

Semaphore dienen in ihren verschiedenen Ausprägungen der Synchronisation von Threads. Wir wenden uns nun Kommunikationskonzepten zu. Neben der ebenfalls vorhandenen Synchronisation findet hier eine zusätzliche Übertragung von Daten statt.

3.2 Message Queues

3.2.1 Verallgemeinerung des Erzeuger-Verbraucher-Problems

Zur Vorbereitung unserer Implementierung von *Message Queues* (Nachrichtenwarteschlangen) erweitern wir die Funktionalität der Klasse Buffer aus Abschnitt 2.6. Die Klasse besitzt die Methoden put und get, um einen Zahlenwert in einem Puffer abzulegen bzw. einen Zahlenwert aus einem Puffer auszulesen. Wenn beim Ablegen eines Werts der Puffer voll ist (d.h. der vorhergehende Wert wurde noch nicht abgeholt), dann wird der Aufrufer so lange blockiert, bis der Puffer frei wird. Umgekehrt wird ein Thread blockiert, falls er einen Wert aus einem leeren Puffer lesen möchte (d.h. aus einem Puffer, der seit dem letzten Lesen nicht mehr neu gefüllt wurde). Die in Abschnitt 2.6 besprochene Klasse stellt nur einen einzigen Pufferplatz bereit. Eine Verallgemeinerung der Klasse Buffer erhält man, wenn man Pufferplatz nicht nur für einen Zahlenwert, sondern für N Werte bereitstellt. Das bedeutet, dass ein *Erzeuger* einen Wert ablegen kann und anschließend auch noch einen zweiten, selbst dann, wenn der erste Wert in der Zwischenzeit noch nicht von einem *Verbraucher* abgeholt wurde. Die Verbraucher wollen die Werte in der Reihenfolge abholen, in der sie in den Puffer gelegt wurden. Bei einer Realisierung des Puffers durch ein Feld könnte man z.B. den abzuholenden Wert immer dem Feldelement mit dem Index 0 entnehmen und die abzulegenden Werte immer auf das erste freie Feldelement (das freie Feldelement mit dem kleinsten Index) speichern. Dann müssten aber beim Entnehmen eines Werts alle anderen Werte um eins nachgeschoben werden. Dies kann man vermeiden, wenn man das Feld zyklisch benutzt (d.h. nach Benutzung des letzten Feldelements verwendet man wieder das erste). Zum besseren Verständnis kann man sich das Feld in diesem Fall zu einem Kreis gebogen denken, wie dies in **Abbildung 3.2** zu sehen ist.

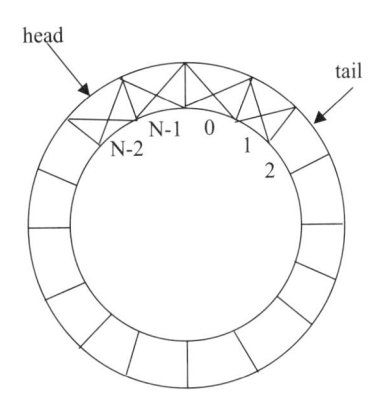

Abbildung 3.2: Nutzung eines Feldes der Größe N zur Pufferung

Das Attribut head gibt den Index des ersten (d.h. vorderen) Elements an (d.h. das Element, das als nächstes abgeholt wird). Entsprechend gibt das Attribut tail den Index an, auf den das nächste Element abgelegt werden kann. Nach jedem Abholen bzw. Ablegen wird head bzw. tail um eins erhöht, wobei dabei darauf geachtet werden muss, dass man beim Anstoßen am Feldende wieder bei null beginnt.

Mit diesen Ausführungen dürfte die Klasse BufferN (**Listing 3.6**) nun einfach zu verstehen sein.

Listing 3.6:

```java
public class BufferN
{
    private int head;
    private int tail;
```

3 Fortgeschrittene Synchronisationskonzepte in Java

```java
        private int numberOfElements;
        private int[] data;

        public BufferN(int n)
        {
            data = new int[n];

            //nicht nötig, da automatisch mit 0 initialisiert
            head = 0;
            tail = 0;
            numberOfElements = 0;
        }
        public synchronized void put(int x)
        {
            while(numberOfElements == data.length)
            {
                try
                {
                    wait();
                }
                catch(InterruptedException e)
                {
                }
            }
            data[tail++] = x;
            if(tail == data.length)
            {
                tail = 0;
            }
            numberOfElements++;
            notifyAll();
        }
        public synchronized int get()
        {
            while(numberOfElements == 0)
            {
                try
                {
                    wait();
                }
                catch(InterruptedException e)
                {
                }
            }
            int result = data[head++];
            if(head == data.length)
            {
                head = 0;
            }
            numberOfElements--;
            notifyAll();
            return result;
        }
    }
```

Die Größe des Felds muss im Konstruktor als Parameter angegeben werden. Beim Ablegen eines Werts muss gewartet werden, falls alle Elemente belegt sind. Entsprechend muss beim Abholen gewartet werden, falls kein neues, noch nicht ausgelesenes Element vorhanden ist. Die Notwendigkeit von notifyAll statt notify wurde schon im Abschnitt 2.6 ausführlich besprochen.

Auf das Attribut tail könnte übrigens verzichtet werden, denn dieses ließe sich auch aus head und count berechnen. Gleiches gilt für das Attribut head, das man aus tail und count bestimmen könnte. Auf count kann allerdings nicht verzichtet werden, denn sowohl bei vollem als auch bei leerem Puffer sind head und tail jeweils gleich und folglich kann der Wert von count aus head und tail nicht eindeutig bestimmt werden.

3.2.2 Übertragung des erweiterten Erzeuger-Verbraucher-Problems auf Message Queues

Die Synchronisation bei *Message Queues* und Pipes entspricht derjenigen des verallgemeinerten *Erzeuger-Verbraucher-Problems*, wie wir es soeben in Gestalt der Klasse BufferN kennen gelernt haben. Der wesentliche Unterschied zwischen BufferN einerseits und MessageQueues und Pipes andererseits ist die Struktur der übertragenen Daten. Während es bei BufferN um Int-Zahlen geht, handelt es sich bei den MessageQueues und Pipes um beliebige Daten variabler Länge. Wir werden diese Daten hier als Byte-Felder repräsentieren.

Bei den Message Queues bleibt ein gesendetes Byte-Feld als Einheit erhalten, so dass beim Empfangen genau dieses Feld zurückgeliefert wird. Jedes in der MessageQueue zwischengepufferte Byte-Feld wird wiederum in einem Feld abgelegt. Dieses Feld entspricht dem Attribut aus der Klasse BufferN. Allerdings handelt es sich hierbei nicht um ein Int-Feld, sondern um ein Feld von Byte-Feldern. Das Attribut der Klasse MessageQueue ist also ein zweidimensionales Byte-Feld. In Java sind zweidimensionale Felder immer Felder von Feldern, die nicht rechteckig sein müssen, sondern die am rechten Rand ausgefranst sein können, wie dies in **Abbildung 3.3** zu sehen ist.

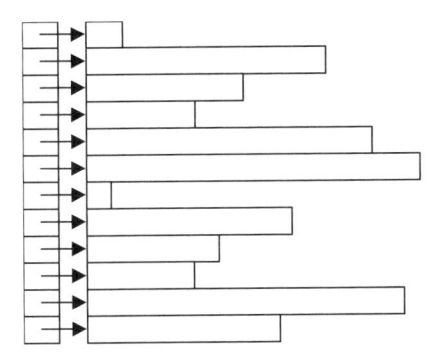

Abbildung 3.3: Feld von Feldern in Java

Nicht rechteckige, zweidimensionale Felder können in Java z.B. so angelegt werden:

```
byte[][] array2dim = new byte[10][];
for(int i = 0; i < array2dim.length; i++)
    array2dim[i] = new byte[10+i];
```

Die erste Zeile in obigem Programmfragment erzeugt ein Feld der Größe 10, wobei in jedes Feldelement eine Referenz auf ein Byte-Feld abgespeichert werden kann. In der For-

Schleife werden eindimensionale Byte-Felder der Länge 10, 11, 12 usw. erzeugt und die Referenzen auf diese Felder in die Feldelemente von array2dim abgespeichert.

Die Klasse MessageQueue besitzt eine Send-Methode, mit der ein Byte-Feld in einer MessageQueue zur Zwischenspeicherung abgelegt werden kann. Da der Sender-Thread nach dem Senden den Inhalt des gesendeten Byte-Felds manipulieren kann, ist es ratsam, eine Kopie des Byte-Felds beim Senden anzulegen und diese Kopie zu puffern. Die Methode receive der Klasse MessageQueue liefert dann diese Kopie zurück.

Eine MessageQueue im Betriebssystem Unix bzw. Linux ist voll, wenn die Summe der Größe der gepufferten Nachrichten eine bestimmte Schwelle überschreitet. Das heißt, dass eine MessageQueue viele kleine oder wenige große Nachrichten speichern kann. In der Implementierung der MessageQueues in diesem Buch wird der Einfachheit halber nur auf die Anzahl der Nachrichten, nicht aber auf deren Größe, geachtet.

Damit dürfte der Programmcode der Klasse MessageQueue (**Listing 3.7**) ohne weitere Erläuterungen verständlich sein.

Listing 3.7:

```java
public class MessageQueue
{
    private byte[][] msgQueue = null;
    private int qsize = 0;
    private int head = 0;
    private int tail = 0;
    public MessageQueue(int capacity)
    {
        if(capacity <= 0)
            return;
        msgQueue = new byte[capacity][];
    }
    public int getCapacity()
    {
        return msgQueue.length;
    }
    public synchronized void send(byte[] msg)
    {
        while(qsize == msgQueue.length)
        {
            try
            {
                wait();
            }
            catch(InterruptedException e)
            {
            }
        }
        msgQueue[tail] = new byte[msg.length];
        for(int i = 0; i < msg.length; i++)
            msgQueue[tail][i] = msg[i];
        qsize++;
        tail++;
        if(tail == msgQueue.length)
        {
            tail = 0;
        }
        notifyAll(); // nicht notify
    }
```

```
    public synchronized byte[] receive()
    {
        while(qsize == 0)
        {
            try
            {
                wait();
            }
            catch(InterruptedException e)
            {
            }
        }
        byte[] result = msgQueue[head];
        msgQueue[head] = null;
        qsize--;
        head++;
        if(head == msgQueue.length)
        {
            head = 0;
        }
        notifyAll(); // nicht notify
        return result;
    }
}
```

3.3 Pipes

Bei den MessageQueues bleiben die gesendeten Nachrichten, die durch Byte-Felder repräsentiert werden, als Einheiten erhalten. Man spricht in diesem Fall von *nachrichtenorientierter* Kommunikation. Im Gegensatz dazu bieten *Pipes* ein *datenstromorientiertes* Kommunikationsmodell an. Damit ist gemeint, dass der Empfänger einen Datenstrom entgegennimmt, dem er nicht ansieht, in welchen Portionen die Daten vom Sender gesendet wurden. Zum besseren Verständnis dieses Sachverhalts kann man sich vorstellen, dass die beiden Kommunikationspartner durch einen Wasserschlauch verbunden sind. Auf der Senderseite des Schlauchs sei ein Trichter aufgesteckt. Das Senden von Daten entspricht dem Eingießen einer gewissen Menge von Wasser aus einem Becher oder Eimer in den Trichter. Am anderen Ende des Schlauchs sei ein Wasserhahn angebracht, den der Empfänger aufdreht, wenn er Wasser braucht. Dabei ist dem entnommenen Wasser nicht anzusehen, aus wie viel Schüttungen es stammt (d.h. ob es nur ein Teil des Wassers ist, das auf einmal eingegossen wurde oder ob es Wasser ist, das aus mehreren Eingießaktionen stammt).

Einem ähnlichen Unterschied wie hier werden wir im Kapitel 5 bei der Kommunikation von Threads über Rechnergrenzen hinweg mit Hilfe von Sockets begegnen. Die nachrichtenorientierte Kommunikation, die wir in Form von Message Queues kennen gelernt haben, werden wir bei der Kommunikation über das UDP-Protokoll haben, während das TCP-Protokoll datenstromorientiert ist wie die Pipes.

Zur Speicherung der gesendeten Daten verwenden wir bei den Pipes statt eines zweidimensionalen ein eindimensionales Feld. Die gesendeten Daten werden einfach hintereinander in das Feld geschrieben (wieder in zyklischer Weise), so dass die Nachrichtengrenzen nicht mehr zu erkennen sind. Das Senden erfolgt in der Regel als eine unteilbare Aktion. Dies bedeutet: Wenn beim Senden die Länge der zu sendenden Daten größer ist als der im

Puffer verfügbare Platz, so wird der Sender-Thread blockiert, ohne auch nur ein Byte gesendet zu haben. Erst wenn für alle zu sendenden Daten genügend Platz im Puffer vorhanden ist, werden die Daten „auf einen Schlag" in den Puffer kopiert.

Wenn aber die Länge der zu sendenden Daten größer ist als der insgesamt zur Verfügung stehende Speicherplatz, dann würde das beschriebene Verhalten dazu führen, dass der Sender-Thread endlos blockiert bleibt, denn das „Senden auf einen Schlag" ist in diesem Fall nie möglich. Aus diesem Grund wird in diesem Fall auf ein anderes Sendeverhalten umgeschaltet, nämlich auf das Senden in Portionen. Die Methode send wird dadurch komplizierter. So lange nur Nachrichten mit einer nicht die Pufferlänge überschreitenden Größe gesendet werden, befinden diese sich alle an einem Stück im Puffer. Andernfalls kann es vorkommen, dass in einer gesendeten Nachricht Stücke anderer Nachrichten eingestreut sind.

Auch das Empfangen weist einige Besonderheiten auf. Als Parameter wird die Anzahl der zu empfangenden Bytes angegeben. Ist der Puffer ganz leer, so wird der Thread so lange blockiert, bis Daten im Puffer vorhanden sind. Es werden dann so viele Bytes zurückgeliefert wie verlangt wurde. Wenn allerdings so viele Daten nicht im Speicher stehen, dann werden nur alle vorhandenen Bytes zurückgegeben. Es wird also beim Empfangen nur gewartet, wenn der Puffer ganz leer ist. Es wird aber nicht so lange gewartet, bis so viele Daten wie verlangt vorhanden sind. Die Daten werden aus dem Puffer in ein neu erzeugtes Feld passender Länge kopiert.

Die Klasse Pipe kann damit wie in **Listing 3.8** angegeben realisiert werden:

Listing 3.8:

```java
public class Pipe
{
    private byte[] buffer = null;
    private int bsize = 0;
    private int head = 0;
    private int tail = 0;
    public Pipe(int capacity)
    {
        if(capacity <= 0)
            return;
        buffer = new byte[capacity];
    }
    public int getCapacity()
    {
        return buffer.length;
    }
    public synchronized void send(byte[] msg)
    {
        if(msg.length <= buffer.length)
        {
            /* Senden "auf einen Schlag" */
            while(msg.length > buffer.length - bsize)
            {
                try
                {
                    wait();
                }
                catch(InterruptedException e)
                {
```

```java
            }
            /* Kopieren der Nachricht */
            for(int i = 0; i < msg.length; i++)
            {
                buffer[tail] = msg[i];
                tail++;
                if(tail == buffer.length)
                    tail = 0;
            }
            bsize += msg.length;
            notifyAll();
        }
        else
        {
            /* Senden in Portionen */
            int offset = 0;
            int stillToSend = msg.length;
            while(stillToSend > 0)
            {
                while(bsize == buffer.length)
                {
                    try
                    {
                        wait();
                    }
                    catch(InterruptedException e)
                    {
                    }
                }
                int sendNow = buffer.length - bsize;
                if(stillToSend < sendNow)
                {
                    sendNow = stillToSend;
                }
                for(int i = 0; i < sendNow; i++)
                {
                    buffer[tail] = msg[offset];
                    tail++;
                    if(tail == buffer.length)
                        tail = 0;
                    offset++;
                }
                bsize += sendNow;
                stillToSend -= sendNow;
                notifyAll();
            }
        }
    }
    public synchronized byte[] receive(int noBytes)
    // noBytes: number of bytes
    {
        while(bsize == 0)
        {
            try
            {
                wait();
            }
            catch(InterruptedException e)
            {
            }
        }
        if(noBytes > bsize)
        {
            noBytes = bsize;
        }
        byte[] result = new byte[noBytes];
        for(int i = 0; i < noBytes; i++)
        {
```

```
            result[i] = buffer[head];
            head++;
            if(head == buffer.length)
            {
                head = 0;
            }
        }
        bsize -= noBytes;
        notifyAll();
        return result;
    }
}
```

3.4 Philosophen-Problem

Im Folgenden wenden wir uns nun bekannten Synchronisationsproblemen der Betriebssystemliteratur zu, nämlich dem *Philosophen-Problem* und dem Leser-Schreiber-Problem. Es werden verschiedene Lösungen für diese Probleme entwickelt. Einige Lösungen basieren auf den Java-Synchronisationsmechanismen, andere auf Semaphoren. Durch die Semaphor-Varianten soll gezeigt werden, wie diese Probleme auch in einem anderen Umfeld als dem Java-Umfeld gelöst werden können. Die Tatsache, dass alle Programme in diesem Buch in Java geschrieben sind und die Semaphore wiederum auf den Java-Synchronisationskonzepten basieren, sollte nicht den Blick verstellen, dass die Semaphor-Lösungen dennoch zeigen, wie diese Probleme unter Nutzung der Synchronisationskonzepte eines Betriebssystems wie z.B. Linux angegangen werden können. Dieses Ziel sollte man in Erinnerung behalten, wenn man die unterschiedlichen Lösungsvarianten betrachtet.

Zunächst betrachten wir das Philosophen-Problem. Es sitzen N Philosophen an einem runden Tisch. Vor jedem Philosoph steht ein Teller, der ausschließlich von diesem Philosophen benutzt wird. Die Philosophen und entsprechend deren Teller sind von 0 bis N-1 gegen den Uhrzeigersinn nummeriert. Zwischen je zwei Tellern befindet sich eine Gabel, die ebenfalls nummeriert ist, wobei die linke Gabel des Tellers i ebenfalls die Nummer i trägt. Diese Situation ist in **Abbildung 3.4** für N=5 dargestellt.

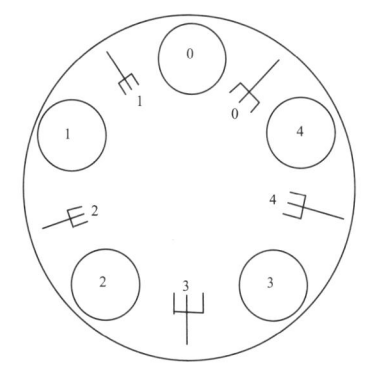

Abbildung 3.4: Das Philosophen-Problem

Die Philosophen tun nichts anderes als abwechselnd essen und denken. Zum Essen brauchen sie die beiden Gabeln links und rechts ihres Tellers. Dies bedeutet, dass keine zwei benachbarten Philosophen gleichzeitig essen können. Das Problem besteht nun darin, das Verhalten der Philosophen als Threads zu programmieren. Falls Ihnen das Problem vorkommt, als hätte es keinen Bezug zu einer praktischen Anwendung, so stellen Sie sich anstatt der Gabeln Objekte vor, die von einem Thread immer wieder gleichzeitig und ausschließlich benutzt werden müssen.

3.4.1 Lösung mit synchronized – wait – notifyAll

Im Folgenden ist eine Lösung des Philosophen-Problems dargestellt, die auf den Java-Synchronisationskonzepten synchronized – wait – notifyAll basiert. Die zentrale Klasse ist die Klasse Table, die einen realen Tisch so abstrahiert, dass nur noch repräsentiert wird, welche Gabeln momentan benutzt werden und welche nicht. Zu diesem Zweck dient ein boolesches Feld forkUsed; das Feldelement i hat den Wert true, wenn die Gabel i benutzt wird, sonst false. Die Methode takeFork wird vom Philosoph i mit dem Argument i vor dem Essen aufgerufen. Dabei wird der Thread blockiert, falls die linke oder die rechte Gabel von einem anderen Philosophen benutzt wird. Werden dann beide Gabeln nicht mehr verwendet, werden sie als benutzt gekennzeichnet. Die Methode putFork wird vom Philosophen i mit dem Argument i nach dem Essen aufgerufen. Diese Methode kennzeichnet die linke und die rechte Gabel wieder als unbenutzt und ruft notifyAll auf. Damit kann eventuell der linke oder rechte oder beide Nachbarn essen. Aus diesem Grund ist notifyAll statt notify nötig. Ein weiterer Grund für notifyAll ist, dass die Wartebedingung auch wieder parametrisiert ist, so dass es mehrere Wartebedingungen gibt. Die privaten Methoden links und rechts liefern die Nummer der linken bzw. rechten Gabel zu einer als Argument angegebenen Philosophen-Nummer. Damit dürfte das folgende Programm (**Listing 3.9**) ohne weitere Erläuterungen verständlich sein.

Listing 3.9:

```
class Table
{
    private boolean[] forkUsed;

    private int left(int i)
    {
        return i;
    }
    private int right(int i)
    {
        if(i + 1 < forkUsed.length)
            return i + 1;
        else
            return 0;
    }
    public Table(int number)
    {
        forkUsed = new boolean[number];
        for(int i = 0; i < forkUsed.length; i++)
```

```
                    forkUsed[i] = false;
            }

            public synchronized void takeFork(int number)
            {
                while(forkUsed[left(number)] || forkUsed[right(number)])
                {
                    try
                    {
                        wait();
                    }
                    catch(InterruptedException e)
                    {
                    }
                }
                forkUsed[left(number)] = true;
                forkUsed[right(number)] = true;
            }

            public synchronized void putFork(int number)
            {
                forkUsed[left(number)] = false;
                forkUsed[right(number)] = false;
                notifyAll();
            }
        }

        class Philosopher extends Thread
        {
            private Table table;
            private int number;

            public Philosopher(Table table, int number)
            {
                this.table = table;
                this.number = number;
                start();
            }

            public void run()
            {
                while(true)
                {
                    think(number);
                    table.takeFork(number);
                    eat(number);
                    table.putFork(number);
                }
            }

            private void think(int number)
            {
                System.out.println("Philosoph " + number + " denkt.");
                try
                {
                    sleep((int) (Math.random() * 20000));
                }
                catch(InterruptedException e)
                {
                }
            }

            private void eat(int number)
            {
                System.out.println("Philosoph " + number
                                    + " fängt zu essen an.");
                try
                {
                    sleep((int) (Math.random() * 20000));
                }
```

```
                catch(InterruptedException e)
                {
                }
                System.out.println("Philosoph " + number
                                    + " hört auf zu essen.");
        }
    }
    public class Philosophers
    {
        private static final int NUMBER = 5;

        public static void main(String[] args)
        {
            Table table = new Table(NUMBER);
            for(int i = 0; i < NUMBER; i++)
                new Philosopher(table, i);
        }
    }
```

3.4.2 Naive Lösung mit einfachen Semaphoren

Wie schon oben erwähnt wurde, sollen nicht nur Lösungen, die auf den Java-Synchronisationskonzepten beruhen, entwickelt werden, sondern auch Lösungen mit Semaphoren. Eine erste naheliegende Lösung des Philosophen-Problems mit Semaphoren besteht darin, jede Gabel durch einen Semaphor zu repräsentieren und alle diese Semaphore mit 1 zu initialisieren. Vor dem Essen muss ein Philosoph die P-Methode auf die Semaphore, die der linken und rechten Gabel entsprechen, anwenden. Entsprechend muss nach dem Essen v auf diesen Semaphoren ausgeführt werden. Das Programm in **Listing 3.10** zeigt diese Lösung. Die Methoden eat und think entsprechen denen aus **Listing 3.9** und werden deshalb nicht mehr wiederholt. Zur Abwechslung werden die Klassen für die Philosophen in den folgenden Beispielen nicht aus Thread abgeleitet, sondern es wird die Schnittstelle Runnable verwendet.

Listing 3.10:

```
public class PhilosopherWithSemaphoresNaive implements Runnable
{
    private Semaphore[] sems;
    private int number;
    private int left, right;

    public PhilosopherWithSemaphoresNaive(Semaphore[] sems, int number)
    {
        this.sems = sems;
        this.number = number;
        left = number;
        right = number + 1;
        if(right == sems.length)
            right = 0;
    }

    public void run()
    {
        while(true)
        {
            think(number);
            sems[left].p();
            sems[right].p();
```

3 Fortgeschrittene Synchronisationskonzepte in Java

```
            eat(number);
            sems[left].v();
            sems[right].v();
        }
    }

    private void think(int number)
    {
        ...
    }

    private void eat(int number)
    {
        ...
    }

    private static final int NUMBER = 5;
    public static void main(String[] args)
    {
        Semaphore[] sems = new Semaphore[NUMBER];
        for(int i = 0; i < NUMBER; i++)
            sems[i] = new Semaphore(1);
        for(int i = 0; i < NUMBER; i++)
            new Thread(new PhilosopherWithSemaphoresNaive(sems,
                                                           i)).start();
    }
}
```

Wie der Klassenname schon andeutet, ist diese Lösung nicht ganz durchdacht, denn es kann bei dieser Lösung zu einer *Verklemmung* kommen. Wenn nämlich – anschaulich gesprochen – alle Philosophen gleichzeitig ihre linke Gabel nehmen, dann kann kein Philosoph seine rechte Gabel nehmen. Da aber damit kein Philosoph mit dem Essen beginnen und später mit dem Essen wieder aufhören kann, wird die jeweilige linke Gabel nie wieder zurückgelegt. Der Zustand ändert sich damit nicht mehr; es ist zu einer Verklemmung gekommen (s. Abschnitt 3.8).

Auf das Programm übertragen kann diese Situation eintreten, falls nach der Anweisung „sems[left].p();" vom ersten Thread auf den zweiten Thread umgeschaltet wird, dieser zweite Thread ebenfalls diese Anweisung ausführt und dann auf den dritten Thread umgeschaltet wird usw. Auch wenn ein solcher Ablauf eher unwahrscheinlich ist, darf dies für uns kein Grund zur Beruhigung sein, wie dies an anderer Stelle schon erläutert wurde.

3.4.3 Einschränkende Lösung mit gegenseitigem Ausschluss

Eine Verklemmungssituation kann nicht vorkommen, wenn man statt mehreren Semaphoren nur einen einzigen Semaphor verwendet, der eine Art von Essenserlaubnis repräsentiert. Das folgende Programm (**Listing 3.11**) setzt diese Idee um.

Listing 3.11:

```
public class PhilosopherWithMutexSemaphore implements Runnable
{
    private Semaphore mutex;
    private int number;

    public PhilosopherWithMutexSemaphore(Semaphore mutex, int platz)
    {
```

```
            this.mutex = mutex;
            this.number = platz;
        }
        public void run()
        {
            while(true)
            {
                think(number);
                mutex.p();
                eat(number);
                mutex.v();
            }
        }
        private void think(int number)
        {
            ...
        }

        private void eat(int number)
        {
            ...
        }

        private static final int NUMBER = 5;

        public static void main(String[] args)
        {
            Semaphore mutex = new Semaphore(1);
            for(int i = 0; i < NUMBER; i++)
                new Thread(new PhilosopherWithMutexSemaphore(mutex,
                                                              i)).start();
        }
    }
```

Diese Lösung ist zwar korrekt und verklemmungsfrei. Allerdings ist es bei dieser Lösung nicht möglich, dass mehr als ein Philosoph zu einem Zeitpunkt isst. Dies ist eine unnötig starke Beschränkung der möglichen Parallelität, denn bei N Philosophen können (N-1)/2 Philosophen für ungerades N bzw. N/2 Philosophen für gerades N gleichzeitig essen.

3.4.4 Gute Lösung mit einfachen Semaphoren

Eine korrekte und verklemmungsfreie Lösung, die die mögliche Parallelität nicht unnötig einschränkt, kann man erhalten, wenn man mit den Semaphoren keine Gabeln oder eine globale Essenserlaubnis repräsentiert, sondern wenn pro Essenserlaubnis eines Philosophen ein Semaphor verwendet wird. Vor dem Essen führt der Philosoph entsprechend die P-Methode auf seinem Essenserlaubnis-Semaphor aus. Die dazu passende V-Methode wird vom Philosophen selber zuvor ausgeführt, wenn er nämlich festgestellt hat, dass er selber essen kann. Andernfalls führt er die V-Methode nicht aus. Dies kann aber nur daran liegen, dass mindestens einer seiner Nachbarn momentan isst. Entsprechend muss nach dem Essen einer der Nachbarn die V-Methode für den betrachteten Philosophen auslösen. Das Aufrufen der V-Methode auf dem Essenserlaubnis-Semaphor des Nachbarn darf aber nicht in jedem Fall erfolgen, sondern nur dann, wenn der Nachbar auch essen möchte und dies jetzt tatsächlich möglich ist. Deshalb müssen auch Zustände über die Philosophen vermerkt werden. Da auf diese Zustände alle Philosophen-Threads lesend und schreibend zugreifen, muss der Zugriff darauf wiederum synchronisiert werden. Es sei nochmals daran erinnert, dass wir zu diesem Zweck nicht synchronized verwenden, da wir uns selber die Aufgabe gestellt haben, das Philosophen-Problem mit Hilfe von Semaphoren zu lösen, aber ohne direkte Nutzung der Java-Synchronisationsmechanismen synchronized, wait, notify und notifyAll. Aus diesem Grund wird der gegenseitige Ausschluss ebenfalls über einen Semaphor realisiert (vgl. Abschnitt 3.1.2).

Im folgenden Programm (**Listing 3.12**) ist die soeben beschriebene Idee in Programmcode umgesetzt worden.

Listing 3.12:

```java
class State
{
    public static final int THINKING = 0;
    public static final int HUNGRY = 1;
    public static final int EATING = 2;

    private int[] state;

    public State(int number)
    {
        state = new int[number];
        for(int i = 0; i < number; i++)
            state[i] = THINKING;
    }
    public int leftNeighbor(int i)
    {
        if(i - 1 >= 0)
            return i - 1;
        else
            return state.length - 1;
    }
    public int rightNeighbor(int i)
    {
        if(i + 1 < state.length)
            return i + 1;
        else
            return 0;
    }
    public void set(int index, int value)
    {
        state[index] = value;
    }
    public boolean isEatingPossible(int i)
    {
        if(state[i] == HUNGRY &&
            state[leftNeighbor(i)] != EATING &&
            state[rightNeighbor(i)] != EATING)
            return true;
        return false;
    }
}

public class PhilosopherWithSemaphoresGood implements Runnable
{
    private Semaphore mutex;
    private Semaphore[] eatingAllowed;
    private State state;
    private int number, leftNeighbor, rightNeighbor;

    public PhilosopherWithSemaphoresGood(Semaphore mutex,
                                          Semaphore[] eatingAllowed,
                                          State state, int number)
    {
```

```
            this.mutex = mutex;
            this.eatingAllowed = eatingAllowed;
            this.state = state;
            this.number = number;
            this.leftNeighbor = state.leftNeighbor(number);
            this.rightNeighbor = state.rightNeighbor(number);
        }
        public void run()
        {
            while(true)
            {
                think(number);
                /* zum Essen anmelden; prüfen, ob E. möglich */
                mutex.p();
                state.set(number, State.HUNGRY);
                if(state.isEatingPossible(number))
                {
                    state.set(number, State.EATING);
                    eatingAllowed[number].v();
                }
                mutex.v();
                /* auf Essenserlaubnis warten und essen */
                eatingAllowed[number].p();
                eat(number);
                /* vom Essen abmelden; für Nachbarn prüfen */
                mutex.p();
                state.set(number, State.THINKING);
                if(state.isEatingPossible(leftNeighbor))
                {
                    state.set(leftNeighbor, State.EATING);
                    eatingAllowed[leftNeighbor].v();
                }
                if(state.isEatingPossible(rightNeighbor))
                {
                    state.set(rightNeighbor, State.EATING);
                    eatingAllowed[rightNeighbor].v();
                }
                mutex.v();
            }
        }
        private void think(int number)
        {
            ...
        }
        private void eat(int number)
        {
            ...
        }

        private static final int NUMBER = 5;

        public static void main(String[] args)
        {
            Semaphore mutex = new Semaphore(1);
            Semaphore[] eatingAllowed;
            eatingAllowed = new Semaphore[NUMBER];
            for(int i = 0; i < NUMBER; i++)
            {
                eatingAllowed[i] = new Semaphore(0);
            }
            State s = new State(NUMBER);
            for(int i = 0; i < NUMBER; i++)
            {
                new Thread(
                    new PhilosopherWithSemaphoresGood(mutex, eatingAllowed,
                                                    s, i)).start();
            }
        }
    }
```

Die Klasse State speichert für alle Philosophen einen der Zustände THINKING, HUNGRY oder EATING. Sie besitzt Methoden zum Abfragen der linken bzw. rechten Nummer eines Philosophen zu einer gegebenen Philosophen-Nummer, eine Methode zum Setzen des Zustands eines Philosophen sowie eine Methode zur Abfrage, ob der Philosoph mit der Nummer i essen kann. Dies ist genau dann der Fall, wenn er hungrig ist und weder sein rechter noch sein linker Philosoph gerade essen. Die Klasse PhilosopherWithSemaphores-Good repräsentiert einen Philosophen. Im Konstruktor dieser Klasse werden eine Referenz auf einen Semaphor für den gegenseitigen Ausschluss zum Zugriff auf das Zustands-Objekt, ein Feld mit Referenzen auf die Essenserlaubnis-Semaphore, eine Referenz auf das Zustands-Objekt und wie üblich die Nummer des Philosphen übergeben. In der Run-Methode wird vor dem Essen der eigene Zustand auf HUNGRY gesetzt. Dann wird geprüft, ob der Philosoph selber essen kann. Falls ja, so setzt er seinen eigenen Zustand auf EATING und erteilt sich durch Aufruf der Methode v selbst die Essenserlaubnis. Diese Abfragen und Änderungen der Philosophenzustände finden unter gegenseitigem Ausschluss statt. Anschließend prüft der Philosoph seine Essenserlaubnis. Dabei wird er unter Umständen blockiert. Nach dem Essen setzt der Philosoph seinen eigenen Zustand auf THINKING und prüft, ob der rechte und der linke Nachbar jetzt essen können und wollen. Gegebenenfalls wird deren Zustand auf EATING gesetzt und es wird ihnen die Essenserlaubnis erteilt. Auch der komplette Zugriff auf die Philosophenzustände erfolgt wieder unter gegenseitigem Ausschluss.

3.4.5 Lösung mit Semaphorgruppen

Eine einfacher zu programmierende Lösung mit Semaphoren erhält man, wenn man statt einzelner Semaphore die in Abschnitt 3.1.5 eingeführten Semaphorgruppen verwendet. Bei einer solchen Lösung repräsentieren die Semaphore jetzt wieder die Gabeln. Wenn sich alle Semaphore in einer einzigen Gruppe befinden, dann bedeutet dies, dass jeder Philosoph seine linke und rechte Gabel auf einmal ergreift und nicht nacheinander. Damit erhält man eine korrekte Lösung, bei der keine Verklemmungen vorkommen können. Man kann an diesem Beispiel deutlich den Vorteil einer Lösung mit einer Semaphorgruppe gegenüber der verklemmungsgefährdeten Lösung mit Einzelsemaphoren erkennen; die Situation, dass alle Philosophen quasi gleichzeitig ihre linke Gabel ergreifen, ist hier nicht möglich, da die Änderungen an den Semaphoren „auf einen Schlag" durchgeführt werden. Das folgende Programm (**Listing 3.13**) zeigt eine Lösung des Philosophen-Problems mit einer Semaphorgruppe.

Listing 3.13:

```
public class PhilosopherWithSemaphoreGroup extends Thread
{
    private SemaphoreGroup sems;
    private int leftFork;
    private int rightFork;

    public PhilosopherWithSemaphoreGroup(SemaphoreGroup sems,
                                         int number)
```

3.4 Philosophen-Problem

```java
        {
            this.sems = sems;
            leftFork = number;
            if(number + 1 < sems.getNumberOfMembers())
            {
                rightFork = number + 1;
            }
            else
            {
                rightFork = 0;
            }
            start();
        }
        public void run()
        {
            int[] deltas = new int[sems.getNumberOfMembers()];
            for(int i = 0; i < deltas.length; i++)
                deltas[i] = 0;
            int number = leftFork;
            while(true)
            {
                think(number);
                deltas[leftFork] = -1;
                deltas[rightFork] = -1;
                sems.changeValues(deltas);
                eat(number);
                deltas[leftFork] = 1;
                deltas[rightFork] = 1;
                sems.changeValues(deltas);
            }
        }

        private void think(int number)
        {
            ...
        }

        private void eat(int number)
        {
            ...
        }

        private static final int NUMBER = 5;

        public static void main(String[] args)
        {
            SemaphoreGroup forks = new SemaphoreGroup(NUMBER);
            int[] init = new int[NUMBER];
            for(int i = 0; i < NUMBER; i++)
            {
                init[i] = 1;
            }
            forks.changeValues(init);
            for(int i = 0; i < NUMBER; i++)
            {
                new PhilosopherWithSemaphoreGroup(forks, i);
            }
        }
    }
```

Auch diese Lösung ist wieder korrekt und verklemmungsfrei. Auch wird die mögliche Parallelität nicht eingeschränkt. Dies ist die bislang einfachste derartige Lösung mit Semaphoren. Im Abschnitt 3.9 wird im Rahmen der Betrachtung über Verklemmungen noch eine weitere einfache Lösung mit Einzelsemaphoren vorgestellt, die auch korrekt, verklemmungsfrei und ohne Einschränkung möglicher Parallelität ist.

3.5 Leser-Schreiber-Problem

Nach dem Philosophen-Problem betrachten wir eine weitere bekannte Synchronisationsaufgabe, nämlich das so genannte *Leser-Schreiber-Problem*. Man geht dabei von einer Situation aus, in der mehrere Threads lesend und schreibend auf gemeinsam benutzte Daten zugreifen. Wie schon in Kapitel 2 beschrieben wurde, verhindert gegenseitiger Ausschluss unerwünschte Effekte. Der gegenseitige Ausschluss schränkt aber die mögliche Parallelität unnötig stark ein (wie z.B. bei der Klasse PhilosopherWithSemaphoresMutex in **Listing 3.11**), denn es ist völlig unkritisch, wenn mehrere Threads gleichzeitig lesen. Allerdings darf zu einem Zeitpunkt höchstens ein Thread die Daten verändern. Die unnötige Einschränkung der Parallelität für die lesenden Zugriffe spielt vor allem dann eine Rolle, falls diese Zugriffe auf die Daten länger andauern. Das Leser-Schreiber-Problem besteht nun darin, eine Lösung für den Zugriff auf die Daten zu finden, so dass zu einem Zeitpunkt mehrere Threads die Daten lesen, aber höchstens ein Thread die Daten schreiben kann.

In diesem Abschnitt werden manche Threads die Daten nur lesen und andere Threads die Daten nur schreiben. Wir sprechen deshalb auch von Lesern und Schreibern. Mögliche Lösungen unterscheiden sich darin, ob die Leser oder die Schreiber bevorzugt werden, oder ob eine faire Bedienstrategie nach dem Motto „Wer zuerst kommt, mahlt zuerst" realisiert wird:

- Eine Bevorzugung der Schreiber ist z.B. dann günstig, wenn man erreichen möchte, dass die Leser immer möglichst aktuelle Daten sehen. Sobald ein Thread schreiben möchte, werden keine Leser mehr zugelassen. Allerdings muss der Thread mit gewünschtem Schreibzugriff so lange warten, bis alle momentan laufenden Lesevorgänge beendet sind.

- Die Bevorzugung der Leser ist z.B. dann von Vorteil, wenn es vorwiegend darauf ankommt, den Lesern einen sehr schnellen Zugriff zu gewähren, wenn aber die Aktualität der Daten weniger wichtig ist. In diesem Fall kann ein Schreiber nur dann zugreifen, falls keine Leser mit den Daten arbeiten möchten. Leser werden dagegen nur aufgehalten, falls ein Schreiber aktiv ist.

- Die beiden oben genannten Strategien können nur dann sinnvoll eingesetzt werden, falls kein Thread unerwünscht lang auf seinen Zugriff warten muss. Das heißt, dass bei der Bevorzugung der Leser garantiert sein muss, dass jeder Schreiber nach einer akzeptablen Wartezeit die Änderungen an den Daten durchführen kann. Entsprechendes gilt für die Leser bei einer Bevorzugung der Schreiber. Wenn dies aber nicht garantiert werden kann, dann bietet sich eine strenge Reihenfolgestrategie an. Jeder Zugriffswunsch wird in eine Warteliste eingereiht und immer der erste Wunsch wird erfüllt. Ist der erste Wunsch ein Lesewunsch, so können direkt nachfolgende Lesewünsche ebenfalls erfüllt werden.

3.5.1 Lösung mit synchronized – wait – notifyAll

Wie zuvor geben wir wieder zuerst eine Lösung mit direkter Nutzung der Java-Synchronisationsmechanismen und danach eine Lösung mit Semaphoren an. In der ersten Lösung werden die Schreiber bevorzugt, während in der zweiten Lösung den Lesern Vorrang eingeräumt wird. Die Entwicklung einer Lösung mit strenger Reihenfolgestrategie überlassen wir den Leserinnen und Lesern.

Bei der ersten Lösung (**Listing 3.14**) wird die Zugriffskontrolle in der abstrakten Klasse AccessControl gekapselt. Diese Klasse besitzt die öffentlichen Methoden read und write. Jede dieser Methoden enthält einen Aufruf einer privaten Methode zum eventuellen Warten, bis der Zugriff möglich ist (beforeRead bzw. beforeWrite), einen Aufruf einer Methode zum eigentlichen Lesen und Schreiben (reallyRead bzw. reallyWrite) sowie einen Aufruf einer privaten Methode zum Benachrichtigen von Threads, die auf den Zugriff warten (afterRead bzw. afterWrite). Die Methoden reallyRead und reallyWrite sind abstrakt und protected. In ihnen muss in einer abgeleiteten Klasse der eigentliche Datenzugriff implementiert werden. Die privaten Methoden beforeRead, beforeWrite, afterRead und afterWrite realisieren die Zugriffskontrolle. Damit dies möglich ist, muss die Klasse Attribute besitzen, die die Anzahl der aktiven und wartenden Leser und Schreiber widerspiegeln. In beforeRead bzw. beforeWrite wird die Anzahl der wartenden Leser bzw. Schreiber zunächst erhöht. Anschließend wird geprüft, ob ein Zugriff möglich ist. Falls dies nicht möglich ist, wird gewartet. Nach dem Warten wird die Anzahl der wartenden Leser bzw. Schreiber wieder heruntergezählt, die Zahl der aktiven Leser bzw. Schreiber dagegen um eins erhöht. In afterRead bzw. afterWrite wird die Anzahl der aktiven Leser bzw. Schreiber wieder gesenkt und alle wartenden Threads werden zu einer Überprüfung ihrer Wartebedingung geweckt.

Je nach Realisierung der privaten Methoden beforeRead, beforeWrite, afterRead und afterWrite können unterschiedliche Bedienstrategien realisiert werden. Hier wird als Beispiel eine Bevorzugung der Schreiber realisiert. Deshalb wird in der Methode beforeRead so lange gewartet, bis es weder wartende Schreiber noch aktive Schreiber gibt, während in der Methode beforeWrite nur gewartet wird, bis keine Leser und keine Schreiber mehr aktiv sind – wartende Leser werden aber nicht berücksichtigt.

Listing 3.14:

```
abstract class AccessControl
{
    private int activeReaders = 0;
    private int activeWriters = 0;
    private int waitingReaders = 0;
    private int waitingWriters = 0;

    protected abstract Object reallyRead();
    protected abstract void reallyWrite(Object obj);

    public Object read()
    {
        beforeRead();
        Object obj = reallyRead();
        afterRead();
```

```java
            return obj;
        }
        public void write(Object obj)
        {
            beforeWrite();
            reallyWrite(obj);
            afterWrite();
        }

        private synchronized void beforeRead()
        {
            waitingReaders++;
            while(waitingWriters != 0 || activeWriters != 0)
            {
                try
                {
                    wait();
                }
                catch(InterruptedException e)
                {
                }
            }
            waitingReaders--;
            activeReaders++;
        }

        private synchronized void afterRead()
        {
            activeReaders--;
            notifyAll();
        }

        private synchronized void beforeWrite()
        {
            waitingWriters++;
            while(activeReaders != 0 || activeWriters != 0)
            {
                try
                {
                    wait();
                }
                catch(InterruptedException e)
                {
                }
            }
            waitingWriters--;
            activeWriters++;
        }

        private synchronized void afterWrite()
        {
            activeWriters--;
            notifyAll();
        }
    }

    class IntData extends AccessControl
    {
        private int data;

        protected Object reallyRead()
        {
            return new Integer(data);
            //return data;
        }

        protected void reallyWrite(Object obj)
        {
            data = ((Integer) obj).intValue();
```

```java
        //data = (Integer) obj;
    }
}

class Reader extends Thread
{
    private IntData data;

    public Reader(IntData data)
    {
        this.data = data;
        start();
    }

    public void run()
    {
        for(int i = 0; i < 10000; i++)
        {
            Integer integer = (Integer) data.read();
            int iValue = integer.intValue();
            // mit iValue arbeiten, z.B.
            System.out.println("iValue = " + iValue);
        }
    }
}

class Writer extends Thread
{
    private IntData data;

    public Writer(IntData data)
    {
        this.data = data;
        start();
    }

    public void run()
    {
        for(int i = 0; i < 10000; i++)
        {
            data.write(new Integer(i));
        }
    }
}

public class ReaderWriter
{
    public static void main(String[] args)
    {
        IntData data = new IntData();
        for(int i = 0; i < 100; i++)
        {
            new Writer(data);
            new Reader(data);
        }
    }
}
```

Die Methoden read und write der Klasse AccessControl sind möglichst allgemein gehalten. Beim Schreiben wird eine Referenz auf ein Objekt der Klasse Object, der Basisklasse aller Klassen, als Parameter übergeben, während beim Lesen eine Referenz auf ein solches Objekt als Rückgabewert zurückgeliefert wird. Als einfaches Beispiel für eine konkrete Klasse, die aus AccessControl abgeleitet wird, dient die Klasse IntData, die den lesenden und schreibenden Zugriff auf eine Int-Variable realisiert. Da int ein primitiver Datentyp ist und nicht aus der Klasse Object abgeleitet ist, wird zur Parameterübergabe bzw. zur Rückgabe des gelesenen Werts die Klasse Integer verwendet. Aufgrund der so genannten Autoboxing-Autounboxing-Fähigkeit ist ab Java 5 diese Kapselung im eigenen Programmcode nicht mehr notwendig, da der Compiler die Wandlung zwischen primitiven Datentypen und den entsprechenden Wrapper-Typen automatisch vornimmt (siehe auskommentierte Zeilen in der Klasse IntData). Reader und Writer sind die Klassen für die Leser- bzw. Schreiber-Threads.

3.5.2 Lösung mit additiven Semaphoren

Im Gegensatz zu der eben besprochenen Lösung des Leser-Schreiber-Problems, in der relativ einfach andere Bedienstrategien durch entsprechende Änderung der Methoden beforeRead, beforeWrite, afterRead und afterWrite realisiert werden können, ergibt sich bei einer einfachen Lösung des Leser-Schreiber-Problems mit additiven Semaphoren automatisch eine Lösung mit einer Bevorzugung der Leser. Andere Bedienstrategien lassen sich ebenfalls mit Semaphoren realisieren, verlangen aber einen anderen Ansatz. Bei der einfachen Lösung mit additiven Semaphoren sollte man zunächst eine Zahl MAX bestimmen, die größer oder gleich der maximalen Zahl von Lesern ist. Der Semaphor wird mit MAX initialisiert. Vor jedem Lesen wird der Semaphor um eins erniedrigt und nach dem Lesen um eins erhöht, während vor jedem Schreiben der Semaphor um MAX erniedrigt und nach dem Schreiben um MAX erhöht wird. Damit können alle Leser gleichzeitig zugreifen. Wenn aber ein Schreiber zugreift, kann kein anderer Leser und kein anderer Schreiber zugreifen. Ein Schreiber kann nur zugreifen, falls kein Leser aktiv ist. Solange ein Leser aktiv ist, können unbegrenzt lang weitere Leser ihren Datenzugriff beginnen und wartende Schreiber überholen. Die nachfolgend dargestellte Klasse AccessControlSem (**Listing 3.15**) zeigt eine Lösung des Leser-Schreiber-Problems mit additiven Semaphoren. Ein vollständiges Beispielprogramm ergibt sich durch Änderung von „extends AccessControl" durch „extends AccessControlSem" in der Klasse IntData des vorigen Programms in **Listing 3.14**.

Listing 3.15:

```
abstract class AccessControlSem
{
    private static final int MAX = 1000;

    private AdditiveSemaphore sem = new AdditiveSemaphore(MAX);
    protected abstract Object reallyRead();
    protected abstract void reallyWrite(Object obj);

    public Object read()
    {
        beforeRead();
        Object obj = reallyRead();
        afterRead();
        return obj;
    }
    public void write(Object obj)
    {
        beforeWrite();
```

```
            reallyWrite(obj);
            afterWrite();
        }
        private void beforeRead()
        {
            sem.p(1);
        }
        private void afterRead()
        {
            sem.v(1);
        }
        private void beforeWrite()
        {
            sem.p(MAX);
        }
        private void afterWrite()
        {
            sem.v(MAX);
        }
    }
```

Sollte die Konstante MAX zu klein gewählt worden sein (d.h. es gibt mehr Leser-Threads als die Konstante MAX), so ist die vorgestellte Lösung nicht falsch. Es können dann einfach lediglich nur MAX Leser gleichzeitig lesen statt alle.

3.6 Schablonen zur Nutzung der Synchronisationsprimitive und Konsistenzbetrachtungen

Nachdem wir nun eine ganze Reihe von Beispielen für die Nutzung der Java-Synchronisationsprimitive synchronized, wait und notify bzw. notifyAll betrachtet haben, wird die typische Nutzung dieser Konzepte noch einmal zusammenfassend dargestellt.

Der Zustand eines Objekts wird durch die Werte seiner Attribute beschrieben. In der Regel gibt es gewisse *Konsistenzbedingungen*, die für die Attribute "immer" gelten (auch *Invarianten* oder *Integritätsbedingungen* genannt). Methoden, die den Zustand eines Objekts ändern, überführen das Objekt von einem konsistenten in einen anderen konsistenten Zustand, wobei dies in der Regel in mehreren Schritten erfolgt und zwischenzeitlich die *Konsistenz* verletzt sein kann (deshalb wurde "immer" oben in Anführungszeichen geschrieben). Greifen mehrere Threads auf dasselbe Objekt zu und mindestens einer der Threads auch schreibend, so sind alle Methoden der Klasse, die lesend oder schreibend auf die Attribute zugreifen, mit synchronized zu kennzeichnen.

In manchen Fällen kommt es vor, dass die Zustandsänderung an einem Objekt nur durchgeführt werden kann, wenn der Zustand eine bestimmte Bedingung erfüllt. Beispiele hierfür sind etwa das Herunterzählen eines Zählers nur dann, falls er nicht negativ wird oder das Entnehmen eines Werts aus einem Puffer, falls der Puffer mindestens einen Wert enthält. In diesem Fall wird vor der Veränderung des Zustands eine Wartebedingung überprüft. Ist diese Bedingung erfüllt, so wird die Methode wait aufgerufen. Wie schon erläutert wurde, muss diese Überprüfung auch nach dem Warten nochmals überprüft werden, so dass hier immer eine While-Schleife zu verwenden ist. Andere Veränderungen des Objektzustands können jederzeit durchgeführt werden wie z.B. das Hochzählen des Zählers bei einem Semaphor. Falls Zustandsänderungen dazu führen können, dass wartende Threads weiterlaufen können, muss nach solchen Zustandsänderungen notify oder notifyAll aufgerufen werden. Dass dies nicht für jede Zustandsänderung der Fall sein muss, ist am Beispiel des Semaphors zu sehen: Threads warten lediglich darauf, dass der Wert des Semaphors größer wird als ein bestimmter Wert. Wenn der Zustand des Semaphors verändert wird, indem der Wert heruntergezählt wird, so kann diese Zustandsänderung nicht dazu führen, dass ein wartender Thread weiterlaufen kann. Entsprechend wird beim Herunterzählen kein wartender Thread geweckt. Nach rein lesenden Zugriffen muss grundsätzlich kein wartender Thread geweckt werden. Allerdings kann das Lesen in manchen Fällen ebenfalls an Wartebedingungen geknüpft werden.

Das heißt also:

- Rein lesende Methoden können mit oder ohne wait ausgestattet sein. Ein Aufruf von notify bzw. notifyAll ist in keinem Fall notwendig, da der Zustand des Objekts nicht verändert wird. Also gibt es nur zwei Schablonen für lesende Methoden.
- Schreibende Methoden gibt es mit und ohne wait, aber auch mit und ohne notify bzw. notifyAll. Dementsprechend gibt es vier Schablonen für schreibende Methoden.

Das folgende Programmgerüst (**Listing 3.16**) fasst diese Überlegungen noch einmal zusammen:

Listing 3.16:

```
public class Template
{
    /* Attribute für den Zustand eines Objekts */
    private ...

    /* Konstruktor: Initialisierung der Attribute,
       dabei Herstellen eines konsistenten Zustands
    */
    public Template(...)
    {
        ...
    }

    /* Methode, bei der der Objektzustand keine Bedingung
       erfüllen muss, bevor er gelesen werden kann
    */
    public synchronized ... m1(...)
    {
        // Attribute lesen:
        ...
        return ...;
    }

    /* Methode, bei der der Objektzustand eine bestimmte Bedingung
       erfüllen muss, bevor er gelesen werden kann
    */
    public synchronized ... m2(...)
    {
        while(<Wartebedingung>)
            // Wartebedingung abh. vom Zustand des Objekts
```

3.6 Schablonen zur Nutzung der Synchronisationsprimitive und Konsistenzbetrachtungen

```
        {
            try
            {
                wait();
            }
            catch(InterruptedException e)
            {
            }
        }
        // Attribute lesen:
        ...
        return ...;
}
/* Methode, bei der der Objektzustand keine Bedingung
    erfüllen muss, bevor er geändert werden kann;
    die Änderung ist so, dass keine wartenden Threads
    danach weiterlaufen können
*/
public synchronized void m3(...)
{
    // Attribute ändern:
    ...
}


/* Methode, bei der der Objektzustand eine bestimmte Bedingung
    erfüllen muss, bevor er geändert werden kann;
    die Änderung ist aber so, dass keine wartenden Threads
    danach weiterlaufen können
*/
public synchronized void m4(...)
{
    // evtl. Attribute schon vor dem Warten ändern:
    ...
    while(<Wartebedingung>)
    // Wartebedingung abhängig vom Zustand des Objekts
    {
        try
        {
            wait();
        }
        catch(InterruptedException e)
        {
        }
    }
    // Attribute ändern:
    ...
}
/* Methode, bei der der Objektzustand keine Bedingung
    erfüllen muss, bevor er geändert werden kann;
    die Änderung ist so, dass eventuell wartende Threads
    danach unter Umständen weiterlaufen können
*/
public synchronized void m5(...)
{
    // Attribute ändern:
    ...
    notifyAll();
    /* oder notify,
        falls höchstens ein Thread weiterlaufen kann
    */
}

/* Methode, bei der der Objektzustand eine bestimmte Bedingung
    erfüllen muss, bevor er geändert werden kann;
    die Änderung ist so, dass eventuell wartende Threads
    danach unter Umständen weiterlaufen können
*/
```

```
         public synchronized void m6(...)
         {
             // evtl. Attribute schon vor dem Warten ändern:
             ...
             while(<Wartebedingung>)
             // Wartebedingung abhängig vom Zustand des Objekts
             {
                 try
                 {
                     wait();
                 }
                 catch(InterruptedException e)
                 {
                 }
             }
             // Attribute ändern:
             ...
             notifyAll();
             /* oder notify,
                falls höchstens ein Thread weiterlaufen kann
             */
         }
     }
```

Wie zu Beginn dieses Abschnitts beschrieben hilft bei der Programmierung die Vorstellung, dass zu Beginn eines Methodenaufrufs der Zustand des Objekts, auf die die Methode angewendet wird, konsistent ist (d.h. bestimmte Invarianten bzw. Integritätsbedingungen, die anwendungsabhängig sind, gelten). Die Methode muss so programmiert sein, dass am Ende des Methodenaufrufs der Zustand des Objekts wieder konsistent ist. Dabei ist insbesondere zu berücksichtigen, dass bei der Ausführung einer Methode auch eine Ausnahme ausgelöst werden kann. Diese Ausnahme darf nicht zu einem vorzeitigen Beenden der Methode führen, falls der Zustand des Objekts inkonsistent sein könnte.

Eine weitere Problematik entsteht duch den Aufruf von wait. Da bei wait die Sperre auf das Objekt freigegeben wird, muss vor jedem Aufruf von wait der Objektzustand konsistent sein, denn sonst könnte ein anderer Thread eine Methode auf das Objekt anwenden, wobei die Konsistenz zu Beginn des Methodenaufrufs dann nicht gelten würde. Die Schablonenmethoden m4 und m6 oben weisen darauf hin, dass eventuell schon vor dem Aufruf von wait Attribute des Objekts geändert werden können. Wichtig ist dann aber, dass durch diese Änderungen keine Inkonsistenz entsteht.

Diese Aussagen können in der folgenden Regel zusammengefasst werden:

> Bei jedem Setzen der Sperre auf ein Objekt ist der Zustand dieses Objekts konsistent, falls dies zu Beginn und bei jeder Freigabe der Sperre der Fall ist. Das Setzen der Sperre erfolgt beim Betreten eines Synchronized-Blocks sowie kurz vor der Rückkehr aus der Wait-Methode. Das Freigeben der Sperre erfolgt, wenn die Methode beendet (regulär oder durch eine nicht gefangene Ausnahme) oder die Wait-Methode aufgerufen wird. Es ist also darauf zu achten, dass zu Beginn und bei jeder Freigabe der Sperre der Objektzustand konsistent ist. Was unter Konsistenz zu verstehen ist, ist anwendungsabhängig.

Wir betrachten zur Illustration einen einfachen Semaphor, der zusätzliche Attribute für den Anfangswert des Semaphors sowie zum Zählen der Anzahl der durchgeführten P- und V-Operationen besitzt.Eine sinnvolle Invariante ist:

Anfangswert + Anzahl der V-Operationen - Anzahl der P-Operationen = aktueller Wert

Ein Problem entsteht nun, wenn in der Implementierung der Methode p der P-Operationszähler gleich zu Beginn erhöht wird. Damit ist die Invariante verletzt, was zunächst kein Problem darstellt. Wenn dann aber anschließend gewartet werden muss, dann wird die Sperre auf das Objekt freigegeben und der Zustand des Objekts ist bei Aufruf einer Methode durch einen anderen Thread nicht mehr konsistent. Im konkreten Fall ist die Lösung natürlich einfach: Der Zähler für die durchgeführten P-Operationen darf in der Methode p erst nach der While-Wait-Schleife erhöht werden, nämlich dann, wenn der Semaphorwert erniedrigt wird.

3.7 Concurrent-Klassenbibliothek aus Java 5

Vor Java 5 gab es zur Realisierung von Parallelität im Wesentlichen nur die Klasse Thread und zur Realisierung der Synchronisation im Wesentlichen nur synchronized, wait und notify bzw. notifyAll. Weitere nützliche Klassen wie Semaphore und Message Queues musste man sich selbst schreiben, wie dies in den ersten Abschnitten dieses Kapitels gezeigt wird. Ab Java 5 gibt es in der Klassenbibliothek drei weitere Packages namens java.util.concurrent, java.util.concurrent.atomic und java.util.concurrent.locks, in denen sich eine Reihe von Klassen und Schnittstellen befinden, die mit Parallelität und Synchronisation zu tun haben.

Wir geben in diesem Abschnitt einen Überblick über den Inhalt dieser drei Packages. Einige Aspekte werden dabei etwas ausführlicher behandelt als andere.

3.7.1 Executors

Statt Threads selbst zu erzeugen und gegebenenfalls auf deren Ende zu warten, bietet Java 5 mehrere Executor-Schnittstellen und implementierende Klassen an, deren Methoden Aufträge zur Ausführung entgegennehmen. Ob dabei für jeden Auftrag ein eigener Thread erzeugt wird oder ob es einen Pool mit einer beschränkten Anzahl von Threads gibt, ist dabei eine Angelegenheit der implementierenden Klasse. Dieser Gesichtspunkt spielt u.a. bei der Programmierung von Servern eine wichtige Rolle. Wir werden deshalb in Kapitel 5 darauf zurückkommen.

Grundlage aller Executors ist die Schnittstelle *Executor*, welche eine Methode namens *execute* besitzt, um einen Auftrag zur Ausführung eines Runnable-Objekts zu erteilen (die Schnittstelle Runnable besitzt eine Void-Methode namens run ohne Argumente, s. Abschnitt 2.1):

```
public interface Executor
{
    public void execute(Runnable r);
}
```

Nun hängt der Grad der Parallelität von der Implementierung der Klasse ab, welche die Executor-Schnittstelle implementiert. Eine mögliche Implementierung könnte so sein, dass der Thread, der die Execute-Methode aufruft, den Auftrag selbst ausführt (s. **Listing 3.17**):

Listing 3.17:

```java
public class SelfExecutor implements Executor
{
    public void execute(Runnable r)
    {
        r.run();
    }
}
```

Eine andere Variante, die in vielen Servern verwendet wird, ist die Erzeugung eines neuen Threads für jeden neuen Auftrag (s. **Listing 3.18**).

Listing 3.18:

```java
public class ThreadPerTaskExecutor implements Executor
{
    public void execute(Runnable r)
    {
        Thread t = new Thread(r);
        t.start();
    }
}
```

Wenn für jeden Auftrag ein neuer Thread erzeugt wird, kann damit aber ein Server z.B. bei einem so genannten Denial-Of-Service-Angriff, bei dem ein Server gezielt überlastet werden soll, zusammenbrechen. Aus diesem Grund wird oft ein *Thread-Pool* eingesetzt. Die Vorteile eines Thread-Pools sind, dass nicht für jeden Auftrag ein neuer Thread erzeugt werden muss, und dass die Anzahl der Threads nach oben beschränkt ist (die Anzahl der Threads ist dabei nicht zwingend konstant, sondern die Zahl kann in gewissen Grenzen schwanken). Die vorhandenen Threads teilen sich die Bearbeitung der Aufträge. Das heißt, dass ein Thread im Laufe seines Lebens mehrere Aufträge hintereinander bearbeitet. Eine einfache Implementierung könnten wir selber schreiben, indem wir eine ähnliche Klasse wie MessageQueue (s. Abschnitt 3.2) benutzen (nur mit Runnable-Objekten statt mit Byte-Feldern). Die Methode execute würden wir dann einfach so realisieren, dass diese mit Hilfe der Send-Methode das Runnable-Objekt in die MessageQueue stellt. Die Bearbeiter-Threads des Pools würden dann alle so realisiert, dass sie in einer Endlosschleife zuerst mit receive warten, bis sie einen Auftrag aus der MessageQueue entnehmen können, um anschließend die Run-Methode auf das entnommene Runnable-Objekt anzuwenden. Es ist somit nicht nötig, darüber Buch zu führen, welche der Bearbeiter-Threads gerade beschäftigt und welche frei sind, um einen neuen Auftrag gezielt einem freien Thread zuzuteilen.

In der Regel will man aber nicht nur Aufträge erteilen und davon zukünftig nichts mehr wissen. Viel typischer ist, dass man an dem Ergebnis, das durch die Ausführung des Auftrags berechnet wird, interessiert ist. Deshalb gibt es eine zweite Kategorie von Aufträgen, die nicht die Void-Methode run implementieren, sondern die Methode *call*, welche ein Objekt als Ergebnis zurückliefert. Man hätte als Rückgabetyp Object verwenden können. Eleganter ist es aber, hier die ebenfalls seit Java 5 vorhandenen Generics einzusetzen und die Schnittstelle *Callable* über den Rückgabetyp zu parametrisieren:

```
public interface Callable<V>
{
    public V call();
}
```

Beim Erteilen eines solchen Callable-Auftrags bekommt man ein Future-Objekt zurückgeliefert. Mit Hilfe dieses Future-Objekts kann man auf das vom Auftrag errechnete Ergebnis warten (mit oder ohne Angabe einer Befristung) oder den Auftrag abbrechen. *Future* ist ebenfalls eine Schnittstelle, die wie Callable über den Rückgabetyp des Ergebnisses parametrisiert ist:

```
public interface Future<V>
{
    public boolean cancel(boolean mayInterruptIfRunning);
    public V get();
    public V get(long timeout, TimeUnit unit);
    public boolean isCancelled();
    public boolean isDone();
}
```

Mit dem Argument des Typs boolean der Methode *cancel* kann man angeben, dass der Auftrag nur abgebrochen werden soll, falls mit seiner Bearbeitung noch nicht begonnen wurde (Argumentwert false), oder dass der Abbruch in jedem Fall, auch wenn die Bearbeitung schon begonnen hat, erfolgen soll (Argumentwert true). Mit den zwei Varianten der Get-Methode kann das Ergebnis des Auftrags abgeholt werden, wobei auf das Ergebnis (unbefristet oder befristet) gewartet wird, falls es noch nicht vorliegt. Die Angabe der Frist erfolgt durch einen Zahlenwert und eine Zeiteinheit vom Typ *TimeUnit*. TimeUnit ist eine so genannte Enum (Aufzählung), mit der die Zeiteinheit spezifiziert wird (Nanosekunden, Mikrosekunden, Millisekunden oder Sekunden). Mit *isCancelled* und *isDone* kann abgefragt werden, ob der Auftrag abgebrochen wurde bzw. seine Bearbeitung beendet ist.

Die Erweiterung der Schnittstelle Executor namens *ExecutorService* berücksichtigt das Erteilen von Callable-Aufträgen. Bei der Auftragserteilung wird ein Future-Objekt zurückgeliefert:

```
public interface ExecutorService extends Executor
{
    public boolean awaitTermination(long timeout, TimeUnit unit);
    public <T> List<Future<T>> invokeAll(Collection<Callable<T>> tasks);
    public <T> List<Future<T>> invokeAll(Collection<Callable<T>> tasks,
                                         long timeout, TimeUnit unit);
    public <T> T invokeAny(Collection<Callable<T>> tasks);
    public <T> T invokeAny(Collection<Callable<T>> tasks,
                           long timeout, TimeUnit unit);
    public boolean isShutdown();
    public boolean isTerminated();
    public void shutdown();
    public List<Runnable> shutdownNow();
    public <T> Future<T> submit(Callable<T> task);
    public Future<?> submit(Runnable task);
    public <T> Future<T> submit(Runnable task, T result);
}
```

Mit Hilfe der *Submit-Methoden* kann ein einziger Auftrag (Callable oder Runnable) erteilt werden, mit *invokeAll* und *invokeAny* eine ganze Sammlung von Callable-Aufträgen (Collection ist eine Schnittstelle aus dem Package java.util, welche die Schnittstelle zu einer Menge von Elementen eines parametrisierten Typs vorgibt; sie enthält u.a. Methoden zum Hinzufügen und Entfernen von Elementen sowie zum Durchlaufen aller Elemente der Menge). Ein weiterer Unterschied zwischen submit und invoke ist, dass submit eine asynchrone Beauftragung darstellt (d.h., die Methode kehrt sofort zurück, nachdem der Auftrag erteilt wurde, in der Regel ist der Auftrag dann noch nicht abgearbeitet) und invokeAll bzw. invokeAny eine synchrone Auftragserteilung (d.h. bei allen zurückgegebenen Future-Objekten liefert die Methode isDone true zurück, da die Aufträge bei der Rückkehr alle bearbeitet sind). Die Methode invokeAll kehrt zurück, wenn alle Aufträge bearbeitet sind (deshalb wird auch eine Liste von Future-Objekten zurückgegeben), während invokeAny zurückkehrt, wenn ein Auftrag erfolgreich zu Ende gelaufen ist (für diesen Auftrag wird das berechnete Ergebnis zurückgeliefert). Nachdem bei invokeAny ein Auftrag erfolgreich terminiert ist, werden alle anderen Aufträge automatisch abgebrochen. Beide Invoke-Methoden besitzen Varianten mit und ohne Angabe einer Zeit, welche die Frist darstellt, wie lange auf das Ende aller bzw. des ersten Auftrags höchstens gewartet werden soll.

Die Schnittstelle ExecutorService wird in der Regel durch einen *Thread-Pool* implementiert. Dieser Thread-Pool kann heruntergefahren werden mit der Methode *shutdown*. Es werden danach keine neuen Aufträge mehr angenommen, aber alle wartenden und sich gerade in Bearbeitung befindlichen Aufträge werden noch zu Ende ausgeführt. Die Variante *shutdownNow* beendet den Thread-Pool sofort, wobei die Aufträge, die noch in der Warteschlange gewartet haben, von shutdownNow als Rückgabewert zurückgeliefert werden. Auf das Ende des Thread-Pools kann man mit der Methode *awaitTermination* befristet warten. Bitte unterscheiden Sie das Warten bei invokeAll bzw. invokeAny und das Warten auf das Ende des Thread-Pools: Bei invokeAll bzw. invokeAny wird nur auf das Ende der Aufträge gewartet, die in der Methode als Parameter übergeben wurden, während bei awaitTermination die Methode shutdown zuvor aufgerufen worden sein muss und man dann auf das Ende aller Aufträge, die vor dem Aufruf von shutdown erteilt worden sind, wartet.

Eine Klasse, welche die ExecutorService-Schnittstelle implementiert, ist *ThreadPoolExecutor*. Sie besitzt mehrere Konstruktoren, wobei wir uns auf die Beschreibung des einfachsten mit vier Parametern beschränken wollen:

```
public class ThreadPoolExecutor extends ...
{
    public ThreadPoolExecutor(int corePoolSize, int maximumPoolSize,
                    long keepAliveTime, TimeUnit unit,
                    BlockingQueue<Runnable> workQueue)
    {...}
    ...
}
```

Mit dem Argument corePoolSize wird die Anzahl der Threads angegeben, die im Thread-Pool immer mindestens existieren sollen, selbst dann, wenn es nichts zu tun gibt. Der zweite Parameter gibt an, auf welche Zahl die Anzahl der Threads höchstens wachsen soll.

Die Zeitangabe keepAliveTime (mit unit) gibt die Zeit an, die ein Thread unbeschäftigt ist, bevor er gelöscht wird, falls die Zahl der Threads die Anzahl corePoolSize übersteigt. Der letzte Parameter gibt die Warteschlange an, in die neue Aufträge zur Bearbeitung eingestellt werden. *BlockingQueue* ist eine Schnittstelle u.a. mit den Methoden *put* und *take* zum Hineinstellen bzw. Herausnehmen von Elementen in die Warteschlange. Es gibt unterschiedliche Implementierungen dazu (mehr dazu in Abschnitt 3.7.5). Wenn corePoolSize und maximumPoolSize gleich groß sind, dann bedeutet das, dass der Thread-Pool eine konstante Zahl von Threads besitzt.

Außer den Methoden der Schnittstelle ExecutorService hat die Klasse ThreadPoolExecutor noch einige weitere Methoden wie z.B. *getCompletedTaskCount* zum Erfragen der Anzahl der bislang ausgeführten Aufträge und *getLargestPoolSize* zum Erfragen der größten Anzahl der Threads, die jemals gleichzeitig im Pool existiert haben.

Zur Illustration der Klasse ThreadPoolExecutor schreiben wir das Programm aus Abschnitt 2.4.1 um, welches die Anzahl der True-Elemente in einem booleschen Feld zählt, wobei unterschiedliche Bereiche des Felds durch unterschiedliche Threads bearbeitet werden (**Listing 3.19**). Wir benutzen einen Thread-Pool mit einer konstanten Anzahl von Threads. Zur Auftragserteilung wird die Methode *invokeAll* verwendet.

Listing 3.19:

```
import java.util.*;
import java.util.concurrent.*;

class PooledService implements Callable<Integer>
{
    private boolean[] array;
    private int start;
    private int end;

    public PooledService(boolean[] array, int start, int end)
    {
        this.array = array;
        this.start = start;
        this.end = end;
    }

    public Integer call()
    {
        int result = 0;
        for(int i = start; i <= end; i++)
        {
            if(array[i])
            {
                result++;
            }
        }
        return result; //entspricht: return new Integer(result);
    }
}

public class AsynchRequestThreadPool
{
    private static final int ARRAY_SIZE = 100000;
    private static final int NUMBER_OF_SERVERS = 1000;

    public static void main(String[] args)
    {
```

```java
        long startTime = System.currentTimeMillis();

        boolean[] array = new boolean[ARRAY_SIZE];
        for(int i = 0; i < ARRAY_SIZE; i++)
        {
            if(Math.random() < 0.1)
                array[i] = true;
            else
                array[i] = false;
        }

        LinkedList<Callable<Integer>> serviceList =
            new LinkedList<Callable<Integer>>();
        int start = 0;
        int end;
        int howMany = ARRAY_SIZE / NUMBER_OF_SERVERS;

        for(int i = 0; i < NUMBER_OF_SERVERS; i++)
        {
            if(i < NUMBER_OF_SERVERS-1)
            {
                end = start + howMany - 1;
            }
            else
            {
                end = ARRAY_SIZE - 1;
            }
            serviceList.add(new PooledService(array, start, end));
            start = end + 1;
        }

        ThreadPoolExecutor pool =
            new ThreadPoolExecutor(NUMBER_OF_SERVERS, NUMBER_OF_SERVERS,
                            0L, TimeUnit.SECONDS,
                            new LinkedBlockingQueue<Runnable>());

        try
        {
            List<Future<Integer>> futureList;
            futureList = pool.invokeAll(serviceList);

            int result = 0;
            for(Future<Integer> future: futureList)
            {
                result += future.get();
            }

            long endTime = System.currentTimeMillis();
            float time = (endTime - startTime) / 1000.0f;
            System.out.println("Rechenzeit: " + time);

            System.out.println("Ergebnis: " + result);

            pool.shutdown();
        }
        catch(Exception e)
        {
        }
    }
}
```

Statt der Void-Methode run und einer selbst geschriebenen GetResult-Methode haben wir nun eine Call-Methode mit einem Rückgabewert des Typs Integer. Somit bekommen wir bei der Auftragserteilung Future-Objekte, deren Get-Methoden eben diese Integer-Objekte zurückliefern. Damit wir den Prozess nach Berechnung des Resultats nicht abbrechen müssen, fahren wir am Ende die Threads des Thread-Pools durch Aufruf der Methode shutdown herunter. Der Prozess endet dann von selbst.

Übrigens existiert eine Erweiterung der Schnittstelle ExecutorService namens *ScheduledExecutorService* zur Erteilung von Aufträgen, deren Ausführung sich periodisch wiederholen soll. Die Klasse *ScheduledThreadPoolExecutor* ist eine Implementierung dieser Schnittstelle. Weitere Details mögen sich die Leserinnen und Leser selber erschließen.

3.7.2 Locks und Conditions

Locks und Conditions sind allgemeine Synchronisationskonzepte, die in ihrer Wirkung mit synchronized, wait und notify bzw. notifyAll vergleichbar sind. Wer diese in Kapitel 2 eingeführten Mittel beherrscht, wird auch keine Probleme im Umgang mit Locks und Conditions haben. Locks sind in ihrer Wirkung mit synchronized vergleichbar. Es gibt vier wesentliche Unterschiede:

- *Locks* sind im Gegensatz zu synchronized nicht als Schlüsselwort in die Sprache Java eingebaut, sondern zum Setzen einer *Sperre* muss die Methode *lock* und zum Freigeben einer Sperre muss die Methode *unlock* aufgerufen werden. Damit ist man natürlich nicht an eine strikte Blockstruktur gebunden. So kann z.B. in einer Methode die Sperre gesetzt und in einer anderen Methode die Sperre freigegeben werden (allerdings ist es nicht möglich, dass ein Thread eine Sperre setzt und ein anderer Thread diese Sperre freigibt). Abhängig von der Perspektive kann dies als Vor- oder als Nachteil gesehen werden.

- Da man zum Sperren Methoden aufrufen muss, kann man auf das Setzen einer Sperre bei Wunsch auch befristet warten. Auch ist es möglich, das Warten eines Threads auf das Setzen einer Sperre durch *interrupt* zu unterbrechen.

- Es ist möglich, Lese- und Schreibsperren zu unterscheiden.

- Man kann sich Implementierungen vorstellen, die beim Setzen von Sperren überprüfen, ob bei Gewährung der Sperre eine Verklemmungssituation entstehen würde. Falls ja, kann die Sperranforderung zurückgewiesen werden (Verklemmungen s. Abschnitt 3.8 und 3.9).

Lock ist eine Schnittstelle mit folgenden Methoden:

```
public interface Lock
{
    public void lock();
    public void lockInterruptibly()
        throws InterruptedException;
    public Condition newCondition();
    public boolean tryLock();
    public boolean tryLock(long time, TimeUnit unit)
        throws InterruptedException;
    public void unlock();
}
```

Mit *lock* wird eine Sperre gesetzt. Falls die Sperre momentan von einem anderen Thread gesetzt ist, wartet der Thread in nicht unterbrechbarer Weise. Dies kann man sich so vorstellen wie das Warten z.B. in der von uns selbst programmierten Methode p der Klasse Semaphore (s. Abschnitt 3.1). Hier wird wait in einem Try-Catch-Block innerhalb einer While-Schleife aufgerufen. Eine Unterbrechung verursacht nur ein kurzzeitiges Verlassen der Wait-Methode, da diese anschließend wieder aufgerufen wird. In *lockInterruptibly* kann man sich einen Wait-Aufruf ohne Try-Catch-Block vorstellen. Wenn der Thread in diesem Fall in wait unterbrochen wird, wird der Methodenaufruf mit einer Ausnahme beendet. Mit *tryLock* kann man versuchen, eine Sperre zu setzen. Wenn die Sperre gesetzt wurde, liefern die TryLock-Methoden true zurück, sonst false. In der einen Variante kann eine Zeit angegeben werden, wie lange auf das Setzen der Sperre höchstens gewartet werden soll. Die TryLock-Methode ohne Parameter entspricht der TryLock-Methode mit dem Parameterwert 0 (d.h. es wird in keinem Fall gewartet, die Sperre wird gesetzt, wenn dies möglich ist, im anderen Fall kehrt man sofort ohne Wirkung aus der Methode zurück). Auf die Methode *newCondition* kommen wir unten zu sprechen.

Da jetzt keine Blockstruktur für das Setzen und Freigeben von Sperren mehr vorgegeben ist, kann es bei einem unsorgfältigen Einsatz der Locks zu Problemen kommen:

```
Lock l = ...;
l.lock();
...
l.unlock();
```

Wenn zwischen dem Aufruf von lock und unlock eine Ausnahme ausgelöst wird, dann wird die Unlock-Anweisung nicht mehr ausgeführt, die Sperre bleibt gesetzt und ist für keinen Thread mehr zu setzen. Deshalb wird empfohlen, das Freigeben der Sperre immer in einem Finally-Block auszuführen, der auch dann ausgeführt wird, wenn eine Ausnahme geworfen oder eine Return-Anweisung in dem Try-Block ausgeführt wird:

```
Lock l = ...;
l.lock();
try
{
    ...
}
finally
{
    l.unlock();
}
```

Eine Klasse, welche die Schnittstelle Lock implementiert, ist *ReentrantLock*. Sie besitzt einen Konstruktor ohne Argumente und einen Konstruktor mit einem Argument des Typs boolean, über den angegeben werden kann, ob eine *faire Bedienreihenfolge* der auf die Sperre wartenden Threads gewünscht wird oder nicht (vgl. das faire Parkhaus aus Abschnitt 2.6.3). Neben den Methoden der Schnittstelle Lock bietet ReentrantLock einige Methoden zum Abfragen des Lock-Status an (z.B. mit *getQueueLength* kann abgefragt werden, wie viele Threads auf das Setzen der Sperre warten). Der Begriff Reentrant weist auf eine Eigenschaft der Implementierung hin, die auch synchronized besitzt und auf die in Abschnitt 2.3.3 (s. **Listing 2.11**) hingewiesen wurde: Wenn ein Thread eine Sperre setzen will und diese ist schon gesetzt, dann wird zusätzlich geprüft, von welchem Thread die Sperre im Augenblick gehalten wird. Wenn dies derselbe Thread wie der anfordernde

3.7 Concurrent-Klassenbibliothek aus Java 5

Thread ist, dann muss nicht gewartet werden, sondern stattdessen wird ein Sperrenzähler erhöht. Entsprechend wird bei unlock die Sperre nicht in jedem Fall freigegeben, sondern nur dann, wenn der Sperrenzähler nach dem Herunterzählen 0 ist. Der aktuelle Stand des Sperrenzählers kann mit der Methode *getHoldCount* der Klasse ReentrantLock abgefragt werden.

Zur Unterstützung von *Lese- und Schreibsperren* wird eine neue Schnittstelle namens *ReadWriteLock* definiert. Diese Schnittstelle besitzt aber keine Methoden zum Setzen und Freigeben von Lese- und Schreibsperren, sondern mit dieser Schnittstelle kann man sich zwei Lock-Objekte, eines für das Lesen und eines für das Schreiben, geben lassen:

```
public interface ReadWriteLock
{
    public Lock readLock();
    public Lock writeLock();
}
```

Vor dem Lesen muss man dann die Lock-Methode auf die *Lesesperre* anwenden. Entsprechendes gilt für das Schreiben. Die Lesesperre kann von mehreren Threads gleichzeitig gesetzt sein, die *Schreibsperre* maximal von einem Thread zu einem Zeitpunkt. Natürlich sind die beiden Sperren miteinander gekoppelt; sobald eine Lesesperre gesetzt ist, kann die Schreibsperre nicht mehr gesetzt werden, und umgekehrt. Die Klasse *ReentrantReadWriteLock* ist eine Implementierung der Schnittstelle ReadWriteLock.

Soweit zum Thema Locks, welche dieselbe Grundfunktionalität wie synchronized bereitstellen, aber offensichtlich in flexiblerer und vielfältigerer Weise. Zur Lösung allgemeiner Synchronisationsprobleme fehlen nun natürlich noch Methoden, welche wait, notify und notifyAll entsprechen. Solche Methoden befinden sich in der Schnittstelle *Condition*; statt wait gibt es *await* (in mehreren Varianten), statt notify *signal* und statt notifyAll *signalAll*:

```
public interface Condition
{
    public void await()
            throws InterruptedException;
    public boolean await(long time, TimeUnit unit)
            throws InterruptedException;
    public long awaitNanos(long nanosTimeout)
            throws InterruptedException;
    public void awaitUninterruptibly();
    public boolean awaitUntil(Date deadline)
            throws InterruptedException;
    public void signal();
    public void signalAll();
}
```

Ohne Erläuterung dürften die unterschiedlichen Varianten von await aufgrund der Parameternamen verständlich sein. Wir erinnern uns daran, dass beim Aufruf von wait, notify und notifyAll das Objekt, auf das diese Methoden angewendet werden, zu diesem Zeitpunkt vom aufrufenden Thread gesperrt sein muss, dass ferner bei wait die Sperre freigegeben wird, und dass nach dem Wecken mit notify oder notifyAll die Sperre vom geweckten Thread wieder angefordert werden muss, bevor der Aufruf von wait zurückkehrt. Zusammengefasst heißt dies, dass wait, notify und notifyAll in engem Bezug zu einem gesperrten Objekt stehen. Bei den Conditions besteht entsprechend eine solche enge Beziehung zu einem Lock. Aus diesem Grund werden Condition-Objekte nicht mit new erzeugt, sondern man lässt sich mit der Methode *newCondition* (beachten Sie das nicht vorhandene Leerzeichen zwischen new und Condition) ein Condition-Objekt von einem Lock-Objekt generieren (siehe Schnittstelle Lock oben). Jedes Condition-Objekt ist somit mit seinem erzeugenden Lock-Objekt assoziiert. Es gilt nun dasselbe wie zuvor bei wait, notify und notifyAll: Beim Aufruf von *await* wird die Sperre des mit dem Condition-Objekt assoziierten Lock-Objekts freigegeben, wobei der aufrufende Thread diese Sperre natürlich gesetzt haben sollte. Nach dem Aufwecken durch signal, signalAll oder interrupt muss die Sperre wieder gesetzt werden, bevor man aus der Methode await zurückkehrt.

Ein Thread, der await aufruft, wartet am Condition-Objekt. Entsprechend wird durch signal und signalAll ein an diesem Condition-Objekt wartender Thread bzw. alle an diesem Condition-Objekt wartenden Threads werden aufgeweckt. Der entscheidende Unterschied zu wait, notify und notifyAll ist nun, dass es zu jedem Lock mehrere Condition-Objekte geben kann. Damit erhält man die Möglichkeit, Threads gezielter zu wecken, als dies zuvor möglich war. Als Beispiel betrachten wir hierzu nochmals das *Erzeuger-Verbraucher-Problem* aus den Abschnitten 2.6.1 (**Listing 2.24**) und 2.6.2 (**Listing 2.27**). Da es unterschiedliche Wartebedingungen gab (die einen warten, bis der Puffer etwas enthält, die anderen warten, bis der Puffer Platz zum Ablegen eines neuen Werts bietet), mussten wir notifyAll statt notify benutzen, sofern Objekte der Klasse Buffer auch von mehreren Erzeuger- und Verbraucher-Threads ohne Probleme nutzbar sein sollten. Dies ist hier nun anders, wenn wir für die unterschiedlichen Wartebedingungen unterschiedliche Condition-Objekte heranziehen (**Listing 3.20**):

Listing 3.20:

```
import java.util.concurrent.locks.*;
class BufferLock
{
    private int head;
    private int tail;
    private int count;
    private int[] data;
    private ReentrantLock lock;
    private Condition notFull;
    private Condition notEmpty;
    public BufferLock(int n)
    {
        head = 0;
        tail = 0;
        count = 0;
        data = new int[n];
        lock = new ReentrantLock();
        notFull = lock.newCondition();
        notEmpty = lock.newCondition();
    }
    private void dump()
    {
        System.out.print("\t\t\tPufferinhalt: [ ");
        int index = head;
        for(int i = 0; i < count; i++)
        {
```

3.7 Concurrent-Klassenbibliothek aus Java 5

```java
                System.out.print(data[index] + " ");
                index++;
                if(index == data.length)
                    index = 0;
            }
            System.out.println("]");
        }

        public void put(int x)
        {
            lock.lock();
            try
            {
                while(count == data.length)
                {
                    notFull.awaitUninterruptibly();
                }
                data[tail++] = x;
                if(tail == data.length)
                    tail = 0;
                count++;
                dump();
                notEmpty.signal();
            }
            finally
            {
                lock.unlock();
            }
        }

        public int get()
        {
            lock.lock();
            try
            {
                while(count == 0)
                {
                    notEmpty.awaitUninterruptibly();
                }
                int result = data[head++];
                if(head == data.length)
                    head = 0;
                count--;
                dump();
                notFull.signal();
                return result;
            }
            finally
            {
                lock.unlock();
            }
        }
    }

    class ProducerLock extends Thread
    {
        private BufferLock buffer;
        private int start;

        public ProducerLock(BufferLock b, int s, String name)
        {
            super(name);
            buffer = b;
            start = s;
        }

        public void run()
        {
            for(int i = start; i < start + 100; i++)
            {
```

```
            buffer.put(i);
        }
    }
}

class ConsumerLock extends Thread
{
    private BufferLock buffer;

    public ConsumerLock(BufferLock b, String name)
    {
        super(name);
        buffer = b;
    }

    public void run()
    {
        for(int i = 0; i < 100; i++)
        {
            int x = buffer.get();
            System.out.println("verbraucht " + x);
        }
    }
}

public class ProducerConsumerLock
{
    public static void main(String[] args)
    {
        BufferLock p = new BufferLock(5);
        ConsumerLock v1 = new ConsumerLock(p, "V1");
        ConsumerLock v2 = new ConsumerLock(p, "V2");
        ConsumerLock v3 = new ConsumerLock(p, "V3");
        ProducerLock e1 = new ProducerLock(p, 1, "E1");
        ProducerLock e2 = new ProducerLock(p, 101, "E2");
        ProducerLock e3 = new ProducerLock(p, 201, "E3");
        v1.start();
        v2.start();
        v3.start();
        e1.start();
        e2.start();
        e3.start();
    }
}
```

Im Gegensatz zu der Buffer-Klasse aus Kapitel 2 bietet die Klasse BufferLock Platz für mehr als einen Int-Wert. Wie bei den Message Queues aus Abschnitt 3.2 benutzen wir ein Feld, das wir zyklisch nutzen. Das Entscheidende an dem Beispielprogramm ist nun die Tatsache, dass zwei Condition-Objekte notFull und notEmpty im Konstruktor vom Lock-Objekt erzeugt werden. In der Methode put wird bei vollem Puffer an dem Condition-Objekt notFull gewartet und nach dem Ablegen des Werts das andere Condition-Objekt notEmpty signalisiert. In der Methode get ist es umgekehrt: man wartet bei leerem Puffer an dem Condition-Objekt notEmpty und signalisiert nach dem Entnehmen eines Objekts das Condition-Objekt notFull. Man signalisiert damit also immer den „richtigen" Thread. Da durch das Einstellen eines Werts höchstens ein wartender Verbraucher bzw. durch das Entnehmen eines Werts höchstens ein wartender Erzeuger weiterlaufen kann, genügt in beiden Fällen eine Signalisierung mit signal (statt signalAll). Wie für notifyAll gilt jetzt, dass signalAll verwendet werden muss, wenn an einem Condition-Objekt Threads mit unterschiedlichen Wartebedingungen warten, oder wenn die vorgenommene Veränderung der

Datenstruktur so ist, dass mehrere Threads weiterlaufen können. Beide Bedingungen treffen z.B. bei einer Implementierung von additiven Semaphoren zu (s. **Listing 3.21**):

Listing 3.21:

```java
import java.util.concurrent.locks.*;

public class AdditiveSemaphoreLock
{
    private int value;
    private ReentrantLock lock;
    private Condition condition;

    public AdditiveSemaphoreLock(int init)
    {
        if(init < 0)
            init = 0;
        this.value = init;
        lock = new ReentrantLock();
        condition = lock.newCondition();
    }

    public void p(int x)
    {
        if(x <= 0)
            return;

        lock.lock();
        try
        {
            while(value - x < 0)
            {
                condition.awaitUninterruptibly();
            }
            value -= x;
        }
        finally
        {
            lock.unlock();
        }
    }

    public void v(int x)
    {
        if(x <= 0)
            return;

        lock.lock();
        try
        {
            value += x;
            condition.signalAll();
        }
        finally
        {
            lock.unlock();
        }
    }
}
```

3.7.3 Atomic-Klassen

In Abschnitt 2.3.6 wurde klargestellt, dass parallele lesende und schreibende Zugriffe auf Attribute eines Objekts synchronisiert werden müssen, selbst wenn es sich um Attribute von Basisdatentypen wie int oder boolean handelt. Im Atomic-Package werden nun vordefinierte Klassen mit einem einzigen Attribut des Typs Boolean, Integer, einem Feld von Integer, Long, einem Feld von Long, einer Referenz, einem Feld von Referenzen usw. bereitgestellt, die u.a. Methoden zum Lesen und Schreiben dieser einfachen Attribute besitzen. Neben einfachen Get- und Set-Methoden besitzen alle diese Klassen auch Methoden zum Vergleichen und Ändern „auf einen Schlag" (d.h. in *atomarer* [*unteilbarer*] Weise). Das Besondere an diesen Klassen ist, dass sie sehr effizient programmiert wurden (laut Beschreibung der Firma Sun ohne die Verwendung von Sperren), dennoch aber für die parallele Nutzung geeignet (also „*thread-safe*") sind.

Als Beispiel betrachten wir die Klasse *AtomicInteger*. Diese Klasse hat ein Int- bzw. Integer-Attribut mit den entsprechenden Get- und Set-Methoden. Die Klasse unterstützt darüber hinaus auch das bedingte Ändern des Attributwerts. Betrachten wir dazu folgende beispielhafte Problemstellung: Angenommen, wir wollen den Anfangswert 0 eines Int-Attributs von mehreren Threads in einer Art Wettbewerb auf 1 setzen lassen. Allerdings soll die Änderung nur der erste Thread vornehmen dürfen (dieser ist dann der Gewinner, alle anderen sind Verlierer). Alle Threads sollen erkennen, ob sie Gewinner oder Verlierer sind. Eine nicht sperrende Implementierung wie in **Listing 3.22** birgt natürlich die üblichen Probleme:

Listing 3.22:

```
public class Competition
{
    private int value;
    public boolean from0to1()
    {
        if(value == 0)
        {
            value = 1;
            return true;
        }
        return false;
    }
}
```

Wenn nach der Auswertung der If-Bedingung umgeschaltet wird (mit anderen Worten zwischen dem Lesen und dem Schreiben des Attributwerts value), dann kann es mehr als einen Gewinner geben, was nicht erwünscht ist.

Alle Atomic-Klassen bieten mit der Methode *compareAndSet* u.a. auch eine Unterstützung für derartige Probleme auf effiziente Art und Weise an. Bei der Klasse AtomicInteger sieht die CompareAndSet-Methode so aus:

```
public class AtomicInteger
{
    ...
```

```
    public boolean compareAndSet(int expect, int update) {...}
    ...
}
```

Der erste Parameter gibt den Wert an, den das Attribut haben muss, um auf den Wert des zweiten Parameters gesetzt werden zu dürfen. Wenn der Wert des Attributs geändert wurde, wird true zurückgegeben, sonst false. Damit lässt sich die obige Aufgabenstellung wie folgt lösen:

```
AtomicInteger i = ...
if(i.compareAndSet(0, 1)) //0: erwarteter Wert, 1: neuer Wert
{
    //ich bin der Gewinner
    ...
}
else
{
    //ich bin der Verlierer
    ...
}
```

3.7.4 Synchronisationsklassen

Das „klassische" Synchronisationskonzept ist der *Semaphor*, der zu Beginn dieses Kapitels (Abschnitt 3.1) in mehreren Varianten vorgestellt wurde. In der Concurrent-Klassenbibliothek gibt es auch eine Semaphorklasse, die in seiner Funktionalität dem additiven Semaphor (Abschnitt 3.1.4) entspricht. Wie bei unserer selbst geschriebenen Semaphorklasse gibt es einen Konstruktor mit einem Int-Parameter, der den Anfangswert des Semaphors vorgibt. Ein zweiter Konstruktor hat neben dem Int-Argument einen zweiten Parameter vom Typ boolean, mit dem eingestellt werden kann, ob der Semaphor eine *faire Bedienstrategie* realisieren muss oder nicht (vgl. das faire Parkhaus aus Abschnitt 2.6.3). Die zuvor als p bezeichnete Methode heißt nun *acquire*, v wird *release* genannt. Es existieren mehrere Varianten von acquire: solche ohne Angabe, um wie viel der Zählerwert reduziert werden soll, was eine Reduktion um 1 bedeutet und solche, bei denen als Parameter angegeben werden kann, um wie viel der Wert heruntergezählt werden soll; solche, die unterbrochen werden können und solche, die nicht unterbrochen werden können; solche mit befristeter Wartezeit und solche ohne Befristung. Die Methode release hat nur zwei Varianten: eine ohne Parameter (Erhöhung des Zählers um 1) und eine mit einem Int-Parameter, der angibt, um wie viel der Zähler erhöht werden soll. Da wir Semaphore ausführlich in Abschnitt 3.1 besprochen haben, erübrigt sich eine weitere Diskussion hier.

Die Klasse *CountDownLatch* repräsentiert einen Zähler, dessen positiver Anfangswert im Konstruktor durch ein Int-Argument festgelegt werden muss. Mit der Methode *countDown* wird der Wert des Zählers um eins erniedrigt. Mit der Methode *await* können ein oder mehrere Threads darauf warten, bis der Zähler 0 wird. Es gibt keine Methoden zum Erhöhen des Zählers.

Eine Art Treffpunkt wird durch die Klasse *CyclicBarrier* nachgeahmt. Im Konstruktor gibt man als Int-Wert an, wie viele Teilnehmerinnen und Teilnehmer am Treffpunkt erwartet werden. Durch Aufruf der Methode *await* wartet man am Treffpunkt auf alle anderen. Das heißt, wenn N Threads erwartet werden, dann werden die ersten N-1 Threads blockiert, die await aufrufen. Der Thread Nr. N wird beim Aufruf von await nicht blockiert, befreit aber die N-1 anderen Threads aus ihrer Blockade.

Die letzte hier behandelte Klasse ist *Exchanger*. Sie ist zwar keine reine Synchronisationsklasse wie die anderen drei, denn es werden hier auch Daten ausgetauscht. Wir behandeln sie aber dennoch in diesem Abschnitt, da sie Ähnlichkeiten mit CyclicBarrier besitzt. Auch bei Exchanger warten wie bei CyclicBarrier Threads aufeinander. Da bei Exchanger aber noch Daten ausgetauscht werden, können sich zu einem Zeitpunkt immer nur zwei Threads treffen. Man kann sich das Ganze vorstellen, als ob sich zwei Personen an einem vereinbarten Treffpunkt treffen, um Gegenstände auszutauschen, ohne die Gegenstände dabei aber irgendwo abzustellen. Das heißt, die erste Person muss warten, bis die zweite da ist, um ihren Gegenstand zu übergeben. Dabei übernimmt sie gleichzeitig den Gegenstand von der anderen Person. Der Typ der ausgetauschten Gegenstände wird in der Klasse Exchanger parametrisiert. Neben einem parameterlosen Konstruktor gibt es zwei Varianten der Methode *exchange* zum Warten und Tauschen der Gegenstände, eine mit und eine ohne Angabe einer Wartefrist:

```
public class Exchanger<V>
{
    public Exchanger() {...}
    public V exchange(V x) {...}
    public V exchange(V x, long timeout, TimeUnit unit) {...}
}
```

Listing 3.23 zeigt ein Beispiel, bei dem zwei Threads Integer-Werte mit Hilfe eines Exchanger-Objekts austauschen:

Listing 3.23:

```
import java.util.concurrent.*;

class ExchangeThread extends Thread
{
    private int startValue;
    private int numberOfValues;
    private Exchanger<Integer> exchanger;
    public ExchangeThread(String name, int s, int n,
                          Exchanger<Integer> e)
    {
        super(name);
        this.startValue = s;
        this.numberOfValues = n;
        this.exchanger = e;
    }
    public void run()
    {
        try
        {
            for(int i = startValue; i < startValue + numberOfValues; i++)
            {
                Integer iToSend = new Integer(i);
                Integer iReceived = exchanger.exchange(iToSend);
                System.out.println("Thread "
                        + Thread.currentThread().getName()
```

```
                                       + ": gegeben " + iToSend
                                       + ", genommen " + iReceived);
                }
            }
            catch(InterruptedException ex)
            {
            }
        }
    }
    public class ExchangerDemo
    {
        public static void main(String[] args)
        {
            Exchanger<Integer> exchanger = new Exchanger<Integer>();
            ExchangeThread t1 = new ExchangeThread("T1", 101, 2, exchanger);
            ExchangeThread t2 = new ExchangeThread("T2", 201, 2, exchanger);
            t1.start();
            t2.start();
        }
    }
```

Eine mögliche Ausgabe des Programms sieht so aus:

```
Thread T1: gegeben 101, genommen 201
Thread T2: gegeben 201, genommen 101
Thread T1: gegeben 102, genommen 202
Thread T2: gegeben 202, genommen 102
```

Werden statt zwei vier Threads gestartet, die jeweils zwei Mal die Exchange-Methode wie in obigem Beispiel aufrufen, so ist übrigens nicht garantiert, dass der Prozess zu Ende läuft, was auf den ersten Blick überraschend sein mag. Es könnte nämlich z.B. sein, dass T1 und T2, T1 und T3 und T2 und T3 je einmal tauschen. Dann haben T1, T2 und T3 je zwei Mal getauscht und terminieren. T4 hat nun keinen Partner mehr zum Tauschen, bleibt für immer in exchange blockiert und läuft somit nicht zu Ende. Am besten ist es daher, immer nur zwei Threads mit einem Exchanger-Objekt arbeiten zu lassen, da sonst eventuell etwas Unvorhergesehenes passiert.

3.7.5 Queues

In der Concurrent-Bibliothek gibt es einige Implementierungen von Warteschlangen (Queues), die wie die Message Queue aus Abschnitt 3.2 und der mit Locks und Conditions implementierte Puffer aus Abschnitt 3.7.2 dem *Erzeuger-Verbraucher-Prinzip* entsprechend implementiert sind. Das heißt: Der Versuch, ein Objekt in eine volle Warteschlange abzulegen, blockiert den aufrufenden Thread so lange, bis die Warteschlange nicht mehr voll ist. Entsprechend wird ein Thread blockiert, wenn er versucht, ein Objekt aus einer leeren Warteschlange zu entnehmen. Und zwar so lange, bis sich mindestens ein Element in der Warteschlange befindet.

Die grundlegende Schnittstelle aller Queues ist *BlockingQueue*. Die Schnittstelle ist parametrisiert mit dem Datentyp der Elemente, die in die Warteschlange eingereiht werden können. Die grundlegenden Methoden sind *put* zum Einfügen und *take* zum Entnehmen eines Elements. Beide Methoden warten gegebenenfalls.

```java
public interface BlockingQueue<E>
{
    public void put(E o) throws InterruptedException;
    public E take() throws InterruptedException;
    ...
}
```

Daneben gibt es weitere Methoden, die das Einfügen bzw. Entnehmen von Elementen versuchen, aber nicht oder nur eine begrenzte Zeit warten, falls die Operation nicht sofort möglich ist (*offer* und *add* zum Einfügen, *poll* zum Entnehmen). Es gibt fünf Klassen, die die Schnittstelle BlockingQueue implementieren: ArrayBlockingQueue, LinkedBlockingQueue, SynchronousQueue, DelayQueue und PriorityBlockingQueue.

Die „klassische" Implementierung der Schnittstelle BlockingQueue wird durch die Klasse *ArrayBlockingQueue* repräsentiert. Wie in unserer Message Queue wird zur Realisierung der Warteschlange ein Feld verwendet, dessen Größe zu Beginn (beim Aufruf des Konstruktors) durch ein Argument festgelegt wird.

Die Klasse *LinkedBlockingQueue* bietet eine Implementierung von BlockingQueue mit ähnlichem Verhalten an. Die Warteschlange wird in diesem Fall durch eine verkettete Liste realisiert. Im Konstruktor kann wie bei ArrayBlockingQueue die Größe der Warteschlange vorgegeben werden. Es gibt aber auch einen Konstruktor ohne Argumente, der bewirkt, dass die Warteschlange theoretisch unendlich groß ist (praktisch ist die Größe der Warteschlange natürlich aufgrund des beschränkten Speicherplatzes begrenzt). Dadurch blockiert die Methode put zum Einfügen eines Elements theoretisch nie.

SynchronousQueue ist eine Implementierung einer Warteschlange, bei der keine Warteschlange vorhanden ist. Damit ist gemeint, dass die Warteschlange 0 Pufferplätze besitzt. Bildlich gesprochen müssen sich der gebende und der nehmende Thread an der Warteschlange wie bei einem Exchanger treffen; die Objekte werden ohne Pufferung direkt vom gebenden an den nehmenden Thread geleitet. Im Unterschied zum Exchanger ist der Datenfluss hier asymmetrisch (d.h. unidirektional).

Mit der Klasse *DelayQueue* können nur solche Elemente in die Warteschlange eingefügt werden, welche die Schnittstelle *Delayed* implementieren. Die Schnittstelle Delayed hat eine einzige Methode namens *getDelay*, mit der die aktuelle Verzögerungszeit abgefragt werden kann. Wird ein solches Delayed-Element in die Warteschlange eingefügt, so kann es erst dann entnommen werden, wenn die Verzögerungszeit abgelaufen ist. Dies ist dann der Fall, wenn die Methode getDelay 0 oder einen negativen Wert zurückgibt. Am Kopf der Warteschlange steht das Element, dessen Verzögerungszeit zuerst abgelaufen ist.

Die Klasse *PriorityBlockingQueue* ist schließlich die letzte hier vorgestellte Implementierung der Schnittstelle BlockingQueue. Bei einer PriorityBlockingQueue ist die Größe der Warteschlange theoretisch unbegrenzt. Ein Element wird beim Einfügen mit den bereits in der Warteschlange sich befindlichen Elementen verglichen; dazu müssen entweder die Elemente vergleichbar sein (d.h. die Schnittstelle *Comparable* implementieren), oder im Konstruktor von PriorityBlockingQueue wird ein *Comparator* übergeben, der je zwei Elemente vergleichen kann. Die Elemente werden aufsteigend sortiert in die Warteschlange eingereiht. Das heißt: Das gemäß diesem Vergleich „kleinste" Element befindet sich am Kopf der Warteschlange und wird als erstes entnommen.

3.8 Ursachen für Verklemmungen

Das Thema *Verklemmung* wurde im Laufe des Buches an verschiedenen Stellen angesprochen. Diese Problematik wird jetzt genauer betrachtet. Zunächst wird erläutert, wie es zu Verklemmungen kommen kann und was typisch an einer Verklemmung ist. Danach werden im nächsten Abschnitt Maßnahmen besprochen, wie Verklemmungen vermieden werden können.

Das Entstehen einer Verklemmung lässt sich anhand unserer Küchen-Köche-Metapher aus Kapitel 1 erläutern. Angenommen, zwei Köche benötigen eine Schüssel und ein Rührgerät. Sowohl von der Schüssel als auch von dem Rührgerät sei nur je ein Exemplar in der Küche vorhanden. Der erste Koch nimmt zuerst die Schüssel aus dem Schrank und will dann das Rührgerät nehmen. Der zweite Koch will in der umgekehrten Reihenfolge vorgehen. Während nun aber der erste Koch die Schüssel nimmt, beschafft sich der zweite Koch das Rührgerät. Der erste Koch will danach das Rührgerät nehmen. Da dieses aber nicht an seinem Platz ist, muss er warten, bis es derjenige, der es momentan benutzt, zurückgibt. Dem zweiten Koch geht es ähnlich mit der Schüssel. Beide Köche warten darauf, dass der jeweils andere Koch die benötigten Utensilien zurückstellt. Dies wird aber nie geschehen; eine Verklemmungssituation liegt vor. Wie in diesem Fall wird es in allen nachfolgenden Beispielen so sein, dass das Eintreten einer Verklemmungssituation nicht zwangsläufig erfolgt: Die beiden Köche können über Wochen und Monate hinweg arbeiten, wobei der eine zuerst die Schüssel und das Rührgerät nimmt und der andere umgekehrt vorgeht. Dabei kommt es zu keiner Verklemmung, wenn die beiden nie dieselben Utensilien brauchen oder wenn einer der beiden Köche sowohl die Schüssel als auch das Rührgerät bereits benutzt, wenn der andere diese Dinge braucht. Der zweite muss dann einfach warten, bis der erste fertig ist und beide Gegenstände zurückstellt. Die Verklemmung tritt nur ein, wenn sich zufällig die oben beschriebenen Abläufe ereignen.

In der Literatur werden Verklemmungen in der Regel im Zusammenhang mit der Nutzung von *Betriebsmitteln* besprochen. Im soeben besprochenen Beispiel waren die Betriebsmittel die Schüssel und das Rührgerät. In der Welt der Informatik denkt man bei Betriebsmitteln zunächst an Ein-/Ausgabegeräte wie Drucker, Scanner, CD-Brenner, Modem, aber auch an Speicherbereiche und Dateien. Wir werden in diesem Buch den Begriff Betriebsmittel etwas weiter fassen:

> **Definition:** Ein Betriebsmittel ist ein Objekt, auf das ein Thread unter Umständen warten muss, bevor er es benutzen kann. In diesem Zusammenhang kann ein Betriebsmittel ein Objekt sein, das Synchronized-Methoden hat, so dass eventuell gewartet werden muss, bevor eine solche Synchronized-Methode auf das Objekt angewendet werden kann. Statt Synchronized-Methoden können auch Synchronized-Blöcke eingesetzt wer-

den. Ein Betriebsmittel kann aber auch ein Objekt sein, dessen Nutzung durch höchstens einen Thread zu einem Zeitpunkt über Semaphore oder Locks realisiert wird.

Im Folgenden betrachten wir hierzu einige Beispiele.

3.8.1 Beispiele für Verklemmungen mit synchronized

Im Folgenden betrachten wir eine leicht modifizierte Version des Beispiels mit Konten und einer Bank aus Abschnitt 2.2, wobei die Bankangestellten nun nicht mehr nur einen bestimmten Betrag von einem Konto abbuchen oder einem Konto gutschreiben, sondern jedes Mal einen bestimmten Betrag von einem Konto der Bank auf ein anderes Konto der Bank überweisen. Da keine Zwischenzustände nach außen sichtbar sein sollen, bei denen der Betrag von einem Konto schon abgebucht, aber auf dem anderen Konto noch nicht gutgeschrieben ist, werden in der Methode überweisen der Klasse Bank erst beide Konten durch synchronized gesperrt und dann wird die Überweisung durchgeführt. Die Bankangestellten werden durch Threads repräsentiert, wobei diese jeweils 10.000 Mal zufällig zwei Kontonummern und einen Betrag wählen und dann eine entsprechende Überweisung vornehmen. In **Listing 3.24** ist dieses Programm, das eine Verklemmungsgefahr enthält, zu sehen:

Listing 3.24:

```
class Account
{
    private float balance;
    public void debitOrCredit(float amount)
    {
        balance += amount;
    }
}
class Bank
{
    private Account[] account;
    public Bank()
    {
        account = new Account[100];
        for(int i = 0; i < account.length; i++)
        {
            account[i] = new Account();
        }
    }
    public void transferMoney(int fromAccountNumber,
                              int toAccountNumber,
                              float amount)
    {
        synchronized(account[fromAccountNumber])
        {
            synchronized(account[toAccountNumber])
            {
                account[fromAccountNumber].debitOrCredit(-amount);
                account[toAccountNumber].debitOrCredit(amount);
            }
        }
    }
```

```
}
class Clerk extends Thread
{
    private Bank bank;

    public Clerk(String name, Bank bank)
    {
        super(name);
        this.bank = bank;
        start();
    }

    public void run()
    {
        for(int i = 0; i < 10000; i++)
        {
            /* Nummer eines Kontos einlesen, von dem abgebucht wird;
               simuliert durch Wahl einer Zufallszahl
               zwischen 0 und 99
            */
            int fromAccountNumber = (int)(Math.random()*100);

            /* Nummer eines Kontos einlesen, auf das abgebucht wird;
               simuliert durch Wahl einer Zufallszahl
               zwischen 0 und 99
            */
            int toAccountNumber = (int)(Math.random()*100);

            /* Überweisungsbetrag einlesen;
               simuliert durch Wahl einer Zufallszahl
               zwischen -500 und +499
            */
            float amount = (int)(Math.random()*1000) - 500;

            bank.transferMoney(fromAccountNumber, toAccountNumber,
                                amount);
        }
    }
}
public class Banking
{
    public static void main(String[] args)
    {
        Bank myBank = new Bank();
        new Clerk("Andrea Müller", myBank);
        new Clerk("Petra Schmitt", myBank);
    }
}
```

Dieses Programm wird sehr oft ohne Verklemmung zu Ende laufen. Es ist aber auch möglich, dass irgendwann einmal Folgendes passiert: Eine Bankangestellte wählt die Nummer 47 als fromAccountNumber und die Nummer 11 als toAccountNumber. Nehmen wir an, nach Ausführung der Anweisung `synchronized(account[47])` wird auf einen anderen Thread umgeschaltet. Wenn in diesem Thread nun zufällig 11 als fromAccountNumber und 47 als toAccountNumber gewählt wird, dann wird eine Verklemmung eintreten, denn dieser Thread wird zwar noch `synchronized(account[11])` ausführen können, wird aber beim Ausführen von `synchronized(account[47])` blockiert. Wenn nun auf den ersten Thread umgeschaltet wird, so wird dieser bei der Ausführung von `synchronized(account[11])` ebenfalls blockiert. Es liegt eine Verklemmung vor.

Ein ähnliches Beispiel lässt sich natürlich auch mit Synchronized-Methoden konstruieren. Wir nehmen an, eine Klasse X enthält als Attribut eine Referenz auf ein anderes Objekt der Klasse X. Diese Referenz kann durch die Methode setPartner festgelegt werden. Ferner gibt es zwei Synchronized-Methoden m1 und m2, wobei in m1 die Methode m2 auf das andere X-Objekt angewendet wird. Was in m2 geschieht, ist in diesem Zusammenhang nicht weiter interessant. Wenn nun zwei Objekte erzeugt werden, die jeweils eine Referenz auf das andere Objekt besitzen, so kann bei Aufruf der Methode m1 auf die beiden Objekte durch zwei unterschiedliche Threads eine Verklemmung eintreten. In **Listing 3.25** ist das Programm dargestellt.

Listing 3.25:

```
class X
{
    private X otherX;

    public void setPartner(X otherX)
    {
        this.otherX = otherX;
    }

    public synchronized void m1()
    {
        otherX.m2();
    }

    public synchronized void m2()
    {
        // nicht weiter wichtig
    }
}
public class UserOfX extends Thread
{
    private X myX;

    public UserOfX(X x)
    {
        myX = x;
    }

    public void run()
    {
        for(int i = 0; i < 10000; i++)
            myX.m1();
    }

    public static void main(String[] args)
    {
        X x1 = new X();
        X x2 = new X();
        x1.setPartner(x2);
        x2.setPartner(x1);
        UserOfX user1 = new UserOfX(x1);
        user1.start();
        UserOfX user2 = new UserOfX(x2);
        user2.start();
    }
}
```

Eine Verklemmung tritt ein, wenn nach dem Aufruf der Methode m1, aber vor der Ausführung der Anweisung `otherX.m2()` umgeschaltet wird. In diesem Fall ist eines der X-Objekte gesperrt. Wenn auf den anderen Thread umgeschaltet wird, dann wird dort durch den Aufruf von m1 das andere Objekt gesperrt. Weder der eine noch der andere Thread können dann m2 auf das jeweils andere Objekt anwenden.

3.8.2 Beispiele für Verklemmungen mit Semaphoren

Verklemmungsbeispiele gibt es auch bei der Nutzung von Semaphoren, wenn diese zum gegenseitigen Ausschluss für die Nutzung von Objekten eingesetzt werden. Ein Beispiel dazu haben wir bereits beim Philosophen-Problem kennen gelernt. Hier ging es um die Nutzung von Gabeln, wobei jede Gabel durch einen Semaphor repräsentiert wurde. Vor der Nutzung einer Gabel muss die P-Methode auf den entsprechenden Semaphor angewendet werden, nach der Nutzung die V-Methode. Zu einer Verklemmung kann es kommen, wenn alle Philosophen ihre linke Gabel ergreifen. Ein einfacheres Beispiel mit zwei Semaphoren, das zu einer Verklemmung führen kann, ist in **Listing 3.26** zu sehen:

Listing 3.26:

```
class UserOfSemaphore extends Thread
{
    /* die beiden Semaphore werden benutzt
       zum gegenseitigen Ausschluss für die Nutzung je eines Objekts
    */
    private Semaphore s1, s2;

    public UserOfSemaphore(Semaphore s1, Semaphore s2)
    {
        this.s1 = s1;
        this.s2 = s2;
    }

    public void run()
    {
        for(int i = 0; i < 10000; i++)
        {
            s1.p();
            s2.p();
            // Nutzung der beiden Objekte
            s2.v();
            s1.v();
        }
    }

    public static void main(String[] args)
    {
        Semaphore s1 = new Semaphore(1);
        Semaphore s2 = new Semaphore(1);
        UserOfSemaphore user1 = new UserOfSemaphore(s1, s2);
        user1.start();
        UserOfSemaphore user2 = new UserOfSemaphore(s2, s1);
        user2.start();
    }
}
```

Entscheidend bei diesem Programm ist die Tatsache, dass bei einem Aufruf des Konstruktors der Klasse UserOfSemaphore s1 als erstes Argument und s2 als zweites Argument übergeben werden, während beim zweiten Aufruf des Konstruktors diese Reihenfolge umgekehrt ist. Eine Verklemmung kann dann bei der Ausführung dieses Programms eintreten, wenn nach Ausführung der Anweisung `s1.p()` von einem Thread auf den anderen Thread umgeschaltet wird.

Selbstverständlich kann es auch bei der Nutzung von Locks zu Verklemmungen kommen. Da aber entsprechende Beispiele den bereits vorgestellten Beispielen sehr ähnlich wären, verzichten wir darauf.

3.8.3 Bedingungen für das Eintreten von Verklemmungen

Wie schon oben erwähnt wurde, wird die Verklemmungsproblematik in der Literatur im Zusammenhang mit der Nutzung von Betriebsmitteln behandelt, wobei unter Betriebsmitteln Objekte verstanden werden, die unter gegenseitigem Ausschluss benutzt werden. Der gegenseitige Ausschluss kann z.B. durch synchronized oder durch Semaphore realisiert werden. Folgende Bedingungen müssen erfüllt sein, damit es zu Verklemmungen kommen kann:

1. Die Betriebsmittel sind nur unter *gegenseitigem Ausschluss* nutzbar (man sagt dazu auch: exklusiv nutzbar).
2. Betriebsmittel, die benutzt werden, können dem benutzenden Thread nicht entzogen werden.
3. Threads besitzen bereits Betriebsmittel und fordern weitere an.

Neben diesen Bedingungen, die erfüllt sein müssen, damit es überhaupt zu Verklemmungen kommen kann, gilt folgende Bedingung genau dann, wenn eine Verklemmung konkret vorliegt:

4. Es gibt eine zyklische Kette von Threads, von denen jeder mindestens ein Betriebsmittel besitzt, das der nächste Thread in der Kette benötigt.

Die Belegungs- und Anforderungssituation von Betriebsmitteln lässt sich grafisch anhand eines *Betriebsmittelgraphen* veranschaulichen. Dabei stellen wir Threads als Kreise und Betriebsmittel als Rechtecke dar. Ferner wird ein Pfeil von einem Betriebsmittel zu einem Thread gezeichnet, falls der Thread dieses Betriebsmittel besitzt. Umgekehrt bedeutet ein Pfeil von einem Thread zu einem Betriebsmittel, dass dieser Thread dieses Betriebsmittel anfordert (d.h. haben möchte).

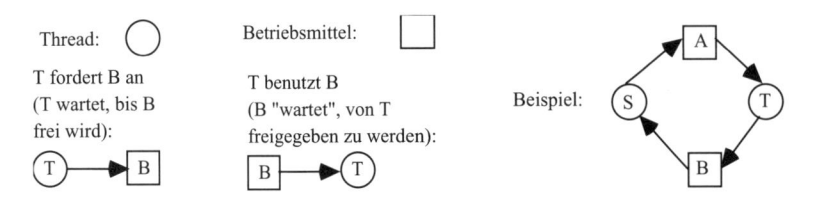

Abbildung 3.5: Betriebsmittelgraph

Abbildung 3.5 fasst diese Punkte zusammen und zeigt ein Beispiel für einen Betriebsmittelgraph. Die obige Bedingung 4 ist genau dann erfüllt, wenn es in dem Betriebsmittelgraph einen Weg gibt, der von einem Knoten (Kreis oder Rechteck) immer den Pfeilen folgend zu diesem Knoten zurückführt.

In allen geschilderten Verklemmungsbeispielen waren jeweils alle vier Bedingungen erfüllt. Dies soll exemplarisch anhand des einleitenden Beispiels mit den Köchen, der Schüssel und dem Rührgerät veranschaulicht werden:

1. Sowohl die Schüssel als auch das Rührgerät können nur von höchstens einem Koch zu einem Zeitpunkt benutzt werden.

2. Wenn ein Koch die Schüssel oder das Rührgerät zur Benutzung an sich genommen hat, kann kein anderer Koch ihm den Gegenstand wieder wegnehmen, sondern der Gegenstand kann erst dann wieder von anderen benutzt werden, wenn der Koch ihn nicht mehr benötigt und freiwillig an seinen Platz zurückstellt.

3. Ein Koch nimmt zuerst die Schüssel und möchte danach das Rührgerät noch dazu haben. Der andere Koch nimmt zuerst das Rührgerät und möchte danach die Schüssel noch dazu haben.

4. Der Betriebsmittelgraph besitzt einen Zyklus. Der Betriebsmitelgraph für das Köche-Beispiel ist der Gleiche wie derjenige in **Abbildung 3.5**. Dabei entspricht A der Schüssel und B dem Rührgerät, T dem ersten Koch und S dem zweiten Koch. Der erste Koch T hat die Schüssel A und fordert das Rührgerät B an. Der zweite Koch S hat das Rührgerät B und fordert die Schüssel A an.

Übrigens haben die Betriebsmittelgraphen aller bisher besprochenen Beispiele diese Struktur. Es handelt sich immer um zwei Threads und zwei Betriebsmittel, wobei ein Thread eines der Betriebsmittel besitzt und das jeweils andere anfordert.

3.9 Vermeidung von Verklemmungen

Die vier Bedingungen, die genau dann gelten, wenn eine Verklemmung vorliegt, geben Hinweise, wie Verklemmungen vermieden werden können. Offenbar kann keine Verklemmung vorliegen, falls eine der Bedingungen nicht gilt. An dem Zutreffen der Bedingung 1 lässt sich nichts ändern, denn – wie in Kapitel 2 ausführlich beschrieben wurde – ist in vielen Fällen der gegenseitige Ausschluss notwendig. In Bedingung 2 geht es darum, dass Betriebsmittel nicht entzogen werden können. Eine Gegenmaßnahme, auf die wir in diesem Buch nicht näher eingehen wollen, besteht beispielsweise darin, dass von Zeit zu Zeit geprüft wird, ob eine Verklemmung vorliegt oder nicht. Ist eine Verklemmungssituation eingetreten, dann werden einigen Threads Betriebsmittel entzogen, so dass die Verklemmung beseitigt wird. Die Realisierung des Betriebsmittelentzugs kann z.B. durch Abbrechen der Threads erfolgen und unter Umständen sehr viel Aufwand erfordern. Aus den restlichen Bedingungen 3 und 4 ergeben sich drei Gegenmaßnahmen, die wir im Folgenden ausführlicher beschreiben werden, wobei die erste Gegenmaßnahme aus der Nichterfüllung der Bedingung 3 und die beiden anderen Gegenmaßnahmen aus der Nichterfüllung der Bedingung 4 hervorgehen:

1. Ein Thread darf nur Betriebsmittel anfordern, wenn er keine Betriebsmittel besitzt.
2. Ein Thread fordert Betriebsmittel immer in einer bestimmten Reihenfolge an. Dadurch ist garantiert, dass keine zyklischen Wartebeziehungen entstehen.
3. Beim Anfordern von Betriebsmitteln wird anhand einer Bedarfsanalyse untersucht, ob es „im schlimmsten Fall" bei Erfüllung dieser Forderung zu einer Verklemmung kommen könnte. Nur, falls es selbst „im schlimmsten Fall" zu keiner Verklemmung kommen kann, wird die Anforderung erfüllt.

Bevor wir auf die drei Gegenmaßnahmen näher eingehen, wollen wir den Kontext beschreiben, in den diese Maßnahmen eingebettet sind. Wir gehen im Folgenden davon aus, dass ein Objekt einer Klasse ResourceManager existiert, auf das alle Threads, die Betriebsmittel benutzen wollen, Zugriff haben. Vor der Benutzung von Betriebsmitteln werden diese beim *Betriebsmittelverwalter-Objekt* durch Aufruf einer entsprechenden Methode angefordert, wobei der aufrufende Thread unter Umständen blockiert werden kann. Nachdem der Methodenaufruf beendet ist, kann der Thread die angeforderten Betriebsmittelobjekte exklusiv benutzen. Die Methoden der Betriebsmittelobjekte müssen nicht synchronized sein, da der gegenseitige Ausschluss durch die vorhergehende Anforderung beim Betriebsmittelverwalter garantiert wird. Die Methoden des Betriebsmittelverwalters werden aber in der Regel synchronized sein müssen. Falls die Methoden der Betriebsmittelobjekte aber auch synchronized sind, so schadet dies nicht, denn eine Verklemmung ist durch die Arbeitsweise des Betriebsmittelverwalters ausgeschlossen. Wenn ein Thread Betriebsmittel nicht mehr benutzen möchte, muss er diese durch Aufruf einer entsprechenden Methode des Betriebsmittelverwalters freigeben, wodurch die Anforderungen wartender Threads eventuell erfüllt werden können.

Im Folgenden gehen wir weiter davon aus, dass die Betriebsmittel durch ihren Typ in Gruppen zusammengefasst sind. Einem anfordernden Thread soll es dabei gleichgültig sein, welche konkreten Betriebsmittelobjekte er nutzen kann, sofern nur der Typ stimmt. Das heißt, ein Thread fordert bestimmte Mengen von *Betriebsmitteltypen* an (z.B. 3 Exemplare des Typs 7 und 1 Exemplar des Typs 11), und ihm werden dann entsprechende konkrete Objekte zur Nutzung zugeteilt. Falls man keine Betriebsmittel in einer Typgruppe zusammenfassen kann, so besitzt jedes Betriebsmittel seinen eigenen Typ; von diesem Typ gibt es dann eben nur ein einziges Exemplar.

Anforderungen und Freigaben von Betriebsmitteln werden durch ein Int-Feld beschrieben, dessen Länge der Anzahl der Betriebsmitteltypen entspricht. Der Wert dieses Feldes an der Stelle i gibt die Anzahl der Exemplare des Typs i an. Sowohl beim Anfordern als auch beim Freigeben wird eine Referenz auf ein solches Feld als Parameter übergeben, wobei dadurch die Anzahl der anzufordernden bzw. freizugebenden Betriebsmittelexemplare pro Typ beschrieben wird. Falls es pro Typ nur genau ein Exemplar gibt, so kann man sich vorstellen, dass ein Thread nach erfolgreicher Anforderung die Betriebsmittel direkt nutzen kann, da ihm die entsprechenden Referenzen bekannt sind. Existieren dagegen mehrere

Exemplare pro Typ, dann muss die Methode zum Anfordern die zugeteilten Exemplare an den anfordernden Thread bekannt geben. Wir wollen in der folgenden Beschreibung allerdings davon absehen und nehmen an, dass die benutzbaren Exemplare den anfordernden Threads auf eine andere Art bekannt gemacht werden. Die Schnittstelle des Betriebsmittelverwalters sieht dann wie folgt aus:

```java
public interface ResourceManager
{
    public void acquire(int[] resources);
    public void release(int[] resources);
}
```

Eine naive Implementierung eines Betriebsmittelverwalters ohne besondere Strategie, der jede Anforderung erfüllt, sofern die angeforderten Betriebsmittel vorhanden sind, entspricht derjenigen einer Semaphorgruppe. Der Einfachheit halber gehen wir hier von einer korrekten Nutzung des Betriebsmittelverwalters aus. Das heißt, man kann davon ausgehen, dass alle Werte im Parameterfeld größer oder gleich null sind. Außerdem soll ein Thread nur die Betriebsmittel zurückgeben, die er auch angefordert hat. Ein naiver Betriebsmittelverwalter kann unter Verwendung einer Semaphorgruppe wie in **Listing 3.27** implementiert werden:

Listing 3.27:

```java
public class ResourceManagerNaive implements ResourceManager
{
    private SemaphoreGroup availableResources;

    public ResourceManagerNaive(int[] initialResources)
    {
        availableResources = new SemaphoreGroup(initialResources.length);
        availableResources.changeValues(initialResources);
    }

    public void acquire(int[] resources)
    {
        /* angeforderte Ressourcen müssen von verfügbaren Ressourcen
           abgezogen werden
        */
        int[] tmp = new int[resources.length];
        for(int i = 0; i < resources.length; i++)
            tmp[i] = - resources[i];
        availableResources.changeValues(tmp);
    }

    public void release(int[] resources)
    {
        /* zurückgegebene Ressourcen müssen zu verfügbaren Ressourcen
           addiert werden
        */
        availableResources.changeValues(resources);
    }
}
```

Die Methoden acquire und release müssen bei dieser Implementierung eines Betriebsmittelverwalters nicht synchronized sein, da die Methode changeValues der Klasse SemaphoreGroup synchronized ist. Diese Implementierung ist allerdings im Namen als naiv gekennzeichnet, da hier Verklemmungen möglich sind. Denn ein Thread kann mit dieser Implementierung zuerst ein Exemplar des Typs 0 und danach durch ein erneutes Aufrufen der Methode acquire ein Exemplar des Typs 1 anfordern. Ein anderer Thread kann in umgekehrter Reihenfolge vorgehen. Falls es vom Typ 0 und 1 jeweils nur ein einziges Exemplar gibt, kann es wieder zu einer Verklemmung kommen.

3.9.1 Anforderung von Betriebsmitteln „auf einen Schlag"

Die erste Gegenmaßnahme gegen Verklemmungen besteht darin, dass ein Thread nur dann Betriebsmittel anfordern darf, falls ihm momentan keine zugeteilt sind. Damit kann es keine Verklemmungen geben. Betrachtet man nämlich den Betriebsmittelgraph, so gilt für jeden Thread zu jedem Zeitpunkt, dass entweder von ihm nur Pfeile ausgehen oder Pfeile auf ihn zulaufen können, aber nicht beides gleichzeitig, denn wenn der Thread Betriebsmittel besitzt, darf er keine anfordern, und wenn er Betriebsmittel anfordert, darf er keine besitzen. Damit es einen Zyklus geben kann, muss es aber mindestens einen Thread geben, von dem sowohl Pfeile ausgehen als auch an ihm enden. Da dies nie vorkommt, kann es nie zu einem zyklischen Warten und damit auch nie zu einer Verklemmung kommen.

Diese Strategie kann auf mehrere Arten umgesetzt werden:

1. Eine Möglichkeit besteht darin, die zuvor angegebene naive Implementierung ResourceManagerNaive zu nutzen und die Threads, die Betriebsmittel anfordern, so zu programmieren, dass die beschriebene Strategie eingehalten wird.

2. Eine weitere Möglichkeit der Umsetzung besteht darin, dass sich das Betriebsmittelverwalter-Objekt für jeden Thread alle aktuell zugeteilten Betriebsmittel merkt. Diese Informationen können dann auch beim Freigeben herangezogen werden, um zu überprüfen, ob die freigegebenen Betriebsmittel dem Thread auch tatsächlich zugeteilt waren. Wenn ein Thread, der schon Betriebsmittel besitzt, weitere Betriebsmittel anfordert, dann kann dies aufgrund dieser Informationen erkannt werden. Man kann darauf auf mehrere Arten reagieren: Man lehnt diese Anforderung als fehlerhaft ab und löst z.B. eine Ausnahme aus. Oder man könnte in diesem Fall in der Methode acquire alle Betriebsmittel zurückgeben und anschließend die zuvor freigegebenen und die neu benötigten wieder anfordern.

Beim Anfordern mehrerer Betriebsmittel ist wichtig, dass diese „auf einen Schlag" angefordert werden. Dies wird durch die Implementierung mit einer Semaphorgruppe garantiert. Die Bedeutung dieser Änderung der Semaphorwerte „auf einen Schlag" wurde schon bei der Beschreibung von Semaphorgruppen in Abschnitt 3.1 erläutert. Die Lösung des Philosophen-Problems mit Semaphorgruppen entspricht dieser Strategie. Es werden dort nämlich nur Gabeln angefordert, wenn man momentan keine besitzt. Ferner erfolgt die Anforderung der beiden Gabeln „auf einen Schlag", so dass es zu keiner Verklemmung kommen kann.

3.9.2 Anforderung von Betriebsmitteln gemäß einer vorgegebenen Ordnung

Eine weitere Maßnahme gegen Verklemmungen besteht darin, Betriebsmittel nur gemäß einer vorgegebenen Reihenfolge anzufordern. Zur Definition einer solchen Reihenfolge kann z.B. die Nummerierung der Betriebsmitteltypen in aufsteigender Reihenfolge verwendet werden. Dies bedeutet, dass ein Thread nur Betriebsmittel des Typs s anfordern darf, falls ihm im Moment keine Betriebsmittel des Typs s oder eines Typs t > s zugeteilt sind. Mit anderen Worten: Einem Thread, der Betriebsmittel des Typs s anfordert, dürfen zu diesem Zeitpunkt nur Betriebsmittel der Typen t < s zugeteilt sein. Dies bedeutet beispielsweise, dass ein Thread zuerst Betriebsmittel des Typs 2 anfordern kann. Sind ihm diese zugeteilt worden, so darf er nur noch Betriebsmittel des Typs 3, 4 usw. anfordern. Angenommen, er fordert anschließend Betriebsmittel des Typs 7 an, dann kann er anschließend nur noch welche vom Typ 8 oder höher anfordern.

Wie zuvor kann man durch Überlegungen mit Hilfe eines Betriebsmittelgraphen erkennen, dass diese Strategie tatsächlich Verklemmungsfreiheit garantiert. Nehmen wir an, es gäbe einen Zyklus in einem Betriebsmittelgraph. Dann muss es einen Knoten für ein Betriebsmittel des Typs $i1$ geben, von dem ein Pfeil zu einem Thread führt. Dies bedeutet, dass diesem Thread dieses Betriebsmittel zugeordnet ist. Weiterhin muss von diesem Thread ein Pfeil zu einem weiteren Betriebsmittel führen, dessen Typ $i2$ ist. Dieser Pfeil bedeutet, dass dieses Betriebsmittel von diesem Thread angefordert wird. Aufgrund der angegebenen Strategie muss gelten: $i1 < i2$. Mit derselben Argumentation gibt es ein weiteres Betriebsmittel in diesem Zyklus vom Typ $i3$, wobei gelten muss: $i1 < i2 < i3$. Da wir von einem Zyklus ausgegangen sind, kommt man irgendwann zu dem ursprünglichen Betriebsmittel zurück. Es müsste dann gelten: $i1 < i2 < i3 < .... < iN < i1$, also $i1 < i1$. Da dies ein Widerspruch ist, muss die ursprüngliche Annahme, dass es einen Zyklus im Betriebsmittelgraph geben kann, falsch sein.

Für die Umsetzung dieser Strategie gibt es dieselben Möglichkeiten wie zuvor:

1. Die erste Möglichkeit besteht wieder darin, die naive Implementierung ResourceManagerNaive zu nutzen und die Threads, die Betriebsmittel anfordern, so zu programmieren, dass die beschriebene Strategie eingehalten wird.

2. Die zweite Möglichkeit der Umsetzung besteht auch wieder darin, dass sich das Betriebsmittelverwalter-Objekt für jeden Thread alle aktuell zugeteilten Betriebsmittel merkt. Wenn ein Thread Betriebsmittel eines Typs anfordert, der kleiner oder gleich eines Typs ist, von dem ihm schon Betriebsmittel zugeteilt sind, so kann dies erkannt werden. Als Reaktionsmöglichkeiten kommen dieselben wie zuvor in Frage: Die Anforderung wird zurückgewiesen. Oder man gibt zuerst diejenigen Betriebsmittel frei, deren Typ größer oder gleich dem angeforderten Typ ist. Anschließend fordert man alle freigegebenen und die neu gewünschten in der richtigen Reihenfolge wieder an.

Wendet man dieses Prinzip auf das Philosophen-Problem an, so ergibt sich eine einfache, verklemmungsfreie Lösung auch bei Nutzung einfacher Semaphore (vgl. **Listing 3.10** in Abschnitt 3.4.2). Die Gabeln entsprechen Betriebsmitteln unterschiedlicher Typen, wobei die Typnummer die Nummer der Gabel ist. Wenn man dann die Gabeln in der Reihenfolge ihrer Typnummer anfordert, kann keine Verklemmung entstehen. Bei der naiven Lösung, die eine Verklemmungsgefahr birgt, ist es ja so, dass alle Philosophen erst ihre linke Gabel und dann ihre rechte Gabel nehmen. Alle Philosophen i außer dem Philosoph mit der Nummer N-1 haben zuerst die linke Gabel mit der Nummer i und dann die rechte Gabel mit der Nummer i+1 ergriffen. Diese fordern die Gabeln also in der richtigen Reihenfolge an. Der Philosoph mit der Nummer N-1 fordert ebenfalls zuerst die linke Gabel, die die Nummer N-1 trägt, und dann die rechte Gabel mit der Nummer 0 an. Dieser Philosoph fordert also die Betriebsmittel nicht in der richtigen Reihenfolge an. Wenn der Philosoph N-1 als einziger nun aber zuerst seine rechte Gabel und dann seine linke Gabel nimmt, dann erhält man auch bei der Nutzung einfacher Semaphore eine verklemmungsfreie Lösung. Es ist übrigens unwichtig, welcher Philosoph seine rechte Gabel zuerst nimmt. Man erhält immer eine verklemmungsfreie Lösung, falls alle Philosophen bis auf einen zuerst die linke und dann die rechte Gabel nehmen und einer in umgekehrter Reihenfolge.

3.9.3 Anforderung von Betriebsmitteln mit Bedarfsanalyse

Bei der nachfolgend beschriebenen Technik zur Vermeidung von Verklemmungen darf ein Thread Betriebsmittel anfordern, auch wenn ihm bereits Betriebsmittel zugewiesen worden sind. Außerdem muss keine bestimmte Reihenfolge bezüglich der Betriebsmitteltypen beim Anfordern eingehalten werden. Dafür muss aber im Voraus von jedem Thread bekannt sein, wie viele Exemplare von jedem Betriebsmitteltyp er höchstens braucht. Mit diesen Informationen kann bei jeder Anforderung von Betriebsmitteln geprüft werden, ob es nach Zuteilung der angeforderten Betriebsmittel noch möglich wäre, dass selbst dann, wenn alle Theads ihren Maximalbedarf auch tatsächlich anfordern würden, alle Threads in irgendeiner Reihenfolge bedient werden und zu Ende laufen können.

Wir wollen diese Idee anhand eines Beispiels näher erläutern. Angenommen, es gäbe der Einfachheit halber nur einen Typ von Betriebsmitteln und davon zwei Exemplare. Wenn zwei Threads beide Exemplare benötigen, dann kann es zu einer Verklemmung kommen, wenn beide Threads zuerst jeweils nur ein Exemplar anfordern und wenn beide danach, nachdem ihnen jeweils ein Exemplar zugeteilt wurde, ein zweites Exemplar anfordern. Da zu diesem Zeitpunkt nämlich kein Exemplar verfügbar ist, wartet jeder Thread, bis der jeweils andere Thread das benötigte Exemplar freigibt. Wenn allerdings im Voraus bekannt ist, dass beide Threads beide Exemplare benötigen, so kann man dies bei der Zuteilung der Betriebsmittel berücksichtigen. Wenn der erste Thread ein Exemplar anfordert, so kann diese Anforderung ohne Bedenken erfüllt werden, denn sollten nun beide Threads ihren Maximalbedarf an Betriebsmitteln einfordern (der erste Thread noch ein weiteres Exemplar, der zweite Thread zwei Exemplare), dann gibt es eine Reihenfolge, in der die Threads bedient werden und zu Ende laufen können. Man würde nämlich in diesem Fall dem ersten Thread das noch fehlende zweite Exemplar zuteilen, worauf dieser Thread irgendwann zu Ende läuft und alle Betriebsmittel freigibt. Danach kann der zweite Thread bedient werden. Die erste Anforderung ist also unkritisch und somit kann ein Betriebsmittelexemplar dem ersten Thread zugeteilt werden. Man spricht in diesem Fall von einem sicheren Zustand der Betriebsmittelbelegungen. Anschließend könnte der zweite Thread ebenfalls ein Betriebsmittelexemplar anfordern. Wenn nun aber auch diese Anforderung erfüllt würde, dann würde man „im schlimmsten Falle" (beide Threads fordern jeweils ein weiteres Exemplar an) keine Reihenfolge mehr finden, in der die Threads bedient werden können. Man hätte einen unsicheren Belegungszustand. Deshalb würde die Forderung des zweiten Threads nach einem Betriebsmittelexemplar nicht erfüllt werden, obwohl noch eines frei ist. Achtet man darauf, dass man nur solche Anforderungen akzeptiert, die zu sicheren Belegungszuständen führen, dann kann es zu keiner Verklemmung kommen.

Im Folgenden betrachten wir dieses Verfahren etwas ausführlicher. Der Einfachheit halber bleiben wir dabei zunächst bei der Betrachtung eines einzigen Betriebsmitteltyps. Die momentane Belegung (d.h. die Anzahl der momentan den einzelnen Threads zugewiesenen Betriebsmittelexemplare) sowie die Maximalforderung der Threads kann jeweils als Vektor repräsentiert werden. In **Abbildung 3.6** ist hierzu ein Beispiel dargestellt.

Anzahl eines Betriebsmittels: 10

momentane Belegung:

Thread A	3
Thread B	2
Thread C	2

Restforderung:

Thread A	6
Thread B	2
Thread C	5

Anzahl der freien Betriebsmittel: 3

Abbildung 3.6: Beispiel eines Belegungszustands (für einen einzigen Betriebsmitteltyp)

In dieser Situation sind dem Thread A 3 Exemplare zugewiesen, aber es könnte sein, dass dieser Thread noch bis zu 6 weitere Exemplare anfordern wird. Entsprechendes gilt für die Threads B und C. Insgesamt sind den Threads 7 Exemplare zugeteilt worden (3 an A und je 2 an B und C). Da insgesamt 10 vorhanden sind, sind momentan noch 3 frei.

Die entscheidende Frage ist nun, welche dieser Belegungszustände ohne Gefahr eingenommen werden können (d.h. welche Belegungszustände sicher sind). Hierzu wird festgelegt:

> **Definition:** Ein Belegungszustand ist genau dann sicher, wenn es eine Folge von Belegungen gibt, so dass jeder Thread seine Restforderungen erfüllt bekommt, damit zu Ende laufen kann und alle belegten Betriebsmittel freigibt, die anschließend vom nächsten Thread benutzt werden können.

Der in **Abbildung 3.6** dargestellte Belegungszustand ist sicher. Es könnten nämlich zuerst die Anforderungen von Thread B erfüllt werden, da dieser Thread eine Restforderung von 2 Exemplaren hat und sogar 3 freie Exemplare vorhanden sind. Der Thread B könnte dann zu Ende laufen und alle Betriebsmittel frei geben. Damit wären dann 5 Exemplare frei. Anschließend könnte dann die Restforderung des Threads C erfüllt werden und dieser könnte ebenfalls zu Ende laufen. Somit wären dann 7 freie Exemplare vorhanden, so dass auch der Thread A seine restlichen Exemplare zugeteilt bekäme und zu Ende laufen könnte. Diese Überlegungen sind in **Abbildung 3.7** zusammengefasst.

3 Fortgeschrittene Synchronisationskonzepte in Java

Folge der Belegungen:

B			B endet			C		
Thread A	3		Thread A	3		Thread A	3	
Thread B	4		Thread B	0		Thread B	0	
Thread C	2		Thread C	2		Thread C	7	
frei: 1			frei: 5			frei: 0		

C endet			A			A endet		
Thread A	3		Thread A	9		Thread A	0	
Thread B	0		Thread B	0		Thread B	0	
Thread C	0		Thread C	0		Thread C	0	
frei: 7			frei: 1			frei: 10		

Abbildung 3.7: Reihenfolge, in der die restlichen Anforderungen aller Threads erfüllt werden könnten

Angenommen, in dem sicheren Belegungszustand aus **Abbildung 3.6** fordert der Thread A ein weiteres Exemplar an. Würde die Forderung erfüllt, so würde im neuen Belegungszustand die Anzahl der momentan belegten Exemplare für den Thread A um eins (von 3 auf 4) erhöht. Gleichzeitig würde sich die Restforderung des Threads A von 6 auf 5 verringern, denn die Maximalforderung von Thread A beträgt insgesamt 9 Exemplare. Sind ihm 4 zugewiesen, so fordert er höchstens noch 5 weitere an. Außerdem verringert sich natürlich die Anzahl der freien Exemplare um eins. Der neue Belegungszustand, der nach der Erfüllung der Anforderung von A vorliegen würde, ist in **Abbildung 3.8** zu sehen.

Anzahl eines Betriebsmittels: 10

momentane Belegung:

Thread A	4
Thread B	2
Thread C	2

Restforderung:

Thread A	5
Thread B	2
Thread C	5

Anzahl der freien Betriebsmittel: 2

Abbildung 3.8: Belegungszustand nach Erfüllung der Anforderung eines weiteren Betriebsmittels durch den Thread A

Dieser Belegungszustand ist allerdings nicht mehr sicher. Denn man könnte zwar nach wie vor die Restforderungen von Thread B erfüllen, aber danach könnte weder die Restforderung von A noch von C erfüllt werden, weil beide Threads jeweils 5 Exemplare anfordern, nach dem Ende von B aber nur 4 frei sind. Eine Betriebsmittelverwaltung, die Betriebsmittel so zuteilt, dass der Belegungszustand zu jedem Zeitpunkt sicher ist, wird die Forderung von Thread A nach einem weiteren Betriebsmittelexemplar nicht erfüllen. Der Betriebsmittelverwalter müsste die Forderung von A abweisen. Durch (aktives oder passives) Warten würde wieder die Gefahr einer Verklemmung entstehen, die durch das Verfahren gerade vermieden werden soll.

3.9 Vermeidung von Verklemmungen

Wir gehen übrigens immer davon aus, dass für jeden Thread gilt, dass die Anzahl der momentan belegten Betriebsmittelexemplare und die Anzahl der Restforderungs-Exemplare zusammen genommen die Anzahl der vorhandenen Exemplare nicht übersteigt. Denn wenn ein Thread mehr Exemplare benötigt als insgesamt vorhanden sind, kann dessen Forderung nie erfüllt werden, ganz gleich, wie der momentane Belegungszustand aussieht und welches Verfahren zur Verklemmungsvermeidung eingesetzt wird.

Das hier beschriebene Verfahren der *Bedarfsanalyse* wird in der Literatur auch *Bankier-Algorithmus* genannt. Denn die Anzahl der insgesamt vorhandenen Betriebsmittelexemplare kann man sich auch als das für Kredite insgesamt zur Verfügung stehende Kapital einer Bank (in irgendeiner Einheit, z.B. in 100.000 Euro) vorstellen. Die Zuweisung von Betriebsmitteln entspricht dem Auszahlen eines Kredits an einen Kunden. Für jeden Kunden ist ein maximaler Kredit vereinbart. Der Bankier muss bei der Anforderung eines Kredits entscheiden, ob die Auszahlung des Geldes zu einer Verklemmungssituation führen könnte.

Im Folgenden (**Listing 3.28**) wird eine Implementierung eines Betriebsmittelverwalters angegeben, die auf dem Bankier-Algorithmus beruht. Die Klasse ResourceManagerBanker benutzt die Klasse AssignedState, die einen Belegungszustand – bestehend aus der Anzahl der insgesamt vorhandenen Exemplare, der momentanen und der restlichen Belegung sowie der Anzahl der freien Exemplare – repräsentiert (vgl. **Abbildung 3.6**).

Listing 3.28:

```java
class AssignedState
{
    private int resourcesTotal;
    private int[] resourcesAssigned;
    private int[] resourcesStillNeeded;
    private int resourcesAvailable;

    public AssignedState(int resourcesTotal, int[] resourcesMaximum)
    {
        this.resourcesTotal = resourcesTotal;
        this.resourcesAssigned = new int[resourcesMaximum.length];
        this.resourcesStillNeeded = resourcesMaximum.clone();
        this.resourcesAvailable = resourcesTotal;
    }

    private AssignedState()
    {
    }

    private AssignedState makeCopy()
    {
        AssignedState b = new AssignedState();
        b.resourcesTotal = resourcesTotal;
        b.resourcesAssigned = resourcesAssigned.clone();
        b.resourcesStillNeeded = resourcesStillNeeded.clone();
        b.resourcesAvailable = resourcesAvailable;
        return b;
    }

    public int getAvailableResources()
    {
        return resourcesAvailable;
    }
```

3 Fortgeschrittene Synchronisationskonzepte in Java

```java
        public void assign(int thread, int number)
        {
            resourcesAssigned[thread] += number;
            resourcesStillNeeded[thread] -= number;
            resourcesAvailable -= number;
        }

        public void free(int thread, int number)
        {
            resourcesAssigned[thread] -= number;
            resourcesStillNeeded[thread] += number;
            resourcesAvailable += number;
        }

        private boolean hasThreadTerminated(int thread)
        {
            return (resourcesAssigned[thread] == 0 &&
                    resourcesStillNeeded[thread] == 0);
        }

        private boolean haveAllThreadsTerminated()
        {
            for(int i = 0; i < resourcesStillNeeded.length; i++)
                if(!hasThreadTerminated(i))
                    return false;
            return true;
        }

        public boolean isSafe(int thread, int number)
        {
            AssignedState t = makeCopy();
            t.assign(thread, number);
            System.out.print("    Test: ");
            while(!t.haveAllThreadsTerminated())
            {
                /*
                 * suche einen, der noch nicht beendet ist und der zu Ende
                 * laufen kann
                 */
                int candidate = -1;
                for(int i = 0; i < t.resourcesStillNeeded.length; i++)
                {
                    if(!t.hasThreadTerminated(i) &&
                       t.resourcesStillNeeded[i] <= t.resourcesAvailable)
                    {
                        candidate = i;
                        break;
                    }
                }
                if(candidate == -1)
                {
                    // kein Thread gefunden, der zu Ende laufen kann
                    return false; // Zustand nicht sicher
                }
                // Thread kann zu Ende laufen, gibt alle Betriebsmittel
                // frei
                t.resourcesAvailable += t.resourcesAssigned[candidate];
                t.resourcesAssigned[candidate] = 0;
                t.resourcesStillNeeded[candidate] = 0;
            }
            return true;
        }
    }

    public class ResourceManagerBanker
    {
        private AssignedState state;

        public ResourceManagerBanker(int resourcesTotal,
                                    int[] resourcesMaximum)
```

```
        {
            state = new AssignedState(resourcesTotal, resourcesMaximum);
        }
        public synchronized boolean acquire(int thread, int number)
        {
            if(state.getAvailableResources() < number
                || !state.isSafe(thread, number))
            {
                return false;
            }
            state.assign(thread, number);
            return true;
        }
        public synchronized void release(int thread, int anzahl)
        {
            state.free(thread, anzahl);
            notifyAll();
        }
    }
```

Im öffentlichen Konstruktor der Klasse AssignedState wird die Anzahl der insgesamt vorhandenen Exemplare sowie die maximale Belegung als Parameter angegeben. Der erste Parameter wird in das entsprechende Attribut übernommen. Die restliche Belegung ist die als zweiter Parameter angegebene maximale Belegung, da die momentane Belegung für alle Threads zu Beginn 0 ist. Das Feld für die restliche Belegung wird dabei durch die Clone-Methode erzeugt und initialisiert, die auch auf Felder angewendet werden kann und Kopien von Feldern erzeugt. Die Anzahl der freien Exemplare wird zu Beginn auf die Anzahl der insgesamt vorhandenen Exemplare gesetzt. Neben dem öffentlichen Konstruktor gibt es auch einen privaten Konstruktor ohne Parameter, der in der Methode makeCopy benutzt wird. Die Methode makeCopy liefert eine Kopie des Belegungszustands zurück. Auch dabei wird die Methode clone auf Felder angewendet. Beim Belegen und Freigeben wird der Thread, für den Betriebsmittel angefordert oder freigegeben werden, durch eine Nummer angegeben, die als Index in den entsprechenden Feldern für die momentane und restliche Belegung interpretiert wird. Beim Anfordern (Methode assign) wird die momentane Belegung erhöht, die restliche Belegung und die Anzahl der freien Exemplare entsprechend erniedrigt. Beim Freigeben (Methode free) werden die inversen Veränderungen durchgeführt. Um den Code möglichst einfach zu halten, werden keine Parameterangaben überprüft und gegebenenfalls als ungültig zurückgewiesen. Es wird also z.B. im Konstruktor nicht geprüft, ob die maximalen Forderungen der Threads größer sind als die Anzahl der insgesamt vorhandenen Exemplare. Beim Anfordern wird nicht geprüft, ob als Thread ein ungültiger Feldindex angegeben wird, ob die Anzahl der angeforderten Betriebsmittel kleiner 0 ist oder größer als die Restforderung dieses Threads oder größer als die Anzahl der insgesamt vorhandenen Exemplare. Entsprechendes gilt für das Freigeben.

Die zentrale Methode der Klasse AssignedState ist die Methode isSafe, die prüft, ob ein neuer Belegungszustand, der durch die als Parameter angegebene Belegung entstehen würde, sicher ist oder nicht. Dazu wird zuerst der momentane Zustand geklont. Für den geklonten Zustand werden die Anforderungen erfüllt. Dann wird versucht, eine Reihenfolge zu finden, in der die restlichen Anforderungen aller Threads erfüllt werden und die Threads zu Ende laufen könnten. Zu Ende gelaufene Threads werden repräsentiert durch 0-

Einträge sowohl für die momentane als auch für die restliche Belegung. Zum Finden der Reihenfolge wird eine Schleife durchlaufen, bis alle Threads zu Ende sind. In jedem Schleifendurchlauf wird versucht, einen noch nicht zu Ende gelaufenen Thread zu finden, der zu Ende laufen kann (d.h. dessen Restforderung die Anzahl der freien Exemplare nicht übersteigt). Falls man keinen solchen Thread findet, so ist der Zustand unsicher. Andernfalls wird so getan, als würde der Thread zu Ende laufen und damit alle momentan belegten Betriebsmittel freigeben. Wenn so alle Threads zu Ende laufen können, ist der neue Zustand sicher.

Die Klasse ResourceManagerBanker besitzt ein Attribut der Klasse AssignedState. Ein AssignedState-Objekt wird im Konstruktor erzeugt. Beide Methoden zum Anfordern (acquire) und zum Freigeben (release) von Betriebsmitteln sind synchronized. Beim Anfordern wird geprüft, ob die Anzahl der angeforderten Betriebsmittel frei ist und, falls die erste Bedingung zutrifft, ob der neue Belegungszustand sicher wäre. Wenn dies nicht der Fall ist, wird die Anforderung abgewiesen (für den Aufrufer am Rückgabewert false erkennbar). Sonst werden die Änderungen am aktuellen Belegungszustand vorgenommen. Beim Zurückgeben von Betriebsmitteln wird der Belegungszustand entsprechend angepasst.

Das angegebene Verfahren kann von einem auf mehrere Betriebsmitteltypen verallgemeinert werden. Statt einer Anzahl vorhandener Betriebsmittelexemplare hat man nun einen Vektor, in dem für jeden Betriebsmitteltyp die Anzahl der vorhandenen Exemplare aufgeführt ist. Die momentane und die restliche Belegung können nicht mehr als Vektor repräsentiert werden, sondern werden in einer Matrix dargestellt. Jede Spalte entspricht einem Betriebsmitteltyp und jede Zeile wie zuvor einem Thread. Die Anzahl der freien Exemplare ist ebenfalls ein Vektor. In **Abbildung 3.9** ist ein Beispiel für einen Belegungszustand mit mehreren Betriebsmitteltypen abgebildet.

vorhandene Betriebsmittel: (10, 5, 10, 1)

momentane Belegung:

Thread A	3	0	1	1
Thread B	0	1	0	0
Thread C	1	1	0	0

Restforderung:

Thread A	3	3	7	0
Thread B	5	4	8	1
Thread C	1	1	10	0

belegt: (4, 2, 1, 1)
frei: (6, 3, 9, 0)

Abbildung 3.9: Beispiel eines Belegungszustands für mehrere Betriebsmitteltypen

Im Beispiel gibt es 10 Exemplare des Betriebsmitteltyps 0, 5 des Typs 1, 10 des Typs 2 und ein einziges des Typs 3. Ferner sieht man, dass z.B. dem Thread A 3 Exemplare des Typs 0 zugewiesen sind und er noch höchstens 3 weitere Exemplare dieses Typs fordern wird. Die anderen Einträge in den beiden Tabellen sind in gleicher Weise zu interpretieren. Der Vektor der belegten Betriebsmittel ergibt sich durch spaltenweise Addition der momentanen Belegungsmatrix. Die freien Exemplare sind die Differenzen zwischen den vorhandenen und den belegten Betriebsmittelexemplaren.

Auch auf diesen verallgemeinerten Fall kann die Definition, wann ein Belegungszustand sicher ist, angewendet werden. Der Belegungszustand aus **Abbildung 3.9** ist sicher. Dem Thread A könnte nämlich seine Restforderung erfüllt werden, da diese für keinen Betriebsmitteltyp die Anzahl der vorhandenen Betriebsmittel übersteigt (vom Typ 0 werden 3 gefordert, 6 sind frei; vom Typ 1 werden ebenfalls 3 gefordert, 3 sind gerade frei; vom Typ 2 werden 7 gefordert, 9 sind frei; vom Typ 3 werden keine gefordert). Thread A kann also zu Ende laufen. Danach lautet der Vektor der freien Betriebsmittel (9, 3, 10, 1). Somit kann auch die Restforderung des Threads C erfüllt werden. Nach dem Ende von C können auch die Restforderungen des Threads B erfüllt werden. Eine Implementierung dieses verallgemeinerten Falls wird den Leserinnen und Lesern als Übungsaufgabe empfohlen.

Zum Abschluss dieses Kapitels wollen wir dieses Verfahren der Bedarfsanalyse auf das Philosophen-Problem anwenden. Die Gabeln stellen unterschiedliche Betriebsmitteltypen dar, von denen es jeweils ein Exemplar gibt. Die Maximalforderungen jedes Threads sind bekannt, nämlich die jeweils linke und rechte Gabel. Wenn jeder Philosoph zuerst seine linke Gabel und dann seine rechte anfordert, dann können bei der Anwendung der soeben beschriebenen Strategie höchstens N-1 von N vorhandenen Philosophen ihre linke Gabel ergreifen. Der Zustand, in dem N-1 Philosophen ihre linke Gabel angefordert haben, ist noch sicher, denn der linke Nachbar des Philosophen, der momentan keine Gabel hat, kann seine rechte Gabel nehmen und essen. Nachdem dieser dann beide Gabeln zurückgelegt hat, kann dessen linker Nachbar essen usw. Dieser Zustand ist also sicher im Gegensatz zu dem Belegungszustand, in dem alle Philosophen ihre linke Gabel in die Hand genommen haben.

3.10 Modellierung mit Petri-Netzen

Zur Vertiefung des Verständnisses der Java-Synchronisationskonzepte soll nun zum Abschluss dieses Kapitels das Verhalten von Threads, welche diese Konzepte verwenden, mit Petri-Netzen modelliert werden. Da Kenntnisse über *Petri-Netze* bei den Leserinnen und Lesern dieses Buches nicht vorausgesetzt werden, werden in einem kleinen Exkurs zunächst einmal die in diesem Buch benötigten Konzepte von Petri-Netzen erläutert.

3.10.1 Petri-Netze

Petri-Netze sind ein Mittel zur Modellierung und Darstellung möglicher paralleler Abläufe. Seit der ersten Veröffentlichung von Carl Adam Petri 1962 wurden zahlreiche Varianten dieser Netze entwickelt, so dass hier nur ein kleiner Ausschnitt dargestellt werden kann.

> **Definition:** Ein Petri-Netz besteht aus einer Menge von Stellen und einer Menge von Transitionen, die durch Pfeile miteinander verbunden sind. Dabei kann es nur Pfeile von

3 Fortgeschrittene Synchronisationskonzepte in Java

> einer Stelle zu einer Transition und von einer Transition zu einer Stelle geben, aber nicht von einer Stelle zu einer anderen Stelle und nicht von einer Transition zu einer anderen Transition.

Stellen werden in der Regel als Kreise und Transitionen als Rechtecke (in anderen Veröffentlichungen auch als Striche) dargestellt. In **Abbildung 3.10** ist ein Beispiel eines Petri-Netzes grafisch dargestellt, wobei die Stellen und Transitionen Bezeichnungen tragen.

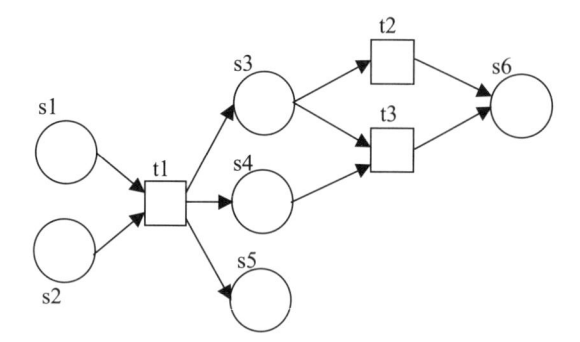

Abbildung 3.10: Beispiel eines Petri-Netzes

Stellen können so genannte Marken besitzen, die grafisch als ausgefüllte Kreise innerhalb der Kreise der entsprechenden Stellen dargestellt werden. Durch diese Marken werden Zustandsänderungen eines Petri-Netzes möglich. Eine Zustandsänderung erfolgt durch das Schalten einer Transition, wobei zu einem Zeitpunkt immer höchstens eine einzige Transition schaltet (das Petri-Netz arbeitet also wie ein Rechner mit einem einzigen Prozessor). Eine Transition t kann schalten, wenn sich in allen Stellen, von denen ein Pfeil nach t geht, mindestens eine Marke befindet. Durch das Schalten wird von allen diesen Stellen eine Marke entfernt und allen Stellen, zu denen von t ein Pfeil geht, eine Marke hinzugefügt. Betrachten wir dazu als Beispiel **Abbildung 3.11**, in der das Petri-Netz aus **Abbildung 3.10** mit Marken versehen wurde.

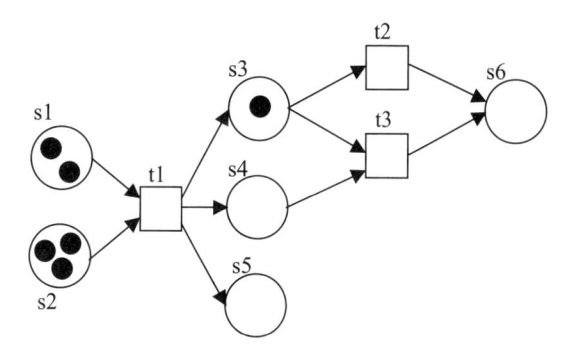

Abbildung 3.11: Beispiel eines Petri-Netzes mit Marken

In diesem Fall kann die Transition t1 schalten, da sich in den beiden Stellen s1 und s2 jeweils mindestens eine Marke befindet. Die Transition t2 kann ebenfalls schalten, da sich in der Stelle s3 eine Marke befindet. Die Transition t3 kann nicht schalten, da sich in der Stelle s4 keine Marke befindet. Nehmen wir an, die Transition t1 schaltet. Der neue Zustand des Petri-Netzes ist dann so, wie in **Abbildung 3.12** gezeigt. Die Stellen s1 und s2 haben jeweils eine Marke weniger, die Stellen s3, s4 und s5 jeweils eine Marke mehr.

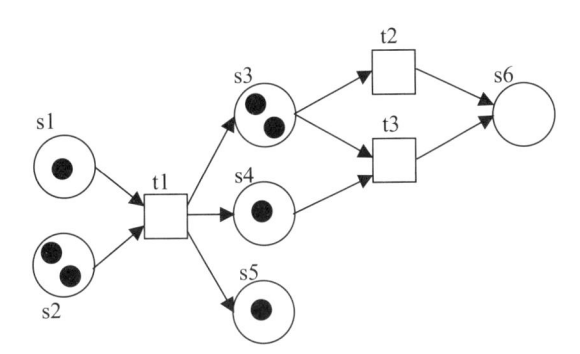

Abbildung 3.12: Beispiel eines Petri-Netzes mit Marken nach dem Schalten

In diesem neuen Zustand können nun alle Transitionen t1, t2 und t3 schalten. Man sagt, t2 und t3 stehen in Konflikt, da sie beide schalten können und von gemeinsamen Stellen (in diesem Fall nur von Stelle s3) ihre Marken beziehen. Auch wenn hier zuerst t2 und dann t3 oder umgekehrt schalten kann, spricht man dennoch von einem Konflikt. Das mögliche Verhalten eines Petri-Netzes kann durch die Zuweisung von Prioritäten an Transitionen eingeschränkt werden, wobei sich die Prioritäten nur bei in Konflikt stehenden Transitionen auswirken. Angenommen, die Transition t1 hätte die Priorität 1, t2 die Priorität 2 und t3 die Priorität 3 (eine größere Zahl bedeutet eine höhere Priorität). Da t2 und t3 in Konflikt stehen, kann hier aufgrund der höheren Priorität nur t3 schalten. Die Transition t1 hat zwar die geringste Priorität, kann aber ebenfalls schalten, da t1 nicht in Konflikt steht mit irgendeiner anderen Transition. Das heißt also: Auch eine eindeutige Zuweisung von Prioritäten an die Transitionen macht das Verhalten dieses Petri-Netzes nicht deterministisch, da die Prioritäten nur dann ihre Wirkung zeigen, wenn Transitionen miteinander in Konflikt stehen.

Es sind Transitionen erlaubt, zu denen kein Pfeil führt. Diese Transitionen können immer schalten (sie sind sozusagen Markengeneratoren). Auch sind Transitionen erlaubt, von denen keine Pfeile abgehen (sie sind sozusagen Markenvernichter).

3.10.2 Modellierung der Nutzung von Synchronized-Methoden

Das Verhalten von Threads, die Synchronized-Methoden benutzen, kann mit Petri-Netzen beschrieben werden. Betrachten wir die Klassen in **Listing 3.29** als Beispiel:

Listing 3.29:

```
class C
{
    public synchronized void m1()
    {
        action1();
    }
    public synchronized void m2()
    {
        action2();
    }
    private void action1()
    {
        ...
    }
    private void action2()
    {
        ...
    }
}
class T extends Thread
{
    private C aC;
    public T(C c)
    {
        aC = c;
    }
    public void run()
    {
        while(...)
        {
            switch(...)
            {
                case ...: aC.m1();
                          break;
                case ...: aC.m2();
                          break;
            }
        }
    }
}
```

Bei der Beschreibung des Verhaltens der Threads gehen wir davon aus, dass alle T-Objekte mit einer Referenz auf dasselbe C-Objekt ausgestattet werden (dass also alle Threads auf demselben Objekt arbeiten). **Abbildung 3.13** zeigt das Petri-Netz in einem selbst entwickelten Petri-Netz-Simulator. Dabei werden alle Transitionen, die schalten können, rot (dunkel) dargestellt. Durch Klicken mit der Maus auf eine dieser Transitionen schaltet diese. In der Abbildung ist der Anfangszustand gezeigt.

3.10 Modellierung mit Petri-Netzen

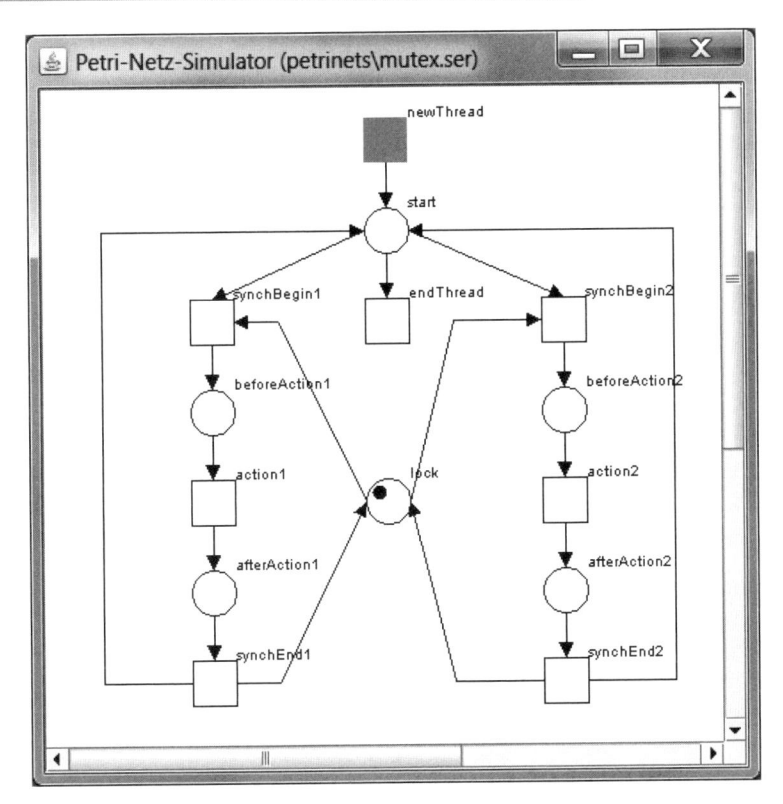

Abbildung 3.13: Petri-Netz zur Modellierung von synchronized

Die Stellen des Petri-Netzes entsprechen den Stellen zwischen je zwei Anweisungen im Programmtext, die Transitionen entsprechen den Anweisungen und die Marken den Threads bzw. der Sperre des gemeinsam benutzten C-Objekts, die durch synchronized gesetzt wird. Die Erzeugung von Threads wird durch die Transition newThread ohne Eingangsstellen modelliert (es können also zu jeder Zeit beliebig viele Threads erzeugt werden). Ebenso wird das Beenden von Threads durch die Transition endThread ohne Ausgangsstellen modelliert. Dies entspricht dem Falschwerden der While-Bedingung in der Run-Methode der Klasse T, die im obigen Programmtext durch drei Punkte angedeutet ist. Nachdem die Transition newThread ein- oder mehrmals geschaltet hat, befinden sich eine oder mehrere Marken in der Stelle start. Diese Marken entsprechen den erzeugten Threads. Befinden sich Marken in der Stelle start, können die Transitionen synchBegin1, synchBegin2 und endThread zusätzlich zu newThread schalten. Die Stelle start entspricht im Programmtext dem Beginn der While-Schleife der Run-Methode. Ein Thread kann nun entweder die Methode m1 oder m2 aufrufen. Das Eintreten in die Synchronized-Methoden m1 und m2 wird durch die Transitionen synchBegin1 und synchBegin2 modelliert. Zum Eintreten muss in der Stelle lock eine Marke sein, die durch diesen Eintritt aufgebraucht wird. Das heißt, dass kein weiterer Thread weder m1 noch m2 aufrufen kann, solange ein Thread eine der beiden Methoden ausführt. Nehmen wir an, die Transition synchBegin1 schaltet und es ist eine Marke in der Stelle beforeAction1. Diese Stelle entspricht im Programmtext der Stelle nach der öffnenden Klammer von m1 und vor dem Aufruf der Methode action1. Nachdem synchBegin1 geschaltet hat, können die Transitionen synchBegin1 und synchBegin2 nicht mehr schalten. Neben dem Erzeugen und dem Beenden von Threads kann jetzt nur noch die Transition action1 schalten und danach synchEnd1. Die Transition synchEnd1 entspricht der Rückkehr aus der Methode m1. Diese bewirkt, dass wieder eine Marke in die Stelle lock gelegt wird, was dem Freigeben der Sperre entspricht, und eine Marke in die Stelle start, was dem erneuten Überprüfen der While-Bedingung in der Run-Methode entspricht.

Damit kann man deutlich sehen, dass zu einem Zeitpunkt höchstens ein Thread eine der Synchronized-Methoden auf ein Objekt anwenden kann. Man könnte obiges Petri-Netz noch leicht um eine Methode m3 erweitern, die nicht synchronized ist. Den Aufruf dieser Methode würde man durch eine Transition darstellen, zu der nur von der Stelle start ein Pfeil führt, nicht aber von der Stelle lock. Ein oder mehrere Threads könnten dann unabhängig von den Aufrufen m1 und m2 die Methode m3 benutzen.

3.10.3 Modellierung von wait, notify und notifyAll

Auf ähnliche Art lassen sich nun auch Synchronized-Methoden modellieren, in denen wait und notify aufgerufen werden. Die Thread-Klasse T bleibt wie zuvor, lediglich die Methoden m1 und m2 der Klasse C ändern sich (s. **Listing 3.30**):

Listing 3.30:

```
class K
{
    public synchronized void m1()
    {
        while(...)
        {
            try
            {
                wait();
            }
            catch(InterruptedException e)
            {
            }
        }
        action1();
    }
    public synchronized void m2()
    {
        action2();
        notify();
    }
    private void action1()
    {
        ...
    }
    private void action2()
    {
        ...
    }
}
```

3.10 Modellierung mit Petri-Netzen

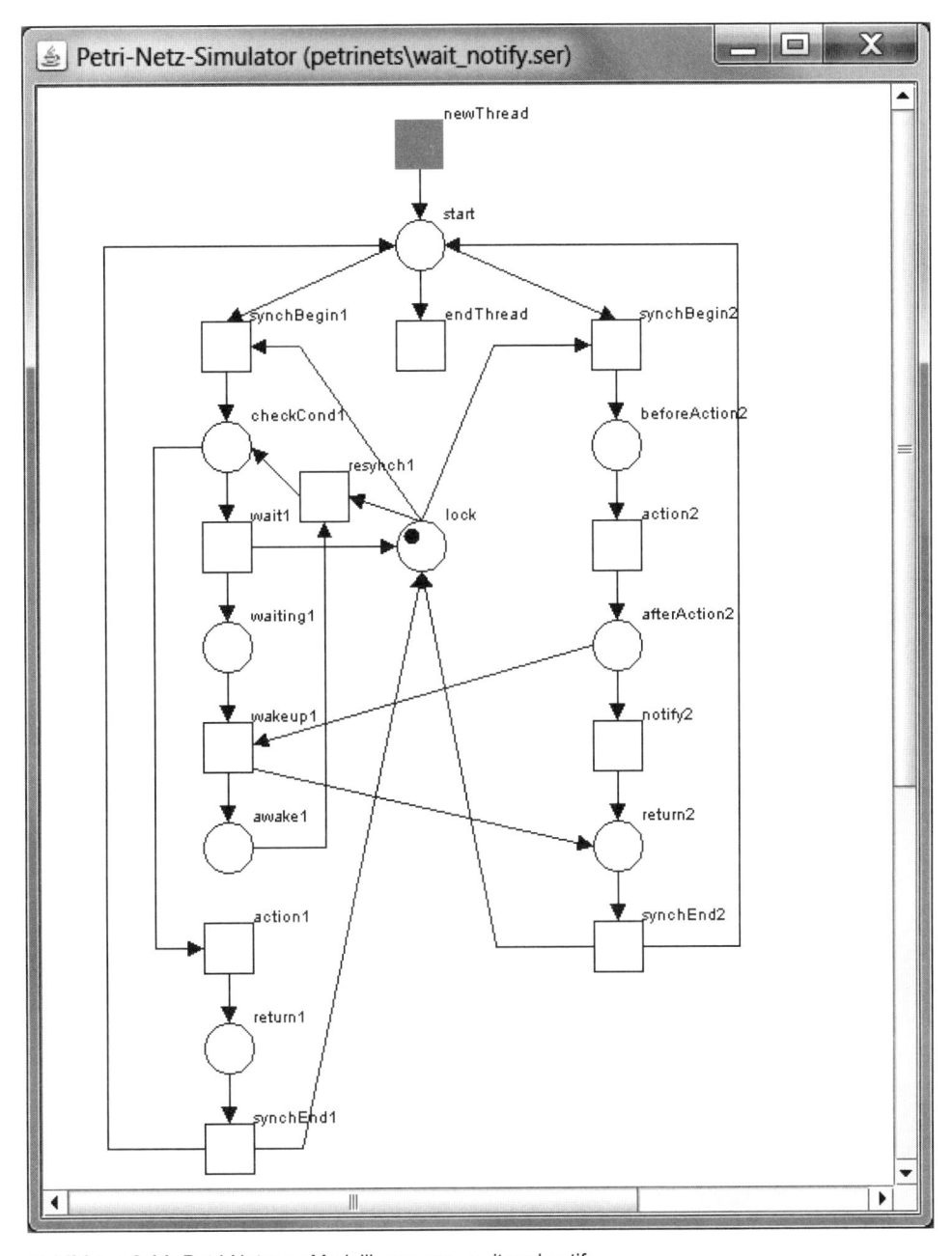

In **Abbildung 3.14** ist das Petri-Netz zu sehen, das die Aufrufe von m1 und m2 beschreibt.

Abbildung 3.14: Petri-Netz zur Modellierung von wait und notify

Die Stelle checkCond1 entspricht der Überprüfung der Wartebedingung. Falls die Wartebedingung nicht zutrifft, wird action1 ausgeführt, andernfalls wait. Der Aufruf von wait wird durch das Schalten der Transition wait1 modelliert. Beim Aufruf von wait wird eine Marke in die Stelle waiting1 gelegt. Die Anzahl der Marken in der Stelle waiting1 entspricht der Anzahl der wartenden Threads. Außerdem wird durch das Schalten der Transition wait1 eine Marke in die Stelle lock zurückgelegt, was der Freigabe der Sperre beim Aufruf von wait entspricht. Diese Freigabe ist sehr wichtig. Es können nun weitere Threads die Methode m1 aufrufen. Dabei können diese ebenfalls in den Wartezustand geraten oder auch nicht und somit die Methode action1 ausführen. Irgendwann einmal sollte ein Thread die Methode m2 aufrufen. Nachdem action2 ausgeführt wurde, befindet sich eine Marke in der Stelle afterAction2. Was nun folgt, entspricht dem Aufruf von notify. Die Transition notify2 kann in jedem Fall schalten. Falls sich mindestens eine Marke in der Stelle waiting1 befindet, so kann zusätzlich auch die Transition wakeup1 schalten. In diesem Fall stehen die beiden Transitionen wakeup1 und notify2 in Konflikt. Durch Zuweisung einer höheren Priorität an wakeup1 gegenüber notify2 erreicht man, dass in diesem Fall nur die Transition wakeup1 schalten kann. Die Transition notify2 soll nämlich nur dann schalten können, falls sich keine Marke in der Stelle waiting1 befindet und die Transition wakeup1 nicht schalten kann. Dieses Verhalten entspricht der Semantik der Methode notify: Durch notify wird genau ein wartender Thread geweckt, falls es einen solchen gibt. Falls kein Thread wartet, so hat der Aufruf von notify keinen Effekt.

Bei der Modellierung des Verhaltens wird auch deutlich, dass der geweckte Thread, dessen Marke sich in der Stelle awake1 befindet, nicht unmittelbar weiterlaufen kann, da zum Schalten der Transition resynch1 eine Marke in der Stelle lock benötigt wird. Diese Marke ist aber erst vorhanden, nachdem der weckende Thread aus der Methode m2 zurückgekehrt ist. Allerdings muss danach nicht unbedingt der geweckte Thread weiterlaufen. Es ist auch möglich, dass ein anderer Thread nochmals m2 ausführt und damit einen weiteren eventuell wartenden Thread weckt, so dass sich auch mehrere Marken in der Stelle awake1 befinden können. Ferner ist es möglich, dass weitere Threads die Methode m1 ausführen, bevor ein geweckter Thread weiterlaufen kann. Da die Marken nicht voneinander unterscheidbar sind, ist nicht erkennbar, welcher Thread geweckt wird. Auch dies entspricht der Semantik von notify, denn es ist nicht spezifiziert, welcher der wartenden Threads geweckt wird.

Es ist einfach, das Petri-Netz aus **Abbildung 3.14** anzupassen, falls in der Methode m2 notifyAll statt notify verwendet wird. Der Aufruf von notifyAll kann als ein wiederholter Aufruf von notify aufgefasst werden. Und zwar wird notify so lange wiederholt aufgerufen, bis es keine wartenden Threads mehr gibt. Im Petri-Netz-Modell muss deshalb lediglich der Pfeil von der Transition wakeup1 zu der Stelle return2 durch einen Pfeil von der Transition wakeup1 zurück zu der Stelle afterAction2 ersetzt werden. Alles andere bleibt unverändert. **Abbildung 3.15** zeigt das Petri-Netz zur Modellierung von wait und notifyAll. Dabei ist zur Abwechslung einmal nicht der Startzustand gezeigt, sondern ein Zustand mit zwei wartenden Threads, die in Kürze geweckt werden. Aufgrund der höheren Priorität von wakeup1 gegenüber notify2 kann neben newThread nur wakeup1 schalten, wie an der roten (dunklen) Einfärbung dieser Transitionen zu erkennen ist.

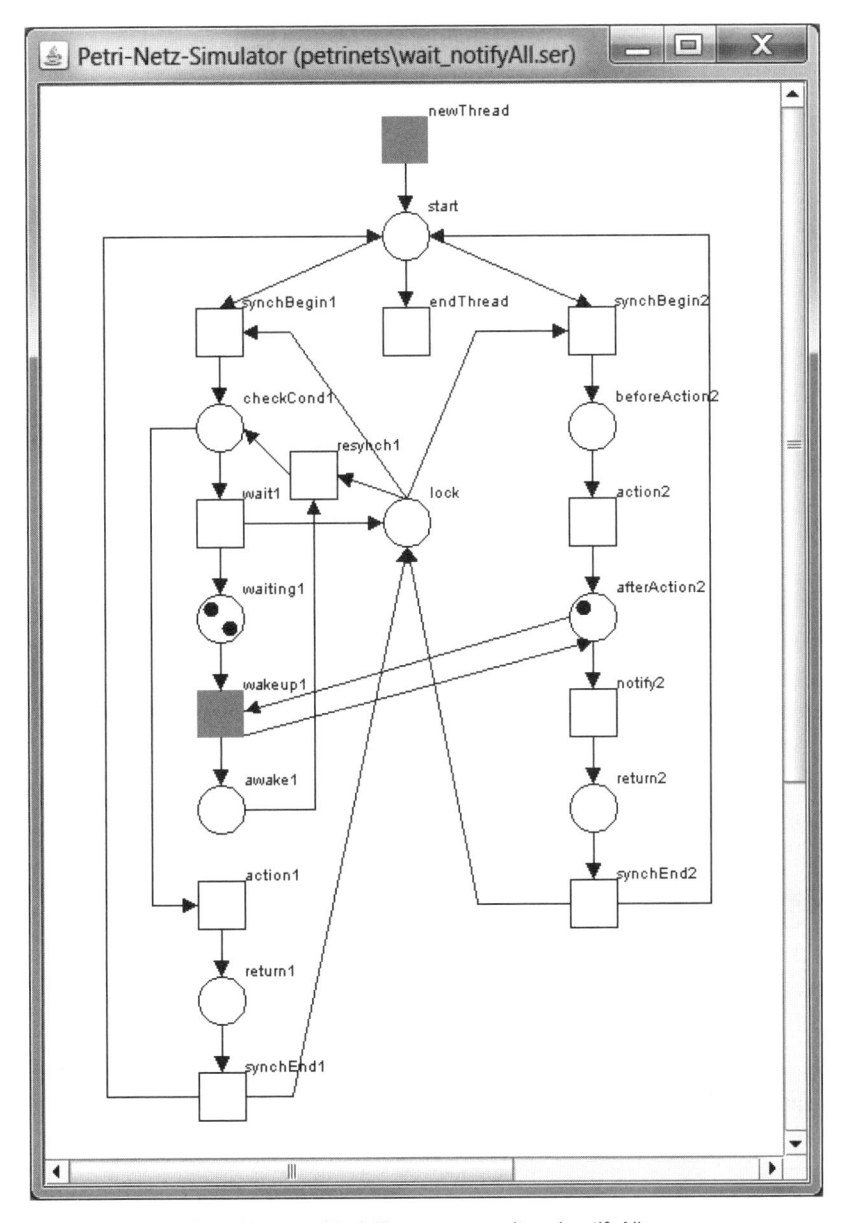

Abbildung 3.15: Petri-Netz zur Modellierung von wait und notifyAll

3.11 Zusammenfassung

In den ersten fünf Abschnitten dieses Kapitels wurde die Nutzung der im vorigen Kapitel eingeführten Synchronisationsprimitive synchronized, wait und notify bzw. notifyAll anhand zahlreicher Beispiele illustriert. In den ersten drei Abschnitten wurden die aus Unix bzw. Linux bekannten Synchronisations- und Kommunikationskonzepte Semaphore, Message Queues und Pipes mit den Java-Synchronisationsprimitiven nachimplementiert. Es sei nochmals darauf hingewiesen, dass bei dieser Implementierung nur Threads, die demselben Prozess angehören, interagieren können, während dies in Unix bzw. Linux auch Prozessgrenzen überschreitend möglich ist. Danach wurden aus der Betriebssystemliteratur bekannte Synchronisationsprobleme gelöst. Es handelte sich dabei um das Philosophenproblem und das Leser-Schreiber-Problem. Die in den ersten fünf Abschnitten gesammelten Erfahrungen bei der Nutzung der Java-Synchronisationsprimitive wurden in Abschnitt 3.6 in Form von Schablonen für Methoden, die synchronized, wait und notify bzw. notifyAll verwenden, verdichtet.

In Abschnitt 3.7 wurde dann die seit Java 5 existierende Concurrent-Klassenbibliothek vorgestellt. Diese lässt sich als Alternative zu den bisher vorgestellten Sachverhalten sehen: So ist es mit Executors und Thread-Pools für manche Aufgaben nicht mehr notwendig, selber in seinem Programm explizit Threads zu starten und auf deren Ende zu warten, sondern es können Aufträge zur parallelen Ausführung über Executor-Schnittstellen übergeben werden. Locks und Conditions stellen eine Alternative zu den Java-Synchronisationsprimitiven dar. Die Nutzung der neuen Synchronisationsmittel benötigt aber im Wesentlichen dieselben Kenntnisse wie die Nutzung der alten. Außerdem gibt es eine Reihe von Klassen zur Synchronisation (Klassen Semaphore, CyclicBarrier usw.) und zur Kommunikation (Klassen ArrayBlockingQueue, LinkedBlockingQueue usw., die die Schnittstelle BlockingQueue implementieren), die besprochen wurden.

Im Abschnitt 3.8 wurden typische Beispiele vorgestellt, wie es zu Verklemmungen kommen kann. Diese Problematik sollte man bei der Synchronisation nie aus den Augen verlieren, ganz gleichgültig, ob man mit synchronized, Semaphoren, Locks oder anderen Synchronisationsmitteln arbeitet. Im Abschnitt 3.9 wurden aus dem Bereich der Betriebssysteme bekannte Ansätze vorgestellt, wie man Verklemmungen vermeiden kann. Diese Ansätze lassen sich auf die Benutzung von synchronized, Locks, Semaphore usw. übertragen.

Zum Abschluss dieses Kapitels wurden im Abschnitt 3.10 Petri-Netze präsentiert, mit denen parallele Abläufe auf einer abstrakteren Ebene modelliert werden können. Die Beispiele bezogen sich auf die Modellierung der Java-Synchronisationsprimitive. Aber selbstverständlich können Petri-Netze auch eingesetzt werden, um das Synchronisationsverhalten von Programmen zu beschreiben, die Locks und Conditions, Semaphore usw. verwenden.

4 Parallelität und grafische Benutzeroberflächen

In diesem Kapitel wenden wir uns der Frage zu, welche Wechselwirkungen es zwischen der Programmierung grafischer Benutzeroberflächen und dem Thema Parallelität mit Threads in Java gibt. Insbesondere werden Sie sehen, dass Parallelität eingesetzt werden sollte, wenn länger dauernde Tätigkeiten z.B. durch Drücken einer Schaltfläche (eines Buttons), die sich in einem Fenster einer grafischen Benutzeroberfläche befindet, angestoßen werden. Bevor wir uns diesem Thema in Abschnitt 4.3 zuwenden, wird als Grundlage zuerst eine kurze Einführung in die Programmierung grafischer Benutzeroberflächen mit Swing gegeben (Abschnitt 4.1). Bei grafischen Benutzeroberflächen spielt das MVC-Entwurfsmuster eine herausragende Rolle (MVC: Model – View – Controller). Aus diesem Grund widmen wir dem Thema MVC einen eigenen Abschnitt, nämlich den Abschnitt 4.2.

Die Thematik, welche Wechselwirkungen zwischen Threads und grafischen Benutzeroberflächen bestehen, ist für alle Arten von Anwendungen wichtig. Im Kontext dieses Buches kommt dem Thema aber besondere Bedeutung zu, denn bei verteilten Anwendungen wird die Client-Seite in der Regel mit einer grafischen Benutzeroberfläche ausgestattet. Werden durch Benutzeraktionen Vorgänge auf dem Server angestoßen, so können diese aus unterschiedlichen Gründen länger dauern (z.B. wenn bei einer langsamen Verbindung viele Daten zum Server übertragen werden sollen oder wenn der Server wegen eines Ausfalls nicht mehr antwortet). Eine naive Implementierung erzeugt ein Verhalten des Client-Programms, das nicht als gebrauchstauglich bezeichnet werden kann. Im Zusammenhang mit verteilten Anwendungen spielt aber auch das Thema MVC eine wichtige Rolle. Ähnlich wie eine nicht verteilte Anwendung mit (oder ohne) grafische Benutzeroberfläche gemäß diesem Entwurfsmuster realisiert werden kann, kann MVC auch als grundlegende Struktur einer verteilten Anwendung dienen.

In diesem Buch verwenden wir die so genannte *Swing-Bibliothek*. In Java gibt es alternativ dazu auch z.B. das ältere *AWT* (*Abstract Window Toolkit*) oder das aus Eclipse stammende *SWT* (*Standard Window Toolkit*).

4.1 Einführung in die Programmierung grafischer Benutzeroberflächen mit Swing

4.1.1 Einige erste Beispiele

Als erstes Beispiel betrachten wir ein Programm, welches ein Fenster mit dem unvermeidlichen „Hallo Welt" als Inhalt zeigt (s. **Abbildung 4.1**).

Abbildung 4.1: Erstes Swing-Beispiel: „Hallo Welt"

Das dazugehörige Programm ist in **Listing 4.1** enthalten.

Listing 4.1:

```java
import javax.swing.*;
public class LabelExample1
{
    public static void main(String[] args)
    {
        JFrame f = new JFrame("Beispiel für Label");
        f.add(new JLabel("Hallo Welt"));
        f.setLocation(300, 50);
        f.setSize(400, 100); // f.pack();
        f.setVisible(true);
    }
}
```

Die Klasse *JFrame* stellt ein Fenster auf dem Bildschirm dar. Im Konstruktor kann ein String als Parameter angegeben werden, der den Titel des Fensters bestimmt. JFrame ist ein so genannter Container, in den andere Elemente mit Hilfe der Methode *add* eingefügt werden können. Die Klasse JLabel ist ein so genanntes primitives Interaktionselement, das zur Anzeige eines Textes oder Icons dient. Der Text wird im Beispiel im Konstruktor als Parameter angegeben. Der Begriff „primitiv" steht hier als Gegensatz zu Container. Ein primitives Element ist also eines, das keine weiteren Elemente enthalten kann. Mit der Methode *setLocation* kann die Position des Fensters auf dem Bildschirm festgelegt werden. Das verwendete Koordinatensystem hat seinen Ursprung (0, 0) in der linken oberen Ecke des Bildschirms. Die positive X-Achse verläuft wie allgemein üblich von links nach rechts. Die positive Y-Achse verläuft allerdings entgegen der in der Mathematik üblichen Gepflogenheiten von oben nach unten. Die mit setLocation angegebene Koordinate bezieht sich auf die linke obere Ecke des Fensters. Wird setLocation nicht angegeben, so ist die Position (0, 0). Das heißt, das Fenster befindet sich in der linken oberen Ecke des Bildschirms. Die Einheit dieser Angaben ist ein Pixel (Bildpunkt des Bildschirms). Mit *setSize* wird die

4.1 Einführung in die Programmierung grafischer Benutzeroberflächen mit Swing

Größe des Fensters (Breite und Höhe) ebenfalls in Pixeln angegeben. Damit man das JFrame mit seinem Inhalt auf dem Bildschirm sieht, muss noch die Methode *setVisible* mit dem Argument true aufgerufen werden. Der Aufruf von setSize sollte zum Schluss erfolgen. Mit anderen Worten: Nach diesem Aufruf soll vom Main-Thread nicht mehr auf Objekte der grafischen Benutzeroberfläche zugegriffen werden. Näheres dazu folgt in Abschnitt 4.3.

Eine Alternative zur Realisierung des Fensters mit dem Inhalt „Hallo Welt" stellt **Listing 4.2** dar. Hier wird eine eigene Klasse aus JFrame abgeleitet, in deren Konstruktor die Initialisierungen vorgenommen werden. In der Main-Methode wird dann lediglich ein Objekt dieser Klasse erzeugt, wobei sowohl der Titel als auch der Textinhalt des Fensters als Argument angegeben werden muss.

Listing 4.2:

```java
import javax.swing.*;
class MyFrame extends JFrame
{
    public MyFrame(String title, String labelText)
    {
        super(title);
        add(new JLabel(labelText));
        setLocation(300, 50);
        setSize(400, 100);
        setVisible(true);
    }
}
public class LabelExample2
{
    public static void main(String[] args)
    {
        new MyFrame("Dies ist ein Beispiel für Label", "Hallo Welt");
    }
}
```

In **Listing 4.3** wird thematisiert, was passiert, wenn mehr als ein Element in ein JFrame eingefügt wird. Für jedes Kommandozeilenargument wird ein JLabel erzeugt. Legt man wie zuvor keinen *Layout-Manager* fest, so sieht man immer nur das letzte Element. Dies liegt daran, dass als Standard ein so genanntes *BorderLayout* benutzt wird. Dabei werden alle Elemente bei der hier benutzten Add-Methode übereinander gelegt. Da das zuletzt eingefügte Element oben liegt, sieht man nur dieses. Damit dies nicht passiert, spezifizieren wir in **Listing 4.3** für das JFrame explizit als Layout-Manager ein *FlowLayout*. Ein weiterer Unterschied zum vorigen Programm besteht darin, dass jetzt als Konstruktor-Argumente auch noch die Position des Fensters (genauer: die Position der linken oberen Ecke des Fensters) angegeben werden muss. Im Hauptprogramm werden außerdem zwei JFrame-Objekte erzeugt.

Listing 4.3:

```java
import java.awt.*; // für die Layouts
import javax.swing.*;
```

```
class MyOtherFrame extends JFrame
{
    public MyOtherFrame(String title, String[] labelText,
                       int x, int y)
    {
        super(title);
        for(int i = 0; i < labelText.length; i++)
            add(new JLabel(labelText[i]));
        setLayout(new FlowLayout());
        // setLayout(new GridLayout(2, 0));
        setLocation(x, y);
        setSize(400, 90);
        setVisible(true);
    }
}
public class LabelExample3
{
    public static void main(String[] args)
    {
        new MyOtherFrame("Beispiel für Label", args, 100, 100);
        new MyOtherFrame("Anderes Beispiel für Label", args, 100, 200);
    }
}
```

Wenn das Programm mit einigen Kommandozeilenargumenten gestartet wird, erscheinen zwei bis auf den Titel gleiche Fenster. Das erste dieser Fenster ist in **Abbildung 4.2** zu sehen.

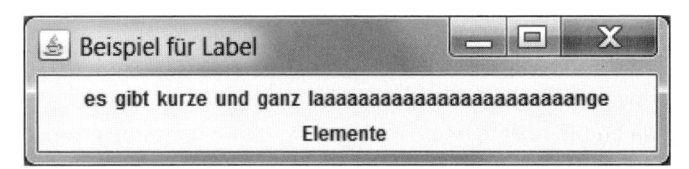

Abbildung 4.2: Eines der beiden Fenster zum Programm von **Listing 4.3**

Die Anordnung der Labels erfolgt wie bei einem Textverarbeitungsprogramm ohne Worttrennung. Es werden so viele Elemente wie möglich in einer Zeile angeordnet. Die weiteren Elemente werden dann in die nächste Zeile gesetzt. Wenn man das Fenster verkleinert (s. **Abbildung 4.3**) oder vergrößert (s. **Abbildung 4.4**), ändert sich das Aussehen entsprechend.

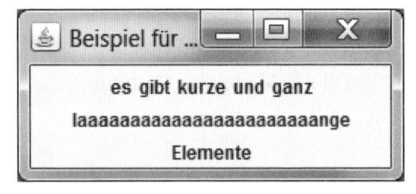

Abbildung 4.3: Fenster aus Abbildung 4.2 verkleinert

4.1 Einführung in die Programmierung grafischer Benutzeroberflächen mit Swing

Abbildung 4.4: Fenster aus **Abbildung 4.2** vergrößert

Alle Elemente sind zentriert. Durch Angabe entsprechender Argumente im Konstruktor von FlowLayout lassen sich die Elemente auch links- oder rechtsbündig anordnen.

Wenn der SetLayout-Aufruf in **Listing 4.3** gelöscht und dafür der auskommentierte Aufruf von *setLayout* verwendet wird, sehen die beiden Fenster anders aus (s. **Abbildung 4.5**).

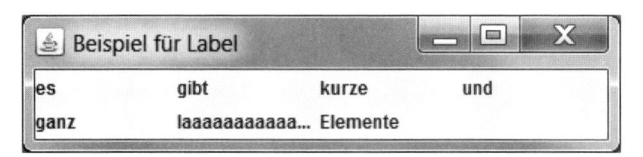

Abbildung 4.5: Eines der beiden Fenster zum Programm von **Listing 4.3** mit GridLayout(2, 0)

Die Label-Elemente sind nun in einem Gitter (Grid) angeordnet, wobei keine Gitternetzlinien gezeichnet werden. Jedes Element des Gitters ist gleich groß. Im Konstruktor von *GridLayout* wird angegeben, wie viele Zeilen (erstes Argument) und wie viele Spalten (zweites Argument) das Gitter haben soll. Die Angabe von 0 als Zeilen- oder Spaltenzahl bedeutet: so viele wie nötig, um alle Elemente unterzubringen. Im Beispiel werden also 2 Zeilen spezifiziert; die Anzahl der Spalten richtet sich nach der Anzahl der enthaltenen Elemente.

Für alle Beispiele gilt, dass der jeweilige Prozess, der die Programme ausführt, nicht zu Ende ist, wenn die Main-Methode zu Ende ist. Mit den Kenntnissen über Java-Threads aus Kapitel 2 ist dies erklärbar: es werden von den benutzten Swing-Methoden Threads gestartet (und zwar offenbar keine Hintergrund-, sondern Vordergrund-Threads, s. Abschnitt 2.9). Eine genauere Betrachtung dieses Sachverhalts erfolgt in Abschnitt 4.3.

Wenn auf das Kreuz im rechten oberen Eck des jeweiligen Fensters geklickt wird, verschwindet zwar das jeweilige Fenster. Da die eben erwähnten Threads aber weiterlaufen, terminiert der entsprechende Prozess ebenfalls nicht. Das heißt: Sollte man das Programm von der Kommandozeile gestartet haben, dann kann kein neues Kommando eingegeben werden, auch wenn man vom Programm gar nichts mehr sieht. Man muss den Prozess explizit abbrechen (von der Kommandozeile durch Eingabe von Strg-C). Das Verhalten des Programms beim Klicken auf das Kreuz rechts oben im Fenster kann durch Anwendung der Methode *setDefaultCloseOperation* auf das JFrame vorgegeben werden. Diese Methode kann mit einem der folgenden Konstanten als Argument aufgerufen werden:

- *JFrame.HIDE_ON_CLOSE*: Damit wird die bereits als Standard vordefinierte Reaktion spezifiziert. Das heißt: Das Fenster verschwindet vom Bildschirm. Dies hat aber keine weiteren Folgen.

- *JFrame.DO_NOTHING_ON_CLOSE*: Damit wird die Wirkung des Schließen-Kreuzes vollkommen außer Kraft gesetzt. Das heißt: Wenn man auf das Kreuz klickt, passiert nichts; das Fenster bleibt sichtbar.

- *JFrame.EXIT_ON_CLOSE*: Mit dieser Konstante legt man fest, dass sich das Programm beim Klicken auf das Schließen-Kreuz durch Aufruf von System.exit beendet. Auf den ersten Blick ist das die Lösung unseres Problems für die Programme aus **Listing 4.1** und **Listing 4.2**. Allerdings stellt sich die Frage, ob das auch die gewünschte Reaktion für das Programm aus **Listing 4.3** ist. Hier haben wir zwei Fenster. Wird eines der beiden Fenster geschlossen, so terminiert der Prozess. Damit verschwindet das andere Fenster auch. Dies kann von der Entwicklerin so gewünscht sein oder nicht.

- *JFrame.DISPOSE_ON_CLOSE*: Die Angabe dieser Konstante legt fest, dass das entsprechende Fenster vom Bildschirm verschwindet. Zusätzlich terminiert der Prozess, falls es das letzte Fenster war. Wenn wir diese Einstellung für die beiden Fenster aus **Listing 4.3** festlegen, dann endet der Prozess, wenn beide Fenster geschlossen worden sind.

Im Rahmen dieses Buches bevorzugen wir die letzte Möglichkeit. In allen folgenden Programmen wird sie benutzt werden.

4.1.2 Ereignisbehandlung

Ein Fenster dient nicht nur zur Anzeige von Information, sondern bietet im Allgemeinen für einen Benutzer Möglichkeiten zur Eingabe und damit zur Interaktion. Ein erstes Beispiel stellt **Listing 4.4** dar.

Listing 4.4:

```java
import java.awt.event.*;
import javax.swing.*;
public class ButtonExample1 extends JFrame
{
    public ButtonExample1()
    {
        super("Beispiel für Button");
        setDefaultCloseOperation(JFrame.DISPOSE_ON_CLOSE);
        JButton b = new JButton("Drück mich!");
        add(b);
        MyHandler h = new MyHandler();
        b.addActionListener(h);
        setLocation(100, 50);
        setSize(270, 90);
        setVisible(true);
    }

    public static void main(String[] args)
    {
        new ButtonExample1();
    }
}

class MyHandler implements ActionListener
{
    public void actionPerformed(ActionEvent evt)
```

```
        {
            System.out.println("Der Button wurde gedrückt.");
        }
    }
}
```

Das Programm in **Listing 4.4** ist strukturell demjenigen aus **Listing 4.2** ähnlich. Es gibt jedoch folgende Unterschiede: Wie zuvor angekündigt wird von nun an für alle Fenster DISPOSE_ON_CLOSE als Reaktion auf das Klicken des Schließen-Buttons eingestellt. Statt eines Elements vom Typ JLabel wird ein Element des Typs *JButton* in das Fenster gesetzt. Wie bei JLabel kann die Beschriftung des Buttons als Konstruktor-Argument angegeben werden. Das Aussehen des Fensters zeigt **Abbildung 4.6**.

Abbildung 4.6: Fenster zum Programm aus **Listing 4.4**

Im Gegensatz zu einem JLabel kann an einem JButton ein *ActionListener* mit der Methode *addActionListener* angemeldet werden. Ein ActionListener ist ein Objekt einer beliebigen Klasse, das die Schnittstelle ActionListener implementiert und deshalb eine Methode namens *actionPerformed* besitzt. Diese Methode wird immer dann aufgerufen, wenn man auf den Button klickt. Im Beispiel wird also jedes Mal die Zeile „Der Button wurde gedrückt" ausgegeben, wenn der Button geklickt wird.

Grundsätzlich ist es möglich, mehrere ActionListener-Objekte an einem Button anzumelden. Die ActionPerformed-Methoden aller angemeldeten Objekte werden dann beim Klicken in einer nicht spezifizierten Reihenfolge aufgerufen. Ferner kann ein angemeldeter ActionListener mit *removeActionListener* auch wieder abgemeldet werden.

Für kleinere Demonstrationsbeispiele kann man das vorige Beispiel auch mit einer einzigen Klasse realisieren. Dies ist zwar aus Sicht des Autors nicht die bessere Lösung (s. hierzu Abschnitt 4.2 zur strengen Trennung von Model-, View- und Controller-Komponenten). In vielen kleinen Beispielen wird aber von dieser Möglichkeit Gebrauch gemacht. Deshalb wollen wir sie hier auch demonstrieren. Das Verhalten des Programms aus **Listing 4.5** entspricht exakt demjenigen aus **Listing 4.4**.

Listing 4.5:

```
import java.awt.event.*;
import javax.swing.*;
public class ButtonExample2 extends JFrame implements ActionListener
{
    public ButtonExample2()
    {
        super("Beispiel für Button");
        setDefaultCloseOperation(JFrame.DISPOSE_ON_CLOSE);
        JButton b = new JButton("Drück mich!");
        add(b);
        b.addActionListener(this);
        setLocation(100, 50);
```

4 Parallelität und grafische Benutzeroberflächen

```
        setSize(270, 90);
        setVisible(true);
    }
    public void actionPerformed(ActionEvent evt)
    {
        System.out.println("Der Button wurde gedrückt.");
    }
    public static void main(String[] args)
    {
        new ButtonExample2();
    }
}
```

Da die aus JFrame abgeleitete Klasse auch die Schnittstelle ActionListener implementiert, muss im Konstruktor der Klasse kein Objekt erzeugt werden, das als ActionListener am Button angemeldet werden kann. Es kann einfach this verwendet werden.

Die Nutzung der Standardausgabe ist unüblich. Natürlich soll die Reaktion auf das Klicken eines Buttons auch in einem Fenster erscheinen. Wir verwenden dazu ein JLabel, dessen Inhalt mit der Methode *setText* verändert werden kann. Um unterschiedliche Reaktionen beim wiederholten Klicken auf den Button zu demonstrieren, verwenden wir ein Int-Attribut, das die Anzahl der Klicks auf den Button zählt (**Listing 4.6**).

Listing 4.6:

```
import java.awt.*;
import java.awt.event.*;
import javax.swing.*;
public class ButtonExample3 extends JFrame implements ActionListener
{
    private int times;
    private JLabel l;

    public ButtonExample3()
    {
        super("Beispiel für Button");
        setDefaultCloseOperation(JFrame.DISPOSE_ON_CLOSE);
        setLayout(new GridLayout(0, 1));
        JButton b = new JButton("Drück mich!");
        add(b);
        b.addActionListener(this);
        l = new JLabel();
        add(l);
        setLocation(100, 50);
        setSize(300, 120);
        setVisible(true);
    }
    public void actionPerformed(ActionEvent evt)
    {
        times++;
        l.setText("Der Button wurde " + times + " mal gedrückt.");
    }
    public static void main(String[] args)
    {
        new ButtonExample3();
    }
}
```

In **Abbildung 4.7** wird das Fenster gezeigt, nachdem neun Mal auf den Button geklickt worden ist.

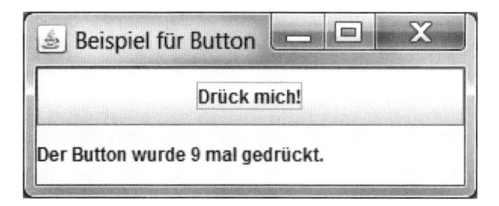

Abbildung 4.7: Fenster zum Programm aus **Listing 4.6**

Die Ereignisverarbeitung in Swing erfolgt immer nach dem gleichen Schema (so wie hier am Beispiel eines JButtons gezeigt):

- Jedes Interaktionselement kann Ereignisse, die dieses Element betreffen, melden. Bei einem JButton ist ein solches Ereignis wie gesehen das Klicken auf diesen Button. Weitere Beispiele sind das Selektieren eines Eintrags in einer Liste oder in einer ComboBox, das An- oder Abwählen einer CheckBox, das Eintippen eines Zeichens in ein Textfeld, das Bewegen eines Schiebereglers (Slider), das Auswählen eines Eintrags in einem Menü oder das Klicken, Bewegen und Ziehen der Maus innerhalb eines Interaktionselements.

- Die Swing-Klassen, die diese Interaktionselemente repräsentieren, haben Methoden zum An- und Abmelden von Ereignisbehandlern. Die Namen dieser Methoden haben die Form addXxxListener bzw. removeXxxListener. Der Typ des Arguments ist immer eine Schnittstelle mit dem Namen XxxListener. Beispiele: *addActionListener* mit einem Argument des Typs *ActionListener*, *addListSelectionListener* mit einem Argument des Typs *ListSelectionListener*, *addChangeListener* mit einem Argument des Typs *ChangeListener*, *addMouseListener* mit einem Argument des Typs *MouseListener* usw.

- Es kann als Ereignisbehandler also nur ein Objekt angemeldet werden, das die passende Schnittstelle implementiert. Die Namen der Listener-Schnittstellen sind alle von der Art XxxListener. Alle diese Schnittstellen besitzen eine oder mehrere Methoden, die ein Argument des Typs XxxEvent besitzen. Beispiele: Die Schnittstelle *ActionListener* hat eine Methode namens *actionPerformed* mit einem Argument des Typs *ActionEvent*. Die Schnittstelle *ListSelectionListener* hat eine Methode namens *valueChanged* mit einem Argument des Typs *ListSelectionEvent*. Die Schnittstelle *ChangeListener* hat eine Methode namens *stateChanged* mit einem Argument des Typs *ChangeEvent*. Die Schnittstelle *MouseListener* hat die Methoden *mouseEntered*, *mouseExited*, *mousePressed*, *mouseReleased* und *mouseClicked*, jede mit einem Argument des Typs *MouseEvent*.

- Die XxxEvent-Klassen haben Methoden zum Abfragen von Informationen über das eingetretene Ereignis. Zum Beispiel kann man mit *getSource* die Ereignisquelle (also den Button, die Liste, den Slider usw.) erfragen. Die Klasse MouseEvent hat z.B. die Methoden *getX* und *getY*, um die X- bzw. Y-Koordinate des Mauszeigers abzufragen.

4.1.3 Container

In Swing gibt es zwei Arten von Klassen für die Interaktionselemente: *Container-Klassen*, die weitere Interaktionselemente enthalten können, und *primitive Interaktionselemente* wie Labels, Buttons, CheckBoxes und Sliders, die keine weiteren Elemente mehr enthalten können. Als Container-Klasse haben wir bisher nur JFrame kennen gelernt. Diese Klasse repräsentiert einen Container, der einem eigenen Fenster auf dem Bildschirm entspricht. Man nennt solche Container-Klassen *Top-Level-Container*. Von dieser Art gibt es z.B. auch noch Dialoge, die wir hier nicht näher betrachten. Eine andere Art von Container-Klassen sind die *inneren Container* (*Intermediate Container*). Diese bilden kein eigenes Fenster, sondern müssen in einem anderen Container enthalten sein. Wenn dies wieder ein innerer Container ist, gilt für diesen dasselbe. Am Ende der Kette muss ein Top-Level-Container stehen.

Innere Container sind nützlich, falls nicht das ganze Fenster ein einheitliches Layout haben soll, sondern wenn unterschiedliche Fensterbereiche ein unterschiedliches Layout benötigen. Wir haben schon *FlowLayout* und *GridLayout* behandelt. Ein JFrame hat als Standard-Layout ein so genanntes *BorderLayout*. Dieses Layout kann nur ausgenutzt werden, wenn statt der bisher verwendeten Add-Methode eine Variante verwendet wird, bei der man als zweites Argument angibt, an welcher Stelle das Element in den Container eingefügt werden sollen. Beim BorderLayout lassen sich fünf Bereiche unterscheiden, die selbsterklärend Norden, Süden, Osten, Westen und Zentrum genannt werden. Ein einfaches Beispiel für ein BorderLayout zeigt **Listing 4.7**.

Listing 4.7:

```java
import java.awt.*; // Layouts
import javax.swing.*;
public class BorderLayoutExample extends JFrame
{
    public BorderLayoutExample(String[] text)
    {
        setTitle("Beispiel für BorderLayout");
        setDefaultCloseOperation(JFrame.DISPOSE_ON_CLOSE);
        add(new JButton("Norden"), BorderLayout.NORTH);
        add(new JButton("Westen"), BorderLayout.WEST);
        add(new JButton("Süden"), BorderLayout.SOUTH);
        add(new JButton("Osten"), BorderLayout.EAST);
        add(new JButton("Zentrum"), BorderLayout.CENTER);
        setLocation(100, 100);
        setSize(400, 300);
        setVisible(true);
    }
    public static void main(String[] args)
    {
        new BorderLayoutExample(args);
    }
}
```

Das von diesem Programm erzeugte Fenster ist in **Abbildung 4.8** zu sehen.

4.1 Einführung in die Programmierung grafischer Benutzeroberflächen mit Swing

Abbildung 4.8: Fenster zum Programm aus **Listing 4.7**

Das Ändern der Fenstergröße erfolgt im Wesentlichen auf Kosten bzw. zugunsten des Zentrums. In **Abbildung 4.9** sieht man das Fenster in verkleinerter Form. Vor allem das Zentrum ist geschrumpft.

Abbildung 4.9: Fenster aus **Abbildung 4.8** verkleinert

Als Beispiel für ein Fenster, in dem unterschiedliche Layouts vorkommen, betrachten wir **Abbildung 4.10**.

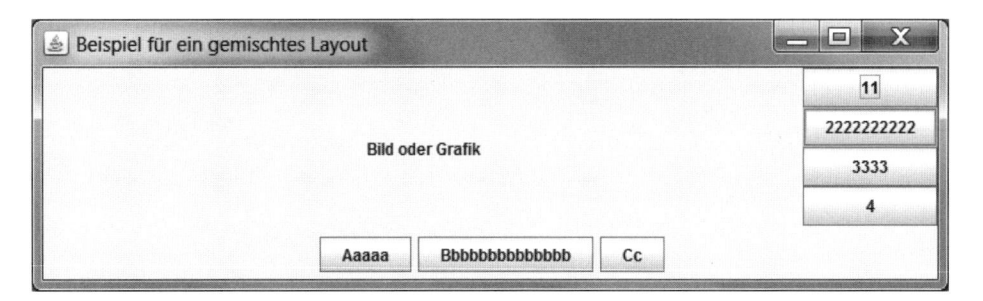

Abbildung 4.10: Fenster mit unterschiedlichen Layouts in unterschiedlichen Bereichen

Wir haben eine größere Fläche im Zentrum, die ein Bild oder eine Grafik anzeigen könnte (hier angedeutet durch ein Label mit zentrierter Ausrichtung). Im unteren Bereich sehen wir Buttons unterschiedlicher Größe nebeneinander angeordnet. Am rechten Rand finden wir Buttons gleicher Größe untereinander. Diese Anordnung der Elemente lässt sich so realisieren, dass wir für das gesamte Frame das voreingestellte BorderLayout nutzen. In das Zentrum setzen wir das Label, in den Süden einen inneren Container mit FlowLayout und in den Osten einen inneren Container mit einem einspaltigen GridLayout. Als inneren Container verwenden wir die Klasse JPanel. Diese besitzt wie JFrame Add- und Set-Layout-Methoden. Das Layout kann auch bereits beim Aufruf des Konstruktors als Parameter angegeben werden. Das zu **Abbildung 4.10** gehörende Programm befindet sich in **Listing 4.8**.

Listing 4.8:

```java
import java.awt.*;
import javax.swing.*;

public class MixedLayoutExample extends JFrame
{
    public MixedLayoutExample()
    {
        setTitle("Beispiel für ein gemischtes Layout");
        setDefaultCloseOperation(JFrame.DISPOSE_ON_CLOSE);

        //Zentrum:
        JLabel picture = new JLabel("Bild oder Grafik", JLabel.CENTER);
        add(picture, BorderLayout.CENTER);

        //Buttons im Süden mit FlowLayout:
        JPanel southPanel = new JPanel(new FlowLayout());
        southPanel.add(new JButton("Aaaaa"));
        southPanel.add(new JButton("Bbbbbbbbbbbbbb"));
        southPanel.add(new JButton("Cc"));
        add(southPanel, BorderLayout.SOUTH);

        //Buttons im Osten mit einspaltigem GridLayout:
        JPanel eastPanel = new JPanel(new GridLayout(0, 1));
        eastPanel.add(new JButton("11"));
        eastPanel.add(new JButton("2222222222"));
        eastPanel.add(new JButton("3333"));
        eastPanel.add(new JButton("4"));
        add(eastPanel, BorderLayout.EAST);

        setLocation(100, 100);
        setSize(700, 200);
        setVisible(true);
    }
    public static void main(String[] args)
    {
        new MixedLayoutExample(args);
    }
}
```

Die Interaktionselemente eines Fensters bilden also einen Baum, dessen Wurzel von einem Top-Level-Container gebildet wird. Darin befinden sich primitive Interaktionselemente und innere Container. Jeder innere Container kann wieder primitive Interaktionselemente und weitere innere Container enthalten usw.

Außer der Klasse *JPanel* gibt es weitere innere Container wie z.B.:

- *JScrollPane*. Eine JScrollPane enthält nur ein Element, das primitiv oder ein Container sein kann. Dieses Element wird mit Rollbalken (Scrollbars) dekoriert.
- *JSplitPane*: Eine JSplitPane enthält zwei Elemente (wieder jeweils primitiv oder Container) nebeneinander oder übereinander. Die „Trennwand" zwischen den Elementen kann mit der Maus verschoben werden. Das heißt, der Platz des einen Elements kann auf Kosten des anderen Elements vergrößert werden.
- *JTabbedPane*: Mit einer JTabbedPane lassen sich mehrere Elemente wie Karteikarten anordnen. Durch Anklicken eines Reiters einer Karteikarte kommt diese nach vorne.

4.1.4 Primitive Interaktionselemente

Interaktionselemente, die als primitiv bezeichnet werden, sind nicht in jedem Fall besonders einfach, sondern sind keine Container. Im Baum der in einem Fenster enthaltenen Elemente bilden sie die Blätter. Außer den schon gesehenen Klassen JLabel und JButton gibt es u.a. noch:

- *JCheckBox* und *JRadioButton*: Diese Klassen stellen Interaktionselemente dar, die aus- und wieder abgewählt werden können. Beide unterscheiden sich lediglich in der grafischen Darstellung: JCheckBox besitzt eine quadratische Fläche, in der ein Häkchen im ausgewählten Zustand zu sehen ist. JRadioButton dagegen hat eine runde Fläche, in der sich im ausgewählten Zustand ein schwarzer Punkt befindet. CheckBoxes können in der Regel unabhängig voneinander aus- und abgewählt werden. RadioButtons bilden oft eine Gruppe, aus der höchstens ein Element selektiert sein kann. Um diese Eigenschaft zu erreichen, müssen alle RadioButtons in einer *ButtonGroup* zusammengefasst werden. Denkbar ist, dies auch mit CheckBoxes (ja sogar mit CheckBoxes und RadioButtons gemischt) zu tun. Es ist allerdings unüblich.
- *JComboBox*: ComboBoxen dienen zum Auswählen eines Werts aus mehreren Werten. In dieser Hinsicht bieten sie dieselbe Funktion wie mehrere in einer ButtonGroup zusammengefasste RadioButtons. Allerdings ist eine ComboBox platzsparender: Man sieht immer nur das ausgewählte Element; die anderen werden nur ausgeklappt, wenn das Element angeklickt wird. Wenn auch in der ComboBox nur Texte angezeigt werden, so können dennoch nicht nur Strings hinzugefügt werden, sondern ein Objekt jeder beliebigen Klasse (als Typ ist Object angegeben). Die angezeigten Texte sind die von der Methode toString zurückgelieferten Strings. Wenn von der ComboBox das selektierte Element abgefragt wird, wird allerdings das ursprünglich angegebene Objekt zurückgegeben.
- *JTextField*: Textfelder repräsentieren einzeilige Eingabefelder. Das Drücken der Return-Taste löst einen *ActionEvent* aus (so wie das Anklicken eines Buttons).
- *JPasswordField*: Diese Klasse ist wie JTextField. Der Unterschied besteht in der Anzeige. Es werden nicht die eingetippten Zeichen, sondern einstellbare Ersatzzeichen

(wie z.B. *) angezeigt. Wie der Name sagt, dienen diese Elemente zum Eingeben von Passwörtern.

- *JTextArea*: TextAreas sind mehrzeilige Eingabefelder, wie sie z.B. von Texteditoren allgemein bekannt sein dürften.
- *JList*: Listen dienen zur Auswahl eines oder mehrerer Elemente. Es gibt drei einstellbare Auswahlmodi: einen Modus, bei dem höchstens ein Element ausgewählt werden kann, einen Modus, bei dem mehrere direkt benachbarte Elemente ausgewählt werden können (es wird sozusagen ein Intervall ausgewählt), und einen Modus, bei dem mehrere Elemente ohne Einschränkung ausgewählt werden können. Wie bei einer ComboBox können sich Objekte jedes beliebigen Typs in einer Liste befinden.
- *JSlider*: Slider sind Schieberegler, die horizontal oder vertikal auf dem Bildschirm erscheinen können. Mit Sliders können nur ganzzahlige Werte angezeigt und ausgewählt werden. Das Intervall der möglichen Werte ist einstellbar.
- *JMenuBar, JMenu, JMenuItem, JCheckBoxMenuItem, JRadioButtonMenuItem*: Diese Klassen dienen zur Definition von Menüs. Menüs bilden einen Baum. Die Wurzel ist eine JMenuBar, die einem JFrame hinzugefügt wird. In die JMenuBar werden Objekte der Klasse JMenu eingefügt. Diese stellen die in der Menüleiste sichtbaren Menüs dar. In ein JMenu können Objekte der Typen JMenuItem, JCheckBoxMenuItem, JRadioButtonMenuItem und JMenu gesetzt werden. JMenuItem entspricht einem „normalen" Menüeintrag. JCheckBoxMenuItem und JRadioButtonMenuItem stellen CheckBoxes und RadioButtons in Menüs dar. Wenn sich in ein JMenu in einem JMenu befindet, dann wird dadurch ein Untermenü realisiert, das aufklappt, sobald man die Maus darauf positioniert.
- *JTree*: Ein JTree stellt einen Baum dar, dessen Knoten expandiert (d.h. aufgeklappt), zusammengeklappt oder selektiert werden können. Auch diese Knoten können Objekte jedes beliebigen Typs sein.
- *JTable*: Eine JTable stellt eine Tabelle dar.

4.1.5 Grafikprogrammierung

Um eine Grafik zu programmieren, geht man wie folgt vor: Man leitet eine eigene Klasse aus der Klasse JPanel ab und überschreibt darin die Methode *paintComponent*. Diese Methode hat einen so genannten *Grafikkontext* als Parameter, der durch die Klasse *Graphics* repräsentiert wird. Die Klasse Graphics enthält Methoden zum Zeichnen von Linien, Rechtecken, Ovalen, Text usw. an als Parameter anzugebenden Positionen und Größen. Ferner kann die Zeichenfarbe und der Font für den Text eingestellt werden. Man kann auf diese Art also eine Reihe von Zeichenkommandos programmieren, die der Reihe nach ausgeführt werden. Beispiel: setze die Zeichenfarbe auf rot (d.h. alles was ab jetzt gezeichnet wird, ist rot), zeichne eine Linie vom Punkt (60, 40) zum Punkt (180, 90), setze die Zeichenfarbe auf blau, zeichne ein Rechteck mit der linken oberen Ecke am Punkt (100, 30) mit der Breite 266 und der Höhe 110.

4.1 Einführung in die Programmierung grafischer Benutzeroberflächen mit Swing

Hat man die Programmierung der Methode paintComponent und damit der aus JPanel abgeleiteten Klasse abgeschlossen, so erzeugt man zum Ausprobieren ein Objekt dieser Klasse, setzt dieses Objekt in ein JFrame, setzt die Größe des JFrames auf einen angemessenen Wert und macht das JFrame sichtbar. Ein Programm, das nach dieser Anleitung erstellt wurde, ist in **Listing 4.9** zu sehen.

Listing 4.9:

```java
import java.awt.*;
import javax.swing.*;
public class DrawingExample extends JPanel
{
    public void paintComponent(Graphics g)
    {
        super.paintComponent(g);

        g.setColor(Color.RED);
        g.drawLine(30, 200, 200, 200);
        g.drawLine(200, 200, 200, 100);
        g.drawLine(200, 100, 150, 50);
        g.drawLine(150, 50, 100, 100);
        g.drawLine(100, 100, 100, 200);
        g.drawLine(100, 200, 200, 100);
        g.drawLine(200, 100, 100, 100);
        g.drawLine(100, 100, 200, 200);
        g.drawLine(200, 200, 270, 200);
    }

    public static void main(String argv[])
    {
        JFrame f = new JFrame("Nikolaus-Haus");
        DrawingExample housePanel = new DrawingExample();
        f.setDefaultCloseOperation(JFrame.DISPOSE_ON_CLOSE);
        f.add(housePanel);
        f.setLocation(200, 200);
        f.setSize(300, 300);
        f.setVisible(true);
    }
}
```

Führt man das Programm in **Listing 4.9** aus, erscheint das Fenster aus **Abbildung 4.11** auf dem Bildschirm.

Abbildung 4.11: Fenster zum Programm aus **Listing 4.9**

Beachten Sie, dass an keiner Stelle unseres Programms die von uns bereitgestellte Methode paintComponent aufgerufen wird. Diese wird stattdessen automatisch von der Laufzeitumgebung aufgerufen. Und dies nicht nur einmalig, wenn das Programm gestartet wurde. Sondern auch z.B., nachdem das Fenster durch ein anderes Fenster verdeckt war und dann wieder sichtbar wird, oder wenn das Fenster minimiert wurde und dann wieder auf dem Bildschirm erscheint, oder wenn die Größe des Fensters verändert wird. Um dies zu demonstrieren, kann man einen Aufruf von System.out.println in die Methode paintComponent einbauen.

Eine bisher nicht erwähnte Besonderheit ist noch der Aufruf von super.paintComponent in paintComponent. Ohne den Sachverhalt an dieser Stelle näher erklären zu wollen, empfehlen wir, in paintComponent nicht nur einen Teil, sondern immer die gesamte Zeichenfläche zu zeichnen. Dies kann auf mehrere Arten geschehen. Eine Möglichkeit besteht darin, die Methode paintComponent der Klasse JPanel aufzurufen. Diese zeichnet den Hintergrund in der aktuell eingestellten Hintergrundfarbe.

Ein weiterer Aspekt der Grafikprogrammierung wird durch folgende Aufgabe verdeutlicht: Angenommen, das zu entwickelnde Programm soll ein Fenster mit einer Grafik erzeugen, die einen Kreis zeigt. Am unteren Rand des Fensters befinden sich zwei Buttons: Drückt man auf einen der Buttons, wird der Kreis rot, drückt man auf den anderen Button, wird der Kreis grün. Ein erster Realisierungsversuch ist in **Listing 4.10** gezeigt.

Listing 4.10:

```java
import java.awt.*;
import java.awt.event.*;
import javax.swing.*;

class CirclePanel extends JPanel
{
    private Color color;

    public void setColor(Color c)
    {
        color = c;
    }

    public void paintComponent(Graphics g)
    {
        super.paintComponent(g);

        g.setColor(color);
        int diameter = Math.min(getWidth(), getHeight()) - 6;
        g.fillOval(3, 3, diameter, diameter);
    }
}

public class RepaintExample extends JFrame implements ActionListener
{
    private CirclePanel circlePanel;

    public RepaintExample(String title)
    {
        super(title);
        setDefaultCloseOperation(JFrame.DISPOSE_ON_CLOSE);

        JPanel total = new JPanel(new BorderLayout());
```

```
        circlePanel = new CirclePanel();
        circlePanel.setColor(Color.RED);
        total.add(circlePanel, BorderLayout.CENTER);

        JPanel buttonPanel = new JPanel(new GridLayout(1, 0));
        JButton red = new JButton("Rot");
        red.setBackground(Color.RED);
        red.addActionListener(this);
        buttonPanel.add(red);
        JButton green = new JButton("Grün");
        green.setBackground(Color.GREEN);
        green.addActionListener(this);
        buttonPanel.add(green);
        total.add(buttonPanel, BorderLayout.SOUTH);

        add(total);
        setLocation(200, 200);
        setSize(300, 300);
        setVisible(true);
    }

    public void actionPerformed(ActionEvent e)
    {
        String command = e.getActionCommand();
        if(command.equals("Rot"))
        {
            circlePanel.setColor(Color.RED);
        }
        else
        // if(e.equals("Grün"))
        {
            circlePanel.setColor(Color.GREEN);
        }
    }

    public static void main(String argv[])
    {
        new RepaintExample("Farbenwahl");
    }
}
```

Wie in der Anleitung wurde eine Klasse aus JPanel abgeleitet und die Methode paintComponent überschrieben. Darin wird wie oben empfohlen zuerst die entsprechende Methode der Basisklasse aufgerufen. Danach wird die Zeichenfarbe auf die aktuell eingestellte Farbe gesetzt, die in einem Attribut der Klasse gespeichert wird. Anschließend wird der Durchmesser des Kreises als das Minimum der Höhe und Breite der Zeichenfläche weniger 6 berechnet. 6 Pixel werden abgezogen, um oben, unten, links und rechts mindestens 3 Pixel Abstand vom Rand zu haben. Zum Schluss wird der Kreis gezeichnet. Die vier Argumente der Methode *fillOval* sind dieselben wie bei einem Rechteck. In der Tat legen die vier Argumente ein Rechteck fest, das von dem zu zeichnenden Oval von innen berührt wird. Die ersten zwei Argumente sind die X- und Y-Koordinate des linken oberen Ecks des Rechtecks, die letzten zwei Argumente sind die Breite und Höhe des Rechtecks (in diesem Fall handelt es sich um ein Quadrat, da Breite und Höhe gleich sind; entsprechend wird auch ein Kreis gezeichnet). Die Methode fillOval zeichnet das Innere eines Ovals, während *drawOval* nur die Umrandung eines Ovals zeichnet.

Die Zeichenfläche wird zusammen mit zwei Buttons in ein JFrame gesetzt. An beide Buttons wird dasselbe ActionListener-Objekt, nämlich this, angemeldet. In der Methode actionPerformed wird zur Unterscheidung, welcher der beiden Buttons den Aufruf verursacht hat, die Methode *getActionCommand* auf den Parameter ActionEvent angewendet. Wurden die Einstellungen nicht verändert, so liefert diese Methode die Beschriftung des auslösenden Buttons zurück. Im einen Fall wird mit Hilfe der *SetColor-Methode* die Farbe auf grün, im anderen Fall auf rot gesetzt (s. **Abbildung 4.12**).

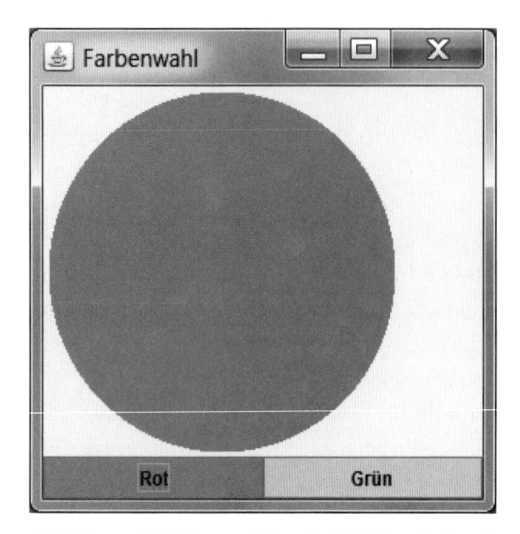

Abbildung 4.12: Zu erreichende Effekte mit dem Programm aus **Listing 4.10**

Dieses Programm funktioniert allerdings nicht so wie erhofft. Drückt man auf einen der Buttons, so passiert erst einmal nichts (d.h. die Farbe des Kreises ändert sich nicht wie erhofft). Minimiert man das Fenster, so dass es nicht mehr zu sehen ist, und bringt es dann durch einen Klick auf die Task-Leiste wieder auf den Bildschirm, ist die neue Farbe zu sehen. Auch nach einer Änderung der Fenstergröße wird auf die neue Farbe geschaltet.

Der Grund für dieses Verhalten ist darin zu sehen, dass das Fenster neu gezeichnet wird, wenn das Laufzeitsystem erkennt, dass dies jetzt nötig ist (z.B. beim Wiederherstellen des Fensters nach einer Minimierung oder nach einer Größenänderung). Wenn mit der Methode setColor der Wert des Farbattributs geändert wird, dann weiß das Laufzeitsystem nicht, dass neu gezeichnet werden muss. Wir müssen dies dem System mitteilen. Dazu dient die Methode *repaint*. Diese triggert einen Aufruf von paintComponent. Warum nicht direkt paintComponent aufgerufen wird, wird in Abschnitt 4.3 erläutert; es hat mit dem Thema Threads zu tun. Wenn also ein Aufruf von repaint in die Methode setColor eingebaut wird,

```
public void setColor(Color c)
{
    color = c;
    repaint();
}
```

funktioniert unser Programm wie erwartet: Beim Drücken des entsprechenden Buttons ändert der Kreis sofort seine Farbe.

4.1 Einführung in die Programmierung grafischer Benutzeroberflächen mit Swing

4.1.6 Applets

Applets dienen dazu, ein Java-Programm in eine Web-Seite einzubetten. Statt des Top-Level-Containers JFrame wird der Top-Level-Container *JApplet* benutzt. Es wird empfohlen, die Methode *init* der Basisklasse JApplet zu überschreiben, um den Inhalt des Applets aufzubauen. Jedes der bisher besprochenen Swing-Beispielprogramme lässt sich auf diese Weise leicht „appletisieren". Wir verwenden als Beispiel das Programm aus **Listing 4.6**, das zählt, wie oft der Button geklickt wurde (s. auch **Abbildung 4.7**). Wir ändern es so, dass wir unsere eigene Klasse nicht aus JFrame, sondern aus JPanel ableiten (so, wie dies als Vorgehensweise schon bei der Grafikprogrammierung empfohlen wurde, s. **Listing 4.9**). Eine weitere Klasse leiten wir dann aus JApplet ab und überschreiben dort die Methode init. In dieser Methode wird lediglich ein Objekt der aus JPanel abgeleiteten Klasse erzeugt und mit add dem JApplet-Container hinzugefügt. Daneben können wir in der Applet-Klasse noch eine Main-Methode angeben (die Main-Methode könnte sich genauso gut auch in der aus Panel abgeleiteten Klasse befinden). Damit können wir die Anwendung als eigenständige Anwendung z.B. von der Kommandozeile oder als Applet ausführen. Beachten Sie, dass in dem Fall, in dem wir das Programm als Applet ausführen, die Main-Methode nicht verwendet wird. Sie ist für das Applet-Beispiel nicht nötig, sondern demonstriert nur, dass es einfach ist, eine Anwendung sowohl als eigenständiges Programm als auch als Applet zur Verfügung zu stellen. Der dazugehörige Programmcode findet sich in **Listing 4.11**.

Listing 4.11:

```java
import java.awt.*;
import java.awt.event.*;
import javax.swing.*;

class ClickCounterPanel extends JPanel implements ActionListener
{
    private int times;
    private JLabel l;

    public ClickCounterPanel()
    {
        setLayout(new GridLayout(0, 1));
        JButton b = new JButton("Drück mich!");
        add(b);
        b.addActionListener(this);
        l = new JLabel();
        add(l);
    }

    public void actionPerformed(ActionEvent evt)
    {
        times++;
        l.setText("Ich wurde " + times + " mal gedrückt.");
    }
}

public class ClickCounter extends JApplet
{
    public void init()
    {
        add(new ClickCounterPanel());
    }
```

4 Parallelität und grafische Benutzeroberflächen

```
        public static void main(String[] args)
        {
            JFrame f = new JFrame("Beispiel für Button");
            f.setDefaultCloseOperation(JFrame.DISPOSE_ON_CLOSE);
            f.add(new ClickCounterPanel());
            f.setLocation(100, 50);
            f.setSize(300, 100);
            f.setVisible(true);
        }
    }
```

Wie in **Listing 4.11** zu sehen ist, erzeugen wir dieses Mal in unserem Programmcode kein Objekt der Applet-Klasse ClickCounter. Entsprechend rufen wir auch die Methode init nicht selbst auf. Wir brauchen kein setVisible(true). Die Größe des Fensters können wir nicht im Programm festlegen. Der Raum, der dem Applet in der HTML-Seite eingeräumt wird, wird im *Applet-Tag* festgelegt. **Listing 4.12** zeigt den HTML-Code einer vollständigen HTML-Beispielseite, in die das Beispiel-Applet aus **Listing 4.11** eingebettet ist.

Listing 4.12:

```
<html>
<head>
<title>Applet-Beispiel</title>
</head>
<body>
<h1>Applet-Beispiel</h1>
Hier kann ganz normaler Text stehen. Zum Beispiel:
<p>
Hier sehen Sie ein sensationelles Applet, das zählen kann, wie oft Sie
auf den Button klicken.
<p>
<applet code="gui.exercises.ClickCounter.class"
 codebase="../../../classes"
 width="150" height="50">
</applet>
<p>
Hier kann weiterer Text folgen ...
</body>
</html>
```

Abbildung 4.13 zeigt die Darstellung dieser HTML-Seite im Firefox-Browser.

Im Applet-Tag der HTML-Seite wird wie gesehen nur die Klasse angegeben, die aus JApplet abgeleitet ist. Besteht das Applet wie in unserem Beispiel aus mehreren Klassen, so wird zunächst nur die Applet-Klasse vom Server geladen und ausgeführt. Falls bei der Ausführung eine weitere Klasse gebraucht wird, so wird diese dann vom Web-Server nachgeladen. Um dieses Verhalten zu verbessern, können alle Klassen in eine *Jar-Datei* gepackt werden. Die Jar-Datei wird dann im Applet-Tag angegeben. In diesem Fall beschafft sich der Browser die Jar-Datei vom Web-Server und sucht sich die Klassen aus der Jar-Datei.

Zwischen dem öffnenden und dem schließenden Applet-Tag lassen sich Parameter angeben, mit denen wie mit Kommandozeilenargumenten die Anwendung parametrisiert werden kann.

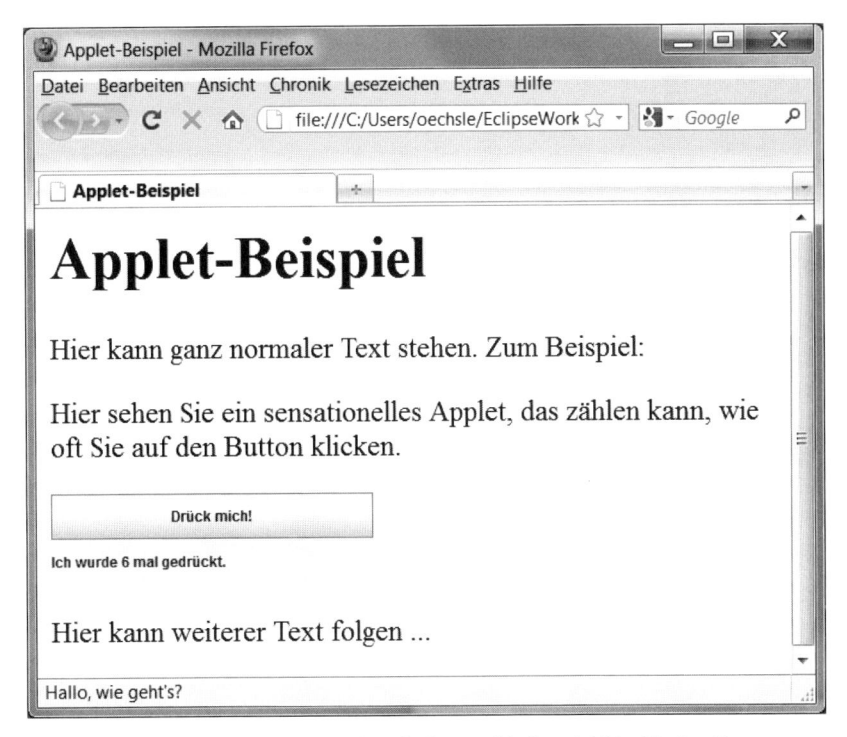

Abbildung 4.13: Darstellung der Beispielseite aus **Listing 4.12** im Firefox-Browser

Der Vorteil von Applets ist darin zu sehen, dass es keine Probleme mit Software-Updates gibt. Man braucht eine neue Version des Applets nur auf den Web-Server zu stellen. Bei jedem Neuladen der Seite beziehen die Clients die neue Software.

Eine Gefahr, die von Applets ausgeht, ist die Tatsache, dass das Laden einer Web-Seite die Ausführung eines völlig unbekannten Java-Programms auf dem eigenen Rechner zur Folge haben kann. Um dieser Gefahr zu begegnen, laufen Applets „im *Sandkasten*" (*Sandbox*) ab. Das heißt, dass ein nicht vom lokalen Dateisystem geladenes Applet z.B. keinen Zugriff auf das lokale Dateisystem hat und keine Verbindungen aufbauen kann außer zu dem Rechner, von dem es geladen wurde. Dadurch können aber manche sinnvolle Anwendungen nicht verwirklicht werden. Abhilfe schaffen hier Applets, die digital unterschrieben (digital signiert) sind. Für eine weitere Beschreibung dieser Thematik sollte weiterführende Literatur zu Rate gezogen werden.

4.2 MVC

Im Zusammenhang mit grafischen Benutzeroberflächen spielt das Entwurfsmuster *MVC* (*Model – View – Controller*) eine entscheidende Rolle, und dies in zweifacher Hinsicht:

- Zum einen hilft dieses Muster, die selbst zu entwickelnde Anwendung sauber zu strukturieren und bietet damit eine Art Leitfaden zur Strukturierung an.

4 Parallelität und grafische Benutzeroberflächen

- Zum anderen sind viele Swing-Klassen selbst gemäß diesem Prinzip gestaltet. Ein gutes Verständnis von MVC erleichtert den Umgang mit diesen Klassen enorm. Dies ist vor allem für anspruchsvollere Anwendungen wichtig.

Nach einer Beschreibung des MVC-Prinzips im Allgemeinen gehen wir mit Beispielen auf diese beiden Aspekte ein.

4.2.1 Prinzip von MVC

Mit MVC werden drei Komponenten einer Anwendung bezeichnet: die Modell-, die Darstellungs- und die Kontrollkomponente (Model – View – Controller). Jede Komponente kann aus einer oder mehreren Java-Klassen bestehen. Das Prinzip von MVC kann gut an einem Beispiel erläutert werden. Wir benutzen dazu ein Programm, das Polynome grafisch darstellt (s. **Abbildung 4.14**).

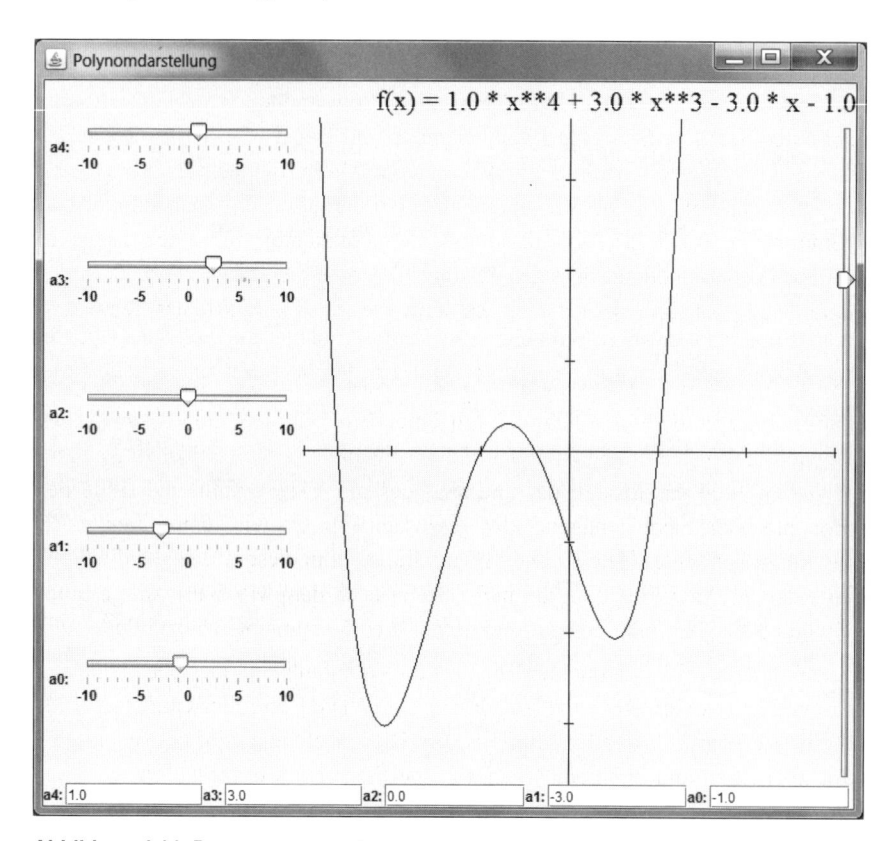

Abbildung 4.14: Programm zur grafischen Darstellung eines Polynoms

- Model: Die Modellkomponente ist für die Repräsentation der Daten verantwortlich. Sie enthält Methoden zum Abfragen und Ändern der Daten. Dabei werden die Konsistenzbedingungen gewahrt. Wenn zum Beispiel die Modellkomponente ein Konto repräsentiert, das nicht überzogen werden darf, dann sind die Methoden zum Ändern so ausgelegt, dass der Kontostand nicht negativ wird. Die Modellkomponenten sollten im Idealfall vollkommen unabhängig von der grafischen Oberfläche sein. In unserem Programmbeispiel aus **Abbildung 4.14** besitzt die Modellkomponente ein Feld von Zahlen des Typs float, welche die Koeffizienten des Polynoms darstellen. Es gibt Methoden zum Lesen und Ändern der einzelnen Koeffizienten sowie eine Methode, die zu einem als Parameter gegebenen X-Wert den Funktionswert berechnet.

- View: Die Darstellungskomponente enthält eine oder mehrere textuelle und grafische Darstellungen (Views) der Modellkomponente. Im Fenster in **Abbildung 4.14** sind vier Views zu sehen: eine Darstellung des Polynoms als Graph im Zentrum des Fensters, eine Darstellung des Polynoms in Form eines Funktionsterms „f(x) = ..." rechts oben, eine Darstellung der Koeffizienten des Polynoms als Schieberegler im linken Bereich sowie eine Darstellung der Koeffizienten durch Ziffern in Textfeldern im unteren Bereich des Fensters. Im Allgemeinen muss eine View nicht das gesamte Modell repräsentieren. So ist es z.B. möglich, dass unterschiedliche Teile des Modells durch unterschiedliche Views dargestellt werden.

- Controller: Die Kontrollkomponente wird von allen Programmteilen gebildet, die auf die Eingaben der Benutzerinnen und Benutzer reagieren. Dabei wird in der Regel der Inhalt des Modells geändert, worauf die Views vom Modell benachrichtigt werden, dass sich etwas geändert hat. Die Views aktualisieren daraufhin ihre Darstellung. Die Kontrollkomponente ist wie die Modellkomponente nicht sichtbar. Im obigen Beispiel wird die Controller-Komponente von den Listener-Klassen, die auf das Verändern der Schieberegler und das Eingeben neuer Zahlenwerte in die Textfelder reagieren, gebildet.

Häufig werden fälschlicherweise Bestandteile wie Schieberegler und Eingabefelder als Teil der Kontrollkomponente gesehen, da man mit ihnen Eingaben vornehmen kann. Dies entspricht aber nicht der in diesem Buch eingenommen Sichtweise. Die Schieberegler und Eingabefelder stellen auch das Modell dar und sind deshalb Views. Sollte die Rolle der Kontrollkomponente noch nicht genügend klar geworden sein, so wird empfohlen, noch einmal **Listing 4.4** zu betrachten. Die Klasse MyHandler stellt in diesem Beispiel die Kontrollkomponente dar. In Anwendungen, die nicht streng nach dem MVC-Prinzip gestaltet wurden, sind manche Klassen nicht eindeutig einer der drei Komponenten zuzuordnen.

Das Zusammenspiel der drei Komponenten M, V und C kann anhand eines beispielhaften Objektdiagramms erläutert werden (siehe **Abbildung 4.15**). Die Controller-Objekte c1, c2, und c3 haben eine Referenz auf das Model-Objekt m. Diese Referenz wird typischerweise im Konstruktor übergeben und in einem Attribut gespeichert. Die Controller-Objekte sind als Listener an irgendwelchen Interaktionselementen wie Buttons, Sliders usw. angemeldet. Bei einer Benutzeraktion wird eine entsprechende Methode eines Controller-Objekts aufgerufen, worauf eine Methode des Model-Objekts aufgerufen wird. Die View-Objekte sind als Listener am Modell angemeldet. Es gibt eine Schnittstelle, die vom Modell benutzt wird, um den Views Änderungen mitzuteilen. Die Views implementieren diese Schnittstelle. Alle Views werden zu Beginn am Modell angemeldet. Das Modell speichert die Referenzen auf die Views in einer Liste. Wenn das Modell sich ändert, werden alle Elemente

4 Parallelität und grafische Benutzeroberflächen

durch Aufruf von Methoden der View-Schnittstelle benachrichtigt. Die Views aktualisieren dann ihre Darstellung. Dazu benötigen sie die Modelldaten. Hierfür gibt es drei Varianten:

1. Das Modell kann die neuen Daten direkt als Parameter beim Aufruf der Benachrichtigungsmethoden als Argumente übergeben.
2. Das Modell kann beim Aufruf der Benachrichtigungsmethoden eine Referenz auf sich selbst als Argument übergeben. Die Views können dann die neuen Daten durch Aufruf von Methoden beim Modell erfragen.
3. Die Views bekommen die Referenz auf das Modell zur Initialisierungszeit mitgeteilt und speichern diese in einem Attribut.

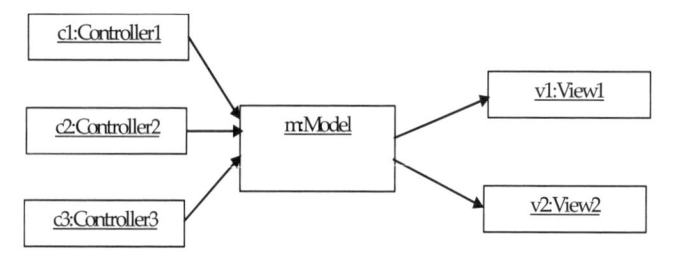

Abbildung 4.15: Zusammenspiel von M-, V- und C-Komponente

Es gibt mehrere Varianten der Struktur aus **Abbildung 4.15**. Eine davon sehen wir in **Abbildung 4.16**, die in dem Polynombeispiel aus **Abbildung 4.14** realisiert ist. Wir sehen in der Abbildung des Fensters am rechten Rand einen vertikal angeordneten Schieberegler. Mit diesem Schieberegler lässt sich die Darstellung des Polynoms als Graph vergrößern und verkleinern (Zoom-Funktion). Der an diesem Slider angemeldete Controller wirkt in diesem Fall direkt auf eine View und nicht wie üblich auf das Model.

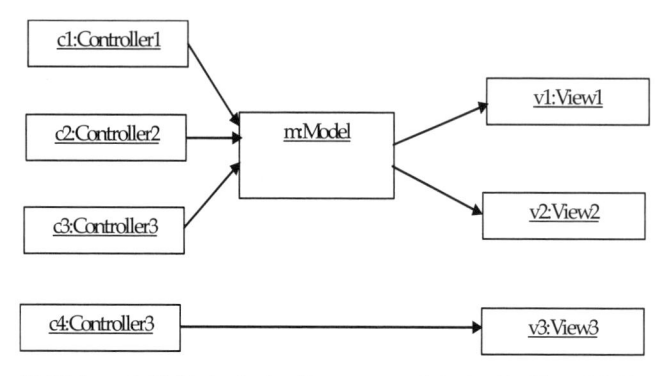

Abbildung 4.16: Variante des Zusammenspiels der M-, V- und C-Komponenten

4.2.2 MVC für die Entwicklung eigener Programme

Der Programmcode für das Polynombeispiel ist etwas umfangreich. Deshalb verwenden wir zur Illustration von MVC ein einfacheres Beispiel. Das Programm erzeugt das in **Abbildung 4.17** dargestellte Fenster.

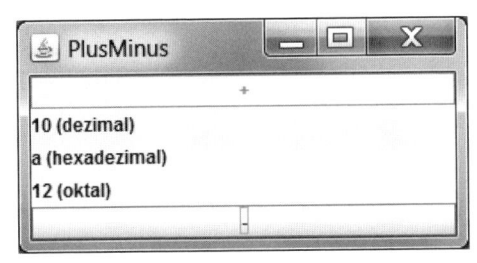

Abbildung 4.17: Grafische Benutzeroberfläche eines nach dem MVC-Prinzip entworfenen Beispielprogramms

Hier geht es um einen Zähler, dessen Wert auf drei unterschiedliche Arten dargestellt wird: dezimal, hexadezimal und oktal. Der Wert des Zählers kann durch einen Plus- und einen Minus-Button um eins erhöht bzw. erniedrigt werden. Der Zählerwert bewegt sich in einem Intervall, das beim Starten des Programms über Kommandozeilenargumente eingestellt wird. Wenn der Zähler das Maximum erreicht hat, ist der Plus-Button deaktiviert und kann nicht angeklickt werden. Diese Situation ist in **Abbildung 4.17** eingetreten. Dasselbe gilt für den Minus-Button und das Minimum.

Um die MVC-Idee auszureizen, stellen in der folgenden Implementierung die beiden Buttons ebenfalls Views dar, denn jeder Button kann aktiviert oder deaktiviert sein. Der Aktivierungszustand sagt etwas über das Modell aus, dessen Daten aus dem Zählerwert, dem Minimum und dem Maximum bestehen. Die Buttons verraten, ob der aktuelle Zählerwert des Modells gleich dem Minimum bzw. dem Maximum ist.

Da der Programmtext etwas länger ist, verschaffen wir uns erst einen Überblick anhand eines UML-Klassendiagramms (**Abbildung 4.18**). Für jeden Button gibt es eine eigene Controller-Klasse namens PlusController und MinusController. Beide Klassen implementieren die Schnittstelle ActionListener und haben als Attribut eine Referenz auf das Modell, das in der Klasse PlusMinusModel implementiert ist. Das Modell hat als Attribute den Zählerwert, das Minimum, das Maximum sowie mehrere Referenzen auf Elemente des Typs PlusMinusListener. PlusMinusListener ist eine Schnittstelle. Die Modellklasse besitzt eine Methode namens addPlusMinusListener zum Anmelden eines solchen Listeners. Das Modell hat ferner Methoden zum Erhöhen und Erniedrigen des Zählers. In diesen Methoden werden alle angemeldeten PlusMinusListener über die Modelländerung benachrichtigt. Die benachrichtigten Objekte können den aktuellen Zählerstand, das Minimum und das Maximum über entsprechende Get-Methoden vom Modell erfragen. Die Schnittstelle PlusMinusListener wird zum einen von der Klasse CounterView implementiert, die aus JLabel abgeleitet ist. Über ein Argument lässt sich einstellen, ob die Darstellung dezimal, hexadezimal oder oktal sein soll (wir haben also für diese Views nur eine Klasse, aber mehrere

Objekte). Zum anderen wird die Schnittstelle PlusMinusListener von der aus JButton abgeleiteten Klasse ButtonView implementiert. Beiden View-Klassen wird beim Aufruf der Methode valueChanged der Schnittstelle PlusMinusListener eine Referenz auf das Modell übergeben. Sie benutzen diese Referenz zum Abfragen von Daten. Da es anders als in den Controller-Klassen kein Attribut für das Modell gibt, sondern das Modell in diesen Klassen nur im Rahmen einer Methode benutzt wird, ist die Beziehung zwischen den View-Klassen und der Modellklasse gestrichelt als Benutzt-Beziehung dargestellt.

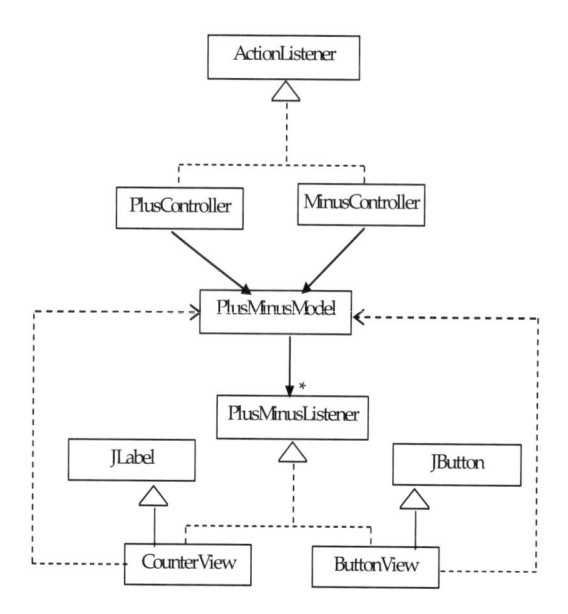

Abbildung 4.18: UML-Klassendiagramm zu **Listing 4.13**

In **Listing 4.13** wird der Entwurf aus dem UML-Klassendiagramm von **Abbildung 4.18** in Java umgesetzt.

Listing 4.13:

```
import java.awt.*;
import java.awt.event.*;
import java.io.*;
import java.util.ArrayList;
import javax.swing.*;

interface PlusMinusListener
{
    public void valueChanged(PlusMinusModel model);
}

class PlusMinusModel
{
    private int counter;
    private int min, max;
    private ArrayList<PlusMinusListener> listeners;

    public PlusMinusModel(int min, int max)
```

4.2 MVC

```java
        {
            this.min = min;
            this.max = max;
            this.counter = min;
            this.listeners = new ArrayList<PlusMinusListener>();
        }
        public void increment()
        {
            if(counter < max)
            {
                counter++;
                fireModelChanged();
            }
        }
        public void decrement()
        {
            if(counter > min)
            {
                counter--;
                fireModelChanged();
            }
        }
        public int getCounter()
        {
            return counter;
        }
        public int getMin()
        {
            return min;
        }
        public int getMax()
        {
            return max;
        }
        public void addPlusMinusListener(PlusMinusListener l)
        {
            listeners.add(l);
        }
        public void removePlusMinusListener(PlusMinusListener l)
        {
            listeners.remove(l);
        }
        private void fireModelChanged()
        {
            for(PlusMinusListener l: listeners)
            {
                l.valueChanged(this);
            }
        }
    }
    class CounterView extends JLabel implements PlusMinusListener
    {
        public static final int DECIMAL_FORMAT = 1;
        public static final int HEXADECIMAL_FORMAT = 2;
        public static final int OCTAL_FORMAT = 3;

        private int format;

        public CounterView(PlusMinusModel model, int format)
        {
            this.format = format;
```

4 Parallelität und grafische Benutzeroberflächen

```
            this.valueChanged(model);
        }
        public CounterView(PlusMinusModel model)
        {
            this(model, DECIMAL_FORMAT);
        }
        public void valueChanged(PlusMinusModel model)
        {
            String s = "unbekanntes Format";
            switch(format)
            {
                case DECIMAL_FORMAT:
                    s = model.getCounter() + " (dezimal)";
                    break;
                case HEXADECIMAL_FORMAT:
                case OCTAL_FORMAT:
                    StringWriter sw = new StringWriter();
                    PrintWriter pw = new PrintWriter(sw);
                    String formatString, appendix;
                    if(format == HEXADECIMAL_FORMAT)
                    {
                        formatString = "%x";
                        appendix = " (hexadezimal)";
                    }
                    else
                    {
                        formatString = "%o";
                        appendix = " (oktal)";
                    }
                    pw.printf(formatString, model.getCounter());
                    s = sw.toString() + appendix;
            }
            setText(s);
        }
    }
    class ButtonView extends JButton implements PlusMinusListener
    {
        public static final int MAX_LIMIT = 1;
        public static final int MIN_LIMIT = 2;

        private int limitType;

        public ButtonView(String text, PlusMinusModel model, int limitType)
        {
            super(text);
            this.limitType = limitType;
            this.valueChanged(model);
        }

        public void valueChanged(PlusMinusModel model)
        {
            int limit;
            if(limitType == MAX_LIMIT)
            {
                limit = model.getMax();
            }
            else
            {
                limit = model.getMin();
            }
            if(model.getCounter() == limit)
            {
                setEnabled(false);
            }
            else
            {
                setEnabled(true);
```

4.2 MVC

```java
            }
        }
    }
    class PlusController implements ActionListener
    {
        private PlusMinusModel model;

        public PlusController(PlusMinusModel model)
        {
            this.model = model;
        }

        public void actionPerformed(ActionEvent e)
        {
            model.increment();
        }
    }
    class MinusController implements ActionListener
    {
        private PlusMinusModel model;

        public MinusController(PlusMinusModel model)
        {
            this.model = model;
        }

        public void actionPerformed(ActionEvent e)
        {
            model.decrement();
        }
    }
    public class PlusMinusMVC extends JFrame
    {
        public PlusMinusMVC(PlusMinusModel model, String title)
        {
            super(title);
            setDefaultCloseOperation(JFrame.DISPOSE_ON_CLOSE);
            JPanel c = new JPanel();
            c.setLayout(new GridLayout(0, 1));

            CounterView view1 = new CounterView(model,
                                        CounterView.DECIMAL_FORMAT);
            model.addPlusMinusListener(view1);
            CounterView view2 = new CounterView(model,
                                        CounterView.HEXADECIMAL_FORMAT);
            model.addPlusMinusListener(view2);
            CounterView view3 = new CounterView(model,
                                        CounterView.OCTAL_FORMAT);
            model.addPlusMinusListener(view3);
            ButtonView plus = new ButtonView("+", model,
                                        ButtonView.MAX_LIMIT);
            model.addPlusMinusListener(plus);
            ButtonView minus = new ButtonView("-", model,
                                        ButtonView.MIN_LIMIT);
            model.addPlusMinusListener(minus);

            c.add(plus);
            c.add(view1);
            c.add(view2);
            c.add(view3);
            c.add(minus);
            add(c);

            PlusController pc = new PlusController(model);
            MinusController mc = new MinusController(model);

            plus.addActionListener(pc);
```

```
        minus.addActionListener(mc);

        setSize(300, 150);
        setLocation(50, 50);
        setVisible(true);
    }
    public static void main(String[] args)
    {
        if(args.length != 2)
        {
            System.out.println("Parameter: min max");
            System.exit(0);
        }
        int min = 0, max = 0;
        try
        {
            min = Integer.parseInt(args[0]);
            max = Integer.parseInt(args[1]);
        }
        catch(NumberFormatException e)
        {
            System.out.println("Zahlenformatfehler");
            System.exit(0);
        }
        PlusMinusModel model = new PlusMinusModel(min, max);
        new PlusMinusMVC(model, "PlusMinus");
        new PlusMinusMVC(model, "PlusMinus 2");
    }
}
```

Die aus JFrame abgeleitete Klasse PlusMinusMVC stellt das Fenster aus **Abbildung 4.17** dar. In der Main-Methode werden die Kommandozeilenargumente von Strings in Int-Zahlen gewandelt. Anschließend wird ein Modell erzeugt und zwei JFrame-Objekte, denen dasselbe Modellobjekt übergeben wird. Wir erhalten zwei Fenster auf dem Bildschirm, die über das Modell gekoppelt sind. Wenn wir den Plus-Button in dem einen Fenster anklicken, ändern sich nicht nur die Werte dieses Fensters, sondern auch die des anderen.

4.2.3 MVC in Swing

Nicht nur für die Entwicklung eigener Anwendungen spielt das MVC-Prinzip eine wichtige Rolle, sondern auch für den sachgerechten Umgang mit den Swing-Klassen, da diese ebenfalls nach diesem Prinzip gestaltet sind. Im Folgenden vernachlässigen wir die C-Komponente und beschäftigen uns nur mit der Aufteilung der Funktionalität einer Swing-Komponente in View und Model.

Viele Swing-Klassen wie z.B. JTextField, JTextArea, JSlider, JTree und JTable lesen die anzuzeigenden Daten aus einem Modellobjekt. Für jedes Modell existiert eine spezielle Schnittstelle (z.B. *Document* für JTextField und JTextArea, *BoundedRangeModel* für JSlider, *TreeModel* für JTree, *TableModel* für JTable). Für jede dieser Schnittstellen ist standardmäßig mindestens eine implementierende Klasse in der Swing-Klassenbibliothek enthalten (z.B. *PlainDocument* und *HTMLDocument* implementieren Document, *DefaultBoundedRangeModel* implementiert BoundedRangeModel, *DefaultTreeModel* implementiert TreeModel, *DefaultTableModel* implementiert TableModel).

Bei der einfachen Nutzung kommt man mit den Modellschnittstellen und -klassen nicht in Berührung. Denn die meisten Swing-Klassen haben Konstruktoren, bei denen der anzuzeigende Inhalt als Argumente des Typs int, String, Object usw. angegeben werden kann. Meistens gibt es auch einfache Get- und Set-Methoden zum Lesen und Setzen der Daten. Auch wenn man bei einer einfachen Nutzung die Modelle nicht zu sehen bekommt, so wird doch jedes Mal das entsprechende Standardmodell für die entsprechende Klasse erzeugt. In diesem Modell werden die Daten, die das Swing-Interaktionselement anzeigt, abgelegt. Modell und Swing-Element sind miteinander gekoppelt wie in unserem selbst geschriebenen MVC-Beispiel zuvor: Das Swing-Element meldet sich als Listener am Modell an. Deshalb haben alle Modelle Methoden zum Anmelden von Beobachtern. Immer wenn das Modell verändert wird, wird das Swing-Element benachrichtigt und ändert darauf seine Darstellung.

Wenn man dieses Prinzip verstanden hat, kann man auch anspruchsvollere Anwendungen entwickeln, indem man eigene Modellklassen für die Swing-Interaktionselemente schreibt. Dabei kann man neue Klassen von Grund auf neu implementieren, oder man kann aus der Standardmodellklasse eine neue Klasse ableiten und so die Funktion erweitern oder verändern. Man kann dann das Swing-Interaktionselement im Konstruktoraufruf mit einem Objekt seiner selbst geschriebenen Modellklasse als Parameter versorgen. Das Interaktionselement verwendet dann dieses Modellobjekt.

Durch eine selbst geschriebene Modellkomponente kann z.B. das Verhalten eines Texteingabefelds (JTextField) so verändert werden, dass nur bestimmte Zeichenketten eingegeben werden können oder dass Eingaben automatisch ergänzt werden. Für Tabellen und Bäume kann man durch die Bereitstellung einer eigenen Modellimplementierung die anzuzeigenden Daten aus einer Datenbank auslesen.

Als sehr einfaches Beispiel für die Entwicklung einer eigenen Modellkomponente zeigt **Listing 4.14** ein Programm, das die Schnittstelle *TableModel* implementiert. Das Tabellenmodell repräsentiert das Einmaleins, allerdings ohne den Tabelleninhalt in einer Datenstruktur zu speichern. Stattdessen wird bei jeder Anfrage, welchen Inhalt eine bestimmte Zelle der Tabelle hat, dieser Inhalt neu generiert.

Listing 4.14:

```java
import javax.swing.*;
import javax.swing.table.*;

class MySimpleTableModel extends AbstractTableModel
{
    private int rowCount;
    private int columnCount;

    public MySimpleTableModel(int rows, int columns)
    {
        rowCount = rows;
        columnCount = columns;
    }

    public int getRowCount()
    {
        return rowCount;
```

```java
        }

        public int getColumnCount()
        {
            return columnCount;
        }

        public String getColumnName(int column)
        {
            column++;
            return column + "er";
        }

        public Object getValueAt(int row, int column)
        {
            row++;
            column++;
            int result = row * column;
            return row + " * " + column + " = " + result;
        }
    }

    public class MySimpleTableModelTest
    {
        public static void main(String args[])
        {
            JFrame f = new JFrame("Einmaleins");
            f.setDefaultCloseOperation(JFrame.DISPOSE_ON_CLOSE);
            MySimpleTableModel model = new MySimpleTableModel(10, 10);
            JTable table = new JTable(model);
            JScrollPane pane = new JScrollPane(table);
            f.add(pane);
            f.setLocation(100, 100);
            f.setSize(760, 240);
            f.setVisible(true);
        }
    }
```

Dieses Programm erzeugt das in **Abbildung 4.19** gezeigte Fenster.

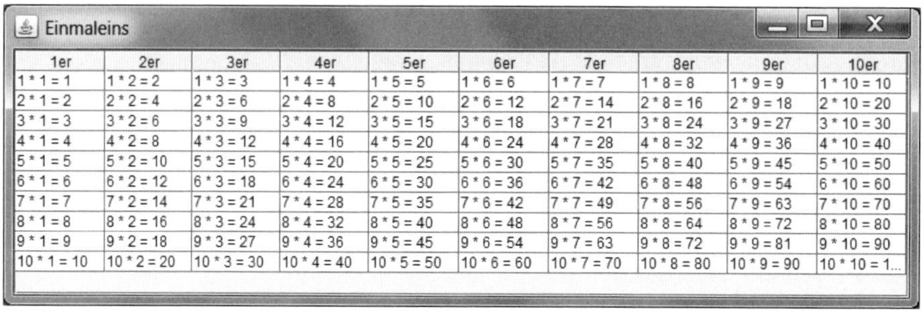

Einmaleins									
1er	2er	3er	4er	5er	6er	7er	8er	9er	10er
1 * 1 = 1	1 * 2 = 2	1 * 3 = 3	1 * 4 = 4	1 * 5 = 5	1 * 6 = 6	1 * 7 = 7	1 * 8 = 8	1 * 9 = 9	1 * 10 = 10
2 * 1 = 2	2 * 2 = 4	2 * 3 = 6	2 * 4 = 8	2 * 5 = 10	2 * 6 = 12	2 * 7 = 14	2 * 8 = 16	2 * 9 = 18	2 * 10 = 20
3 * 1 = 3	3 * 2 = 6	3 * 3 = 9	3 * 4 = 12	3 * 5 = 15	3 * 6 = 18	3 * 7 = 21	3 * 8 = 24	3 * 9 = 27	3 * 10 = 30
4 * 1 = 4	4 * 2 = 8	4 * 3 = 12	4 * 4 = 16	4 * 5 = 20	4 * 6 = 24	4 * 7 = 28	4 * 8 = 32	4 * 9 = 36	4 * 10 = 40
5 * 1 = 5	5 * 2 = 10	5 * 3 = 15	5 * 4 = 20	5 * 5 = 25	5 * 6 = 30	5 * 7 = 35	5 * 8 = 40	5 * 9 = 45	5 * 10 = 50
6 * 1 = 6	6 * 2 = 12	6 * 3 = 18	6 * 4 = 24	6 * 5 = 30	6 * 6 = 36	6 * 7 = 42	6 * 8 = 48	6 * 9 = 54	6 * 10 = 60
7 * 1 = 7	7 * 2 = 14	7 * 3 = 21	7 * 4 = 28	7 * 5 = 35	7 * 6 = 42	7 * 7 = 49	7 * 8 = 56	7 * 9 = 63	7 * 10 = 70
8 * 1 = 8	8 * 2 = 16	8 * 3 = 24	8 * 4 = 32	8 * 5 = 40	8 * 6 = 48	8 * 7 = 56	8 * 8 = 64	8 * 9 = 72	8 * 10 = 80
9 * 1 = 9	9 * 2 = 18	9 * 3 = 27	9 * 4 = 36	9 * 5 = 45	9 * 6 = 54	9 * 7 = 63	9 * 8 = 72	9 * 9 = 81	9 * 10 = 90
10 * 1 = 10	10 * 2 = 20	10 * 3 = 30	10 * 4 = 40	10 * 5 = 50	10 * 6 = 60	10 * 7 = 70	10 * 8 = 80	10 * 9 = 90	10 * 10 = 1...

Abbildung 4.19: Fenster zum Programm aus **Listing 4.14**

4.3 Threads und Swing

Wir wenden uns nun der Frage zu, welche Beziehungen es zwischen Threads und Swing gibt. Wie in Abschnitt 4.1 gezeigt wurde, endet ein Programm, welches ein JFrame erzeugt und sichtbar gemacht hat, nicht, auch wenn die Main-Methode zu Ende gelaufen ist. Der

4.3 Threads und Swing

Grund liegt in der „heimlichen" Erzeugung von Threads. Dieser Sachverhalt lässt sich durch das Programm in **Listing 4.15** belegen. In dem Programm wird die Methode dumpAll der Klasse GroupTree aus Abschnitt 2.8 verwendet, die alle momentan vorhandenen Thread-Gruppen und Threads auf die Standardausgabe ausgibt.

Listing 4.15:

```
import javax.swing.JFrame;

public class SwingThreads
{
    public static void main(String[] args)
    {
        System.out.println("Alle Threads beim Start von main:");
        GroupTree.dumpAll();
        System.out.println("----------------------");

        JFrame f1 = new JFrame("Test");
        f1.setSize(100, 100);
        f1.setLocation(50, 50);
        f1.setVisible(true);
        System.out.println("Alle Threads, nachdem ein JFrame "
                         + "erzeugt und sichtbar gemacht wurde:");
        GroupTree.dumpAll();
        System.out.println("----------------------");

        JFrame f2 = new JFrame("Test2");
        f2.setSize(100, 100);
        f2.setLocation(150, 150);
        f2.setVisible(true);
        System.out.println("Alle Threads, nachdem ein zweites JFrame "
                         + "erzeugt und sichtbar gemacht wurde:");
        GroupTree.dumpAll();
        System.out.println("----------------------");

        System.exit(0);
    }
}
```

Dieses Programm produziert folgende Ausgabe:

```
Alle Threads beim Start von main:
java.lang.ThreadGroup[name=system,maxpri=10]
    Thread[Reference Handler,10,system]
    Thread[Finalizer,8,system]
    Thread[Signal Dispatcher,10,system]
    Thread[Attach Listener,5,system]
    java.lang.ThreadGroup[name=main,maxpri=10]
        Thread[main,5,main]
----------------------
Alle Threads, nachdem ein JFrame erzeugt und sichtbar gemacht wurde:
java.lang.ThreadGroup[name=system,maxpri=10]
    Thread[Reference Handler,10,system]
    Thread[Finalizer,8,system]
    Thread[Signal Dispatcher,10,system]
    Thread[Attach Listener,5,system]
    Thread[Java2D Disposer,10,system]
    java.lang.ThreadGroup[name=main,maxpri=10]
        Thread[main,5,main]
        Thread[AWT-Shutdown,5,main]
        Thread[AWT-Windows,6,main]
        Thread[AWT-EventQueue-0,6,main]
----------------------
Alle Threads, nachdem ein zweites JFrame erzeugt und sichtbar gemacht
wurde:
```

4 Parallelität und grafische Benutzeroberflächen

```
java.lang.ThreadGroup[name=system,maxpri=10]
    Thread[Reference Handler,10,system]
    Thread[Finalizer,8,system]
    Thread[Signal Dispatcher,10,system]
    Thread[Attach Listener,5,system]
    Thread[Java2D Disposer,10,system]
    java.lang.ThreadGroup[name=main,maxpri=10]
        Thread[main,5,main]
        Thread[AWT-Shutdown,5,main]
        Thread[AWT-Windows,6,main]
        Thread[AWT-EventQueue-0,6,main]
----------------------
```

Die Ausgabe zeigt, dass gegenüber dem Startzeitpunkt ein zusätzlicher Thread in der Thread-Gruppe system und drei Threads mehr in der Thread-Gruppe main vorhanden sind, nachdem ein JFrame erzeugt und sichtbar gemacht wurde. Eine genauere Analyse zeigt übrigens, dass drei dieser vier Threads bereits vorhanden sind, nachdem das JFrame erzeugt wurde. Der vierte Thread mit dem Namen AWT-EventQueue-0 kommt erst dazu, wenn das JFrame sichtbar ist. Der letzte Teil der Ausgabe zeigt, dass das Erzeugen und Sichtbarmachen weiterer JFrames keine weiteren Threads mehr erzeugt. Im Folgenden interessieren wir uns ausschließlich für den letzten der vier neu erzeugten Threads. Seine Aufgabe kann durch eine kleine Erweiterung der Klasse ButtonExample2 aus **Listing 4.5** demonstriert werden (s. **Listing 4.16**).

Listing 4.16:

```java
import java.awt.event.*;

public class ButtonExample2a extends ButtonExample2
{
    public void actionPerformed(ActionEvent evt)
    {
        Thread t = Thread.currentThread();
        System.out.println("Die Methode wird von " + t.getName()
                + " ausgeführt.");
    }
    public static void main(String[] args)
    {
        new ButtonExample2a();
    }
}
```

Bei Ausführung des Programms erscheint ein Fenster mit einem Button, der mit „Drück mich!" beschriftet ist. Wird der Button gedrückt, so wurde bisher „Der Button wurde gedrückt." auf die Standardausgabe geschrieben. Durch Überschreiben der ActionPerformed-Methode wird jetzt stattdessen ausgegeben:

```
Die Methode wird von AWT-EventQueue-0 ausgeführt.
```

Der letzte der vier zusätzlich gestarteten Threads ist also für die Ereignisbehandlung zuständig. Alle Listener, die an Buttons, Sliders, RadioButtons usw. angemeldet werden, werden von diesem Thread ausgeführt. Das heißt, dass die Ereignisbehandlung sequenziell erfolgt. Dies gilt auch für Ereignisse, die in anderen Fenstern desselben Prozesses behandelt werden, denn wie das obige Experiment gezeigt hat, werden bei der Erzeugung weiterer JFrames keine weiteren Threads mehr gestartet. Der Thread mit dem Namen AWT-EventQueue-0 wird üblicherweise als *Ereignisbehandlungs-Thread* oder *Event-Dispatcher* bezeichnet.

Wenn in der PaintComponent-Methode des Programms von **Listing 4.9**, welches das Haus des Nikolaus auf den Bildschirm zeichnet, dieselbe System.out.println-Ausgabeanweisung wie eben eingefügt wird, so sieht man dieselbe Ausgabe wie zuvor. Wenn man nun weiß, dass alle Swing-Interaktionselemente ebenfalls durch Aufruf ihrer PaintComponent-Methode gezeichnet werden, dann erkennt man, dass das Zeichnen des gesamten Inhalts eines Fensters auch eine Ereignisbehandlung darstellt, die vom Event-Dispatcher-Thread durchgeführt wird. Das bedeutet, dass während der Ausführung z.B. einer ActionPerformed-Methode der Fensterinhalt nicht gezeichnet werden kann. Dieser Effekt kann durch eine länger dauernde ActionPerformed-Methode demonstriert werden (s. **Listing 4.17**).

Listing 4.17:

```
import java.awt.event.*;
public class ButtonExample2b extends ButtonExample2
{
    public void actionPerformed(ActionEvent evt)
    {
        super.actionPerformed(evt);
        try
        {
            Thread.sleep(10000);
        }
        catch(InterruptedException e)
        {
        }
    }
    public static void main(String[] args)
    {
        new ButtonExample2b();
    }
}
```

Durch den Aufruf der Sleep-Methode dauert die Ausführung der ActionPerformed-Methode nun ca. 10 Sekunden. Wenn man auf den Button drückt und dann innerhalb der nächsten 10 Sekunden das Fenster des Programms aus **Listing 4.17** vergrößert, so wird der Inhalt des Fensters nicht an seine Größe angepasst, weil das Neuzeichnen nicht durchgeführt werden kann (s. **Abbildung 4.20**).

Abbildung 4.20: Fensterinhalt wird während der Ereignisbehandlung nicht neu gezeichnet

4 Parallelität und grafische Benutzeroberflächen

Sobald die 10 Sekunden um sind, füllt der Button wieder den kompletten Fensterinhalt aus.

Um also immer möglichst schnell auf Benutzeraktionen reagieren zu können und um das „Einfrieren" des Fensterinhalts wie in **Abbildung 4.20** zu vermeiden, sollte bei der Programmierung grafischer Benutzeroberflächen folgende Regel eingehalten werden:

> Regel 1: Die Durchführung einer Ereignisbehandlung sollte in möglichst kurzer Zeit abgeschlossen sein. In keinem Fall sollten also während einer Ereignisbehandlung Methoden wie z.B. sleep und wait aufgerufen werden.

Die Einhaltung dieser Regel erfordert, dass Aktionen, die länger dauern könnten (z.B. eine Kommunikation mit einem Prozess auf einem anderen Rechner), von einem anderen Thread durchgeführt werden müssen. In der Regel wird dieser andere Thread Meldungen produzieren (z.B. über seinen Fortschritt oder über das von ihm erbrachte Resultat), die in einem Fenster der grafischen Benutzeroberfläche angezeigt werden sollen. Dadurch entsteht aber ein weiteres Problem, denn die Swing-Methoden sind im Allgemeinen nicht „*thread-safe*" (d.h. nicht für die Nutzung paralleler Threads geeignet). Einen Ausweg aus dieser Situation bietet die Einhaltung folgender Regel:

> Regel 2: Der Zugriff auf Elemente der grafischen Oberfläche nach der Initialisierung (in der Regel nach setVisible(true)) erfolgt ausschließlich durch den Ereignisbehandlungs-Thread. Wenn ein anderer Thread auf solche Elemente zugreifen möchte, so beauftragt er dazu den Ereignisbehandlungs-Thread durch Aufruf der Methoden EventQueue.invokeLater oder EventQueue.invokeAndWait.

Die Static-Methoden *invokeAndWait* und *invokeLater* der Klasse *EventQueue* übergeben einen Auftrag an den Ereignisbehandlungs-Thread in Form eines Objekts, das die Schnittstelle Runnable implementiert:

```
public class EventQueue
{
    public static void invokeLater(Runnable doRun) {...}
    public static void invokeAndWait(Runnable doRun) {...}
}
```

Bei invokeAndWait wartet der Auftraggeber solange, bis der Ereignisbehandlungs-Thread den Auftrag ausgeführt hat, während dies bei invokeLater nicht der Fall ist. Aus diesem Grund heraus dürfte verständlich sein, dass invokeAndWait nicht im Ereignisbehandlungs-Thread aufgerufen werden darf (es wird sonst eine Ausnahme signalisiert); der Thread kann nicht warten, bis er mit der Bearbeitung eines Auftrags, den er an sich selbst gegeben hat, fertig ist.

Mit diesen Kenntnissen wollen wir nun folgende Aufgabe lösen: Es ist ein Programm mit einer grafischen Benutzeroberfläche (s. **Abbildung 4.21**) zu schreiben, das die Funktion einer Stoppuhr nachahmt. Es soll je einen Button zum Starten, zum Anhalten und zum Nullstellen der Uhr geben sowie einen Button zum Beenden des Programms.

4.3 Threads und Swing

Abbildung 4.21: Benutzeroberfläche für eine Stoppuhr

Offenbar muss zur Lösung dieser Aufgabe in der Ereignisbehandlungsmethode ein Thread gestartet werden, der periodisch dafür sorgt, dass der Zählerstand der Uhr aktualisiert wird. Der Zählerstand wird durch ein Label angezeigt. Der Thread darf aber den Inhalt des Labels nicht selber aktualisieren, sondern muss dies an den Ereignisbehandlungs-Thread delegieren. Das Problem wird durch das Programm in **Listing 4.18** gelöst.

Listing 4.18:

```java
import java.awt.*;
import java.awt.event.*;
import javax.swing.*;

class Clock
{
    private JLabel label;
    private long startTime;

    public Clock(JLabel label)
    {
        this.label = label;
        reset();
    }

    public void update()
    {
        long elapsedTime = System.currentTimeMillis() - startTime;
        long seconds = elapsedTime / 1000;
        long milliSecs = elapsedTime % 1000;
        String prefix;
        if(milliSecs < 10)
        {
            prefix = "00";
        }
        else if(milliSecs < 100)
        {
            prefix = "00";
        }
        else
        {
            prefix = "";
        }
        label.setText(seconds + ":" + prefix + milliSecs);
    }

    public void reset()
    {
        startTime = System.currentTimeMillis();
```

```java
            update();
        }
    }

    class UpdateRequest implements Runnable
    {
        private Clock clock;

        public UpdateRequest(Clock clock)
        {
            this.clock = clock;
        }

        public void run()
        {
            clock.update();
        }
    }

    class Ticker extends Thread
    {
        private final static long UPDATE_INTERVAL = 10; // Milliseconds
        private UpdateRequest updateReq;

        public Ticker(Clock clock)
        {
            updateReq = new UpdateRequest(clock);
            start();
        }

        public void run()
        {
            try
            {
                while(!isInterrupted())
                {
                    EventQueue.invokeLater(updateReq);
                    Thread.sleep(UPDATE_INTERVAL);
                }
            }
            catch(InterruptedException e)
            {
            }
        }
    }

    class EventHandler implements ActionListener
    {
        private Clock clock;
        private Ticker ticker;

        public EventHandler(Clock clock)
        {
            this.clock = clock;
        }

        public void actionPerformed(ActionEvent e)
        {
            String s = e.getActionCommand();
            if(s.equals("Start"))
            {
                if(ticker == null)
                {
                    clock.reset();
                    ticker = new Ticker(clock);
                }
            }
            else if(s.equals("Stopp"))
            {
                if(ticker != null)
```

```java
                    {
                        ticker.interrupt();
                        ticker = null;
                    }
                }
                else if(s.equals("Null"))
                {
                    clock.reset();
                }
                else if(s.equals("Ende"))
                {
                    System.exit(0);
                }
            }
        }

        public class ClockManager
        {
            public static void main(String[] args)
            {
                JFrame f = new JFrame("Uhr");
                f.setDefaultCloseOperation(WindowConstants.EXIT_ON_CLOSE);
                f.setLayout(new GridLayout(0, 1));
                JLabel label = new JLabel("", SwingConstants.RIGHT);
                f.add(label);
                JButton b1 = new JButton("Start");
                f.add(b1);
                JButton b2 = new JButton("Stopp");
                f.add(b2);
                JButton b3 = new JButton("Null");
                f.add(b3);
                JButton b4 = new JButton("Ende");
                f.add(b4);

                Clock clock = new Clock(label);
                EventHandler h = new EventHandler(clock);
                b1.addActionListener(h);
                b2.addActionListener(h);
                b3.addActionListener(h);
                b4.addActionListener(h);

                f.setLocation(300, 50);
                f.setSize(150, 200);
                f.setVisible(true);
            }
        }
```

Die Klasse Clock ist für die Berechnung des aktuellen Zählerstands sowie der Anzeige der Stoppuhr verantwortlich. Die Klasse besitzt eine Referenz auf das Label, das den Zählerstand der Stoppuhr auf dem Bildschirm darstellt, ein Attribut zum Speichern des Zählerstands der Computer-Uhr beim letzten Zurücksetzen sowie Methoden zum Aktualisieren (update) und zum Zurückstellen (reset) der Stoppuhr. Die Klasse UpdateRequest repräsentiert einen Auftrag, den Zählerstand der Stoppuhr zu aktualisieren. Bitte beachten Sie, dass in diesem Programm Objekte der Klasse UpdateRequest trotz der implementierten Runnable-Schnittstelle nie als Argumente für Threads verwendet werden, sondern nur als Argumente in Aufrufen von EventQueue.invokeLater in der Run-Methode des Ticker-Threads. Ein Ticker-Thread wird erzeugt und gestartet beim Drücken des Start-Knopfs. Wenn allerdings schon ein Thread läuft, bewirkt das erneute Drücken des Start-Knopfs keine neue Thread-Erzeugung. Mit dem Stopp-Knopf kann man einen laufenden Thread anhalten und mit dem Null-Knopf den Zähler der Uhr auf Null zurücksetzen (auch bei laufender Uhr). Besonders interessant ist die Frage, ob an irgendeiner Stelle eine

Synchronisation nötig ist. In der Klasse Clock z.B. ist keine Synchronisation nötig, da nach der Uhrerzeugung nur noch aus dem Ereignisbehandlungs-Thread auf die Uhr zugegriffen wird. Einmal wird die Uhr nämlich direkt aus dem Ereignisbehandler, der vom Ereignisbehandlungs-Thread ausgeführt wird, zurückgesetzt. Das Aktualisieren der Uhr wird zwar von einem Ticker-Thread veranlasst, die tatsächliche Aktualisierung aber über EventQueue.invokeLater an den Ereignisbehandlungs-Thread delegiert. Ebenso wird die ActionPerformed-Methode der Klasse EventHandler immer vom Ereignisbehandlungs-Thread aufgerufen und damit nie gleichzeitig von mehreren Threads aus. Deshalb ist auch hier keine Synchronisation notwendig.

Das gezeigte Beispiel mag vielleicht für die Leserinnen und Leser des Buches überraschend aufwändig erscheinen, und in der Tat findet man in einigen Java-Lehrbüchern Beispiele ähnlicher Funktionalität, die wesentlich einfacher, insbesondere ohne EventQueue.invokeLater, programmiert wurden und beim Testen in der Regel auch funktionieren. Es sei deshalb an dieser Stelle ausdrücklich betont, dass der hier gezeigte Weg der eigentlich empfohlene ist und unbedingt eingehalten werden sollte.

Die durch das Programm angezeigte Uhrzeit ist die Zeit, die seit dem letzten Zurücksetzen der Uhr vergangen ist (beim Starten wird die Uhr sinnvoller Weise auch zurückgesetzt). Dies wird mit Hilfe der Static-Methode currentTimeMillis der Klasse System berechnet, die auch schon zuvor benutzt wurde. Beachten Sie, dass die angezeigte Zeit im Augenblick der Aktualisierung immer die korrekte Zeit ist, ganz unabhängig davon, wie häufig die Aktualisierungen stattfinden (d.h. wie groß UPDATE_INTERVAL auch immer sein mag).

Das gezeigte Beispiel soll hauptsächlich als Vorlage dienen für Fälle, in denen eine länger andauernde Aktivität gestartet und wieder beendet werden soll. So kann das Beispiel übertragen werden etwa für das Laden einer Datei über das Internet. Statt dem Schlafen in der Schleife der Run-Methode des Ticker-Threads werden Daten gelesen und die Anzahl der empfangenen Bytes wird über EventQueue.invokeLater auf dem Bildschirm angezeigt.

Wenn es um eine sich periodisch wiederholende Aktivität wie im vorigen Beispiel geht, dann braucht man nicht selber einen Thread zu starten, der immer wieder Aufträge an den Ereignisbehandlungs-Thread schickt. In einem solchen Fall ist es einfacher, die Klasse *Timer* aus dem Package javax.swing zu verwenden. Im Konstruktor der Klasse Timer muss eine Schlafenszeit in Millisekunden sowie eine Referenz auf ein Objekt angegeben werden, das die Schnittstelle ActionListener implementiert. Die ActionPerformed-Methode dieses Objekts wird dann im Abstand der angegebenen Zeit periodisch vom Ereignisbehandlungs-Thread aufgerufen; das Delegieren an diesen Thread muss also nicht mehr selber programmiert werden.

Bei einer selbst programmierten Grafik ist die Situation allerdings einfacher als bei der Verwendung von Swing-Interaktionselementen. Wenn das Neuzeichnen einer Grafik durch einen Thread angestoßen werden soll, so genügt ein Aufruf der Methode repaint (s. Abschnitt 4.1.5). Die Methode repaint ist im Gegensatz zu vielen anderen Swing-Methoden *thread-safe*. Man kann sich die Wirkung von repaint wie das Senden eines NeuzeichnenAuftrags über EventQueue.invokeLater an den Ereignisbehandlungs-Thread vorstellen.

Dadurch wird dann die Methode paintComponent vom Ereignisbehandlungs-Thread ausgeführt, wie es sein soll.

Zur Illustration dieses Sachverhalts betrachten wir ein Programm, welches eine einfache *Animation* auf dem Bildschirm ablaufen lässt (s. **Abbildung 4.22**). In dieser Animation bewegt sich bis zum Abbruch des Prozesses ein schwarzes Rechteck im oberen Teil des Fensters immer hin und her. Zeitgleich füllt sich darunter ein Kreis (gegen den Uhrzeigersinn). Sobald der Kreis gefüllt ist, wird der Füllgrad in umgekehrter Richtung wieder zurückgenommen. Danach beginnt das Spiel von vorne. Das Rechteck ist ganz links, wenn der Kreis unausgefüllt ist. Wenn der Kreis ganz gefüllt ist, dann befindet sich das Rechteck ganz rechts.

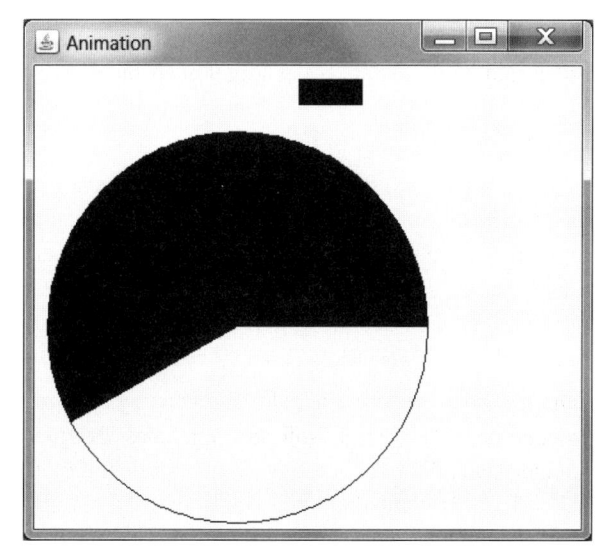

Abbildung 4.22: Animationsfenster

Das dazugehörige Programm findet man in **Listing 4.19**.

Listing 4.19:

```java
import java.awt.*;
import javax.swing.*;

class AnimationPanel extends JPanel
{
    private int x;
    private int y = 10;
    boolean right = true;

    public synchronized void paintComponent(Graphics g)
    {
        super.paintComponent(g);
        g.fillRect(x, y, 50, 20);
        g.drawOval(10, 50, 300, 300);
        g.fillArc(10, 50, 300, 300, 0, x);
    }
```

4 Parallelität und grafische Benutzeroberflächen

```java
    public synchronized void next()
    {
        if(right)
        {
            x++;
            if(x == 360)
            {
                right = false;
            }
        }
        else
        {
            x--;
            if(x == 0)
            {
                right = true;
            }
        }
        repaint();
    }
}

class Animator extends Thread
{
    private AnimationPanel animPanel;

    public Animator(AnimationPanel animPanel)
    {
        this.animPanel = animPanel;
    }

    public void run()
    {
        while(true)
        {
            animPanel.next();
            try
            {
                Thread.sleep(60);
            }
            catch(InterruptedException e)
            {
            }
        }
    }
}

public class Animation
{
    public static void main(String argv[])
    {
        JFrame f = new JFrame("Animation");
        f.setDefaultCloseOperation(WindowConstants.EXIT_ON_CLOSE);
        AnimationPanel a = new AnimationPanel();
        f.add(a);
        f.setLocation(100, 100);
        f.setSize(450, 400);
        f.setVisible(true);

        Animator animThread = new Animator(a);
        animThread.start();
    }
}
```

Die Klasse AnimationPanel ist gemäß der empfohlenen Vorgehensweise für Grafiken aus JPanel abgeleitet und überschreibt die Methode paintComponent. In paintComponent werden das Rechteck und der Kreis gezeichnet. Sowohl die X-Koordinate des Rechtecks als auch der Füllungswinkel des Kreises hängen vom Attribut x ab. Dieses Attribut wird durch die Methode next erhöht oder erniedrigt, je nachdem, ob das Attribut right true oder false ist. Immer wenn x den Wert 0 oder 360 erreicht, wird right umgeschaltet. Die Methode next wird im Abstand von 60 Millisekunden vom Animator-Thread aufgerufen. Am Ende der Methode wird durch Aufruf von repaint dem Ereignisbehandlungs-Thread der Auftrag erteilt, die Grafik neu zu zeichnen. Da der Animator in der Methode next das Attribut x verändert und der Ereignisbehandlungs-Thread dieses Attribut in der Methode paintComponent liest, müssen beide Methoden nach unserem in Kapitel 2 eingeführten Prinzip synchronized sein.

Dieses Programm ist übrigens noch ein unterstützendes Beispiel für unsere Regel, bei jedem Zeichnen den alten Inhalt vorher zu löschen, was wir in der Regel durch einen Aufruf von super.paintComponent erreichen. Ich lade die Leserinnen und Leser ein, in der Methode paintComponent der Klasse AnimationPanel den Aufruf von super.paintComponent zu entfernen. Sie werden sehen, dass nun kein komplettes Neuzeichnen erfolgt, sondern dass dem alten Inhalt immer das Neugezeichnete hinzugefügt wird. Statt des sich bewegenden Rechtecks sehen Sie nun einen wachsenden Balken, der sich nicht mehr verändert, sobald er seine volle Länge erreicht hat. Ähnlich ist es für den Kreis: Nachdem er ganz gefüllt ist, bleibt er gefüllt. Nur, wenn das Fenster minimiert und dann wiederhergestellt wird oder seine Größe verändert wird, sieht man kurzfristig wieder ein aktuelles Bild der Animation.

4.4 Zusammenfassung

In diesem Kapitel wurde ein Überblick über die Programmierung grafischer Benutzeroberflächen mit Swing gegeben. Es wurde dann ausführlicher auf das MVC-Entwurfsmuster und auf Wechselwirkungen zwischen Threads und grafischen Benutzeroberflächen eingegangen.

Obwohl nicht auf den ersten Blick erkennbar, dient dieses Kapitel u.a. auch als Grundlage für den nun folgenden Teil über die Entwicklung verteilter Anwendungen. Zum einen werden wir in einigen Beispielen Clients mit einer grafischen Benutzeroberfläche ausstatten. Wenn dann eine Benutzeraktion eine Kommunikation mit einem Server auslöst, die länger dauern kann, dann muss nach den in diesem Kapitel eingeführten Prinzipien diese Kommunikation in einem eigenen Thread durchgeführt werden. Dieser Thread darf dann aber nichts selbst in einem Fenster ausgeben, sondern muss dazu den Ereignisbehandlungs-Thread beauftragen.

Zum anderen stellt das MVC-Entwurfsmuster nicht nur eine Strukturierungshilfe für Anwendungen mit grafischer Benutzeroberfläche dar, sondern auch für verteilte Anwendungen.

5 Verteilte Anwendungen mit Sockets

Ab diesem Kapitel wenden wir uns der Entwicklung verteilter Anwendungen zu. Damit verlassen wir die lokale Sichtweise, in der es um das Zusammenspiel von Threads innerhalb eines Prozesses ging, und beschäftigen uns nun mit dem Zusammenwirken von Threads unterschiedlicher Prozesse, die in der Regel auf unterschiedlichen Rechnern laufen. Mit unserer Küchen-Metapher aus Kapitel 1 kann dieser Sachverhalt folgendermaßen ausgedrückt werden: Ab jetzt betrachten wir die Interaktion von Köchen, die nicht wie bisher in derselben Küche, sondern in unterschiedlichen Küchen arbeiten. Die Küchen befinden sich dabei in der Regel in unterschiedlichen Gebäuden (Rechnern), können aber als Spezialfall auch im selben Gebäude liegen.

In diesem und dem folgenden Kapitel geht es um eigenständige Client-Server-Anwendungen. Damit ist gemeint, dass wir sowohl einen Client als auch einen dazu passenden Server selbst programmieren. In Kapitel 7 werden im Gegensatz dazu webbasierte Anwendungen behandelt, bei denen der Client ein Web-Browser ist und ein Web-Server um selbst geschriebene Programme, so genannte Servlets, erweitert wird. Diese Servlets erzeugen dynamische Web-Seiten. Auf Server-Seite ist somit kein vollständiges Programm, sondern nur eine Art Anhängsel für einen Web-Server zu programmieren, auf Client-Seite sogar gar nichts.

Die Entwicklung eigenständiger Client-Server-Anwendungen werden wir auf zwei Arten kennen lernen:

- In diesem Kapitel geht es um die Socket-Programmierung. Die so genannte Socket-Schnittstelle bietet eine Programmierschnittstelle zur Verwendung der Transportprotokolle UDP und TCP an.

- Das folgende Kapitel dreht sich um RMI (Remote Method Invocation). Mit RMI kann von einem Rechner aus eine Methode eines Objekts aufgerufen werden, das sich auf einem anderen Rechner befindet. RMI hat zum Ziel, die Entwicklung verteilter Client-Server-Anwendungen zu erleichtern, indem auf diese Weise dem Entwickler die Kommunikationsaspekte so weit wie möglich verborgen bleiben. RMI basiert auf

Sockets. Insofern stellt es eine höhere Schnittstelle mit einem höheren Abstraktionsniveau als Sockets dar.

Zunächst wird eine kurze Einführung in das Themengebiet der Rechnernetze gegeben, um für die darauf folgenden Ausführungen gerüstet zu sein.

5.1 Einführung in das Themengebiet der Rechnernetze

5.1.1 Schichtenmodell

Die Übermittlung von Daten von einem Rechner zu einem anderen über ein Rechnernetz ist eine nicht triviale Aufgabe. Deshalb wird diese Aufgabe gemäß dem bekannten Prinzip „Teile und herrsche" in mehrere Teilaufgaben zerlegt. Die Lösung jeder Teilaufgabe wird durch eine so genannte *Schicht* erfüllt. Wir wollen das *Schichtenmodell* zunächst an einer Metapher erläutern:

Eine Geschäftsführerin einer Firma X möchte einer anderen Firma Y einen Auftrag erteilen. Zu diesem Zweck holt sie bei der Geschäftsführerin der anderen Firma Y ein Angebot ein. Nach Prüfung dieses Angebots erteilt die Geschäftsführerin der Firma X der Firma Y den Auftrag. Diese Folge von Kommunikationsschritten wird als *Kommunikationsprotokoll* (oder kurz *Protokoll*) auf der Geschäftsführerinnenebene (Geschäftsführerinnenschicht) bezeichnet. Ein Protokoll legt fest, von welcher Art die ausgetauschten Informationen sind sowie alle zulässigen Folgen von Kommunikationsschritten. Das Protokoll zwischen den beiden Geschäftsführerinnen ist jedoch insofern virtuell, als sich in unserem Beispiel die beiden Geschäftsführerinnen nicht direkt miteinander unterhalten. Stattdessen erteilt die Geschäftsführerin der Firma X ihrem Sachbearbeiter den Auftrag, ein Angebot von der Firma Y einzuholen. Dabei teilt die Geschäftsführerin dem Sachbearbeiter lediglich die wichtigsten Informationen, u.a. den Namen der Firma Y, mündlich mit. Diese Interaktion zwischen Geschäftsführerin und Sachbearbeiter bildet die *Dienstschnittstelle* zwischen den beiden. Das heißt, der Sachbearbeiter stellt an dieser Schnittstelle einen Dienst zur Verfügung, der von der Geschäftsführerin durch Erteilung eines mündlichen Auftrags in Anspruch genommen wird. Der Sachbearbeiter führt den ihm erteilten Auftrag aus, indem er einen Brief an die Firma Y schreibt. Er fügt dabei weitere Informationen, wie genaue Anschrift, Absender, Datum, Anrede usw. hinzu und steckt diesen Brief in einen Umschlag. Dieser Brief wird bei der Firma Y von einem entsprechenden Sachbearbeiter entgegengenommen, der aus diesem Brief die relevanten Informationen herauszieht und diese über die Schnittstelle der Geschäftsführerin der Firma Y mitteilt. Das heißt, die vom Sachbearbeiter der Firma X hinzugefügte Information wird vom Sachbearbeiter der Firma Y wieder abgezogen, so dass die Information, die an der Schnittstelle der Geschäftsführerin der Firma Y übermittelt wird, derjenigen entspricht, die in der Firma X an der entsprechenden Schnittstelle als Auftrag übergeben wurde. Die Geschäftsführerin der Firma Y erhält also genau die von der Geschäftsführerin der Firma X angegebene Information.

Wir haben in diesem Beispiel die wesentlichen Begriffe Protokoll, Schicht und Dienstschnittstelle kennen gelernt: Das Protokoll innerhalb der Schicht der Geschäftsführerinnen wird durch Erteilung der entsprechenden Aufträge über die Schnittstelle zu den Sachbearbeitern durch ein Protokoll zwischen den Sachbearbeitern abgewickelt. Unser Beispiel soll den Leser nicht zu der falschen Annahme verleiten, dass jeder Auftrag an der Schnittstelle immer zum Senden genau einer Nachricht (in unserem Beispiel eines Briefes) auf der nächsten Schicht (der Sachbearbeiterschicht) führen muss. Es ist so z.B. denkbar, dass der Sachbearbeiter der Firma X von sich aus die Initiative ergreift, wenn er längere Zeit keine Antwort auf seine Anfrage erhält, und bei der Firma Y nachfragt, ob denn seine Anfrage nicht eingetroffen sei. Der Sachbearbeiter der Firma Y könnte auch feststellen, dass noch Informationen fehlen, um das Angebot zu unterbreiten. Er würde dann um diese Informationen beim Sachbearbeiter der Firma X bitten. Diese zusätzlichen Kommunikationsschritte im Rahmen des Sachbearbeiterprotokolls finden ohne Kenntnis der beiden Geschäftsführerinnen statt. Die Geschäftsführerinnen brauchen sich somit nicht um dieses Problem zu kümmern, da sie wissen, dass ihre Sachbearbeiter die Kommunikation zuverlässig durchführen.

Wie schon zuvor die Geschäftsführerinnen, so treffen auch die Sachbearbeiter nicht wirklich aufeinander und übergeben sich die Briefe persönlich. Stattdessen wird der Übermittlungsdienst der Post verwendet. Schnittstelle zur Post sind ein Eingangs- und Ausgangskorb, aus dem von einem Bediensteten der Post die Briefe abgeholt bzw. in den Briefe, die für die Firma bestimmt sind, hineingelegt werden. Auf der Postschicht kommt nun allerdings der folgende neue Aspekt dazu: Die Briefe werden von dem Bediensteten der Post nicht direkt zur Firma Y befördert, sondern zunächst zum Briefzentrum der Region, in der die Firma X ihren Sitz hat. In diesem Briefzentrum werden die Briefe sortiert und zur Weiterleitung vorbereitet. Von diesem Briefzentrum wird unser Brief dann zum Briefzentrum der Region befördert, in dem die Firma Y ansässig ist. Und von dort gelangt er dann durch einen Postbediensteten in den Eingangskorb der Firma Y. Das Protokoll zwischen den Briefzentren besteht im Austausch von Briefen in Postsäcken.

Diese Postsäcke wiederum werden von den Angestellten der Briefzentren nicht selbst zum nächsten Briefzentrum gebracht, sondern dazu werden unterschiedliche Beförderungssysteme wie etwa LKW, Bahn, Schiff oder Flugzeug eingesetzt. Die entsprechende Schnittstelle und das Protokoll mögen sich die Lesenden selbst überlegen.

Die beschriebene Unterteilung des Kommunikationsvorgangs in Schichten ist in **Abbildung 5.1** zusammengefasst. Entlang der durchgezogenen Linien wird wirklich etwas befördert, während die gestrichelten Linien den Beförderungsweg zeigen, so wie es von den Betroffenen der entsprechenden Schicht gesehen wird. Für die Sachbearbeiter z.B. scheint es so, als würden sie direkt miteinander einen Brief austauschen.

5 Verteilte Anwendungen mit Sockets

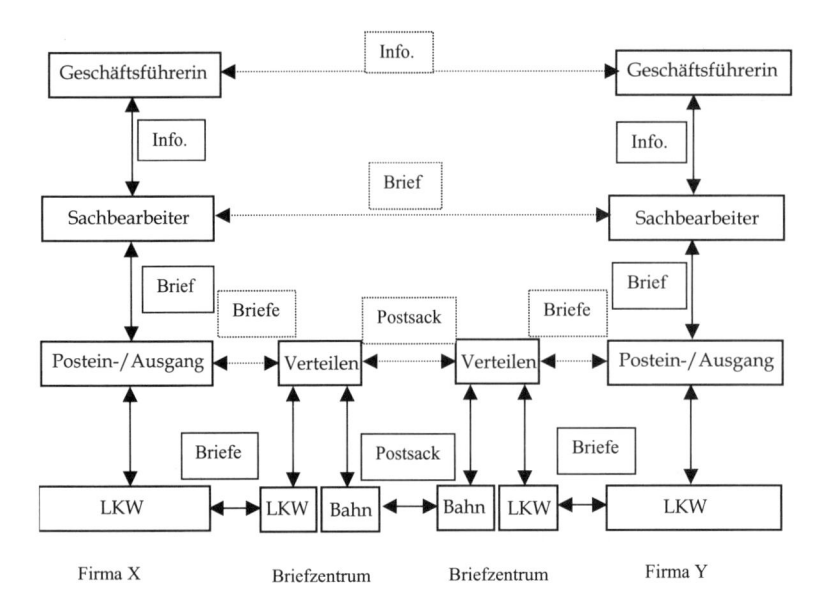

Abbildung 5.1: Schichtenmodell anhand eines Beispiels aus dem täglichen Leben

Eine abstrakte Form von **Abbildung 5.1** sehen Sie in **Abbildung 5.2**. Dabei ist nur eine Zwischenstation statt der beiden Briefzentren gezeigt. Gemeint ist, dass eine beliebig große Zahl von Zwischenstationen vorhanden sein kann. Außerdem sind die Schichten „von unten nach oben" durchnummeriert. Dabei wurden der untersten Schicht die Zahlen 1 und 2 zugeordnet, damit die Nummerierung mit derjenigen der Internet-Protokolle übereinstimmt. In unserem Beispiel entsprechen die Schichten 1 und 2 der Briefbeförderungsschicht, Schicht 3 der Postschicht, Schicht 4 der Sachbearbeiterschicht und Schicht 5 schließlich der Geschäftsführerinnenschicht.

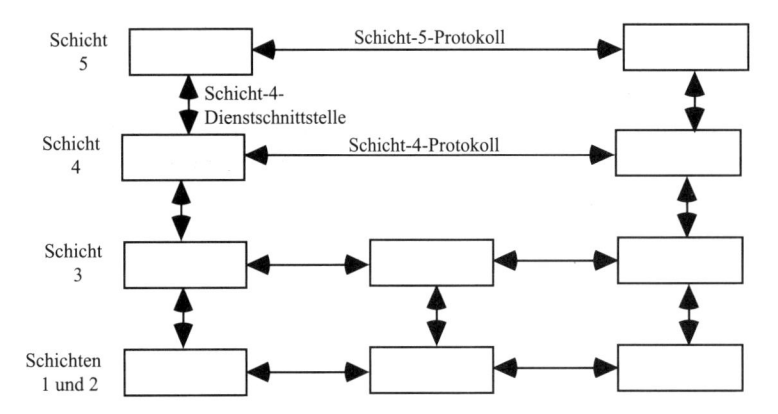

Abbildung 5.2: Schichtenmodell in abstrakter Darstellung

5.1 Einführung in das Themengebiet der Rechnernetze

Im Internet haben die Schichten die folgenden Funktionen:

- Die Schichten 1 und 2 sind im Internet zuständig für die Übertragung von Datenblöcken zwischen zwei Rechnern, die direkt miteinander verbunden sind, also beispielsweise über eine Telefonleitung, über ein drahtgebundenes lokales Netz des Typs *Ethernet* oder über ein *drahtloses Funknetz*, an das beide angeschlossen sind. Die erste Schicht ist dabei zuständig für die Übertragung einzelner Bits und wird daher *Bitübertragungsschicht* (*Physical Layer*) genannt. Die zweite Schicht, die als *Leitungsschicht* (*Data Link Layer*) bezeichnet wird, hat die Aufgabe, einzelne Bits zu einem Datenblock in einem bestimmten Format zusammenzufassen Die Schichten 1 und 2 sind von Netztyp zu Netztyp unterschiedlich. So werden die Bits 0 und 1 durch ein Modem anders codiert als durch einen Ethernet-Adapter. Außerdem werden die Daten je nach benutzter Netztechnologie unterschiedlich formatiert. Die Formatierung bedeutet, dass bestimmte Informationen wie z.B. Adressen eine gewisse Struktur und Bitlänge haben und an einer bestimmten Stelle im Datenblock stehen. Bei den lokalen Netzen wie Ethernet kommen durch das gemeinsame Medium noch zwei weitere Funktionen auf der Leitungsschicht hinzu: Zum einen wird ein Verfahren benötigt, welches garantiert, dass immer nur höchstens eine Station sendet. Zum anderen müssen die an dem gemeinsamen Medium angeschlossenen Rechner adressiert werden. Bei einer Punkt-zu-Punkt-Leitung kann eine empfangende Station davon ausgehen, dass die ankommenden Daten für sie bestimmt sind, bei einem gemeinsamen Medium dagegen nicht. Diese beiden Funktionen werden als *Medium-Zugangskontrolle* (*Medium Access Control* oder kurz *MAC*) bezeichnet und bilden eine Teilschicht innerhalb der Leitungsschicht. Die entsprechenden Adressen heißen deshalb *MAC-Adressen*.

- Das *Internet*, das „Netz der Netze", verbindet Rechner miteinander, die an verschiedenen Netzen mit unterschiedlichen Netztechnologien angeschlossen sind. Das Protokoll, welches dies zu leisten vermag, war der Namenspatron des Internet: das *Internet Protocol* oder kurz *IP*. Das IP-Protokoll ist auf der dritten Schicht, die im Allgemeinen als *Vermittlungsschicht* (*Network Layer*) bezeichnet wird, angesiedelt. In dieser Schicht wird für eine einheitliche, strukturierte und weltweit eindeutige Adressierung gesorgt; jedem Netzanschluss wird eine eindeutige *IP-Adresse* zugeordnet. Mit Hilfe des IP-Protokolls werden Datenpakete über verschiedene Netze weitergeleitet, bis sie beim Zielrechner ankommen. Dabei wird in jedem Rechner die Adresse erneut gelesen und der nächste Rechner bestimmt. Ein Datenpaket kann wie ein Brief bei der Post auch einmal verloren gehen. Weiterhin kann es – wiederum wie bei der Post – passieren, dass ein Datenpaket verzögert ausgeliefert wird. Die Übertragungszeit schwankt also im Allgemeinen. Dadurch kann es auch vorkommen, dass ein als zweites gesendetes Datenpaket vor dem zuerst abgeschickten Datenpaket beim Empfänger ankommt und die Datenpakete somit in ihrer Reihenfolge vertauscht werden.

- Auf der dritten Schicht werden Rechner adressiert. Auf der vierten Schicht, der *Transportschicht* (*Transport Layer*), wird diese Adressierung ergänzt um „Kontaktpunkte" innerhalb des Rechners. Im Beispiel aus dem täglichen Leben entspricht die Adressierung auf der dritten Schicht dem Teil Firma, Postleitzahl, Ort, Straße und

Hausnummer (oder Postfach). Mit der Adressierung auf der vierten Schicht wird eine Abteilung oder ein Mitarbeiter innerhalb der Firma (oder eine Person einer Familie oder WG) gezielt angesprochen. Die Adressierung auf der vierten Schicht erfolgt durch so genannte *Portnummern*. Im Internet gibt es zwei verbreitete Transportprotokolle: UDP (*User Datagram Protocol*) und TCP (*Transmission Control Protocol*). UDP hat neben der Adressierung mit Portnummern keine weitere Funktion. Es übernimmt daher die Eigenschaften des IP-Protokolls; wie IP ist es *verbindungslos* und *unzuverlässig* (d.h. *Verluste* und *Reihenfolgevertauschungen* sind möglich). Im Gegensatz dazu behebt das TCP-Protokoll die Nachteile von IP. Dabei überwacht die eine Seite, ob die andere Seite nach gegebener Zeit den Empfang einer zuvor gesendeten Nachricht bestätigt. Falls dies nicht der Fall ist, wird die Nachricht nochmals gesendet. Aus der Sicht der Transportprotokolle bleibt verborgen, dass die Kommunikation unter Umständen über mehrere Zwischenstationen abgewickelt wird. Für sie scheint es so, als seien sie in direktem Kontakt miteinander, da sie den Dienst der darunter liegenden IP-Schicht nutzen.

- In der fünften Schicht, der *Anwendungsschicht* (*Application Layer*), wird die Kommunikation der Anwendungen abgewickelt. Solche Anwendungen sind z.B. das *World Wide Web* (*WWW*), *elektronische Post* oder *Audio-Video-Konferenzen*. Auch können selbst definierte Anwendungsprotokolle, wie sie z.B. auch in diesem Kapitel definiert werden, zum Einsatz kommen.

Die soeben beschriebenen Schichten haben ihre konkrete Entsprechung in einem Rechner durch Software-Module und Hardware-Bausteine. Typischerweise sind die Schichten 1 und 2 durch Adapterkarten (z.B. Ethernet-Adapter) und die entsprechenden *Treiber* eines Betriebssystems realisiert. Die dritte und vierte Schicht sind in der Regel im Betriebssystemkern eingebettet, während die fünfte Schicht durch Anwendungsprozesse realisiert wird. Oft werden die Software-Module, die das UDP-, TCP- bzw. das IP-Protokoll im Rechner implementieren, auch kurz als UDP, TCP bzw. IP bezeichnet. So ist mit einem Satz wie „TCP nimmt die Daten entgegen" gemeint: „Das Software-Modul, das das TCP-Protokoll implementiert, nimmt die Daten entgegen."

5.1.2 IP-Adressen und DNS-Namen

Jedem Netzanschluss, wovon ein Rechner mehrere haben kann (z.B. einen Ethernet-Anschluss und einen Anschluss an ein drahtloses Netz), ist eine weltweit eindeutige *IP-Adresse* zugeordnet. In der Version 4 von IP (*IPv4*) besteht diese Adresse aus 32 Bits. Eine IP-Adresse wird für die menschlichen Nutzer in der so genannten „*punktierten Dezimalnotation*" dargestellt. Dabei werden je 8 Bits als Dezimalzahl geschrieben, und diese Zahlen werden mit Punkten voneinander getrennt (z.B. 143.93.53.147).

Die Adressen werden in unterschiedliche Klassen eingeteilt, wobei wir auf die Unterschiede zwischen den Klassen A, B und C hier nicht eingehen wollen. Die erste Zahl der Adressen dieser Klassen A, B und C ist kleiner als 224. Damit werden immer einzelne Rechner angesprochen (*Unicast-Adressen*). Ist die erste Zahl im Bereich von 224 bis 239 einschließlich, so handelt es sich um eine Adresse der Klasse D, einer so genannten Multicast-Adresse. Damit kann eine Gruppe von Rechnern adressiert werden. Die Mitglieder einer solchen Gruppe sind diejenigen Rechner, die der entsprechenden Gruppe beigetreten sind. Neben seiner eigenen individuellen Adresse kann ein Rechner damit auch noch eine oder mehrere *Multicast-Adressen* haben. IP-Adressen, deren erste Zahl zwischen 240 und 255 liegt (größer als 255 ist wegen der 8 Bits nicht möglich), gehören zur Adressklasse E; sie gehören zu einem reservierten Bereich und werden in der Regel nicht benutzt. In der Version 6 von IP (*IPv6*) besteht eine IP-Adresse aus 128 Bits.

Da IP-Adressen für Menschen nicht leicht zu merken sind, wurden für die Rechner auch Namen eingeführt. Diese Namen haben eine hierarchische Struktur, wobei im Gegensatz zu Dateipfadnamen die Wurzel und die höchste Stufe der Hierarchie am Ende stehen. Anders ausgedrückt: Wenn man sich die Hierarchie als Baum vorstellt, wobei die Wurzel oben gezeichnet wird, dann beschreibt ein Dateipfadname einen Weg „von oben nach unten" (d.h. von der Wurzel ausgehend), während ein Rechnername umgekehrt einem Pfad „von unten nach oben" entspricht. Die einzelnen Komponenten sind durch Punkte voneinander getrennt (Beispiel: www.fh-trier.de, dabei ist „de" die oberste Hierarchiestufe).

Die Namen werden vom so genannten *Domain Name System* (*DNS*) in IP-Adressen umgesetzt. Aus diesem Grund heißen die Rechnernamen auch DNS-Namen. Das DNS-System besteht aus einer Vielzahl von DNS-Servern, die sich zum Teil gegenseitig kennen und befragen. Einem Rechner können mehrere DNS-Namen zugeordnet sein (so genannte Aliase). Umgekehrt kann ein Rechner, der durch einen DNS-Namen identifiziert wird, mehrere IP-Adressen haben (z.B. bei mehreren Netzanbindungen). Das heißt, dass zwischen IP-Adressen und Rechnernamen eine m:n-Beziehung besteht.

Ein Sonderfall stellt eine IP-Adresse bzw. ein DNS-Name dar, der bei uns Menschen der Bezeichnung „ich" entspricht. Die IP-Adresse 127.0.0.1 bzw. der DNS-Name *localhost* meint immer den eigenen Rechner.

5.1.3 Das Transportprotokoll UDP

In Abschnitt 5.1.1 wurde bereits erläutert, warum es Transportprotokolle gibt:

- Zum einen laufen in einem Rechner mehrere Anwendungen, die über das Internet kommunizieren, (quasi) gleichzeitig ab. Die ankommenden Daten müssen an die Anwendungen verteilt werden.

- Zum anderen besitzt IP einige Eigenschaften, die aus Anwendersicht nicht gerade wünschenswert sind. So können Sie sich leicht ausmalen, dass bei der Übertragung einer Datei (z.B. eines WWW-Dokuments) der Verlust oder die Reihenfolgevertauschung von IP-Paketen den Anwender nicht erfreuen dürfte. Die einzelnen Anwendungen könnten natürlich geeignete Gegenmaßnahmen treffen. Da diese Gegenmaßnahmen aber in die meisten der neu zu entwickelnden Anwendungen eingebaut werden müssten, ist es einfacher, wenn diese Problematik durch ein Transportprotokoll gelöst wird, das von vielen Anwendungen benutzt wird.

Das Transportprotokoll *UDP* (*User Datagram Protocol*) löst nur das erste der beiden geschilderten Problembereiche. Es erweitert die Funktionalität von IP lediglich um die Möglichkeit, eine spezifische Anwendung auf einem Rechner über eine so genannte *Portnummer* zu adressieren.

Mit dem Begriff *Datagramm* (ein Kunstwort, das aus Telegramm abgeleitet ist) wird eine Dateneinheit bezeichnet, die in ein IP-Paket gepackt und über das Netz verschickt wird. Ein UDP-Datagramm enthält neben der Zielportnummer auch die Quellportnummer. Die Quellportnummer wird vom Sender aus demselben Grund wie die IP-Quelladresse angegeben, damit nämlich der Empfänger dem Sender antworten kann.

Darüber hinaus fügt UDP dem IP-Protokoll keine weiteren Funktionen hinzu. Das bedeutet, dass alle Eigenschaften des IP-Protokolls erhalten bleiben. Die Eigenschaften von UDP sind somit:

- UDP ist wie IP *verbindungslos*.

- Bei der Benutzung von UDP können *Datagrammverluste* oder *Reihenfolgevertauschungen von Datagrammen* vorkommen. Außerdem kann ein Sender einen Empfänger mit Nachrichten „überfluten", d.h. der Empfänger kann die Nachrichten nicht mit der Geschwindigkeit abarbeiten, mit der der Sender sie schickt.

- UDP ist *datagrammorientiert*. Damit ist Folgendes gemeint: Falls in einer Anwendung über eine Programmierschnittstelle eine gewisse Menge an Daten dem UDP-Protokoll übergeben wird, so werden diese Daten in genau ein Datagramm gesetzt und über IP verschickt. Die Programmierschnittstelle bietet auch Funktionen, um Daten entgegenzunehmen. Wenn nun auf der Seite des Empfängers Daten entgegengenommen werden sollen, so werden der Anwendung alle Daten des eingetroffenen Datagramms übergeben. Dies bedeutet, dass genau die Daten, die vom Sender auf einmal an UDP übergeben wurden, beim Empfänger als eine Einheit ankommen, falls sie nicht verloren gehen. Dieses Verhalten entspricht exakt dem Verhalten einer Message Queue (s. Abschnitt 3.2).

Man kann sich fragen, welchen Nutzen ein Protokoll hat, bei dem Daten verloren gehen oder in ihrer Reihenfolge vertauscht werden können. Entgegen dem ersten Eindruck gibt es dennoch einige sinnvolle Einsatzgebiete für UDP:

- Es gibt Anwendungen, bei denen der Verlust von Daten nicht so gravierend ist. Bei der Übertragung eines Videos über das Internet (wie z.B. bei einer Audio-Video-Konferenz) werden ca. 20 digitalisierte, in der Regel auch komprimierte Bilder pro Sekunde versendet. Wenn dabei ab und zu einmal eines verloren geht, so ist das für den Betrachter kaum wahrnehmbar. Würde allerdings wie bei TCP der Verlust bemerkt und das Bild nach einer gewissen Wartezeit wiederholt übertragen, so wäre das für den menschlichen Betrachter weitaus störender.

- TCP ist ein Protokoll für genau zwei Partner. Deshalb kann TCP nicht mit Multicast genutzt werden. Man benötigt für Multicast daher ein neues Transportprotokoll oder kann UDP verwenden.

- TCP ist im Gegensatz zu UDP verbindungsorientiert. Der Verbindungsauf- und -abbau erfordert einen gewissen Aufwand. Wenn man nur wenige Daten zu übertragen hat (z.B. eine kurze Anfrage und eine kurze Antwort), ist dieser Aufwand relativ groß. Aus diesem Grund kann in solchen Situationen sinnvollerweise UDP eingesetzt werden, auch wenn Verluste und Reihenfolgevertauschungen nicht tolerierbar sind. Es werden dann Mechanismen in die Anwendung gegen diese Phänomene eingebaut, die aber in der Regel wesentlich einfacher sind als die ausgefeilten Mechanismen von TCP.

5.1.4 Das Transportprotokoll TCP

TCP (Transmission Control Protocol) erlaubt nicht nur die gleichzeitige Internet-Nutzung mehrerer Anwendungen auf einem Rechner, sondern beinhaltet eine ganze Reihe weiterer Eigenschaften. TCP stellt das Gegenstück zu UDP dar:

- TCP ist im Gegensatz zum verbindungslosen UDP ein *verbindungsorientiertes Transportprotokoll*. Dies bedeutet, dass zwei Partner, die Daten austauschen wollen, zuvor eine Verbindung aufbauen müssen, die am Ende wieder abgebaut wird. Die Verbindungsorientierung ist kein Selbstzweck, sondern erleichtert die Realisierung der im nächsten Punkt genannten Zuverlässigkeit.
- TCP ist im Gegensatz zu UDP ein *zuverlässiges Protokoll*. Dies bedeutet, dass keine Daten verloren oder vertauscht werden können. Daneben besitzt es noch eine Reihe hilfreicher Mechanismen wie Flusskontrolle und Überlastkontrolle. Die *Flusskontrolle* verhindert eine Überflutung eines Empfängers mit Daten durch einen Sender, während die *Überlastkontrolle* einer Überlastung des Netzes entgegenwirkt.
- Im Gegensatz zum datagrammorientierten UDP ist TCP ein *datenstromorientiertes Protokoll*. Damit ist gemeint, dass der Empfänger einen Datenstrom entgegennimmt, dem er nicht ansieht, in welchen Portionen die Daten vom Sender geschickt wurden. Ein solches Verhalten haben Sie bereits in Abschnitt 3.3 bei den Pipes kennen gelernt.

Da bei den meisten Datenübertragungen Zuverlässigkeit verlangt wird und die besonderen Randbedingungen, in denen UDP eingesetzt wird, nicht vorliegen, wird in den meisten Anwendungen TCP eingesetzt. Dies gilt z.B. auch für die Übertragung von Dokumenten im Rahmen des WWW und die Übertragung elektronischer Post.

Zusammenfassend sind in **Tabelle 5.1** die wichtigsten Eigenschaften der beiden Transportprotokolle einander gegenübergestellt.

Tabelle 5.1: Vergleich zwischen UDP und TCP

UDP	TCP
verbindungslos	verbindungsorientiert
unzuverlässig	zuverlässig mit Fluss- und Überlastkontrolle
datagrammorientiert	datenstromorientiert

5.2 Socket-Schnittstelle

Die *Socket-Schnittstelle* wurde Anfang der 80er Jahre entwickelt, als Forscher der Berkeley-Universität (bei San Francisco) das UNIX-Betriebssystem um Netzfunktionalitäten erweiterten. Auch wenn es für viele heute kaum mehr vorstellbar ist, so muss man sich zum Verständnis dieser Entwicklung klar machen, dass ein Computer damals nur in den seltensten Fällen mit einem Netzanschluss ausgestattet war. Insbesondere integrierten die Forscher die TCP/IP-Protokolle in den UNIX-Betriebssystemkern. Um die nun vorhandene Kommunikationsfähigkeit nutzen zu können, erweiterten sie die UNIX-Kernschnittstelle entsprechend. Genau diese Erweiterung ist die so genannte Socket-Schnittstelle, die primär für Programme gedacht war, die in der Programmiersprache C – der „UNIX-Programmiersprache" – geschrieben waren. Die ersten Internet-Anwendungen wie TELNET, FTP und elektronische Post basierten auf dieser Socket-Schnittstelle. Socket bedeutet übrigens Steckdose. Mit Hilfe dieser Metapher kann man sich gut vorstellen, dass die Socket-Schnittstelle eine „Kommunikationssteckdose" für verteilte Client-Server-Anwendungen darstellt.

Die Arbeiten der Berkeley-Forscher waren historisch sehr bedeutsam, denn mit der raschen Verbreitung dieser BSD-UNIX-Versionen (BSD steht für Berkeley Software Distribution) trat das Internet seinen Siegeszug an. Diese ersten Erfolge führten dazu, dass die Socket-Schnittstelle in ähnlicher Form auch in anderen Betriebssystemen wie z.B. in Windows von Microsoft, in MacOS von Apple und in Großrechner-Betriebssystemen von IBM implementiert wurde und die entsprechenden Internet-Anwendungen auf diese Betriebssysteme portiert wurden. Die Internet-Kommunikationsfähigkeit eines Computers wurde damit immer mehr zum Standard.

Die Socket-Schnittstelle ist eine Schnittstelle zwischen der Transportschicht (Schicht 4) und der Anwendungsschicht (Schicht 5). In vielen Fällen bildet sie auch eine Schnittstelle zwischen dem Betriebssystemkern und den Anwendungen. Mit Hilfe der Socket-Schnittstelle können Anwendungen programmiert werden, die über UDP oder über TCP kommunizieren.

5.2.1 Socket-Schnittstelle zu UDP

Im Prinzip ist die Schnittstelle zu UDP sehr einfach. Da UDP nämlich verbindungslos ist, gibt es keine Operationen zum Verbindungsauf- und -abbau, sondern lediglich zum Senden und Empfangen von Daten. Der zentrale Begriff ist der Socket. Einen Socket können Sie sich als eine Steckdose vorstellen, über die wie über eine Telefonsteckdose Daten gesendet und empfangen werden können. An einen Socket kann eine Portnummer gebunden werden. Der Effekt davon ist, dass alle über diesen Socket gesendeten Datagramme die Portnummer dieses Sockets als Quellportnummer tragen. Außerdem können über diesen Socket nur Datagramme empfangen werden, die die Portnummer des Sockets als Zielportnummer enthalten.

Mit Hilfe der Socket-Schnittstelle lassen sich verteilte Anwendungen programmieren. Verteilte Anwendungen sind in der Regel *Client-Server-Anwendungen*, in denen einer der beiden kommunizierenden Partner die Rolle des Clients und der andere die Rolle des Servers übernimmt. Der *Client* (*Kunde, Auftragnehmer*) ist ein Prozess, der von einem Server eine bestimmte Dienstleistung anfordert. Die Initiative geht dabei immer vom Client aus. Bei der Benutzung von UDP bedeutet dies, dass der Client derjenige ist, der die Initiative ergreift und mit der Kommunikation anfängt. Der *Server* (*Diensterbringer*) ist typischerweise ein Prozess, der in einer Endlosschleife auf Aufträge von Kunden wartet, die ihm in Nachrichten übermittelt werden, diese Aufträge bearbeitet und eine Antwort an den Kunden zurücksendet.

Da der Client die Initiative ergreift, muss der Client die Adresse des Servers (d.h. dessen IP-Adresse und Portnummer) kennen. Die Portnummer ergibt sich aus der Art des in Anspruch zu nehmenden Dienstes. Für die verschiedenen Standarddienste sind nämlich internetweit gewisse Portnummern definiert, die als *wohlbekannte Portnummern* (*well-known port numbers*) bezeichnet werden. Der Client dagegen benötigt keine wohlbekannte Portnummer. Der Server kann dem Client antworten, denn mit der empfangenen Nachricht erfährt er die Absenderadresse (IP-Adresse und Portnummer). Der Client verwendet deshalb in der Regel eine beliebige Portnummer.

Ein Client-Programm hat damit typischerweise folgende Struktur:

```
erzeuge einen UDP-Socket s;
/* dabei besitzt der Socket irgendeine, im Moment noch nicht benutzte
   Portnummer
*/
wiederhole so oft wie nötig:
{
    sende über s eine Anfrage an eine vorgegebene IP-Adresse
         und Portnummer;
    warte auf eine Antwort am UDP-Socket s;
    analysiere die Antwort;
}
```

Ein Server-Programm ist in der Regel wie folgt aufgebaut:

```
erzeuge einen UDP-Socket s mit einer spezifischen Portnummer;
wiederhole immer wieder:
{
    warte auf eine Anfrage am UDP-Socket s;
    analysiere die Anfrage;
    führe entsprechend der Anfrage eine Aktion durch;
    erzeuge dabei eine Antwort;
    sende über s die Antwort an die IP-Adresse und Portnummer,
         von der die Anfrage kam;
}
```

5.2.2 Socket-Schnittstelle zu TCP

Wie bei UDP werden auch bei TCP Portnummern verwendet. TCP- und UDP-Portnummern sind unabhängig voneinander. Das bedeutet, dass dieselbe Portnummer sowohl für UDP als auch für TCP auf einem Rechner benutzt werden kann, ohne dass dies zu Problemen führt. An die TCP-Sockets können wie an die UDP-Sockets Portnummern gebunden werden. In einer *Client-Server-Anwendung* bindet der Server eine *wohlbekannte Portnummer* an seinen TCP-Socket, während der Client eine beliebige Portnummer verwenden kann. Der Client baut aktiv über seinen Socket eine Verbindung zu einem Server auf und kann erst nach erfolgreichem Verbindungsaufbau Daten über diesen Socket senden und empfangen. Der Server wartet an seinem Socket, bis ein Client eine Verbindung mit ihm aufbaut. Eine Besonderheit der Socket-Schnittstelle ist nun, dass in diesem Fall nach Annahme einer Verbindung ein neuer Socket entsteht. Der alte Socket kann für weitere Verbindungsannahmen benutzt werden, während der neue Socket zum Senden und Empfangen von Daten für diese neue Verbindung dient. Beachten Sie bitte, dass auf dem Server für jede passiv angenommene Verbindung ein neuer Socket erzeugt wird, während beim aktiven Verbindungsaufbau auf Client-Seite kein neuer Socket entsteht.

Ein Client könnte demnach in Pseudocode wie folgt programmiert werden:

```
erzeuge einen TCP-Socket s;
/* dabei besitzt der Socket irgendeine, im Moment noch
   nicht benutzte Portnummer */
baue über s eine Verbindung zu einer
vorgegebenen IP-Adresse und Portnummer auf;
/* dabei wird der Client so lange blockiert, bis die
   Gegenseite die Verbindung angenommen hat */
wiederhole so oft wie nötig:
{
    sende über s eine Anfrage;
    /* dabei ist die Angabe von IP-Adresse und Portnummer nicht möglich
    */
    warte auf eine Antwort an s;
    analysiere die Antwort;
}
schließe die Verbindung über s;
```

Ein passendes Server-Programm dazu kann folgenden Aufbau haben:

```
erzeuge einen TCP-Socket sAnnahme mit einer spezifischen Portnummer;
wiederhole immer wieder:
{
    warte auf einen Verbindungsaufbau an sAnnahme und nimm die Verbindung
        an, dabei wird ein neuer Socket sVerb erzeugt;
    wiederhole, so lange die Verbindung besteht:
    {
        warte auf eine Anfrage an sVerb;
        falls tatsächlich eine Anfrage angekommen ist
        {
            analysiere die Anfrage;
            führe entsprechend der Anfrage eine Aktion durch;
            erzeuge dabei eine Antwort;
            sende über sVerb die Antwort;
            /* dabei ist die Angabe von IP-Adresse und Portnummer
                nicht möglich
            */
        }
        andernfalls /* die Verbindung wurde vom Client geschlossen */
        {
            schließe die Verbindung über sVerb;
            verlasse die innere Schleife;
            /* d.h. es geht weiter bei
                "warte auf einen Verbindungsaufbau ..."
            */
        }
    }
}
```

5.2 Socket-Schnittstelle

In obigem Beispielprogramm gibt es zu einem Zeitpunkt höchstens zwei gültige Sockets. Ein alternatives Serverprogramm könnte aber auch während des Bestehens einer Verbindung über den Socket sAnnahme weitere Verbindungen annehmen. In diesem Fall gäbe es einen Socket zur Verbindungsannahme und für jede bestehende Verbindung je einen weiteren Socket. Es stellt sich jetzt die Frage, welche Portnummern an die Sockets auf der Serverseite gebunden sind. Die vielleicht für Sie verblüffende Antwort lautet: An alle Sockets ist dieselbe Portnummer gebunden, nämlich die bei der Erzeugung des Sockets sAnnahme angegebene. In den TCP-Segmenten (den in IP-Paketen verpackten TCP-Dateneinheiten) befindet sich wie bei UDP bzgl. der Adressierung lediglich eine Ziel- und Quellportnummer. Daraus ergibt sich das Problem, wie die ankommenden TCP-Daten auf die Sockets verteilt werden, da die TCP-Segmente ja offenbar alle dieselbe Portnummer beinhalten. Zum einen sind die Verbindungsaufbau-Segmente speziell gekennzeichnet, so dass sich diese von den reinen Daten-Segmenten unterscheiden lassen und somit eine Zuordnung zum sAnnahme-Socket oder einer der sVerb-Sockets vorgenommen werden kann. Ein Daten-Segment muss einer bestehenden Verbindung zugeordnet werden, damit es an den richtigen Socket verteilt werden kann. Bei TCP hat man sich dafür entschieden, keine Verbindungskennung in den TCP-Segmenten mitzuführen, sondern eine TCP-Verbindung ist gekennzeichnet durch die IP-Adressen und Portnummern der beiden Kommunikationspartner.

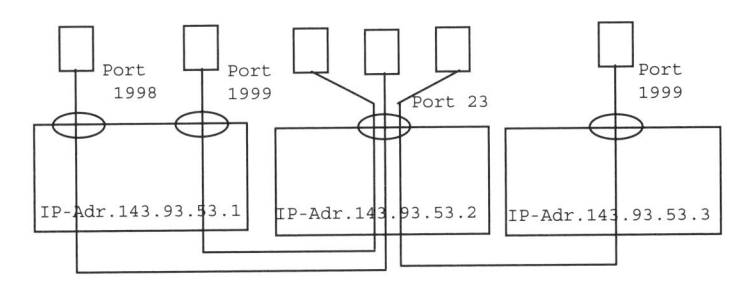

Abbildung 5.3: TCP-Verbindungen

Wie **Abbildung 5.3** zeigt, kann es somit höchstens eine einzige TCP-Verbindung von einem Port auf einem Rechner zu einem anderen Port auf einem anderen Rechner geben (z.B. von Portnummer 1998 auf dem Rechner mit der IP-Adresse 143.93.53.1 zu Portnummer 23 auf dem Rechner mit der IP-Adresse 143.93.53.2). Dagegen können durchaus mehrere Verbindungen bestehen von einem Port auf einem Rechner zu unterschiedlichen Rechnern mit eventuell denselben Portnummern (z. B. von Port 23 auf dem Rechner mit der IP-Adresse 143.93.53.2 einerseits zu Portnummer 1999 auf dem Rechner mit der IP-Adresse 143.93.53.1 und andererseits zu derselben Portnummer 1999 auf dem Rechner mit der IP-Adresse 143.93.53.3) oder zu unterschiedlichen Ports auf demselben Rechner (z. B. von Port 23 auf dem Rechner mit der IP-Adresse 143.93.53.2 einerseits zu Portnummer 1998 auf dem Rechner mit der IP-Adresse 143.93.53.1 und andererseits zu Portnummer 1999 auf demselben Rechner). Anhand dieser Ausführungen sehen Sie, dass die ab und zu anzutreffende Behauptung, dass ein Socket einem Port entspricht, bei näherer Betrachtung nicht korrekt ist.

5.2.3 Socket-Schnittstelle für Java

Die Java-Klassenbibliothek enthält u.a. auch eine „objektorientierte Verkleidung" der ursprünglich rein prozeduralen Socket-Schnittstelle. Die wichtigsten Klassen der Java-Socket-Schnittstelle, die sich im Package java.net befinden, sind:

- Die Klasse *InetAddress* repräsentiert den Namen eines Rechners sowie die dazugehörige IP-Adresse.
- Die Klassen *DatagramPacket* und *DatagramSocket* werden benötigt zur Kommunikation über UDP.
- Die Klassen *Socket* und *ServerSocket* braucht man zum TCP-Verbindungsauf- und -abbau (zur Kommunikation werden Klassen aus dem Package java.io verwendet).

Die wichtigsten Methoden der Klasse *InetAddress* sind:

```
public class InetAddress
{
    ...
    public String getHostName() {...}
    public String getHostAddress() {...}
    public static InetAddress getByName(String host)
        throws UnknownHostException {...}
    public static InetAddress[] getAllByName(String host)
        throws UnknownHostException {...}
    public static InetAddress getLocalHost()
        throws UnknownHostException {...}
    public boolean isReachable(int timeout)
        throws IOException {...}
    public boolean isReachable(NetworkInterface netif, int ttl,
                               int timeout)
        throws IOException {...}
    ...
}
```

Die Klasse InetAddress stellt einen Rechnernamen und die dazugehörige IP-Adresse dar. Mit den Methoden *getHostName* kann der Rechnername und mit der Methode *getHostAddress* die IP-Adresse gelesen werden. Objekte der Klasse InetAddress werden in der Regel nicht mit new erzeugt. Stattdessen kann eine der angegebenen Static-Methoden verwendet werden:

Die Methode *getByName* liefert zu einem Rechnernamen, der als Parameter angegeben wird, ein entsprechendes InetAddress-Objekt. Als Parameter kann auch die IP-Adresse als String angegeben werden. Folgendes Programmfragment gibt die IP-Adresse des Rechners mit dem Namen „www.fh-trier.de" aus:

```
try
{
    InetAddress ia = InetAddress.getByName("www.fh-trier.de");
    System.out.println("Zu " + ia.getHostName()
                    + " gehört die IP-Adresse "
                    + ia.getHostAddress());
}
```

```
catch(UnknownHostException e)
{
    System.out.println("Ausnahme: " + e);
}
```

Wenn es zu einem Rechnernamen mehrere IP-Adressen gibt (z.B. bei Rechnern mit mehreren Netzanschlüssen), dann kann man durch Verwendung der Methode *getAllByName* alle IP-Adressen erfragen, die in Form eines InetAddress-Feldes zurückgegeben werden. Mit der Methode *getLocalHost* erhält man ein InetAddress-Objekt, das den Namen und IP-Adresse des eigenen Rechners repräsentiert.

Interessant sind noch die beiden Varianten der Methode *isReachable*. Damit kann man wie mit dem Kommando *ping* überprüfen, ob ein Rechner erreichbar ist oder nicht. Mit dem Parameter timeout gibt man an, wie lange auf eine Antwort höchstens gewartet werden soll. Allerdings sagt die so überprüfte Erreichbarkeit eines Rechners nicht unbedingt etwas darüber aus, ob der Rechner auch über UDP oder TCP mit einer bestimmten Portnummer erreichbar ist. Eine *Firewall*, die zwischen Ihrem Rechner und dem überprüften Rechner steht, könnte nämlich zum Beispiel die Ping-Nachrichten durchlassen und die UDP-Datagramme bzw. TCP-Segmente verwerfen (oder umgekehrt).

5.3 Kommunikation über UDP mit Java-Sockets

Wie im vorigen Abschnitt erwähnt wurde, sind die Klassen *DatagramSocket* und *DatagramPacket* die wichtigen Klassen zur Kommunikation über UDP. An ein Objekt der Klasse DatagramSocket kann eine Portnummer gebunden werden. Über diese „Kommunikationssteckdose" können Objekte der Klasse DatagramPacket versendet und empfangen werden. Ein DatagramPacket-Objekt enthält neben den Daten die IP-Adresse und Portnummer des Partners. Für zu sendende Pakete ist dies dann die Zieladresse und Zielportnummer, für empfangene Pakete ist es die Quelladresse und Quellportnummer. In alle über ein DatagramSocket-Objekt gesendeten Datagramme wird als Quellportnummer die Portnummer des DatagramSocket-Objekts eingetragen. Entsprechend können von diesem DatagramSocket-Objekt nur solche Datagramme empfangen werden, die an diesen Port des Sockets adressiert sind.

Die Klasse *DatagramPacket* repräsentiert die Daten in Form eines Feldes des Typs byte und einer Länge. Die Länge kann höchstens so groß wie die Feldlänge sein. Ist die Länge kleiner als die Feldlänge, so wird nur der vordere Teil des angegebenen Feldes bis zur festgelegten Länge als relevant betrachtet. Weitere Attribute eines DatagramPacket-Objekts sind die IP-Adresse bzw. der Rechnername in Form eines InetAddress-Objekts sowie die Portnummer. Die Klasse DatagramPacket besitzt entsprechende Setter- und Getter-Methoden für diese Attribute:

```
public class DatagramPacket
{
    public DatagramPacket(byte[] buf, int length) {...}
    public DatagramPacket(byte[] buf, int length,
                          InetAddress address, int port) {...}
```

```
        public byte[] getData() {...}
        public int getLength() {...}
        public InetAddress getAddress() {...}
        public int getPort() {...}
        public void setData(byte[] buf) {...}
        public void setLength(int length) {...}
        public void setAddress(InetAddress address) {...}
        public void setPort(int port) {...}
}
```

Die wichtigsten Methoden der Klasse *DatagramSocket* sind:

```
public class DatagramSocket
{
        public DatagramSocket() throws SocketException {...}
        public DatagramSocket(int port) throws SocketException {...}
        public void send(DatagramPacket p) throws IOException {...}
        public void receive(DatagramPacket p) throws IOException {...}
        public void setSoTimeout(int timeout) throws SocketException {...}
        public int getSoTimeout() throws SocketException {...}
        public InetAddress getLocalAddress() {...}
        public int getLocalPort() {...}
        public void close() {...}
}
```

Bei dem Konstruktor mit dem Int-Argument wird die Portnummer, die an den neuen Socket gebunden werden soll, vorgegeben. Dies funktioniert allerdings nur dann, falls die angegebene Portnummer im Moment noch frei ist (d.h. keinem anderen UDP-Socket auf diesem Rechner bereits zugewiesen ist). Dieser Konstruktor wird in der Regel von Servern benutzt. Bei der Benutzung des parameterlosen Konstruktors wird eine im Moment nicht benutzte Portnummer (größer oder gleich 1024) an den Socket gebunden. Dieser Konstruktor wird in der Regel von Clients benutzt. Wie die Namen *send* und *receive* andeuten, wird mit Hilfe dieser Methoden ein DatagramPacket-Objekt gesendet bzw. empfangen. Die Methode receive ist wie z.B. die gleichnamige Methode in unserer selbst implementierten MessageQueue blockierend. Das heißt, wenn im Moment kein DatagramPacket-Objekt vorliegt, wird so lange gewartet, bis ein Paket eintrifft. Die Wartezeit kann durch einen dem receive vorausgehenden Aufruf von *setSoTimeout* befristet werden. Die aktuell eingestellte Frist kann mit *getSoTimeout* gelesen werden. Die Methoden *getLocalAddress* und *getLocalPort* liefern die lokale IP-Adresse bzw. Portnummer des Sockets zurück. Mit *close* wird der Socket geschlossen; im Anschluss daran ist keine Kommunikation mehr über diesen Socket möglich.

Es mag auf den ersten Blick überraschend sein, dass die Klasse DatagramSocket auch eine Connect-Methode besitzt, obwohl UDP doch verbindungslos ist. Mit der Methode *connect* wird aber keine Verbindung im TCP-Sinn hergestellt, sondern der Aufruf dieser Methode bewirkt lediglich, dass ab sofort nur noch Datagramme an den im connect-Aufruf als Argument angegebenen Partner geschickt und von diesem Partner empfangen werden können. Wir werden diese Methode in diesem Buch nicht benutzen.

Als Daten können beliebige Byte-Folgen geschickt werden. Dies kann z.B. die Binärdarstellung einer Zahl des Typs int, float oder double, die Binärdarstellung eines Java-Objekts, eine Zeichenkette usw. oder eine beliebige Kombination davon sein. In den Beispielen dieses Buchs werden wir nur Zeichenketten (Strings) schicken. Die immer wiederkehrende Aufgabe, einen String vor dem Senden in ein Byte-Feld und nach dem Empfangen das Byte-Feld wieder in einen String zurück zu wandeln, kapseln wir in Methoden. Wir schreiben dazu die Klasse UDPSocket, die einen DatagramSocket benutzt. Mit Hilfe dieser Klasse können nur Strings gesendet und empfangen werden, aber in einfacherer Weise, als dies ohne diese Klasse der Fall wäre. Ferner merkt sich ein Objekt der Klasse UDPSocket die IP-Adresse und Portnummer des zuletzt empfangenen DatagramPackets. Mit der Methode reply kann dann ohne Angabe eines Empfängers demjenigen geantwortet werden, von dem zuletzt eine Nachricht empfangen wurde, indem die gemerkten Angaben verwendet werden. Diese gemerkten Angaben können durch entsprechende Get-Methoden auch erfragt werden. In der Send- und Receive-Methode wird die Wandlung von einem String in ein Feld des Typs byte bzw. umgekehrt durchgeführt. Die wesentlichen Teile der Klasse UDPSocket (s. **Listing 5.1**) dürften damit ohne weitere Kommentare verständlich sein. Die Begründung für die Protected-Sichtbarkeit des Socket-Attributs sowie für den Protected-Konstruktor wird im Zusammenhang mit Multicast (s. Abschnitt 5.4) deutlich werden.

Listing 5.1:

```java
import java.io.*;
import java.net.*;

public class UDPSocket
{
    protected DatagramSocket socket;
    private InetAddress address;
    private int port;

    protected UDPSocket(DatagramSocket socket)
    {
        this.socket = socket;
    }

    public UDPSocket() throws SocketException
    {
        this(new DatagramSocket());
    }

    public UDPSocket(int port) throws SocketException
    {
        this(new DatagramSocket(port));
    }

    public void send(String s, InetAddress rcvrAddress, int rcvrPort)
            throws IOException
    {
        byte[] outBuffer = s.getBytes();
        DatagramPacket outPacket = new DatagramPacket(outBuffer,
                                                    outBuffer.length,
                                                    rcvrAddress,
                                                    rcvrPort);
        socket.send(outPacket);
    }

    public String receive(int maxBytes) throws IOException
    {
        byte[] inBuffer = new byte[maxBytes];
        DatagramPacket inPacket = new DatagramPacket(inBuffer,
                                                    inBuffer.length);
        socket.receive(inPacket);
```

```java
            address = inPacket.getAddress(); // addr for reply packet
            port = inPacket.getPort(); // port for reply packet
            return new String(inBuffer, 0, inPacket.getLength());
        }
        public void reply(String s) throws IOException
        {
            if(address == null)
            {
                throw new IOException("no one to reply");
            }
            send(s, address, port);
        }
        public InetAddress getSenderAddress()
        {
            return address;
        }
        public int getSenderPort()
        {
            return port;
        }
        public void setTimeout(int timeout) throws SocketException
        {
            socket.setSoTimeout(timeout);
        }
        public void close()
        {
            socket.close();
        }
}
```

Damit wird es nun einfacher, eine Client-Server-Anwendung, die Strings über UDP versendet und empfängt, zu programmieren. Als Beispielanwendung realisieren wir einen Server, der einen Zähler enthält. Wird dem Server ein Datagramm mit dem String „increment" geschickt, so erhöht der Server den Zähler um eins und sendet den neuen Wert des Zählers als String zurück. Wird dagegen ein Datagramm mit „reset" geschickt, so wird der Zähler auf 0 zurückgesetzt und dieser neue Zählerstand als Antwort dem Sender zurückgeschickt (s. **Abbildung 5.4**). Erhält der Server irgendetwas anderes, so bleibt der Zähler unverändert; als Antwort wird dennoch der aktuelle Zählerstand geschickt. Damit haben wir unser eigenes Anwendungsprotokoll (Protokoll der Schicht 5) definiert.

5.3 Kommunikation über UDP mit Java-Sockets

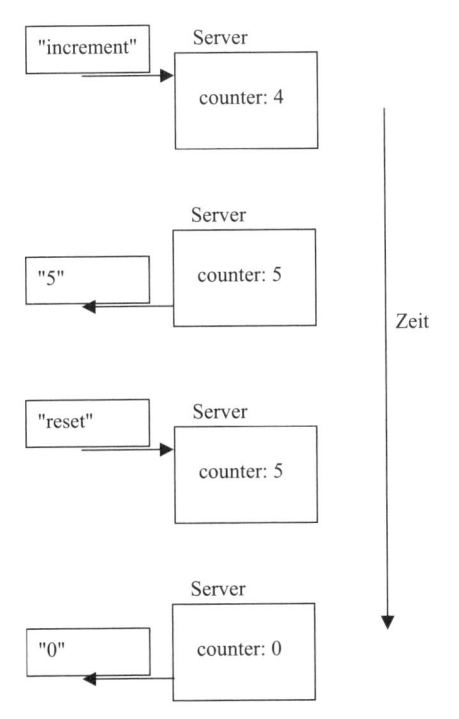

Abbildung 5.4: Verhaltensweise des Beispiel-UDP-Servers

Das Java-Programm des Servers ist in **Listing 5.2** dargestellt (vergleichen Sie dazu den Pseudocode aus Abschnitt 5.2.1):

Listing 5.2:

```java
public class Server
{
    public static void main(String[] args)
    {
        int counter = 0;
        UDPSocket udpSocket = null;

        try
        {
            // create socket
            udpSocket = new UDPSocket(1250);

            // wait for request packets
            System.out.println("waiting for client requests");

            // execute client requests
            while(true)
            {
                // receive request
                String request = udpSocket.receive(20);

                // perform increment operation
                if(request.equals("increment"))
                {
                    // perform increment
                    counter++;
```

```java
        }
        else if(request.equals("reset"))
        {
            // perform reset
            counter = 0;
            System.out.println("counter reset by "
                    + udpSocket.getSenderAddress()
                    + ":"
                    + udpSocket.getSenderPort());
        }

        // generate answer
        String answer = String.valueOf(counter);

        // send answer
        udpSocket.reply(answer);
    }
}
catch(Exception e)
{
    System.out.println(e);
    System.out.println("=> closing datagram socket");
    if(udpSocket != null)
    {
        udpSocket.close();
    }
}
```

Der Beispiel-Client sendet zunächst das Kommando „reset" und dann mehrmals das Kommando „increment". Der Client muss mit zwei Kommandozeilen-Argumenten gestartet werden: das erste Argument ist der Name des Rechners, auf dem der Server läuft, das zweite Argument ist eine positive Zahl, die angibt, wie oft der Client das Kommando „increment" senden soll. Auf zwei Besonderheiten des UDP-Clients, die im Pseudocode des Clients oben nicht enthalten sind, sei besonders hingewiesen:

- Die Zeit, wie lange das wiederholte Senden des Kommandos „increment" sowie das Empfangen der entsprechenden Antwort dauert, wird gemessen. Dazu wird die schon bekannte Methode System.currentTimeMillis verwendet. Diese Zeit wird am Ende ausgegeben zusammen mit der Zeit, wie lange ein Schleifendurchlauf im Durchschnitt gedauert hat. Diese Durchschnittszeit wird bestimmt, indem die Gesamtzeit durch die Anzahl der Schleifendurchläufe dividiert wird.

- UDP ist unzuverlässig. Sollte das Kommando des Clients oder die Antwort des Servers verloren gehen, so würde in beiden Fällen keine Antwort beim Client eingehen. Der Client würde in diesem Fall „hängen bleiben", falls er genauso programmiert wäre wie im Pseudocode. Das heißt: Falls keine Antwort kommt, würde das nächste Kommando nie mehr gesendet werden und der Client nicht zu Ende laufen. Als einfache Gegenmaßnahme wird im folgenden Programm eine Frist gesetzt, wie lange höchstens auf eine Antwort gewartet wird. Läuft diese Frist ab, so wird eine Ausnahme geworfen. Unser Client reagiert darauf so, dass er lediglich eine Fehlermeldung ausgibt. Der eigentliche Effekt ist aber, dass der Client aus dem Wartezustand geworfen wird und somit nicht endlos wartet. Dieses Vorgehen verhindert aber lediglich das Hängenbleiben. Wir können damit nicht garantieren, dass der Zähler des Servers genauso oft erhöht wird, wie es als Kommandozeilen-Argument angegeben wurde. Diese pragmatische Vorgehensweise hält das Programm aber überschaubar.

In **Listing 5.3** ist nun das schon diskutierte Client-Programm dargestellt (vergleichen Sie dazu den Pseudocode aus Abschnitt 5.2.1):

Listing 5.3:

```java
import java.net.*;

public class Client
{
    private static final int TIMEOUT = 10000; // 10 seconds

    public static void main(String args[])
    {
        if(args.length != 2)
        {
            System.out.println("Notwendige Kommandozeilenargumente: "
                            + "<Name des Server-Rechners> <Anzahl>");
            return;
        }

        UDPSocket udpSocket = null;

        try
        {
            // create datagram socket
            udpSocket = new UDPSocket();
            udpSocket.setTimeout(TIMEOUT);

            // get inet addr of server
            InetAddress serverAddr = InetAddress.getByName(args[0]);

            // set counter to zero
            System.out.println("Zähler wird auf 0 gesetzt.");
            udpSocket.send("reset", serverAddr, 1250);

            String reply = null;
            // receive reply
            try
            {
                reply = udpSocket.receive(20);
                System.out.println("Zähler: " + reply);
            }
            catch(Exception e)
            {
                System.out.println(e);
            }

            // get count, initialize start time
            System.out.println("Nun wird der Zähler erhöht.");
            int count = new Integer(args[1]).intValue();
            long startTime = System.currentTimeMillis();

            // perform increment "count" number of times
            for(int i = 0; i < count; i++)
            {
                udpSocket.send("increment", serverAddr, 1250);
                try
                {
                    reply = udpSocket.receive(20);
                }
                catch(Exception e)
                {
                    System.out.println(e);
```

```
            }
        }
        // display statistics
        long stopTime = System.currentTimeMillis();
        long duration = stopTime - startTime;
        System.out.println("Gesamtzeit = " + duration + " msecs");
        if(count > 0)
        {
            System.out.println("Durchschnittszeit = "
                            + ((duration) / (float) count)
                            + " msecs");
        }
        System.out.println("Letzter Zählerstand: " + reply);
    }
    catch(Exception e)
    {
        System.out.println(e);
        System.out.println("=> DatagramSocket wird geschlossen");
    }
    if(udpSocket != null)
    {
        udpSocket.close();
    }
  }
}
```

Wenn zum ersten Ausprobieren sowohl das Server- als auch das Client-Programm auf demselben Rechner ausgeführt wird, dann kann der Client z.B. mit den beiden Kommandozeilen-Argumenten localhost und 1000 gestartet werden.

5.4 Multicast-Kommunikation mit Java-Sockets

IP-Multicast-Adressen sind spezielle Adressen, mit denen mehr als ein Rechner angesprochen werden kann. Wenn wir Multicast verwenden wollen, so müssen wir auf UDP zurückgreifen. TCP ist im Gegensatz zu UDP ein Protokoll, das nur für genau zwei Partner gedacht ist. Das Senden einer Multicast-Nachricht ist mit den bereits behandelten Klassen DatagramSocket und DatagramPacket möglich. Als Zieladresse ist einfach eine Multicast-IP-Adresse anzugeben. Zum Empfangen einer Multicast-Nachricht benötigt man dagegen ein Objekt der Klasse *MulticastSocket*. Diese Klasse ist aus DatagramSocket abgeleitet (d.h. alle in DatagramSocket vorhandenen Methoden wie send und receive werden auf MulticastSocket vererbt). Die wichtigsten zusätzlichen Methoden sind solche, mit denen man einer Multicast-Gruppe beitreten (*joinGroup*) und diese Gruppe wieder verlassen kann (*leaveGroup*). Beim Beitreten zu einer Multicast-Gruppe wird der eigene Rechner für die Multicast-IP-Adresse aktiviert, welche die Multicast-Gruppe repräsentiert. Damit werden alle IP-Pakete, die an diese Multicast-IP-Adresse adressiert sind, von diesem Rechner empfangen, was ohne diese Aktivierung nicht geschehen würde. Hier sind die wichtigsten Methoden der aus DatagramSocket abgeleiteten Klasse MulticastSocket dargestellt:

```
public class MulticastSocket extends DatagramSocket
{
    public MulticastSocket() throws IOException {...}
    public MulticastSocket(int port) throws IOException {...}
    public void joinGroup(InetAddress mcastaddr) throws IOException {...}
```

```
    public void leaveGroup(InetAddress mcastaddr) throws IOException
    {...}
    public int getTimeToLive() throws IOException {...}
    public void setTimeToLive(int ttl) throws IOException {...}
}
```

Der Wert *Time-To-Live* kann in ein IP-Paket eingetragen werden. Das Paket wird damit über höchstens so viele Router weitergeleitet, wie dieser Wert angibt. Da dieselbe Multicast-Adresse unter Umständen von mehreren voneinander unabhängigen Anwendungen gleichzeitig benutzt werden kann, und da häufig die über Multicast kommunizierenden Rechner nicht allzu weit voneinander entfernt sind, kann durch Angabe eines kleineren Time-To-Live-Werts die Reichweite der abgesendeten IP-Pakete eingeschränkt werden, um keine anderen Anwendungen zu stören. Außerdem wird dadurch das Netz nicht so sehr belastet.

Zum einfacheren Senden und Empfangen von Strings über einen MulticastSocket wird im Folgenden die Klasse UDPMulticastSocket vorgestellt (**Listing 5.4**), die die Klasse UDPSocket des vorigen Abschnitts erweitert. Statt eines DatagramSockets wird ein MulticastSocket benutzt, und die Klasse wird um die für Multicast spezifischen Funktionen erweitert:

Listing 5.4:

```java
import java.io.*;
import java.net.*;
public class UDPMulticastSocket extends UDPSocket
{
    public UDPMulticastSocket(int port) throws IOException
    {
        super(new MulticastSocket(port));
    }

    public void join(String mcAddress) throws IOException
    {
        InetAddress group = InetAddress.getByName(mcAddress);
        ((MulticastSocket) socket).joinGroup(group);
    }

    public void leave(String mcAddress) throws IOException
    {
        InetAddress group = InetAddress.getByName(mcAddress);
        ((MulticastSocket) socket).leaveGroup(group);
    }
}
```

In der Basisklasse UDPSocket gibt es ein Attribut socket vom Typ DatagramSocket, das in dieser Klasse für den MulticastSocket verwendet wird. Dies ist möglich, weil MulticastSocket aus DatagramSocket abgeleitet ist. Damit das Attribut in unserer Klasse UDPMulticastSocket sichtbar ist, wurde es zuvor als protected festgelegt. In den beiden öffentlichen Konstruktoren der Klasse UDPSocket wurde der DatagramSocket erzeugt. Da wir jetzt einen MulticastSocket erzeugen müssen, brauchen wir das Erzeugen des DatagramSocket-Objekts nicht. Aus diesem Grund wurde in der Klasse UDPSocket ein weiterer Konstruktor definiert. Da sich alle Konstruktoren durch ihre Parameterliste unterscheiden müssen, und da es schon einen parameterlosen und einen Konstruktor mit einem Int-Argument gab, wurde als weiterer Konstruktor einer mit einem String-Argument eingeführt, der im Gegensatz zu den beiden anderen Konstruktoren kein DatagramSocket-Objekt erzeugt. Da seine Benutzung nur im Vererbungsfall gebraucht wird, ist die Sichtbarkeit dieses Konstruktors protected. Dieser Konstruktor wird vom Konstruktor der Klasse UDPMulticastSocket aufgerufen, um das unnötige Erzeugen eines DatagramSocket-Objekts zu vermeiden. Damit die Methoden joinGroup und leaveGroup auf das Protected-Attribut anwendbar sind, muss es auf MulticastSocket gecastet werden.

Damit können wir nun einen einfachen Multicast-Echo-Server programmieren (**Listing 5.5**). Der Server schließt sich zu Beginn der Multicast-Gruppe an, deren Multicast-IP-Adresse als einziges Kommandozeilen-Argument beim Starten angegeben wird. Der Server sendet jede empfangene Nachricht wie ein Echo an den Sender zurück. Beim Empfang der Nachricht „exit" verlässt er die Multicast-Gruppe, der er anfangs beigetreten ist, und beendet sich.

Listing 5.5:

```java
public class Server
{
    public static void main(String[] args)
    {
        if(args.length != 1)
        {
            System.out.println("Notwendiges Kommandozeilenargument: "
                            + "<Multicast-IP-Adresse>");
            return;
        }
        UDPMulticastSocket multiSocket = null;
        try
        {
            multiSocket = new UDPMulticastSocket(1250);
            System.out.println("MulticastSocket erzeugt");
            multiSocket.join(args[0]);
            System.out.println("Multicast-Gruppe beigetreten");

            while(true)
            {
                String request = multiSocket.receive(200);
                System.out.println("Nachricht erhalten: "
                                + multiSocket.getSenderAddress()
                                + ":"
                                + multiSocket.getSenderPort()
                                + ": "
                                + request);
                multiSocket.reply(request);
                if(request.equals("exit"))
                {
                    break;
                }
            }
            multiSocket.leave(args[0]);
            System.out.println("Multicast-Gruppe verlassen");
        }
        catch(Exception e)
        {
            System.out.println("Ausnahme '" + e + "'");
        }
        if(multiSocket != null)
        {
```

```
            multiSocket.close();
        }
    }
}
```

Der dazu passende Client soll wie folgt arbeiten: Er soll mit mehreren Kommandozeilen-Argumenten aufgerufen werden. Das erste Argument gibt dabei die Multicast-IP-Adresse an, an die gesendet werden soll. Die weiteren Argumente in beliebiger Anzahl sind die Strings, die der Reihe nach an die Multicast-Gruppe gesendet werden. Der Client soll ferner zu jeder gesendeten Nachricht alle Antworten anzeigen. Dabei ergibt sich das Problem, dass man nicht weiß, wie viele Antworten kommen, und dass sich diese Zahl auch ändern kann. Dies hat folgende Gründe:

- Zum einen wird UDP benutzt. Wie im vorigen Abschnitt wiederholt wurde, ist UDP unzuverlässig. Deshalb können die Nachricht des Clients oder die Antworten der Server verloren gehen.
- Da man nicht an eine Liste von Unicast-Adressen, sondern an eine Multicast-Adresse sendet, weiß man nicht, wie viele Mitglieder diese Gruppe im Moment hat. Ferner können zu jeder Zeit neue Mitglieder der Gruppe beitreten oder die Gruppe verlassen.

Als Lösung wird wiederum wie im vorigen Abschnitt eine Frist (Timeout) verwendet (s. **Listing 5.6**). Der Client geht davon aus, dass er alle Nachrichten empfangen hat, wenn eine gewisse Zeit lang (im Beispiel sind es 2 Sekunden) keine Antwort mehr eintrifft. Programmtechnisch wird dies so umgesetzt, dass die Antworten in einer Endlosschleife (while(true)) entgegengenommen werden. Beim Ablaufen der Frist wird von der Receive-Methode eine Ausnahme geworfen. Der entsprechende Try-Catch-Block wird außerhalb der Schleife eingerichtet, so dass beim Werfen der Ausnahme die Schleife automatisch beendet wird.

Listing 5.6:

```
import java.net.*;

public class Client
{
    private static final int TIMEOUT = 2000; // 2 seconds

    public static void main(String[] args)
    {
        if(args.length < 2)
        {
            System.out.println("Notwendige Kommandozeilenargumente: "
                    + "<Multicast-IP-Adresse> "
                    + "<Nachricht 1> ... < Nachricht N>");
            return;
        }

        UDPSocket udpSocket = null;

        try
        {
            // create datagram socket
            udpSocket = new UDPSocket();
            udpSocket.setTimeout(TIMEOUT);

            // get inet addr of server
```

```
                InetAddress serverAddr = InetAddress.getByName(args[0]);
                for(int i = 1; i < args.length; i++)
                {
                    udpSocket.send(args[i], serverAddr, 1250);
                    try
                    {
                        while(true)
                        {
                            String reply = udpSocket.receive(200);
                            System.out.println("Nachricht erhalten: "
                                        + udpSocket.getSenderAddress()
                                        + ":"
                                        + udpSocket.getSenderPort()
                                        + ": "
                                        + reply);
                        }
                    }
                    catch(Exception e)
                    {
                        System.out.println("Ausnahme '" + e + "'");
                    }
                } // for
            }
            catch(Exception e)
            {
                System.out.println("Ausnahme '" + e + "'");
                System.out.println("=> DatagramSocket wird geschlossen");
            }
            if(udpSocket != null)
            {
                udpSocket.close();
            }
        }
    }
```

Beim Ausführen des vorgestellten Multicast-Beispiels ist Folgendes zu beachten:

- Im Gegensatz zum vorigen UDP-Beispiel können Sie mehrere Server auf einem einzigen Rechner gleichzeitig starten. Sie können dann auch Ihren Client auf demselben Rechner starten und können somit ein bisschen Multicast-Gefühl auch auf einem einzigen Rechner erleben.

- Sollten Sie mehrere Rechner benutzen, so sollte es keine Probleme geben, falls sich alle Rechner im selben lokalen Netz (d.h. im selben IP-Subnetz) befinden. Befinden sich Client und Server aber in unterschiedlichen Netzen, ist eine Kommunikation nur dann möglich, falls der oder die dazwischen liegenden Router multicast-fähig und entsprechend konfiguriert sind. Dies dürfte in der Mehrzahl der Fälle eher nicht der Fall sein.

5.5 Kommunikation über TCP mit Java-Sockets

Zur Kommunikation über TCP mit Java-Sockets werden die Klassen *Socket* und *ServerSocket* eingesetzt. Diese Klassen dienen lediglich zum Auf- und Abbau von Verbindungen, nicht aber zum Senden und Empfangen der Daten. Zu diesem Zweck werden Klassen aus dem Ein-/Ausgabe-Package java.io herangezogen (s.u.).

5.5 Kommunikation über TCP mit Java-Sockets

Die Klasse *Socket* wird vom Client und vom Server verwendet, während die Klasse ServerSocket nur auf Server-Seite eingesetzt wird. Ein Objekt der Klasse Socket repräsentiert eine TCP-Verbindung. Der Client erzeugt ein solches Socket-Objekt explizit (mit new). Als Parameter für den Konstruktor wird der Server in Form von Rechnername oder IP-Adresse sowie Portnummer angegeben. Beim expliziten Erzeugen eines Socket-Objekts wird eine TCP-Verbindung aufgebaut, so dass ein zusätzliches Kommando zum Aufbauen der Verbindung nicht benötigt wird (hier haben wir also eine kleine Vereinfachung gegenüber dem Pseudocode aus Abschnitt 5.2.2).

Auf dem Server wird ein Objekt der Klasse *ServerSocket* explizit erzeugt. Als Parameter ist die Portnummer, an dem der Server lauscht, anzugeben. Diese ist eine so genannte wohl bekannte Portnummer, die den Clients bekannt sein muss. Die wichtigste Methode der Klasse ServerSocket ist *accept*. Damit wartet ein Server so lange, bis ein Client eine Verbindung zu ihm aufbaut. Der Rückgabetyp dieser Methode ist Socket. Das heißt, dass der Server von der Methode accept ein Socket-Objekt zurückbekommt, welches die neu aufgebaute Verbindung repräsentiert. Der Server erzeugt Socket-Objekte also nicht explizit mit new wie der Client, sondern lässt sich diese über die Methode accept generieren. Die Funktion der weiteren Methoden *close*, *getInetAddress* und *getLocalPort* sind an ihren Namen jeweils ablesbar:

```
public class ServerSocket
{
    public ServerSocket(int port) throws IOException {...}
    public Socket accept() throws IOException {...}
    public void close() throws IOException {...}
    public InetAddress getInetAddress() {...}
    public int getLocalPort() {...}
}
```

Die wichtigsten Methoden der Klasse *Socket* sind:

```
public class Socket
{
    public Socket(String host, int port)
        throws UnknownHostException, IOException;
    public Socket(InetAddress address, int port)
        throws IOException;
    public void close() throws IOException;
    public void shutdownInput() throws IOException;
    public void shutdownOutput() throws IOException;
    public InetAddress getInetAddress();
    public int getPort();
    public InetAddress getLocalAddress();
    public int getLocalPort();
    public InputStream getInputStream() throws IOException;
    public OutputStream getOutputStream() throws IOException;
}
```

Beim Erzeugen eines Socket-Objekts wird unmittelbar eine TCP-Verbindung aufgebaut. Der Partner, zu dem die Verbindung aufgebaut wird, kann auf unterschiedliche Arten angegeben werden. Oben wurden zwei Konstruktoren angegeben: Bei dem einen gibt man den Namen des Rechners oder dessen IP-Adresse als String an, bei dem anderen als InetAddress. In beiden Fällen wird als zweiter Parameter die Portnummer des Partners als Int-Wert angegeben. Das Abbauen der Verbindung kann auf mehrere Arten erfolgen: Falls mit *close* die Verbindung geschlossen wird, kann man danach weder senden noch empfangen. Da eine TCP-Verbindung aber als zwei unidirektionale Verbindungen gesehen werden kann, kann jede Richtung auch separat geschlossen werden: Mit *shutdownInput* schließt man die Eingangsverbindung; folglich kann man nach dem Aufruf dieser Methode noch weiter senden, aber nicht mehr empfangen. Das Umgekehrte gilt für *shutdownOutput*. Mit den angegebenen Getter-Methoden lassen sich sowohl die eigene Adresse und Portnummer als auch diejenigen des Partners erfragen.

Wie Sie sehen, gehören zu den wichtigsten Methoden der Klasse Socket keine Methoden zum Schreiben und Lesen bzw. Senden und Empfangen von Daten. Stattdessen existieren die beiden Methoden *getInputStream* und *getOutputStream*, mit denen man sich einen Eingabe- bzw. Ausgabestrom (*InputStream*/*OutputStream*) geben lassen kann. Von einem Eingabestrom kann (durch mehrere überladene Methoden *read*) gelesen und auf einen Ausgabestrom kann (durch mehrere überladene Methoden *write*) geschrieben werden. Mit dem Schreiben auf dem Ausgabestrom werden Daten über die entsprechende TCP-Verbindung geschickt, die durch das Socket-Objekt repräsentiert wird. Durch das Lesen des Eingabestroms können Daten von der TCP-Verbindung empfangen werden. Da wir aber in unseren Beispielen nie direkt auf diesen vom Socket zurückgelieferten Strömen lesen und schreiben, müssen wir einen kurzen Einblick in das Package java.io geben, zu dem auch die Klassen InputStream und OutputStream gehören.

In Java gibt es unterschiedliche Klassen für die Eingabe und die Ausgabe einerseits und unterschiedliche Klassen für die byteweise und zeichenweise Ein-/Ausgabe andererseits (ein Zeichen [character] ist in Java bekanntlich zwei Bytes lang). Dies ergibt also vier Kombinationsmöglichkeiten. Zu jeder Kombinationsmöglichkeit gibt es eine entsprechende Java-Klasse:

- *InputStream*: byteweise Eingabe
- *OutputStream*: byteweise Ausgabe
- *Reader*: zeichenweise Eingabe
- *Writer*: zeichenweise Ausgabe

Diese vier Java-Klassen sind allerdings alle abstrakt (zur Erinnerung: von abstrakten Klassen kann es keine Objekte geben, sondern nur von daraus abgeleiteten nicht abstrakten Klassen). Zu jeder dieser vier Klassen gibt es eine ganze Reihe von daraus abgeleiteten Klassen. In **Abbildung 5.5** und **Abbildung 5.6** ist die Vererbungshierarchie für die Klassen zur byteweisen bzw. zeichenweisen Ein-/Ausgabe dargestellt. Dabei stellt eine Verbindungslinie von links nach rechts eine Vererbungsbeziehung dar. So ist beispielsweise in **Abbildung 5.5** zu sehen, dass die Klasse BufferedInputStream aus FilterInputStream abgeleitet ist, diese aus InputStream und InputStream selbst aus Object.

5.5 Kommunikation über TCP mit Java-Sockets

```
Object ─┬─ InputStream ─┬─ ByteArrayInputStream
        │               ├─ FileInputStream
        │               ├─ FilterInputStream ─┬─ BufferedInputStream
        │               │                     ├─ DataInputStream
        │               │                     ├─ PushbackInputStream
        │               │                     └─ LineNumberInputStream
        │               ├─ PipedInputStream
        │               ├─ SequenceInputStream
        │               ├─ ObjectInputStream
        │               └─ StringBufferInputStream
        │
        └─ OutputStream ─┬─ ByteArrayOutputStream
                        ├─ FileOutputStream
                        ├─ FilterOutputStream ─┬─ BufferedOutputStream
                        │                      ├─ DataOutputStream
                        │                      └─ PrintStream
                        ├─ PipedOutputStream
                        └─ ObjectOutputStream
```

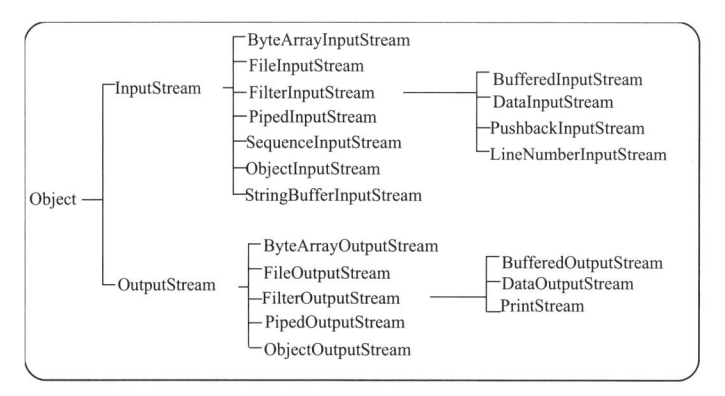

Abbildung 5.5: Aus InputStream und OutputStream abgeleitete Klassen

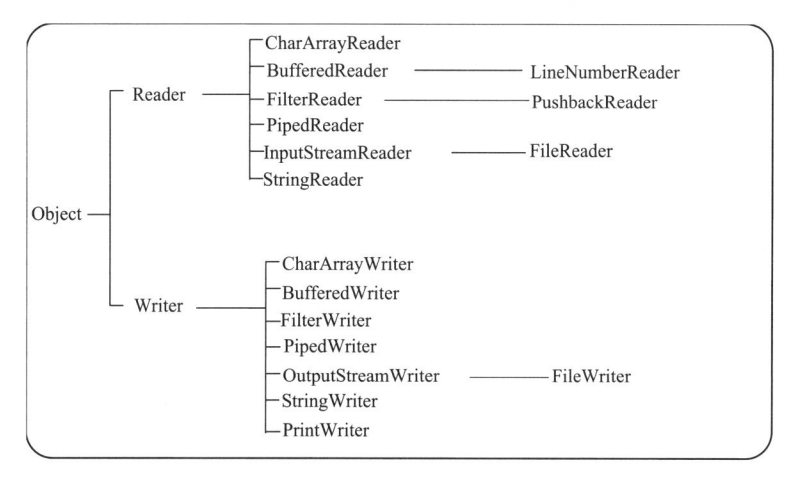

```
Object ─┬─ Reader ─┬─ CharArrayReader
        │          ├─ BufferedReader ─── LineNumberReader
        │          ├─ FilterReader ───── PushbackReader
        │          ├─ PipedReader
        │          ├─ InputStreamReader ─── FileReader
        │          └─ StringReader
        │
        └─ Writer ─┬─ CharArrayWriter
                  ├─ BufferedWriter
                  ├─ FilterWriter
                  ├─ PipedWriter
                  ├─ OutputStreamWriter ─── FileWriter
                  ├─ StringWriter
                  └─ PrintWriter
```

Abbildung 5.6: Aus Reader und Writer abgeleitete Klassen

Man mag sich nun fragen, warum es so viele Klassen gibt. Zum einen gibt es unterschiedliche Klassen für unterschiedliche Datensenken und Datenquellen. So gibt es z.B. Klassen für das Schreiben und Lesen von Dateien (*FileInputStream*, *FileOutputStream*, *FileReader*, *FileWriter*) und für das Schreiben und Lesen von Feldern (*ByteArrayInputStream*, *ByteArrayOutputStream*, *CharacterArrayReader*, *CharacterArrayWriter*). Daneben gibt es Klassen, die gewisse Zusatzfunktionalitäten erbringen.

Objekte von Klassen, welche Zusatzfunktionalitäten erbringen, können dabei wie unterschiedliche Verarbeitungseinheiten zu einer Art Fließband zusammengesteckt werden. Eine solche Klasse mit Zusatzfunktionalität aus dem InputStream-Bereich hat dazu in der Regel einen Konstruktor mit einem Parameter des Typs InputStream. Da InputStream abstrakt ist, kann es keine Objekte davon geben, aber jedes Objekt einer aus InputStream abgeleiteten Klasse kann somit als Parameter verwendet werden. Der Effekt ist nun der Folgende: Immer wenn von dem Objekt der Klasse mit der Zusatzfunktionalität gelesen wird, dann werden die Daten von dem Eingabestrom des Parameter-Objekts gelesen und entsprechend behandelt, bevor sie weitergegeben werden. Entsprechendes gilt für OutputStream, Reader und Writer.

Zum besseren Verständnis soll das Prinzip an einem Beispiel illustriert werden. Mit der Klasse *DataOutputStream* können Werte z.B. der Typen int, float oder double in Binärdarstellung geschrieben werden. Beim Erzeugen eines Objekts der Klasse DataOutputStream wird dieses mit einem anderen OutputStream-Objekt verknüpft, das als Parameter angegeben wird. Wenn nun mit der Methode *writeInt* ein Int-Wert über das DataOutputStream-Objekt ausgegeben werden soll, dann wird der Int-Wert von diesem Objekt in eine Bytefolge gewandelt und diese Bytefolge wird an den als Parameter übergebenen Ausgabestrom ausgegeben. Ist dieser Ausgabestrom z.B. ein Dateiausgabestrom, so können damit Int-Werte in Binärdarstellung in eine Datei geschrieben werden. Das folgende Programmfragment zeigt diese Möglichkeit:

```
/* Dateiausgabestrom in die Datei "x.y";
   falls die Datei noch nicht existiert, wird sie erzeugt;
   falls sie schon existiert, werden alle bisherigen Inhalte
   gelöscht */
FileOutputStream fout = new FileOutputStream("x.y");

/* Datenausgabestrom wird auf Dateiausgabestrom aufgesetzt */
DataOutputStream dout = new DataOutputStream(fout);

/* Int-Wert wird geschrieben */
dout.writeInt(4711);
```

Entsprechend kann dieser in der Datei x.y gespeicherte Int-Wert wieder gelesen werden, entweder byteweise oder direkt als Int-Wert über *DataInputStream*.

Eine weitere wichtige Zusatzfunktion wird durch Pufferung erbracht (Klassen *BufferedInputStream*, *BufferedOutputStream*, *BufferedReader* und *BufferedWriter*). Bei der Ausgabe werden hier die zu schreibenden Daten zunächst in einem Feld (Puffer) abgelegt. Erst wenn dieses Feld voll ist, werden die Daten weitergereicht. Entsprechendes gilt für die Eingabe. Damit wird die Anzahl der darunter liegenden Betriebssystemaufrufe reduziert. Bei der Ein- und Ausgabe einer großen Datenmenge kann dadurch die Laufzeit um mehrere Größenordnungen verbessert werden. Daher ist zu empfehlen, die gepufferten Klassen immer zu verwenden, wenn nicht andere Gründe gegen deren Verwendung sprechen. Wenn wir diese Pufferfunktionalität in obiges Beispiel beim Schreiben von Int-Werten in eine Datei integrieren möchten, dann ist das einfach möglich, indem wir ein BufferedOutputStream-Objekt zwischen das FileOutputStream- und das DataOutputStream-Objekt stecken:

```
FileOutputStream fout = new FileOutputStream("x.y");
BufferedOutputStream bout = new BufferedOutputStream(fout);
DataOutputStream dout = new DataOutputStream(bout);
dout.writeInt(4711);
```

Die entstandene Ausgabe-Pipeline ist in **Abbildung 5.7** dargestellt.

5.5 Kommunikation über TCP mit Java-Sockets

```
            Int-Wert
               │
               ▼
    ┌──────────────────────────┐
    │ DataOutputStream-Objekt  │
    └──────────────────────────┘
               │
               ▼
    ┌──────────────────────────────┐
    │ BufferedOutputStream-Objekt  │
    └──────────────────────────────┘
               │
               ▼
    ┌──────────────────────────┐
    │ FileOutputStream-Objekt  │
    └──────────────────────────┘
               │
               ▼
             Datei
```

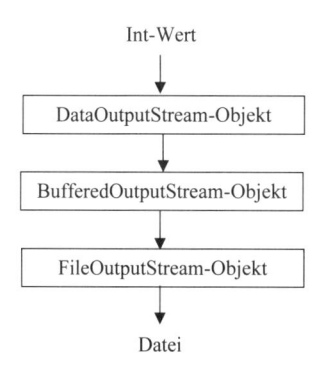

Abbildung 5.7: Ausgabe-Pipeline bestehend aus Objekten der Klassen DataOutputStream, BufferedOutputStream und FileOutputStream

Außerhalb des Packages java.io gibt es weitere Ein-/Ausgabeklassen mit Zusatzfunktionalität. So gibt es Klassen zum *Komprimieren* und *Dekomprimieren* (wie beim bekannten ZIP-Programm) oder zum *Verschlüsseln* und *Entschlüsseln* von Daten. Darauf wollen wir aber an dieser Stelle nicht näher eingehen.

Kommen wir nun zu unserem eigentlichen Thema Sockets zurück. Wie im UDP-Beispiel wollen wir auch im TCP-Beispiel Strings schicken. Strings bestehen aus Zeichen. Deshalb benötigen wir Klassen zum Lesen und Schreiben von Zeichenströmen. Mit den Methoden *getInputStream* und *getOutputStream* der Klasse Socket erhalten wir aber Byteströme. Die Klassen *InputStreamReader* und *OutputStreamWriter* helfen an dieser Stelle weiter; sie stellen nämlich Adapter-Klassen dar, die einen Byte-Eingabestrom in einen Zeichen-Eingabestrom bzw. einen Zeichen-Ausgabestrom in einen Byte-Ausgabestrom wandeln. Da wir noch zusätzlich die Pufferungsfunktion einsetzen wollen, ergibt sich z.B. für die Ausgabe (d.h. das Senden von Strings) folgender Programmcode:

```
Socket s = ...;
OutputStream os = s.getOutputStream();
OutputStreamWriter osw = new OutputStreamWriter(os);
BufferedWriter bw = new BufferedWriter(osw);
```

Etwas kompakter lässt sich das auch so schreiben:

```
Socket s = ...;
BufferedWriter bw = new BufferedWriter(
                new OutputStreamWriter(
                    s.getOutputStream()));
```

Die Klasse *BufferedWriter* hat u.a. eine Write-Methode zum Schreiben eines Strings. Mit der folgenden Anweisung kann ein String über eine TCP-Verbindung gesendet werden:

```
bw.write("Hallo Welt");
```

Bei der Kommunikation über TCP ist nun aber noch zu beachten, dass TCP datenstromorientiert ist. Das heißt, es kann passieren, dass mehrere hintereinander gesendete Strings beim Empfangen zu einem einzigen, langen String zusammengeklebt werden. Oder es ist umgekehrt möglich, dass ein sehr langer String, der mit einem einzigen write-Aufruf abgesendet wird, häppchenweise auf der anderen Seite ankommt. Beim Empfangen wird somit zuerst eventuell nur der vordere Teil zurückgeliefert, so dass man den gesamten String durch mehrmaliges Aufrufen der read-Methode wieder „zusammenbasteln" muss. Dadurch entstehen zwar keine Fehler, aber die Anwendung hat gewisse Mühe, die gelesenen Daten richtig zu interpretieren. Zur Verbesserung dieser Situation gibt es mehrere Möglichkeiten. Eine ist z.B., zuerst immer die Länge des Strings zu senden und beim Lesen dann genauso viele Zeichen zu lesen. Eine andere Möglichkeit ist die Benutzung von Trennzeichen. Davon wird im folgenden Beispielprogramm Gebrauch gemacht. Und zwar verwenden wir wie andere bekannte *ASCII-Protokolle* (z.B. *HTTP*, *SMTP*, *POP*) als Trennzeichen das Newline-Symbol. Die Klasse BufferedWriter besitzt sogar eine spezielle Methode namens *newLine*, um dieses Zeichen zu schreiben. Ferner wenden wir die Methode *flush* auf unser BufferedWriter-Objekt an. Damit stellen wir sicher, dass die gepufferten Daten an das darunter liegende Ausgabe-Objekt ausgegeben werden und damit sofort über das Internet verschickt werden. Das Senden eines Strings mit abschließendem Newline-Symbol geschieht also wie folgt:

```
bw.write("hallo, Welt");
bw.newLine();
bw.flush();
```

Das Lesen ist einfacher. Zunächst wird analog zur Ausgabe eine Eingabe-Pipeline erzeugt:

```
Socket s = ...;
BufferedReader br = new BufferedReader(
                    new InputStreamReader(
                        s.getInputStream()));
```

Die Klasse *BufferedReader* stellt die Methode *readLine* bereit, mit der aus einem Zeichenstrom so lange gelesen wird, bis das Newline-Symbol erkannt wird. Die gelesenen Zeichen werden dann als String ohne das Newline-Symbol als Rückgabewert zurückgeliefert (das Newline-Symbol wird somit von dieser Klasse „verschluckt").

```
String message = br.readLine();
```

Das Ende eines Datenstroms wird durch den Rückgabewert null angezeigt. Wird eine Datei gelesen, so bedeutet dies das Ende der Datei. In unserem Fall, wo es um eine TCP-Verbindung geht, bedeutet der Rückgabewert null, dass der Partner die TCP-Verbindung geschlossen hat.

Ähnlich wie bei UDP kapseln wir die immer wiederkehrenden Aktionen in einer selbst geschriebenen Klasse. Diese Klasse nennen wir TCPSocket (s. **Listing 5.7**). Wie die Klasse UDPSocket hat TCPSocket zwei Konstruktoren, einen für den Client und einen für den Server. Der Client-Konstruktor erzeugt ein Socket-Objekt explizit. Die dazu benötigten Parameter, nämlich der Name oder die IP-Adresse des Server-Rechners und die Portnummer des Servers, werden als Parameter im Konstruktor übergeben. Auf der Server-Seite wird das Socket-Objekt von der accept-Methode der Klasse ServerSocket geliefert. Deshalb hat unsere Klasse TCPSocket für den Server einen zweiten Konstruktor, in dem

5.5 Kommunikation über TCP mit Java-Sockets

ein bereits vorhandenes Socket-Objekt übergeben und das dann im Folgenden verwendet wird. Mit diesen Ausführungen sollten Sie nun eigentlich keine Probleme mehr beim Lesen der Klasse TCPSocket haben:

Listing 5.7:

```java
import java.io.*;
import java.net.*;

public class TCPSocket
{
    private Socket socket;
    private BufferedReader istream;
    private BufferedWriter ostream;

    public TCPSocket(String serverAddress, int serverPort)
            throws UnknownHostException, IOException
    {
        socket = new Socket(serverAddress, serverPort);
        initializeStreams();
    }

    public TCPSocket(Socket socket) throws IOException
    {
        this.socket = socket;
        initializeStreams();
    }

    public void sendLine(String s) throws IOException
    {
        ostream.write(s);
        ostream.newLine();
        ostream.flush();
    }

    public String receiveLine() throws IOException
    {
        return istream.readLine();
    }

    public void close() throws IOException
    {
        socket.close();
    }

    private void initializeStreams() throws IOException
    {
        ostream = new BufferedWriter(
                new OutputStreamWriter(socket.getOutputStream()));
        istream = new BufferedReader(
                new InputStreamReader(socket.getInputStream()));
    }
}
```

Ebenfalls wie im UDP-Beispiel ist es nun leichter, unseren Server und Client zu programmieren. Die folgende Client-Server-Anwendung ist dieselbe wie für UDP. Der Server besitzt einen Zähler, der durch die Kommandos „increment" und „reset" erhöht bzw. auf 0 zurückgesetzt werden kann (s. **Abbildung 5.4**). An dem Rückgabewert null der Empfangsmethode erkennt der Server, dass der Client die Verbindung geschlossen hat und somit nichts mehr senden wird. Wie im Pseudocode (s. Abschnitt 5.2.2) schließt der Server daraufhin die Verbindung auch von seiner Seite aus, verlässt die innere Schleife und wartet auf den nächsten Client. Der Java-Code des Servers ist in **Listing 5.8** enthalten:

Listing 5.8:

```java
import java.io.*;
import java.net.*;

public class Server
{
    public static void main(String[] args)
    {
        ServerSocket serverSocket = null;
        TCPSocket tcpSocket = null;
        int counter = 0;

        try
        {
            // create socket
            serverSocket = new ServerSocket(1250);
        }
        catch(Exception e)
        {
            System.out.println("Fehler beim Erzeugen des ServerSockets");
            return;
        }

        while(true)
        {
            try
            {
                // wait for connection then create streams
                System.out.println("Warten auf Verbindungsaufbau");
                tcpSocket = new TCPSocket(serverSocket.accept());

                // execute client requests
                while(true)
                {
                    String request = tcpSocket.receiveLine();
                    if(request != null)
                    {
                        if(request.equals("increment"))
                        {
                            // perform increment operation
                            counter++;
                        }
                        else if(request.equals("reset"))
                        {
                            // perform reset operation
                            counter = 0;
                            System.out.println("Der Zähler wurde "
                                                + "zurückgesetzt");
                        }
                        String result = String.valueOf(counter);
                        tcpSocket.sendLine(result);
                    }
                    else
                    {
                        System.out.println("Schließen der Verbindung");
                        tcpSocket.close();
                        tcpSocket = null;
                        break;
                    }
                }
            }
            catch(Exception e)
            {
```

5.5 Kommunikation über TCP mit Java-Sockets

```
            System.out.println(e);
            System.out.println("=> Schließen der Verbindung");
            if(tcpSocket != null)
            {
                try
                {
                    tcpSocket.close();
                }
                catch(IOException ex)
                {
                    System.out.println(ex);
                }
            }
        }
    }
}
```

Der Client ist ebenfalls analog zum UDP-Beispiel gestaltet. Er muss mit zwei Kommandozeilen-Argumenten, nämlich dem Rechnernamen oder der IP-Adresse des Servers und der Anzahl der zu sendenden „increment"-Kommandos, gestartet werden. Ebenfalls misst auch dieser Client die Ausführungszeit. Anders als beim UDP-Client müssen wir uns aber nicht überlegen, wie wir auf den Verlust von Nachrichten reagieren sollen, da TCP zuverlässig ist. Die ersten beiden Aktionen des Client-Pseudocodes (Socket erzeugen und Verbindung aufbauen, s. Abschnitt 5.2.2) können in Java mit einer einzigen Anweisung durchgeführt werden. Der Code des TCP-Clients ist in **Listing 5.9** enthalten:

Listing 5.9:

```java
public class Client
{
    public static void main(String args[])
    {
        if(args.length != 2)
        {
            System.out.println("Notwendige Kommandozeilenargumente: "
                    + "<Name des Server-Rechners> <Anzahl>");
            return;
        }

        TCPSocket tcpSocket = null;

        try
        {
            // create socket connection
            System.out.println("Aufbau der Verbindung");
            tcpSocket = new TCPSocket(args[0], 1250);

            // set counter to zero
            System.out.println("Zähler zurücksetzen");
            tcpSocket.sendLine("reset");
            String reply = tcpSocket.receiveLine();

            // get count, initialize start time
            System.out.println("Zähler erhöhen");
            int count = new Integer(args[1]).intValue();
            long startTime = System.currentTimeMillis();

            // perform increment "count" number of times
            for(int i = 0; i < count; i++)
            {
                tcpSocket.sendLine("increment");
                reply = tcpSocket.receiveLine();
```

```
            }
            // display statistics
            long stopTime = System.currentTimeMillis();
            long duration = stopTime - startTime;
            System.out.println("Gesamtzeit = " + duration + " msecs");
            if(count > 0)
            {
                System.out.println("Durchschnittszeit = "
                            + ((duration) / (float) count)
                            + " msecs");
            }
            System.out.println("Letzter Zählerstand: " + reply);
        }
        catch(Exception e)
        {
            System.out.println(e);
        }
        if(tcpSocket != null)
        {
            System.out.println("TCP-Verbindung wird geschlossen");
            try
            {
                tcpSocket.close();
            }
            catch(Exception e)
            {
                System.out.println(e);
            }
        }
    }
}
```

Da das von uns definierte und von der Anwendung verwendete Anwendungsprotokoll ein ASCII-Protokoll ist, kann unser TCP-Server auch über einen TELNET-Client angesprochen werden. Starten Sie zu diesem Zweck das TELNET-Programm mit einem optionalen zweiten Argument, nämlich der Portnummer des Servers (in unserem Fall 1250). Wenn auf Ihrem Rechner ein Server läuft, dann können Sie z.B. folgendes Kommando eingeben:

```
telnet localhost 1250
```

Damit wird eine Verbindung zu Ihrem Server aufgebaut. Alles, was Sie nun eintippen, wird zum Server geschickt. Wenn Sie also „increment" oder „reset" eingeben und dann die Return-Taste drücken, dann sollte die entsprechende Aktion auf dem Server ausgeführt werden, und Sie sollten eine entsprechende Antwort von Ihrem Server auf dem Bildschirm sehen. Wenn Sie irgendetwas anderes eingeben (z.B. eine Leerzeile durch Drücken der Return-Taste), dann können Sie damit den aktuellen Zählerstand vom Server abfragen, ohne dass Änderungen am Zähler vorgenommen werden.

5.6 Sequenzielle und parallele Server

Sinn und Zweck von Client-Server-Anwendungen ist u.a. die Nutzung eines Servers durch mehrere Clients. Dabei wird es in der Regel vorkommen, dass mehrere Clients einen Server sogar gleichzeitig nutzen. Was bedeutet das nun für unsere UDP- und TCP-Beispiele?

- Im UDP-Fall kann zwar ein Server das folgende Kommando erst dann ausführen, wenn er die Arbeit am aktuell bearbeiteten Kommando beendet und die Antwort zurückgeschickt hat. Aber immerhin werden mehrere Clients „verzahnt" bedient. Das heißt im Fall von z.B. zwei Clients, dass erst ein Kommando des ersten Clients, dann eines des zweiten Clients, dann wieder eines des ersten usw. ausgeführt wird. Dies entspricht unserem intuitiven Verständnis von Fairness.

- Im TCP-Fall ist dies anders. Hier werden erst alle Kommandos eines einzigen Clients bearbeitet, bevor der zweite bedient wird. Dies liegt an der Programmstruktur unseres TCP-Servers. Nach der Annahme einer TCP-Verbindung liest der Server nur von dieser Verbindung. Erst wenn der Client die Verbindung geschlossen hat, nimmt der Server die nächste Verbindung an und wendet sich damit dem nächsten Client zu. Dieses Verhalten ist besonders ärgerlich in dem Fall, dass ein Server über einen interaktiv bedienbaren Client wie z.B. den TELNET-Client benutzt wird. Selbst wenn der Benutzer des TELNET-Clients keine Kommandos eingibt, sondern für eine halbe Stunde Kaffee trinken gegangen ist, ist der Server blockiert. Er kann keine Kommandos für andere Clients ausführen, obwohl er untätig ist, da er auf Kommandos eines bestimmten Clients wartet. Die meisten Leser stimmen mir wohl zu, wenn ich ein solches Verhalten als unfair beurteile. Im Internet eingesetzte Server wie Web-Server, Mail-Server usw. würden von den Anwendern wenig geschätzt werden, wenn sie sich so verhalten würden wie unser Beispiel-Server.

Beide Server-Arten (UDP und TCP) arbeiten sequenziell (d.h. ohne Parallelität). Es ist möglich, für beide Server-Arten parallele Versionen zu entwickeln. Wie die vorigen Erläuterungen gezeigt haben, ist dies vor allem für den TCP-Fall notwendig. Deshalb wollen wir in diesem Abschnitt parallele Versionen nur für TCP-Server vorstellen, obwohl man UDP-Server ebenfalls parallelisieren könnte. Es sei noch angemerkt, dass das als unfair bezeichnete Verhalten unseres bisherigen TCP-Servers auch ohne Einführung von Parallelität verbessert werden könnte. Auf diese Realisierungsmöglichkeit gehen wir aber nicht näher ein.

Für die Realisierung eines parallelen TCP-Servers gibt es mehrere Alternativen:

- *Statische Parallelität*: Es werden mehrere parallel ablaufende Threads zu Beginn gestartet, die sich die Arbeit teilen. Die Anzahl der Threads bleibt somit immer gleich (statisch). Diese Arbeitsweise kennen wir aus dem täglichen Leben. Stellen Sie sich dazu z.B. einen Raum vor, in dem an mehreren Schaltern Kunden bedient werden (Post, Fahrkartenschalter der Deutschen Bahn usw.). Immer wenn ein Schalter frei wird, geht der nächste Kunde, der an der Reihe ist, an den freien Schalter und wird bedient.

- *Dynamische Parallelität*: Hier wird für jeden neuen Kunden ein neuer Thread gestartet, der den Kunden betreut. Nachdem die Verbindung zu dem Kunden geschlossen wird, endet der Thread. Die Anzahl der Threads ändert sich daher im Lauf der Zeit ständig (dynamisch). Dies würde für das Beispiel aus dem täglichen Leben bedeuten, dass ein Kunde zunächst von einem Empfangschef begrüßt wird. Dieser Empfangschef zaubert dann für diesen Kunden einen neuen Schalter samt einer neuen Bedienperson, die den Kunden bedient. Sobald der Kunde den Schalter verlässt, lösen sich Schalter und Be-

- **Mischformen:** Sowohl die statische als auch die dynamische Form der Parallelität hat Vor- und Nachteile. Deshalb gibt es auch Mischformen. So können z.B. zu Beginn eine bestimmte Anzahl paralleler Threads gestartet werden. Sobald die Anzahl der Kunden die Anzahl der Threads übersteigt, können (evtl. bis zu einem vorgegebenen Maximum) weitere Threads dazugeschaltet werden.

In diesem Abschnitt werden wir je ein Beispiel für die statische und die dynamische Form der Parallelität realisieren. Als Beispiel der dynamischen Parallelitätsform wird ein neues Beispiel besprochen. Anhand dieses Beispiels lassen sich besonders gut die Verhaltensunterschiede einer sequenziellen und parallelen Version eines Servers demonstrieren. Als Beispiel für die statische Form der Parallelität greifen wir wieder auf unser ursprüngliches Beispiel mit einem Zähler zurück und verwenden zur Realisierung der Parallelität einen Thread-Pool.

5.6.1 Server mit dynamischer Parallelität

Der TCP-Server arbeitet wie ein Echo-Server. Das heißt, jede empfangene Zeile wird zurückgesendet. Zusätzlich besitzt der Server die Funktionalität, dass er beim Empfang einer Eingabezeile, die aus einer ganzen Zahl besteht, seine Echo-Antwort um so viele Sekunden, wie die Zahl angibt, verzögert. Dieses Verhalten wird in **Abbildung 5.8** veranschaulicht. Damit wird es möglich, den Server so lange zu beschäftigen, wie man will.

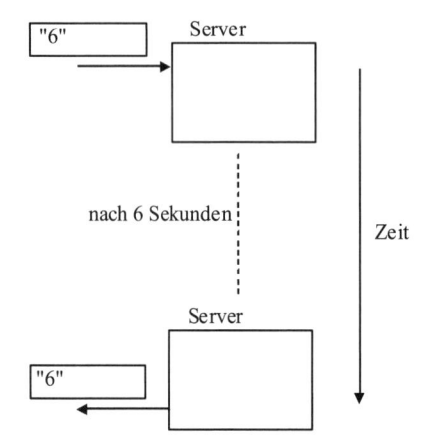

Abbildung 5.8: Verhaltensweise des TCP-Echo-Servers

Um den Vorteil, den die parallele Version bringen wird, besser einschätzen zu können, wird zuerst eine sequenzielle Server-Version (**Listing 5.10**) gezeigt. Da dieses Programm dem TCP-Server aus dem vorigen Abschnitt sehr ähnlich ist, sind keine weiteren Erläuterungen nötig.

Listing 5.10:

```java
import java.io.*;
import java.net.*;

public class SequentialServer
{
    public static void main(String[] args)
    {
        ServerSocket serverSocket = null;
        TCPSocket tcpSocket = null;

        try
        {
            // create socket
            serverSocket = new ServerSocket(1250);
        }
        catch(Exception e)
        {
            System.out.println("Fehler beim Erzeugen des ServerSockets");
            return;
        }

        while(true)
        {
            try
            {
                // wait for connection then create streams
                System.out.println("Warten auf Verbindungsaufbau");
                tcpSocket = new TCPSocket(serverSocket.accept());

                // execute client requests
                while(true)
                {
                    String request = tcpSocket.receiveLine();

                    if(request != null)
                    {
                        // perform sleep
                        try
                        {
                            int secs = Integer.parseInt(request);
                            Thread.sleep(secs * 1000);
                        }
                        catch(Exception e)
                        {
                            System.out.println(e);
                        }

                        tcpSocket.sendLine(request);
                    }
                    else
                    {
                        System.out.println("Schließen der Verbindung");
                        tcpSocket.close();
                        tcpSocket = null;
                        break;
                    }
                }
            }
            catch(Exception e)
            {
                System.out.println(e);
                System.out.println("=> Schließen der Verbindung");
                if(tcpSocket != null)
                {
                    try
                    {
```

```java
                        tcpSocket.close();
                    }
                    catch(IOException ex)
                    {
                        System.out.println(ex);
                    }
                }
            }
        }
    }
}
```

Die parallele Version unseres TCP-Servers lässt sich wie in **Listing 5.11** realisieren:

Listing 5.11:

```java
import java.io.*;
import java.net.*;

public class ParallelServer
{
    public static void main(String[] args)
    {
        ServerSocket serverSocket = null;

        try
        {
            // create socket
            serverSocket = new ServerSocket(1250);
        }
        catch(Exception e)
        {
            System.out.println("Fehler beim Erzeugen des ServerSockets");
            return;
        }

        while(true)
        {
            try
            {
                // wait for connection then create streams
                System.out.println("Warten auf Verbindungsaufbau");
                TCPSocket tcpSocket =
                            new TCPSocket(serverSocket.accept());
                new Slave(tcpSocket);
            }
            catch(Exception e)
            {
                System.out.println(e);
            }
        }
    }
}

class Slave extends Thread
{
    private TCPSocket socket;

    public Slave(TCPSocket socket)
    {
        this.socket = socket;
        this.start();
    }

    public void run()
    {
        String request;
```

```java
                // execute client requests
                try
                {
                    while(true)
                    {
                        request = socket.receiveLine();

                        if(request != null)
                        {
                            try
                            {
                                int secs = Integer.parseInt(request);
                                Thread.sleep(secs * 1000);
                            }
                            catch(InterruptedException e)
                            {
                                System.out.println(e);
                            }
                            socket.sendLine(request);
                        }
                        else
                        {
                            break;
                        }
                    }
                }
                catch(Exception e)
                {
                    System.out.println(e);
                }
                System.out.println("Schließen der Verbindung");
                try
                {
                    socket.close();
                }
                catch(IOException e)
                {
                    System.out.println(e);
                }
            }
        }
```

Der dazu passende Client wird mit denselben Kommandozeilen-Argumenten wie der UDP-Client aus dem Multicast-Beispiel gestartet: Das erste Argument ist der Name oder die IP-Adresse des Servers. Die folgenden Argumente, die in beliebiger Anzahl folgen können, werden als Strings der Reihe nach an den Server geschickt. Der Client ist in **Listing 5.12** implementiert:

Listing 5.12:

```java
public class Client
{
    public static void main(String args[])
    {
        if(args.length < 2)
        {
            System.out.println("Notwendige Kommandozeilenargumente: "
                    + "<Name des Server-Rechners> "
                    + "<Sekundenzahl1> ... < SekundenzahlN>");
            return;
        }

        TCPSocket tcpSocket = null;

        try
```

```
        {
            // create socket connection
            System.out.println("Aufbau der Verbindung");
            tcpSocket = new TCPSocket(args[0], 1250);

            // perform sleep operations
            for(int i = 1; i < args.length; i++)
            {
                tcpSocket.sendLine(args[i]);
                String result = tcpSocket.receiveLine();
                System.out.println(result);
            }
        }
        catch(Exception e)
        {
            System.out.println(e);
        }
        if(tcpSocket != null)
        {
            System.out.println("Schließen der Verbindung");
            try
            {
                tcpSocket.close();
            }
            catch(Exception e)
            {
                System.out.println(e);
            }
        }
    }
}
```

Wie im vorigen Beispiel können Sie beim Ausprobieren des sequenziellen und parallelen TCP-Servers neben dem selbst geschriebenen Client auch einen TELNET-Client verwenden.

5.6.2 Server mit statischer Parallelität

Die dynamische Form der Parallelität birgt die Gefahr, dass damit bei einem Denial-of-Service-Angriff so viele Threads auf dem Server erzeugt werden, dass der Rechner vollkommen überlastet wird. Ein solcher Angriff kann leicht programmiert werden, indem man sehr viele Threads erzeugt, von denen jeder eine Verbindung zum Server öffnet, ohne diese wieder zu schließen. Der Effekt kann noch verstärkt werden, wenn man diesen Angriff gleichzeitig von mehreren Rechnern aus startet. Wir werden deshalb im folgenden Beispiel die Anzahl der Threads beschränken.

Als Beispiel verwenden wir wieder unser ursprünglich eingeführtes Zählerbeispiel. Da der Zähler nun von mehreren Threads gleichzeitig benutzt wird, wird er nicht mehr als lokale Variable der Main-Methode, sondern als Attribut einer Klasse realisiert. In dieser Klasse existieren Methoden zum Lesen und Ändern (Erhöhen und Zurücksetzen) des Zählers. Da ein Objekt dieser Klasse von mehreren Threads benutzt wird, müssen alle lesenden und schreibenden Methoden synchronized sein. Die statische Parallelität wird dadurch erreicht, dass zu Beginn eine feste Anzahl von Threads erzeugt wird. Jeder dieser Threads wartet mit accept auf demselben ServerSocket-Objekt auf eine neue Verbindung. Falls eine Verbindung von einem Client aufgebaut wird, dann nimmt irgendeiner der bereiten Threads die Verbindung an; die gerade beschäftigten Threads führen keinen Aufruf von accept

5.6 Sequenzielle und parallele Server

durch und kommen deshalb zur Betreuung der neuen Verbindung nicht in Frage. **Listing 5.13** zeigt das Programm des Servers mit statischer Parallelität.

Listing 5.13:

```java
import java.io.*;
import java.net.*;
import socket.tcp.TCPSocket;

class Counter
{
    private int counter;

    public synchronized int increment()
    {
        counter++;
        return counter;
    }

    public synchronized int reset()
    {
        counter = 0;
        return counter;
    }

    public synchronized int getCounter()
    {
        return counter;
    }
}

public class ParallelStaticServer
{
    private static final int NUMBER_OF_SLAVES = 20;

    public static void main(String[] args)
    {
        ServerSocket serverSocket = null;
        Counter counter = new Counter();

        try
        {
            // create socket
            serverSocket = new ServerSocket(1250);
        }
        catch(Exception e)
        {
            System.out.println("Fehler beim Erzeugen des ServerSockets");
            return;
        }

        for(int i = 0; i < NUMBER_OF_SLAVES; i++)
        {
            Thread t = new StaticSlave(serverSocket, counter);
            t.start();
        }
    }
}

class StaticSlave extends Thread
{
    private ServerSocket serverSocket;
    private Counter counter;

    public StaticSlave(ServerSocket serverSocket, Counter counter)
    {
        this.serverSocket = serverSocket;
```

```java
            this.counter = counter;
        }
        public void run()
        {
            TCPSocket tcpSocket = null;
            while(true)
            {
                try
                {
                    // wait for connection then create streams
                    tcpSocket = new TCPSocket(serverSocket.accept());

                    // execute client requests
                    while(true)
                    {
                        String request = tcpSocket.receiveLine();
                        int result;
                        if(request != null)
                        {
                            if(request.equals("increment"))
                            {
                                // perform increment operation
                                result = counter.increment();
                            }
                            else if(request.equals("reset"))
                            {
                                // perform reset operation
                                result = counter.reset();
                                System.out.println("counter has been reset");
                            }
                            else
                            {
                                result = counter.getCounter();
                            }
                            tcpSocket.sendLine("" + result);
                        }
                        else
                        {
                            System.out.println("Schließen der Verbindung");
                            tcpSocket.close();
                            tcpSocket = null;
                            break;
                        }
                    }
                }
                catch(Exception e)
                {
                    System.out.println(e);
                    System.out.println("=> Schließen der Verbindung");
                    if(tcpSocket != null)
                    {
                        try
                        {
                            tcpSocket.close();
                        }
                        catch(IOException ex)
                        {
                            System.out.println(ex);
                        }
                    }
                }
            }
        }
    }
```

5.6 Sequenzielle und parallele Server

Alternativ kann zur Realisierung der statischen Parallelität auch ein Thread-Pool (s. Abschnitt 3.7.1) verwendet werden (s. **Listing 5.14**). Der von einem Thread durchgeführte Programmcode befindet sich in der Methode run der Klasse Task. Objekte der Klasse Task werden an den Thread-Pool zur Ausführung übergeben. Deshalb muss die Klasse Task die Schnittstelle Runnable implementieren. Im Code unseres Servers wird kein Thread explizit gestartet.

Listing 5.14:

```java
import java.io.*;
import java.net.*;
import java.util.concurrent.*;

class Counter
{
    //wie zuvor
    ...
}

class Task implements Runnable
{
    private TCPSocket socket;
    private Counter counter;

    public Task(TCPSocket socket, Counter counter)
    {
        this.socket = socket;
        this.counter = counter;
    }

    public void run()
    {
        String request;

        // execute client requests
        try
        {
            while(true)
            {
                request = socket.receiveLine();
                int result;
                if(request != null)
                {
                    if(request.equals("increment"))
                    {
                        // perform increment operation
                        result = counter.increment();
                    }
                    else if(request.equals("reset"))
                    {
                        // perform reset operation
                        result = counter.reset();
                    }
                    else
                    {
                        result = counter.getCounter();
                    }
                    socket.sendLine("" + result);
                }
                else
                {
                    break;
                }
            }
```

```java
                    }
                    catch(Exception e)
                    {
                        System.out.println(e);
                    }
                    try
                    {
                        socket.close();
                    }
                    catch(IOException e)
                    {
                        System.out.println(e);
                    }
                }
            }

            public class ParallelStaticServerWithThreadPool
            {
                public static void main(String[] args)
                {
                    ServerSocket serverSocket = null;
                    TCPSocket tcpSocket = null;
                    Counter counter = new Counter();
                    ThreadPoolExecutor pool =
                        new ThreadPoolExecutor(3, 3,
                                                0L, TimeUnit.SECONDS,
                                                new LinkedBlockingQueue<Runnable>());

                    try
                    {
                        // create socket
                        serverSocket = new ServerSocket(1250);
                    }
                    catch(Exception e)
                    {
                        System.out.println("Fehler beim Erzeugen des ServerSockets");
                        return;
                    }

                    while(true)
                    {
                        try
                        {
                            // wait for connection then create streams
                            tcpSocket = new TCPSocket(serverSocket.accept());
                            Task task = new Task(tcpSocket, counter);
                            pool.execute(task);
                        }
                        catch(Exception e)
                        {
                            System.out.println(e);
                            if(tcpSocket != null)
                            {
                                try
                                {
                                    tcpSocket.close();
                                }
                                catch(IOException ex)
                                {
                                    System.out.println(ex);
                                }
                            }
                        }
                    }
                }
            }
```

Eine vergleichende Betrachtung dieser beiden parallelen Varianten mit der sequenziellen Version des Servers (**Listing 5.8**) wird den Leserinnen und Lesern empfohlen. Im Abschnitt 5.5 befindet sich das Client-Programm (**Listing 5.9**), das auch für die beiden parallelen Server-Versionen benutzt werden kann. Alternativ kann auch wieder TELNET als Client verwendet werden.

5.7 Zusammenfassung

In diesem Kapitel wurde beschrieben, wie Threads über Prozess- und sogar Rechnergrenzen hinweg miteinander kommunizieren können. Als Transportprotokolle können dabei wahlweise UDP oder TCP verwendet werden. Die unterschiedlichen Eigenschaften der beiden Transportprotokolle schlagen dabei auf die Programmierschnittstelle durch. Für die Nutzung von UDP wurde eine Client-Server-Anwendung entwickelt, bei der ein Zähler auf einem Server von Clients erhöht und zurückgesetzt werden kann. Zur Demonstration von Multicast wurde eine weitere Anwendung mit UDP realisiert, bei der ein einfacher Echo-Server realisiert wurde. Das Zählerbeispiel wurde anschließend auch auf die Nutzung des TCP-Protokolls übertragen. Zum Abschluss dieses Kapitels wurde dann die Nützlichkeit von Parallelität für die Server-Seite diskutiert, die für das angegebene TCP-Server-Beispiel dringlicher war. Es wurden deshalb zum Abschluss des Kapitels parallele Versionen von TCP-Servern vorgestellt, wobei einmal die dynamische und einmal die statische Form der Parallelität eingesetzt wurde.

Mit der hier beschriebenen Java-Socket-Schnittstelle ist es nun möglich, im Internet gebräuchliche Anwendungsprotokolle zu realisieren (z.B. HTTP, SMTP, POP3 und IMAP basierend auf TCP und DNS sowie SNMP basierend auf UDP). Damit können entsprechende Client- oder Server-Programme geschrieben werden. In der Java-Klassenbibliothek finden sich bereits Klassen, die solche Entwicklungen erleichtern. So können z.B. mit den Klassen *URL* und *URLConnection* bequem Web-Seiten von einem Web-Server mit Hilfe des HTTP-Protokolls abgerufen werden, ohne dass man dazu dieses Protokoll kennen muss. Ebenso existieren Klassen, die das Versenden von elektronischer Post über SMTP oder das Abrufen elektronischer Post über POP3 oder IMAP vereinfachen. Im Internet findet man weitere Klassen zur einfacheren Nutzung weiterer Protokolle wie z.B. SNMP.

6 Verteilte Anwendungen mit RMI

Wenn man die Aufgabe hat, eine verteilte Java-Anwendung von Grund auf neu zu entwickeln, insbesondere wenn dabei die zu nutzenden Kommunikationsprotokolle nicht vorgegeben sind, dann stellt RMI die bessere Alternative gegenüber den Sockets dar. Davon soll Sie dieses Kapitel überzeugen.

6.1 Prinzip von RMI

Auch mit *RMI* (*Remote Method Invocation*) kann man verteilte Anwendungen realisieren. Der Ansatz bei den Sockets ist der, dass man eine Schnittstelle zur Nutzung der Internet-Transportprotokolle UDP und TCP bereitstellt. Bei RMI geht man davon aus, dass man heutzutage objektorientiert entwirft und entwickelt und in dieser Gedanken- und Programmierwelt auch verteilte Anwendungen realisiert. Dabei will man möglichst wenig mit der Welt der Rechnernetze zu tun haben. Anders formuliert: Mit RMI kann man verteilte Anwendungen entwickeln, wobei der Aspekt der Verteilung für die Programmiererinnen möglichst *transparent* ist.

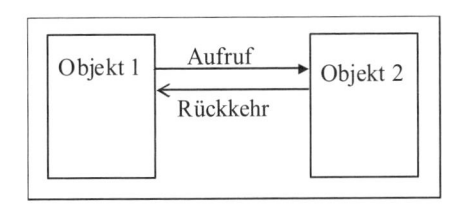

```
┌──────────────────────────────────┐
│  ┌─────────┐  Aufruf   ┌─────────┐│
│  │Objekt 1 │──────────▶│Objekt 2 ││
│  │         │◀──────────│         ││
│  └─────────┘  Rückkehr └─────────┘│
└──────────────────────────────────┘
   Prozess (Adressraum, JVM)
```

Abbildung 6.1: Lokaler Methodenaufruf: Beide Objekte befinden sich auf demselben Rechner, sogar im selben Adressraum (d.h. in demselben Prozess und derselben Java Virtual Machine [JVM])

In **Abbildung 6.1** und **Abbildung 6.2** ist der Unterschied zwischen einem lokalen Methodenaufruf und RMI bildlich dargestellt. **Abbildung 6.1** illustriert einen lokalen Methodenaufruf, wobei aus einer Methode des Objekts 1 ein Methodenaufruf erfolgt, der auf ein Ob-

6 Verteilte Anwendungen mit RMI

jekt 2 angewendet wird. Dabei befinden sich die beiden Objekte nicht nur auf einem Rechner, sondern auch im selben Adressraum (d.h. in derselben Java Virtual Machine). **Abbildung 6.2** zeigt dagegen den Fall für einen *Fern-Methodenaufruf* (deutsche Übersetzung für Remote Method Invocation [RMI]), in dem sich die Objekte auf unterschiedlichen Rechnern und damit in unterschiedlichen Adressräumen befinden.

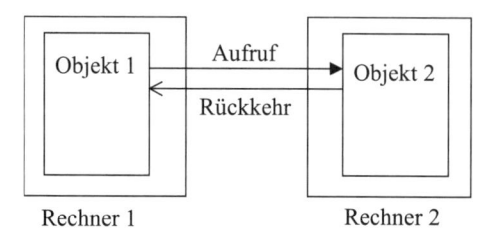

Abbildung 6.2: Fern-Methodenaufruf: Beide Objekte befinden sich in unterschiedlichen Prozessen (und damit in unterschiedlichen Adressräumen bzw. Java Virtual Machines), in der Regel auch auf unterschiedlichen Rechnern

Zur Realisierung der *Verteilungstransparenz* (d.h. zum Verbergen des Aspekts Verteilung vor dem Programmierer) erfolgt der Fern-Methodenaufruf über so genannte *Stubs* und *Skeletons* (s. **Abbildung 6.3**).

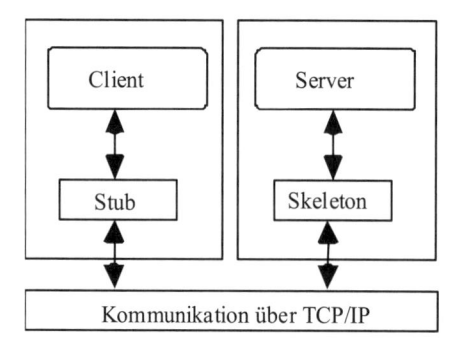

Abbildung 6.3: Prinzip des Fern-Methodenaufrufs über Stubs und Skeletons

Um die in **Abbildung 6.3** gezeigte, relativ abstrakte Struktur besser zu verstehen, wird das Prinzip von RMI anhand einer Metapher aus dem täglichen Leben erläutert, das jeder von Ihnen kennen dürfte. Stellen Sie sich ein Fernsehgerät vor, das an seinem Gehäuse eine Menge von Druckknöpfen hat zur Programmwahl, zur Regelung der Lautstärke, der Helligkeit usw. Stellen Sie sich weiter eine Fernbedienung vor, die genau dieselben Knöpfe mit denselben Wirkungen und in derselben Anordnung hat (in Wirklichkeit ist dies in der Regel nicht so; lassen Sie uns das aber für den Vergleich einmal annehmen). Die Fernbedienung erlaubt Ihnen also, Ihr Fernsehgerät aus der Ferne so zu bedienen, als würden Sie direkt vor dem Fernseher sitzen und direkt auf die Knöpfe, die am Fernsehergehäuse angebracht sind, drücken. Ähnlich verhält es sich mit RMI. Das Fernsehgerät entspricht dem Server. Der Server enthält ein Objekt, das aus der Ferne benutzt werden kann. Der menschliche Benutzer der Fernbedienung entspricht dem Client, der das Objekt des Servers nutzen möchte, indem Methoden auf dieses Objekt in der Ferne angewendet werden. Die Fernbedienung entspricht dem *Stub* (ausgesprochen: Stabb). Dies ist ein Objekt, das dieselbe Java-Schnittstelle implementiert wie das Objekt, das auf dem Server von der Ferne aus benutzt werden soll (Metapher: dieselben Knöpfe in derselben Anordnung). Das heißt: Mit dem Stub-Objekt kann der Client so umgehen, als wäre es das Objekt, das sich auf dem Server befindet. Der Client kann dieselben Methoden aufrufen. Ähnlich wie bei der Fernbedienung wird aber dadurch nur ein entsprechendes Signal über eine TCP-Verbindung an den Server gesendet und so lange gewartet, bis von der anderen Seite eine Bestätigung über den Abschluss des Methodenaufrufs eintritt. Dann kehrt die aufgerufene Methode zum Client zurück. Das Empfangsteil am Fernsehgehäuse, das die von der Fernbedienung gesendeten Infrarotsignale empfängt und in Steuerimpulse für das Fernsehgerät umsetzt, entspricht schließlich dem *Skeleton*. Der Skeleton nimmt die Nachrichten, die vom Stub über die aufgebaute TCP-Verbindung gesendet werden, entgegen, interpretiert diese und ruft die entsprechenden Methoden auf dem entsprechenden Server-Objekt auf. Nachdem der Methodenaufruf zu Ende ist, wird eine entsprechende Erfolgsmeldung zusammen mit dem Rückgabewert der Methode, falls die Methode nicht void ist, an den Stub zurückgesendet.

Der Aspekt *Transparenz* kommt bei RMI nun dadurch zustande, dass der Entwickler nur Client und Server, nicht aber Stub und Skeleton programmieren muss. Der Stub wird für jede Anwendung automatisch erzeugt. Der Skeleton ist ein Programmteil, das in der RMI-Implementierung dabei ist und für alle RMI-Anwendungen verwendet werden kann.

Bei der Entwicklung einer RMI-Anwendung werden wir in den folgenden Beispielen immer in folgenden Schritten vorgehen:

1. **Schnittstelle definieren:** Dies ist die Java-Schnittstelle zwischen Client und Server, die natürlich in Abhängigkeit von der konkreten Anwendung definiert werden muss. Die Schnittstelle führt alle Methoden (mit ihren Parameter- und Rückgabetypen) auf, die über RMI in der Ferne aufgerufen werden können. Bei der Definition der Schnittstelle sind zwei Besonderheiten zu beachten:

    - Die Schnittstelle muss aus der Schnittstelle *Remote* aus dem Package java.rmi abgeleitet werden.
    - Alle Methoden der Schnittstelle müssen mit „throws *RemoteException*" gekennzeichnet werden.

2. **Schnittstelle implementieren:** Es wird eine Klasse geschrieben, die die in Schritt 1 definierte Schnittstelle implementiert. Auch dabei gibt es zwei Besonderheiten zu beachten:

    - Einem Objekt muss die Benutzung von außen über RMI eingeräumt werden (d.h. das Objekt muss exportiert werden). Dafür gibt es mehrere Möglichkeiten. Eine einfache Lösung besteht darin, dass die Klasse aus der Klasse *UnicastRemoteObject* abgeleitet wird.

- Wenn die implementierende Klasse aus UnicastRemoteObject abgeleitet wird, muss es einen expliziten Konstruktor geben, der mit „throws *RemoteException*" gekennzeichnet ist. Wird kein Konstruktor angegeben, so gibt es ja bekanntlich den Standardkonstruktor. Da dieser aber nicht mit „throws RemoteException" markiert ist, würde es beim Übersetzen später zu einem Fehler kommen.

3. **Server programmieren:** Im 2. Schritt haben wir lediglich eine Klasse geschrieben, aber wir benötigen natürlich Objekte. Deshalb brauchen wir noch den Server selbst. Dieser wird in unseren Beispielen immer nur aus einer kurzen Main-Methode bestehen, in der eines oder mehrere Objekte der Klasse aus Schritt 2 (RMI-Objekte) erzeugt und unter einem frei wählbaren Namen bei einer Art *Auskunftsdienst* angemeldet werden.

4. **Client programmieren:** In diesem Schritt schreiben wir ein Programm, das sich über die Auskunft einen Stub für das angemeldete RMI-Objekt beschafft. Dazu muss der Client den Rechner kennen, auf dem der Server läuft, sowie den Namen, unter dem das Objekt in Schritt 3 vom Server angemeldet wurde. Dieser Stub kann dann so verwendet werden, als wäre er das RMI-Objekt selbst. Das heißt: Der Client benutzt die Methoden der Schnittstelle aus Schritt 1, wobei dadurch die in Schritt 2 implementierten Methoden auf dem RMI-Objekt des Servers ausgeführt werden.

5. **Anwendung übersetzen und ausführen:** Im letzten Schritt schließlich werden alle Java-Dateien übersetzt. Beim Ausführen des Servers ist darauf zu achten, dass vor dem Starten des Servers die *RMI-Registry* gestartet wird, falls dies nicht aus dem Programm des Servers heraus erfolgt.

In den folgenden Abschnitten entwickeln wir RMI-Beispiele. Das erste Beispiel ist ein einführendes Beispiel. Das zweite Beispiel erläutert die vorhandene Parallelität bei RMI-Methodenaufrufen. Während in den ersten beiden Beispielen die Methoden parameterlos sind oder die Typen der Methoden-Parameter und -Rückgabewerte primitive Datentypen (im konkreten Fall int) sind, beschäftigen sich die nächsten zwei Beispiele mit dem Fall, dass Parameter oder Rückgabewerte Objekte sind. Diese können durch ihren Wert oder ihre Referenz übergeben werden. Zu jedem Fall werden wir ein Beispiel zur Illustration betrachten.

6.2 Einführendes RMI-Beispiel

6.2.1 Basisprogramm

In diesem Beispiel greifen wir das Zähler-Beispiel wieder auf, das im vorigen Kapitel mit UDP und mit TCP realisiert wurde. Nun realisieren wir es mit RMI und gehen dabei so vor, wie am Ende des vorigen Abschnitts beschrieben wurde.

1. **Schnittstelle definieren:** Wenn wir die in **Abbildung 5.4** dargestellte Kommunikation möglichst genau in RMI übertragen wollen, benötigen wir zwei Methoden mit den Namen increment und reset. Beide sind parameterlos und haben einen Int-Wert als

6.2 Einführendes RMI-Beispiel

Rückgabewert, denn auch im UDP- und TCP-Beispiel wurde der neue Zählerzustand als Antwort an den Client zurückgeschickt. Wenn wir dann die im vorigen Abschnitt erläuterten Besonderheiten beachten (Ableitung der Schnittstelle aus der Schnittstelle Remote, alle Methoden mit „throws RemoteException" kennzeichnen), dann sieht unsere RMI-Schnittstelle wie in **Listing 6.1** aus:

Listing 6.1:

```
import java.rmi.*;

public interface Counter extends Remote
{
    public int reset() throws RemoteException;
    public int increment() throws RemoteException;
}
```

2. **Schnittstelle implementieren:** Die Implementierung der Schnittstelle ist im Prinzip einfach (s. **Listing 6.2**). Auf drei Besonderheiten sei aber hingewiesen:

   - Zum einen leiten wir aus der Klasse UnicastRemoteObject ab. Dies ist eine Möglichkeit (unter anderen), die bewirkt, dass Objekte dieser Klasse exportiert werden und somit über RMI benutzt werden können.

   - Zum anderen brauchen wir einen Konstruktor, der mit „throws RemoteException" gekennzeichnet ist, und den wir daher explizit angeben müssen, auch wenn er keine Anweisungen enthält.

   - Schließlich sind die beiden Methoden reset und increment als synchronized gekennzeichnet. Damit sind wir darauf vorbereitet, dass Objekte dieser Klasse von mehreren Clients gleichzeitig benutzt werden können.

Listing 6.2:

```
import java.rmi.*;
import java.rmi.server.UnicastRemoteObject;

public class CounterImpl extends UnicastRemoteObject implements Counter
{
    private int counter;

    public CounterImpl() throws RemoteException
    {
        /* super(); counter = 0;
         */
    }

    public synchronized int reset() throws RemoteException
    {
        System.out.println("Methode reset wurde aufgerufen");
        counter = 0;
        return counter;
    }

    public synchronized int increment() throws RemoteException
    {
        counter++;
        return counter;
    }
}
```

3. **Server programmieren:** Der Server (s. **Listing 6.3**) besteht aus einer Main-Methode, in der ein Objekt der Klasse CounterImpl erzeugt und unter dem Namen „Counter" bei der Auskunft angemeldet wird. Diese Anmeldung erfolgt durch Aufruf der Static-Methode *rebind* der Klasse *Naming*.

Listing 6.3:

```
import java.rmi.*;
public class Server
{
    public static void main(String args[])
    {
        try
        {
            CounterImpl myCounter = new CounterImpl();
            Naming.rebind("Counter", myCounter);
            System.out.println("Zähler-Server ist gestartet");
        }
        catch(Exception e)
        {
            System.out.println("Ausnahme: " + e.getMessage());
            e.printStackTrace();
        }
    }
}
```

Bitte beachten Sie, dass wir hier ein ähnliches Phänomen haben wie beim Erzeugen eines Fensters in Kapitel 4. Obwohl die Main-Methode zu Ende läuft, ist der das Programm ausführende Prozess nicht zu Ende. Dies liegt daran, dass auch in diesem Fall „heimlich" ein Thread gestartet wird. Dieser Thread ist der Skeleton, der wie unser im vorigen Kapitel selbst entwickelter TCP-Server in einer Schleife auf ankommende TCP-Verbindungen wartet.

4. **Client programmieren:** Als Client benötigen wir ein Beispiel, das die Methoden reset und increment aufruft. Unser Client-Programm (**Listing 6.4**) gestalten wir so wie die Client-Programme für UDP und TCP des vorigen Kapitels. Das heißt: Der Client wird mit zwei Kommandozeilenargumenten gestartet: das erste Argument ist der Name des Rechners, auf dem der Server läuft, das zweite Argument ist eine Zahl, die angibt, wie oft der Zähler erhöht werden soll. Um die Methoden increment und reset anwenden zu können, benötigt man eine Referenz auf ein entsprechendes Objekt. Diese beschafft man sich über eine Anfrage bei der Auskunft, an der das Objekt vom Server angemeldet wurde. Dazu benutzt man die Static-Methode *lookup* der Klasse *Naming* (dies ist das Gegenstück zu rebind). Diese Methode besitzt als Argument einen String, der eine URL-artige Form hat:

```
rmi://<Rechnername>/<Objektname>
```

Die in <>-Klammern angegebenen Bestandteile sind dabei durch die entsprechenden Namen zu ersetzen. Die von lookup zurückgelieferte Referenz kann dann vom Client so benutzt werden, als wäre es eine Referenz auf das Objekt, das sich in der Ferne auf dem Server befindet. Auf dieses Objekt kann dann einmal die Methode reset und so oft wie als Kommandozeilenargument angegeben die Methode increment aufgerufen werden. Wie schon im vorigen Kapitel wird die Zeit für alle Increment-Aufrufe gemessen und zusammen mit der Durchschnittszeit für einen RMI-Methodenaufruf ausgegeben.

Listing 6.4:

```java
import java.rmi.*;

public class Client
{
    public static void main(String args[])
    {
        if(args.length != 2)
        {
            System.out.println("Notwendige Kommandozeilenargumente: "
                            + "<Name des Server-Rechners> <Anzahl>");
            return;
        }

        try
        {
            Counter myCounter = (Counter) Naming.lookup("rmi://"
                                            + args[0]
                                            + "/Counter");

            // set counter to initial value of 0
            System.out.println("Zähler wird auf 0 gesetzt.");
            myCounter.reset();
            System.out.println("Nun wird der Zähler erhöht.");

            // calculate start time
            int count = new Integer(args[1]).intValue();
            long startTime = System.currentTimeMillis();

            // increment count times
            int result = 0;
            for(int i = 0; i < count; i++)
            {
                result = myCounter.increment();
            }

            // calculate stop time; print out statistics
            long stopTime = System.currentTimeMillis();
            long duration = stopTime - startTime;
            System.out.println("Gesamtzeit = " + duration + " msecs");
            if(count > 0)
            {
                System.out.println("Durchschnittszeit = "
                                + ((duration) / (float) count)
                                + " msecs");
            }
            System.out.println("Letzter Zählerstand: " + result);
        }
        catch(Exception e)
        {
            System.out.println("Ausnahme: " + e);
        }
    }
}
```

Beachten Sie den Aufruf von Naming.lookup im Client-Programm. Die Methode lookup ist so definiert, dass ein Objekt des Typs Remote zurückgegeben wird. Da diese Schnittstelle natürlich die von uns definierten Methoden increment und reset nicht enthält (genauer: Remote ist eine leere Schnittstelle, die keine einzige Methode enthält), müssen wir das zurückgegebene Objekt entsprechend casten. Da wir das Objekt danach so benutzen können, als wäre es das Objekt auf dem Server, das der Klasse CounterImpl angehört, könnte man eventuell versucht sein, auf CounterImpl zu casten. Dies würde aber zu einer ClassCastException führen, denn die von lookup zurückgegebene Referenz verweist nicht auf ein Objekt des Typs CounterImpl, sondern auf das entsprechende Stub-Objekt. Da wir aber den Typ des Stubs in der Regel nicht kennen, casten wir auf die Schnittstelle Counter, die natürlich vom Stub implementiert wird. Das Casten gelingt deshalb und erlaubt uns damit die Benutzung der Methoden der Schnittstelle.

5. **Anwendung übersetzen und ausführen:** Beim Erzeugen des Programmcodes musste in früheren Zeiten der Code für die Stub- und Skeleton-Klasse durch Aufruf des RMI-Compilers (Kommando *rmic*) explizit erzeugt werden. Seit der Java-Version 1.2 ist die Erzeugung des Skeletons und seit der Java-Version 5 auch die des Stubs nicht mehr nötig. Wir werden in Abschnitt 6.9 sehen, warum das so ist.

Bevor der Server gestartet wird, muss die Auskunft gestartet werden, bei der der Server das Objekt anmelden wird. Dies geschieht durch folgendes Kommando:

```
rmiregistry
```

Es ist ganz wichtig, Folgendes zu beachten: Wenn Sie dieses Kommando ausführen, dann muss der CLASSPATH so eingestellt sein, dass Sie durch Eingabe des Java-Kommandos auch den Server starten könnten. Dies erreicht man z.B. dadurch, dass im CLASSPATH das aktuelle Verzeichnis (.) enthalten ist, und dass das aktuelle Verzeichnis dasjenige ist, in dem die Pfadstruktur beginnt. Angenommen, der Server würde sich im Package chapter6.example1 befinden, dann muss sich im aktuellen Ordner der Ordner chapter6 befinden (und darin der Ordner example1, und darin die Class-Dateien Counter.class, CounterImpl.class und Server.class). Das Programm rmiregistry erzeugt nach dem Start keine Ausgabe und läuft in einer Endlosschleife. Das heißt: Es muss manuell z.B. durch Eingabe von Strg-C abgebrochen werden.

Sollten Sie Client und Server auf unterschiedlichen Rechnern ausführen wollen, so genügt es, die Auskunft RMI-Registry auf dem Rechner zu starten, auf dem der Server läuft; auf dem Client-Rechner ist keine RMI-Registry nötig.

6.2.2 RMI-Client mit grafischer Benutzeroberfläche

Damit liegt uns die erste lauffähige RMI-Anwendung vor. Wie schon die Client-Programme für die Socket-Beispiele hat auch dieser RMI-Client keine grafische Benutzeroberfläche. Dies ist heute in der Regel eher unüblich. Deshalb erweitern wir den Client aus **Listing 6.4** um eine grafische Benutzeroberfläche. Das von dem Programm erzeugte Fenster ist in **Abbildung 6.4** zu sehen.

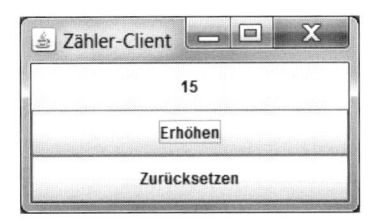

Abbildung 6.4: Grafische Benutzeroberfläche des RMI-Clients für das Zähler-Beispiel

Das Entscheidende dabei ist, dass in den Listener-Methoden actionPerformed, die beim Drücken der Buttons aufgerufen werden, nach Möglichkeit kein RMI-Aufruf durchgeführt werden sollte. Ein solcher Aufruf beinhaltet nämlich das Warten auf eine Antwort vom RMI-Server. Da dies unter Umständen länger dauern kann, würde unsere Oberfläche in dieser Zeit „einfrieren" (s. Abschnitt 4.3). Deshalb werden die RMI-Aufrufe in separaten Threads des Typs RMICaller durchgeführt, die von den Listener-Methoden gestartet werden. Diese Threads dürfen aber nicht direkt auf die grafische Benutzeroberfläche zugreifen, um ihre Ergebnisse anzuzeigen. Deshalb muss dies durch Beauftragung des Event-Dispatchers über EventQueue.invokeLater (oder EventQueue.invokeAndWait) erfolgen (s. Abschnitt 4.3). Das Programm des Clients mit grafischer Benutzeroberfläche zeigt **Listing 6.5**. Das Beispiel kann auf die Client-Programme aus Kapitel 5, welche Sockets benutzen, übertragen werden.

Listing 6.5:

```java
import java.awt.*;
import java.awt.event.*;
import java.rmi.*;

import javax.swing.*;

@SuppressWarnings("serial")
public class ClientGui extends JFrame
                       implements ActionListener
{
    private JLabel label;
    private Counter counter;

    public ClientGui(String title, Counter counter)
    {
        super(title);
        this.counter = counter;

        setLayout(new GridLayout(0, 1));

        label = new JLabel("", SwingConstants.CENTER);
        JButton incrementButton = new JButton("Erhöhen");
        JButton resetButton = new JButton("Zurücksetzen");

        add(label);
        add(incrementButton);
        add(resetButton);

        incrementButton.addActionListener(this);
        resetButton.addActionListener(this);

        setDefaultCloseOperation(JFrame.DISPOSE_ON_CLOSE);
        setSize(300, 150);
```

6 Verteilte Anwendungen mit RMI

```java
            setLocation(50, 50);
            setVisible(true);
        }

        public void actionPerformed(ActionEvent evt)
        {
            String command = evt.getActionCommand();
            if(command.equals("Erhöhen"))
            {
                increment();
            }
            else if(command.equals("Zurücksetzen"))
            {
                reset();
            }
        }

        private void reset()
        {
            RMICaller caller = new RMICaller(counter, false, label);
            caller.start();
        }

        private void increment()
        {
            RMICaller caller = new RMICaller(counter, true, label);
            caller.start();
        }

        /**
         * main-Methode.
         */
        public static void main(String[] args)
        {
            if(args.length < 2)
            {
                System.out.println("Notwendige Argumente: "
                                 + "<Name des Servers> "
                                 + "<Name des Objekts>");
                return;
            }
            try
            {
                Counter counter = (Counter) Naming.lookup("rmi://"
                                                        + args[0]
                                                        + "/"
                                                        + args[1]);
                new ClientGui("Zähler-Client", counter);
            }
            catch(Exception e)
            {
                System.out.println("Ausnahme bei der Initialisierung: "
                                 + e.getMessage());
                System.exit(0);
            }
        }
    }

    class RMICaller extends Thread
    {
        private Counter counter;
        private boolean increment; //true: call increment, false: call reset
        private JLabel label;

        public RMICaller(Counter counter, boolean increment,
                         JLabel label)
        {
            this.counter = counter;
            this.increment = increment;
            this.label = label;
```

```java
            }
            public void run()
            {
                String message;
                try
                {
                    int newValue;
                    if(increment)
                    {
                        newValue = counter.increment();
                    }
                    else
                    {
                        newValue = counter.reset();
                    }
                    message = "" + newValue;
                }
                catch(RemoteException e)
                {
                    message = e.getMessage();
                }
                LabelUpdate update = new LabelUpdate(label, message);
                EventQueue.invokeLater(update);
            }
        }

        class LabelUpdate implements Runnable
        {
            private JLabel label;
            private String text;

            public LabelUpdate(JLabel label, String text)
            {
                this.label = label;
                this.text = text;
            }

            public void run()
            {
                label.setText(text);
            }
        }
```

6.2.3 RMI-Registry

Schauen wir uns im Folgenden die im Client- und Server-Programm benutzte Klasse Naming, die einen Zugriff auf die RMI-Registry bietet, noch etwas genauer an:

```java
public final class Naming
{
    public static void bind(String name, Remote obj)
            throws AlreadyBoundException, MalformedURLException,
                RemoteException
    {...}

    public static void rebind(String name, Remote obj)
            throws MalformedURLException, RemoteException
    {...}
    public static void unbind(String name)
            throws NotBoundException, MalformedURLException,
                RemoteException
    {...}
    public static Remote lookup(String name)
            throws NotBoundException, MalformedURLException,
                RemoteException
```

```
        {...}
        public static String[] list(String name)
                throws MalformedURLException, RemoteException
        {...}
}
```

Neben den bereits behandelten Static-Methoden rebind und lookup besitzt die Klasse Naming drei weitere Static-Methoden. Eine davon ist *bind*. Diese ist sehr ähnlich wie rebind. Es wird allerdings die Ausnahme *AlreadyBoundException* ausgelöst, falls in der Auskunft RMI-Registry bereits ein Eintrag mit diesem Namen existiert. Wir haben in unserer Anwendung allerdings rebind verwendet, wodurch Einträge mit demselben Namen überschrieben werden. Der Grund für die Verwendung von rebind ist: Wenn man eine RMI-Anwendung entwickelt, dann wird es häufiger kommen, dass man den Server abbricht (z.B. mit Strg-C), am Programmcode etwas ändert, neu übersetzt und neu startet. Würde man dabei bind verwenden, so müsste man auch die RMI-Registry abbrechen und neu starten. Verwendet man aber rebind, so hat dies den Vorteil, dass die RMI-Registry nicht neu gestartet werden muss, denn der Server überschreibt einfach seinen Eintrag vom vorhergehenden Lauf. Eine weitere Static-Methode der Klasse Naming ist *unbind*, mit der ein Eintrag wieder aus der RMI-Registry gelöscht werden kann. Schließlich gibt es noch die Methode *list*, die ein String-Feld zurückgibt, das alle Namen aller aktuell vorhandenen Einträge der RMI-Registry enthält. Die Methoden bind, rebind und unbind werden typischerweise vom Server aufgerufen, wobei sich die RMI-Registry auf demselben Rechner befinden muss wie der Aufrufer dieser Methoden. Die Methoden lookup und list werden in der Regel vom Client aufgerufen. Der Client kann auf einem anderen Rechner laufen.

Die Kommunikation zwischen Client und RMI-Registry, Server und RMI-Registry sowie Client und Server erfolgt über TCP mit Sockets. Die Frage dabei ist, welche Portnummern verwendet werden und wie der Client von den verwendeten Portnummern erfährt.

In **Abbildung 6.5** ist die Antwort auf diese Frage dargestellt. Der Server verwendet eine beliebige Portnummer, die in der Abbildung mit x bezeichnet wird. Beim Anmelden des RMI-Objekts an der RMI-Registry werden dem Namen (in unserem Beispiel Counter) Informationen zugeordnet, mit denen man das entsprechende Objekt erreichen kann. Diese Informationen bestehen u.a. aus der Portnummer und einer Kennung obj-id für das Objekt (der Server kann mehrere Objekte beherbergen, die alle über den Port x erreicht werden können). Der Client ruft die Methode Naming.lookup auf. Aus dem angegebenen String kann der Name des Rechners extrahiert werden. Da die RMI-Registry auf einem Socket mit wohl bekannter Portnummer, nämlich 1099, lauscht, kann der Client damit eine TCP-Verbindung zur RMI-Registry des Servers herstellen. Dort wird eine Anfrage nach dem Namen des Objekts (also „Counter") gestellt. Der Client erhält die diesem Objekt zugeordneten Erreichbarkeitsinformationen und kann nun im zweiten Schritt eine Verbindung aufbauen zu dem Rechner, von dem er diese Information bekommen hat, und zu der in diesen Informationen enthaltenen Portnummer. Über die aufgebaute Verbindung sendet er die Kennung für das Objekt, damit der Server entscheiden kann, mit welchem Objekt der Client arbeiten möchte. Wie üblich verwendet der Client stets beliebige Portnummern (in **Abbildung 6.5** mit y1 und y2 bezeichnet).

6.2 Einführendes RMI-Beispiel

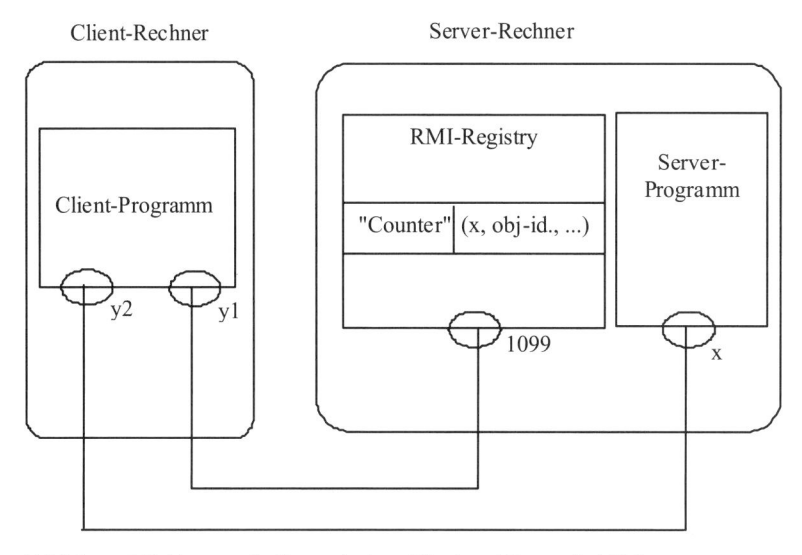

Abbildung 6.5: Kommunikation zwischen Client und Server bei RMI

Falls die Portnummer 1099 aus irgendeinem Grund nicht für die RMI-Registry verwendet werden kann oder soll, so kann die RMI-Registry auch einen anderen Port benutzen. Dazu gibt man beim Start der RMI-Registry die Portnummer als zusätzliches Kommandozeilenargument an:

```
rmiregistry 5000
```

In diesem Fall lauscht die RMI-Registry auf die Portnummer 5000. Ähnlich wie bei HTTP muss aber dann in diesem Fall die Portnummer der RMI-Registry auf Client-Seite angegeben werden. Der in Naming.lookup angegebene String hat im Allgemeinen folgende Struktur:

```
rmi://<Rechnername>:<Portnummer der RMI-Registry>/<Objektname>
```

In unserem Client-Programm müsste dann in diesem konkreten Fall die Naming.lookup-Anweisung so aussehen (Änderung fett hervorgehoben):

```
Counter myCounter = (Counter) Naming.lookup("rmi://"
                                            + args[0]
                                            + ":5000/Counter");
```

Die RMI-Registry kann übrigens auch aus dem Programm heraus gestartet werden. Dazu wird aus dem Package java.rmi.registry die Static-Methode *createRegistry* der Klasse *LocateRegistry* benötigt:

```
public final class LocateRegistry
{
    public static Registry createRegistry(int port)
            throws RemoteException
    {...}
    ...
}
```

Das Argument gibt die Portnummer an. Will man den Standardport verwenden, muss die Methode mit dem Argument 1099 aufgerufen werden. Der Rückgabetyp *Registry* ist eine Schnittstelle und besitzt genau dieselben Methoden wie die Klasse Naming (Naming kann aber Registry nicht implementieren, da die Methoden von Naming alle static sind). Man kann wahlweise die von createRegistry zurückgelieferte Referenz benutzen, um auf die RMI-Registry zuzugreifen, oder man benutzt weiterhin die Static-Methoden aus der Klasse Naming. Eine dritte Alternative besteht darin, dass man sich eine Referenz auf eine lokale oder ferne RMI-Registry mit Hilfe einer der überladenen Methoden *getRegistry* der Klasse LocateRegistry beschafft.

```
public final class LocateRegistry
{
    //registry on local host, port 1099
    public static Registry getRegistry()
        throws RemoteException
    {...}

    //registry on local host, specified port
    public static Registry getRegistry(int port)
        throws RemoteException
    {...}

    //registry on specified host, port 1099
    public static Registry getRegistry(String host)
        throws RemoteException
    {...}

    //registry on specified host, specified port
    public static Registry getRegistry(String host, int port)
        throws RemoteException
    {...}
    ...
}
```

Typischerweise würde man das Starten einer Registry in das Programm eines Servers einbauen (der Client benötigt ja keine Registry). In **Listing 6.6** wird diejenige Alternative gezeigt, bei der die von createRegistry zurückgegebene Referenz benutzt wird, um die Methode rebind aufzurufen (Änderungen gegenüber **Listing 6.3** sind fett gedruckt).

Listing 6.6:

```
import java.rmi.registry.*;

public class Server
{
    public static void main(String args[])
    {
        try
        {
            Registry registry = LocateRegistry.createRegistry(1099);
            registry.rebind("Counter", new CounterImpl());
            System.out.println("Zähler-Server ist gestartet");
        }
        catch(Exception e)
        {
            System.out.println("Ausnahme: " + e.getMessage());
            e.printStackTrace();
        }
    }
}
```

Beachten Sie, dass Sie nicht mehrere Server gleichzeitig ausführen können, die alle eine Registry auf demselben Port starten. Auch ist es nicht möglich, das Kommando rmiregistry auszuführen und während dieser Zeit eine Registry auf demselben Port aus einem Programm heraus zu starten. Sie dürfen die Registry entweder nur in einem der Server starten, oder Sie müssen für jedes Starten einer Registry eine neue, noch nicht benutzte Portnummer verwenden.

6.3 Parallelität bei RMI-Methodenaufrufen

In diesem Abschnitt wollen wir erforschen, was die gleichzeitige Nutzung eines RMI-Objekts durch mehrere Clients bedeutet und worauf man dabei zu achten hat. Um die gleichzeitige Nutzung besser beobachten zu können, verwenden wir eine RMI-Methode, deren Ausführung längere Zeit dauern soll. Wie in Abschnitt 5.6.1 zur Demonstration des Unterschieds zwischen einem sequenziellen und einem parallelen TCP-Server verwenden wir Thread.sleep.

1. **Schnittstelle definieren:** Die Schnittstelle besteht in diesem Fall lediglich aus einer Void-Methode namens sleep, der eine Int-Zahl als Wert übergeben wird (s. **Listing 6.7**). Diese Zahl gibt an, wie viele Sekunden lang der Methodenaufruf dauern soll:

Listing 6.7:

```
public interface Sleep extends java.rmi.Remote
{
    public void sleep(int secs) throws java.rmi.RemoteException;
}
```

2. **Schnittstelle implementieren:** Die Implementierung der Schnittstelle (s. **Listing 6.8**) wird mit Thread.sleep realisiert:

Listing 6.8:

```
import java.rmi.*;
import java.rmi.server.*;

public class SleepImpl extends UnicastRemoteObject implements Sleep
{
    public SleepImpl() throws RemoteException
    {
    }
    public synchronized void sleep(int secs) throws RemoteException
    {
        System.out.println("Beginn von sleep(" + secs + ")");
        try
        {
            Thread.sleep(secs * 1000);
        }
        catch(InterruptedException e)
        {
            System.out.println(e);
        }
```

```
            System.out.println("Ende von sleep(" + secs + ")");
        }
    }
```

Die Methode sleep müsste nicht synchronized sein. Wir werden in diesem Abschnitt aber nochmals demonstrieren, welchen Effekt synchronized hat, indem wir das Programm mit und ohne synchronized ausführen.

3. **Server programmieren:** Der Server erzeugt in diesem Fall zwei Objekte der Klasse SleepImpl und meldet diese unter unterschiedlichen Namen bei der RMI-Registry an (s. **Listing 6.9**). Auch dies erfolgt nur zu Demonstrationszwecken. Wir wollen zeigen, welchen Unterschied es macht, wenn mehrere Clients gleichzeitig auf dasselbe oder auf unterschiedliche RMI-Objekte zugreifen:

Listing 6.9:

```java
import java.rmi.*;

public class Server
{
    public static void main(String[] args)
    {
        try
        {
            SleepImpl server;
            server = new SleepImpl();
            Naming.rebind("SleepServer1", server);
            server = new SleepImpl();
            Naming.rebind("SleepServer2", server);
        }
        catch(Exception e)
        {
            System.out.println(e);
            e.printStackTrace();
        }
    }
}
```

4. **Client programmieren:** Der Anwender soll wählen können, mit welchem RMI-Objekt das Client-Programm arbeiten soll. Deshalb muss nach dem Namen des Server-Rechners als weiteres Kommandozeilenargument der Name des RMI-Objekts angegeben werden. Danach können beliebig viele weitere Kommandozeilenargumente folgen. Diese werden als Zahlen interpretiert, die der Reihe nach als Argumente bei wiederholtem Aufruf der Sleep-Methode übergeben werden (s. **Listing 6.10**):

Listing 6.10:

```java
import java.rmi.*;

public class Client
{
    public static void main(String[] args)
    {
        if(args.length < 3)
        {
            System.out.println("Benötigte Kommandozeilenargumente: "
                    + "<Name des Servers> <Name des Objekts> "
                    + "<Sekunden 1> ... <Sekunden N>");
            return;
```

```
            }
            try
            {
                Sleep server = (Sleep) Naming.lookup("rmi://" + args[0] + "/"
                                                  + args[1]);
                System.out.println("Kontakt zu Server hergestellt");
                for(int i = 2; i < args.length; i++)
                {
                    int secs = Integer.parseInt(args[i]);
                    System.out.println("Aufruf von sleep(" + args[i] + ")");
                    server.sleep(secs);
                }
            }
            catch(Exception e)
            {
                System.out.println(e);
                e.printStackTrace();
            }
        }
    }
```

5. **Anwendung übersetzen und ausführen:** Bei der Ausführung dieser Anwendung stellen sich interessante Effekte nur dann ein, wenn wir mindestens zwei Clients gleichzeitig starten. Angenommen, der erste Client wird mit der Argumentliste „localhost SleepServer1 60" gestartet. So lange dieser Client noch läuft (also innerhalb einer Minute), sollte es uns nun gelingen, einen zweiten Client zu starten, der mit dem anderen RMI-Objekt arbeitet (also z.B. mit der Argumentliste „localhost SleepServer2 5"). Wir beobachten, dass der zweite Client nach 5 Sekunden zu Ende läuft. Der erste Client kann zu diesem Zeitpunkt immer noch aktiv sein. Dies bedeutet, dass der zweite Client nicht warten musste, bis der erste Client bedient war. Dies wird auch deutlich, wenn wir die Ausgabe des Sleep-Servers betrachten:

```
Beginn von sleep(60)
Beginn von sleep(5)
Ende von sleep(5)
Ende von sleep(60)
```

Auch an dieser Ausgabe erkennt man, dass ein zweiter Aufruf von sleep erfolgte, bevor der erste zu Ende war. Offenbar werden die Methodenaufrufe der beiden Clients in unterschiedlichen Threads abgewickelt. Das heißt, dass wir zur parallelen Nutzung des RMI-Servers durch mehrere Clients nichts dazu programmieren müssen, sondern dass diese Möglichkeit in RMI bereits „eingebaut" ist. Anders als beim parallelen TCP-Server müssen wir in unserer Anwendung also keine Threads erzeugen und starten, da dies bereits automatisch gemacht wird. Dieser Komfort beinhaltet aber auch Gefahren, denn dadurch kann unter Umständen übersehen werden, dass man es hier mit Parallelität zu tun hat. Wie aus Kapitel 2 bekannt ist, kann die Ausführung mit synchronized sequenzialisiert werden, wenn mehrere Threads auf demselben Objekt arbeiten. Wir wiederholen das Starten zweier Clients, wobei der erste Client wie zuvor gestartet wird, während der zweite Client nun auch mit dem Argument „SleepServer1" statt „SleepServer2" aufgerufen wird. Falls die Sleep-Methode der Klasse SleepImpl wie in **Listing 6.8** mit synchronized gekennzeichnet ist, dann ist das Verhalten dieses Mal deutlich anders. Auf das Ende des zweiten Clients muss nun länger gewartet werden;

erst 5 Sekunden nach dem Ende des ersten Clients ist der zweite Client zu Ende. Dies zeigt, dass die Sleep-Aufrufe dieses Mal nicht parallel, sondern hintereinander ausgeführt wurden. Dies zeigt auch ein Blick auf die Ausgabe des Servers:

```
Beginn von sleep(60)
Ende von sleep(60)
Beginn von sleep(5)
Ende von sleep(5)
```

Wird das Schlüsselwort synchronized in der Klasse SleepImpl entfernt und werden die beiden Experimente wiederholt, so ist das Verhalten jetzt in beiden Fällen so wie bei unserem ersten Experiment. Da es keinerlei Einschränkungen der Parallelität gibt, werden die Sleep-Aufrufe parallel abgearbeitet.

Durch Veränderung dieses Beispiels kann man übrigens noch weitere Eigenschaften von RMI erforschen:

- Identität und Gleichheit von Stubs: Führt man in einem RMI- Client wie z.B. dem in **Listing 6.10** zwei Mal Naming.lookup mit exakt demselben String als Argument aus, so erhält man zwei unterschiedliche Stub-Objekte für dasselbe RMI-Objekt (d.h. die beiden Stub-Objekte sind nicht identisch – ein Vergleich der beiden Stub-Objekte mit == ergibt false). Wenn wir wieder unsere Metapher vom Beginn des Kapitels zur Hand nehmen, dann entsprechen die Stubs zwei unterschiedlichen Fernbedienungen, mit denen sich aber derselbe Fernseher bedienen lässt. Vergleicht man die beiden Stub-Objekte jedoch mit Hilfe der Methode equals, so erhält man true (d.h. die beiden Stub-Objekte sind gleich). Nimmt man dagegen zwei Stubs, die auf unterschiedliche RMI-Objekte zeigen, ergibt ein Vergleich mit equals den Rückgabewert false. Daran kann man erkennen, dass die Methode equals für Stubs offenbar so definiert ist, dass sie genau dann true zurückgibt, wenn die beiden verglichenen Stubs auf dasselbe RMI-Objekt zeigen.

- Parallele Nutzung eines Stubs: Hat man sich in einem Client unterschiedliche Stubs für dasselbe oder unterschiedliche RMI-Objekte besorgt, so ist die Situation bei paralleler Nutzung dieser Stubs nicht anders, als wenn diese unterschiedlichen Stub-Objekte in unterschiedlichen Client-Instanzen parallel genutzt werden. Die spannende Frage ist nun, was passiert, wenn ein Stub-Objekt in einer Client-Instanz durch mehrere Threads parallel benutzt wird. Dies kann durch Variation des RMI-Clients aus **Listing 6.10** einfach ausprobiert werden. Dazu sollte aber die Methode sleep in **Listing 6.8** nicht mehr synchronized sein. Es zeigt sich, dass sich der Stub „vernünftig", sogar „schlau" verhält. Wird er nämlich sequenziell benutzt, so baut er nur eine Verbindung zum Server auf. Wird er dagegen parallel benutzt, so baut er mehrere Verbindungen zum Server auf, wodurch auf Server-Seite mehrere Threads erzeugt werden. Im konkreten Fall folgt daraus, dass die Methode sleep auf dem Server von den parallel laufenden Threads einer Client-Instanz auch über einen einzigen Stub parallel aufgerufen werden kann.

In den ersten beiden RMI-Beispielen dieses und des vorigen Abschnitts wurden Werte des Typs int als Parameter vom Client zum Server und als Rückgabewerte vom Server zum

Client übertragen. Wie in Java üblich erfolgt die Übergabe von Int-Werten als Parameter oder als Rückgabewerte in Form einer Kopie („*Call by Value*"/„*Return by Value*"). Das heißt, dass eine Änderung des Parameters durch den Server keine Auswirkungen hat auf die Variable des Clients, die beim Methodenaufruf übergeben wurde, da der Server mit einer Kopie arbeitet. Gleiches gilt für die anderen primitiven Datentypen boolean, char, short, long, float oder double. Objektparameter oder von Methoden zurückgegebene Objekte werden in Java dagegen immer in Form von Referenzen auf Objekte („*Call by Reference*"/„*Return by Reference*") realisiert. Eine Besonderheit von RMI ist, dass auch Objektparameter oder -rückgabewerte als Wert oder als Referenz übergeben werden können. Für beide Fälle folgt jeweils ein Beispiel in den beiden folgenden Abschnitten.

6.4 Wertübergabe für Parameter und Rückgabewerte

Wie am Ende des vorigen Abschnitts beschrieben wurde, besitzt RMI die Besonderheit, dass Objektparameter oder Objektrückgabewerte als Wert oder als Referenz übergeben werden können. In diesem Abschnitt entwickeln wir ein Beispiel für die *Wertübergabe* („*Call by Value*").

In **Abbildung 6.6** wird die Wertübergabe grafisch veranschaulicht. Angenommen, es wird eine RMI-Methode vom Client auf dem Server aufgerufen und dabei als Parameter die Referenz r übergeben. Falls Wertübergabe vorliegt, wird eine Kopie des Objekts, auf das die Referenz r zeigt, vom Client auf den Server übertragen. Enthält das Objekt dabei Referenzen auf weitere Objekte, so wird der Kopiervorgang rekursiv fortgesetzt, bis alle Objekte, die man über die Referenz r erreichen kann, auf den Server übertragen wurden und auf dem Server eine entsprechende Verzeigerung der Kopien wiederhergestellt wurde. Die RMI-Methode wird dann auf dem Server mit der Referenz r' aufgerufen. Die RMI-Methode arbeitet also mit einer kompletten Kopie. Entsprechendes gilt für von Methoden zurückgegebene Objekte, die als Werte übertragen werden.

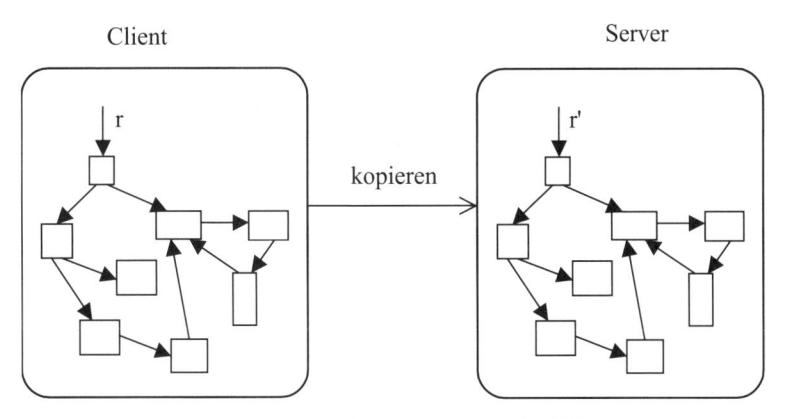

Abbildung 6.6: Wertübergabe von Objektparametern bei RMI

Eine Übergabe eines Parameters als Wert ist z.B. dann sinnvoll, wenn ein Client eine Datenstruktur aufgebaut hat und diese zur Auswertung oder Speicherung einem Server übergeben möchte, also bei rein lesender Verwendung des Parameters. Als Werte können beliebig komplexe Datenstrukturen übergeben werden. Wir verwenden im Folgenden als Beispiel lediglich eine simple und überschaubare Datenstruktur, nämlich eine einfach verkettete Liste.

6.4.1 Serialisierung und Deserialisierung von Objekten

Es mag auf den ersten Blick vielleicht sehr kompliziert erscheinen, das Kopieren einer Datenstruktur wie in **Abbildung 6.6** zu programmieren. Glücklicherweise müssen wir dazu aber (fast) nichts tun, denn das Kopieren von solchen komplexen Datenstrukturen ist in Java schon „eingebaut". Es handelt sich dabei um das Konzept der *Serialisierung*. Mit Serialisierung ist gemeint, dass eine Datenstruktur, die wie in **Abbildung 6.6** zweidimensional dargestellt ist, „flach gedrückt" und in eine Folge von Bytes (Serie von Bytes) gewandelt wird. Ebenso kann dann auf einfache Weise aus dieser Bytefolge eine exakte Kopie der serialisierten Datenstruktur hergestellt werden. Diesen Vorgang bezeichnet man als *Deserialisierung*. Damit können aber nicht nur Kopien von Datenstrukturen über das Netz übertragen werden, sondern z.B. auch in eine Datei abgespeichert und zu einem späteren Zeitpunkt wieder geladen werden. Damit dies funktioniert, muss der Programmierer lediglich bei allen Klassen der Objekte, die serialisiert werden sollen, die Schnittstelle *Serializable* aus dem Package java.io implementieren. Da diese Schnittstelle leer ist (d.h. keine Methoden enthält), ist außer der Kennzeichnung der Klassen durch „implements Serializable" nichts zu tun.

Im Folgenden entwickeln wir eine einfach verkettete Liste mit Int-Werten, die als Ganzes *serialisierbar* sein soll. Eine Liste besteht aus einem Anker-Objekt der Klasse List, das auf das erste und letzte Element der Liste vom Typ ListItem zeigt. Ein Beispiel einer solchen Liste zeigt **Abbildung 6.7**.

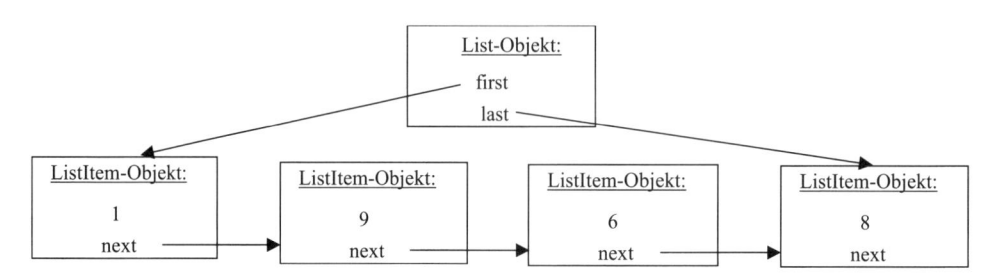

```
                    List-Objekt:
                       first
                       last
   ┌──────────┐   ┌──────────┐   ┌──────────┐   ┌──────────┐
   │ListItem- │   │ListItem- │   │ListItem- │   │ListItem- │
   │ Objekt:  │   │ Objekt:  │   │ Objekt:  │   │ Objekt:  │
   │    1     │──▶│    9     │──▶│    6     │──▶│    8     │
   │  next    │   │  next    │   │  next    │   │  next    │
   └──────────┘   └──────────┘   └──────────┘   └──────────┘
```

Abbildung 6.7: Beispiel einer Liste

Um die Liste *serialisieren* zu können, genügt es nicht, lediglich die Klasse List serialisierbar zu machen. Da Objekte der Klasse nämlich Referenzen auf Objekte der Klasse ListItem haben, muss die Klasse ListItem ebenfalls serialisierbar sein. Entsprechend sind im folgenden Programmtext in **Listing 6.11** beide Klassen List und ListItem mit „implements

Serializable" gekennzeichnet. Als Methoden für die Klasse List sehen wir lediglich eine Methode append zum Anhängen eines Elements an das Ende der Liste sowie die Methode print zur Ausgabe der Liste auf dem Bildschirm vor:

Listing 6.11:

```java
import java.io.Serializable;

class ListItem implements Serializable
{
    private int value;
    private ListItem next;

    public ListItem(int v)
    {
        value = v;
        next = null;
    }

    public void setNext(ListItem n)
    {
        next = n;
    }

    public int getValue()
    {
        return value;
    }

    public ListItem getNext()
    {
        return next;
    }
}

public class List implements Serializable
{
    private ListItem first, last;

    public void append(int i)
    {
        if(first == null)
        {
            first = new ListItem(i);
            last = first;
        }
        else
        {
            last.setNext(new ListItem(i));
            last = last.getNext();
        }
    }

    public void print()
    {
        ListItem item = first;
        while(item != null)
        {
            System.out.print(item.getValue() + " ");
            item = item.getNext();
        }
        System.out.println();
    }
}
```

Die Implementierung der Liste dürfte ohne weitere Erklärungen verständlich sein. Bevor wir zu unserem RMI-Beispiel zurückkehren, wird an einem Beispiel gezeigt, dass eine serialisierbare Datenstruktur auch in eine Datei abgespeichert werden kann. Anders als bei RMI, wo die Serialisierung und Deserialisierung ohne explizite Programmierung erfolgt, muss dieser Fall, wo die Liste in eine Datei gespeichert und daraus wieder gelesen werden soll, explizit ausprogrammiert werden. Zum Serialisieren und Deserialisieren werden die Klassen *ObjectOutputStream* bzw. *ObjectInputStream* aus dem Package java.io benutzt (s. **Abbildung 5.5** in Abschnitt 5.5). Objekte dieser Klassen können mit einem FileOutputStream- bzw. FileInputStream-Objekt zusammengeschaltet werden, wenn das Ziel bzw. die Quelle eine Datei sein soll. Erfreulich ist, dass das Serialisieren durch eine einzige Anweisung, die aus dem Aufruf der Methode *writeObject* der Klasse ObjectOutputStream besteht, erfolgt. Das zu serialisierende Objekt muss dabei als Argument übergeben werden. Es werden dann alle Referenzen verfolgt und die entsprechenden Objekte werden dann ebenfalls rekursiv serialisiert. Ist ein Objekt nicht serialisierbar (d.h. die entsprechende Klasse implementiert nicht Serializable), dann wird eine Ausnahme ausgelöst und die Serialisierung abgebrochen. Zyklen werden erkannt. Das heißt, es gibt weder eine endlose Rekursion noch wird ein Objekt, das schon serialisiert wurde, nochmals serialisiert, wenn man über eine Folge von Referenzen zu einem Objekt kommt, das man schon behandelt hat. Entsprechend erfolgt die Deserialisierung durch Aufruf der Methode *readObject* der Klasse ObjectInputStream. Der Rückgabetyp von readObject ist Object. Es kann dann auf den Typ gecastet werden, der vorliegt.

Das Programm in **Listing 6.12** kann eine Liste serialisieren und in eine Datei schreiben sowie die Liste aus der Datei durch Deserialisierung wieder rekonstruieren. Das erste Kommandozeilenargument des Programms sollte „lesen" oder „schreiben" sein. Wenn es „schreiben" ist, dann erwartet das Programm den Namen einer Datei, in die geschrieben werden soll, sowie eine beliebige Anzahl weiterer Argumente, die alle ganze Zahlen sein sollten, und die den Inhalt der aufzubauenden und der zu serialisierenden Liste vorgeben (die Liste aus **Listing 6.11** besteht aus Int-Werten). Das Programm könnte also z.B. mit den Parametern „schreiben beispiel.ser 5 4 3 2 1" gestartet werden. Ist das erste Kommandozeilenargument „lesen", dann erwartet das Programm lediglich ein weiteres Argument, nämlich den Namen einer Datei, aus der eine Liste eingelesen und ausgegeben werden soll. Ohne weitere Erläuterungen sollten Sie nun in der Lage sein, das Programm aus **Listing 6.12**, in dem der Aufruf der wichtigen Methoden readObject und writeObject fett gedruckt ist, zu verstehen:

Listing 6.12:

```java
import java.io.*;
public class SerializeExample
{
    public static void main(String[] args)
    {
        if(args.length < 2)
        {
            usage();
        }
```

```java
            else if(args[0].equals("lesen"))
            {
                read(args);
            }
            else if(args[0].equals("schreiben"))
            {
                write(args);
            }
            else
            {
                usage();
            }
        }
        private static void usage()
        {
            System.out.println("Nötige Kommandozeilenargumente: ");
            System.out.println("lesen <Name der Datei>");
            System.out.println("ODER");
            System.out.println("schreiben <Name der Datei> "
                              + "<Zahl 1> <Zahl 2> ... <Zahl N>");
        }
        private static void write(String[] args)
        {
            List l = new List();
            for(int i = 2; i < args.length; i++)
            {
                int value = Integer.parseInt(args[i]);
                l.append(value);
            }
            try
            {
                FileOutputStream fOutput = new FileOutputStream(args[1]);
                ObjectOutputStream output = new ObjectOutputStream(fOutput);
                output.writeObject(l);
                output.flush();
                output.close();
            }
            catch(Exception e)
            {
                System.out.println(e);
            }
        }
        private static void read(String[] args)
        {
            try
            {
                FileInputStream fInput = new FileInputStream(args[1]);
                ObjectInputStream input = new ObjectInputStream(fInput);
                List l = (List) input.readObject();
                input.close();
                l.print();
            }
            catch(Exception e)
            {
                System.out.println(e);
            }
        }
    }
```

Bei der Serialisierung eines Objekts wird (neben dem Namen der Klasse des Objekts) im Wesentlichen der Zustand des Objekts in eine Byte-Folge gewandelt. Der Zustand eines Objekts besteht aus den aktuellen Werten seiner Attribute, die nicht static und nicht *transient* sind. Das heißt zum einen, dass man mit dem Schlüsselwort transient ein Attribut kennzeichnen kann, das nicht serialisiert werden soll:

```
public class X
{
    private transient String description;
    private int x;
    private int y;
    ...
}
```

Zum anderen bedeutet dies, dass die Daten und nicht der Programmcode (also nicht die Methoden, die in übersetzter Form als Byte-Code in einer Class-Datei stehen) serialisiert werden.

6.4.2 Serialisierung und Deserialisierung bei RMI

In dem folgenden RMI-Beispiel wird eine Liste als Parameter in einer RMI-Methode verwendet. Da die Liste serialisierbar ist, wird sie als Wert übergeben (diese Aussage ist nicht ganz korrekt; richtig muss es heißen: Da die Liste serialisierbar und nicht exportiert ist, wird sie als Wert übergeben; die Bedeutung des Exportierens ist aber hier noch nicht zu verstehen). Wie wir zuvor gesehen haben, wäre eine typische Anwendung für die Wertübergabe ein rein lesender Zugriff auf die Liste auf der Server-Seite. Da wir aber die Wertübergabe deutlich machen wollen, werden wir eine (relativ unsinnige) RMI-Methode entwickeln, die an die Liste ein Element anhängt. Sie sollen dann sehen, dass zwar dadurch die Kopie auf dem Server verändert wird, das Original auf dem Client aber vor und nach dem RMI-Aufruf unverändert bleibt. Bitte beachten Sie, dass sich diese Situation von einem lokalen Methodenaufruf deutlich unterscheidet. Bei der Entwicklung der Anwendung wird wieder das „Kochrezept" aus Abschnitt 6.1 verwendet.

1. **Schnittstelle definieren:** Wie soeben erläutert wurde, schreiben wir eine Anwendung zum Anhängen eines Elements an eine Liste. Diese Anwendung ist nicht besonders sinnvoll, dient aber zur Erläuterung des Prinzips Wertübergabe. Die Schnittstelle wird in **Listing 6.13** gezeigt.

Listing 6.13:

```
public interface Append extends java.rmi.Remote
{
    public void tryToAppend(List l) throws java.rmi.RemoteException;
}
```

2. **Schnittstelle implementieren:** Die Implementierung der Schnittstelle ist sehr einfach, wie in **Listing 6.14** zu sehen ist. Die Liste wird vor und nach der Veränderung am Bildschirm ausgegeben:

Listing 6.14:

```
import java.rmi.*;
import java.rmi.server.*;
public class AppendImpl extends UnicastRemoteObject implements Append
{
    public AppendImpl() throws RemoteException
```

```
    }
}
public void tryToAppend(List l) throws RemoteException
{
    System.out.print("erhaltene Liste: ");
    l.print();

    l.append(4711);
    System.out.print("manipulierte Liste: ");
    l.print();
}
```

Die Methode tryToAppend muss nicht synchronized sein, da selbst bei paralleler Nutzung jeder Methodenaufruf mit seiner eigenen Liste arbeitet.

3. **Server programmieren:** Der Server besteht aus einer Main-Methode, in der ein Objekt der Klasse AppendImpl erzeugt und unter dem Namen „AppendServer" bei der Auskunft angemeldet wird (s. **Listing 6.15**).

Listing 6.15:

```
import java.rmi.*;

public class Server
{
    public static void main(String[] args)
    {
        try
        {
            AppendImpl server = new AppendImpl();
            Naming.rebind("AppendServer", server);
        }
        catch(Exception e)
        {
            System.out.println(e);
            e.printStackTrace();
        }
    }
}
```

4. **Client programmieren:** Der Client (s. **Listing 6.16**) wird mit Kommandozeilenargumenten gestartet: das erste Argument ist der Name des Rechners, auf dem der Server läuft, die beliebig vielen weiteren Argumente sind die Elemente, die die als Parameter übergebene Liste enthalten soll.

Listing 6.16:

```
import java.rmi.*;

public class Client
{
    public static void main(String[] args)
    {
        if(args.length < 2)
        {
            System.out.println("Nötige Kommandozeilenargumente: "
                    + "<Name der Servers> "
                    + "<Zahl 1> <Zahl 2> ... <Zahl N>");
            return;
        }
```

```
        try
        {
            Append server = (Append) Naming.lookup("rmi://" + args[0]
                                                + "/AppendServer");
            System.out.println("Kontakt zu Server hergestellt");
            List l = new List();
            for(int i = 1; i < args.length; i++)
            {
                int value = Integer.parseInt(args[i]);
                l.append(value);
            }
            System.out.print("Liste vor RMI-Aufruf: ");
            l.print();
            server.tryToAppend(l);
            System.out.print("Liste nach RMI-Aufruf: ");
            l.print();
        }
        catch(Exception e)
        {
            System.out.println(e);
            e.printStackTrace();
        }
    }
}
```

5. **Anwendung übersetzen und ausführen:** Nehmen wir an, Client und Server laufen auf demselben Rechner und wir starten den Client mit der Argumentliste „localhost 5 4 3 2 1", dann produziert der Client die folgende Ausgabe:

```
Kontakt zu Server hergestellt
Liste vor RMI-Aufruf: 5 4 3 2 1
Liste nach RMI-Aufruf: 5 4 3 2 1
```

Beim Server ist folgende Ausgabe zu sehen:

```
erhaltene Liste: 5 4 3 2 1
manipulierte Liste: 5 4 3 2 1 4711
```

Man sieht also, dass auf dem Server die als Parameter übergebene Liste in der Methode verändert wird, dass dies aber keine Auswirkungen für den Client hat. Bei einem Aufruf einer Methode innerhalb einer JVM kann ein solches Verhalten nicht vorkommen.

Wie zu Beginn der Besprechung dieses Beispiels erläutert, ist das Beispiel nicht besonders sinnvoll. Wir können aber ein etwas sinnvolleres Beispiel daraus machen, wenn wir die geänderte Liste vom Server wieder auf den Client zurückkopieren. Dies kann leicht durch eine Rückgabe des Typs List bewerkstelligt werden. Die veränderte RMI-Schnittstelle ist in **Listing 6.17** zu finden. Da der Client jetzt etwas von den Änderungen des Servers mitbekommt, nennen wir die Methode nun nicht mehr tryToAppend, sondern append (alle Änderungen gegenüber **Listing 6.13** sind in **Listing 6.17** fett gedruckt).

Listing 6.17:

```
public interface Append extends java.rmi.Remote
{
    public List append(List l) throws java.rmi.RemoteException;
}
```

Die Implementierung aus **Listing 6.14** muss dann entsprechend angepasst werden (s. **Listing 6.18**, Änderungen fett gedruckt).

Listing 6.18:

```java
import java.rmi.*;
import java.rmi.server.*;

public class AppendImpl extends UnicastRemoteObject implements Append
{
    public AppendImpl() throws RemoteException
    {
    }

    public List append(List l) throws RemoteException
    {
        System.out.print("erhaltene Liste: ");
        l.print();

        l.append(4711);
        System.out.print("manipulierte Liste: ");
        l.print();
        return l;
    }
}
```

Der Server kann unverändert bleiben. Der Client sollte den zurückgegebenen Wert in eine Variable übernehmen und zu Demonstrationszwecken ausgeben. Wenn wie in **Listing 6.19** eine neue Variable dafür verwendet und die Parametervariable somit nicht überschrieben wird, dann hat man nach dem Aufruf zwei Listen zur Verfügung: eine, die so als Parameter übergeben wurde, und eine, die man vom Server zurückbekommen hat. Die zweite Liste hat am Ende ein Element mehr.

Listing 6.19:

```java
import java.rmi.*;
public class Client
{
    public static void main(String[] args)
    {
        if(args.length < 2)
        {
            System.out.println("Nötige Kommandozeilenargumente: "
                    + "<Name der Servers> "
                    + "<Zahl 1> <Zahl 2> ... <Zahl N>");
            return;
        }

        try
        {
            Append server = (Append) Naming.lookup("rmi://" + args[0]
                                    + "/AppendServer");
            System.out.println("Kontakt zu Server hergestellt");
            List l = new List();
            for(int i = 1; i < args.length; i++)
            {
                int value = Integer.parseInt(args[i]);
                l.append(value);
            }
            List lReturned = server.append(l);
            System.out.print("Nach dem RMI-Aufruf noch vorhandene Liste,"
                    + " die bei der Parameterübergabe an den"
```

```
                            + " Server als Wert übergeben wurde: ");
            l.print();
            System.out.print("Vom RMI-Aufruf zurückgelieferte Liste: ");
            lReturned.print();
        }
        catch(Exception e)
        {
            System.out.println(e);
            e.printStackTrace();
        }
    }
}
```

6.5 Referenzübergabe für Parameter und Rückgabewerte

Wir beschäftigen uns in diesem Abschnitt mit der *Referenzübergabe* („*Call by Reference*") bei Parametern und Rückgabewerten von Methoden. Die Referenzübergabe ist ja die einzige Übergabeart bei lokalen Methodenaufrufen. Was bedeutet aber Referenzübergabe im Fall eines Fern-Methodenaufrufs? Das Objekt, dessen Referenz als Parameter übergeben wird, befindet sich auf dem Client und kann später vom Server aus benutzt werden. Diese Nutzung bedeutet, dass Methoden auf dem Client-Objekt vom Server aufgerufen werden können, und dies natürlich über RMI. Folglich muss das Objekt, dessen Referenz als Parameter übergeben wird, auch ein RMI-Objekt sein. Das heißt, dass die Klasse des Objekts eine Remote-Schnittstelle implementieren und selbst aus UnicastRemoteObject abgeleitet sein muss. Die Tatsache, dass der Server den Client „zurückruft", wird auch als *Callback* bezeichnet.

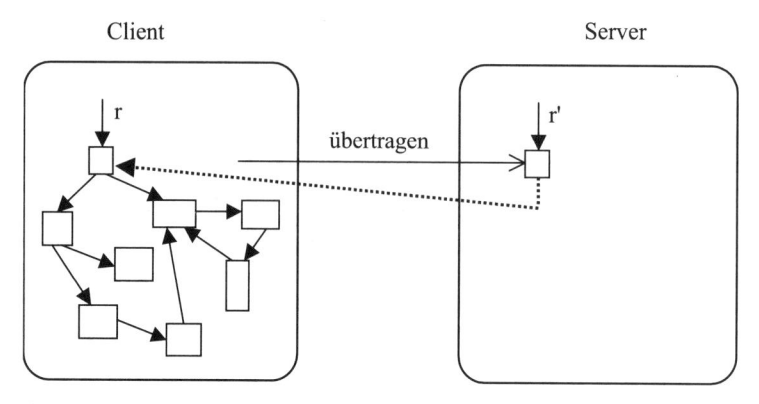

Abbildung 6.8: Referenzübergabe von Objektparametern bei RMI

In **Abbildung 6.8** wird die Referenzübergabe für einen Fern-Methodenaufruf dargestellt. Wenn eine RMI-Methode vom Client auf dem Server aufgerufen und dabei als Parameter die Referenz r übergeben wird, dann wird der entsprechenden Methode auf dem Server die Referenz r' übergeben. Mit dieser Referenz kann der Server auf das Objekt, das sich auf dem Client befindet, über RMI zugreifen. Mit anderen Worten: Die Referenz r' zeigt auf einen Stub für das Client-Objekt. Das heißt also, dass beim Methodenaufruf mit Referenz-

6.5 Referenzübergabe für Parameter und Rückgabewerte

übergabe als Parameter ein Stub übertragen wird. Entsprechendes gilt für von Methoden zurückgegebene Objekte, die als Referenz übertragen werden.

Eine Übergabe eines Parameters als Referenz ist notwendig, wenn der Server die Datenstruktur auf dem Client ändern muss oder wenn die auf dem Client ausgeführten Methoden Seiteneffekte haben sollen, die sich gezielt auf dem Client manifestieren sollen. Beispiele für solche Seiteneffekte sind z.B. Ausgaben auf dem Bildschirm oder in Dateien des lokalen Dateisystems des Clients.

Das Beispiel dieses Abschnitts ist ein Chat-Beispiel (Chat: Schwatzen), in dem die Referenzübergabe wegen der gerade beschriebenen Seiteneffekte benötigt wird. Unser Chat-Programm soll so realisiert werden, dass ein Server als eine Art Verstärker für die Redebeiträge der einzelnen Chat-Teilnehmer arbeitet (s. **Abbildung 6.9**). Das bedeutet: Ein Teilnehmer teilt durch einen RMI-Aufruf dem Server seinen Redebeitrag mit (in **Abbildung 6.9** einfach dargestellt durch den Pfeil mit der Beschriftung „hallo" von Client 3 zum Server). Der Server muss dann diesen Redebeitrag an alle Teilnehmer verteilen. Da dies ebenfalls über RMI geschehen soll, braucht der Server Referenzen auf je ein Objekt jedes Clients. Diese Referenz wird dem Chat-Server bei der Anmeldung eines neuen Clients ebenfalls über einen RMI-Methodenaufruf übergeben. Der Server muss also eine Liste aller angemeldeten Clients führen. Diese Liste enthält Referenzen (in Form von Stubs) auf die bei der Anmeldung übergebenen Client-Objekte. Damit kann der Server auf alle Client-Objekte einen entsprechenden Methodenaufruf absetzen. Dieser wird bei den Clients so realisiert, dass Text auf dem Bildschirm ausgegeben wird. An dieser Stelle sieht man nun deutlich, dass der Methodenaufruf des Servers bei den Clients einen Seiteneffekt besitzt, der sich natürlich bei den Clients auswirken muss und nicht beim Server.

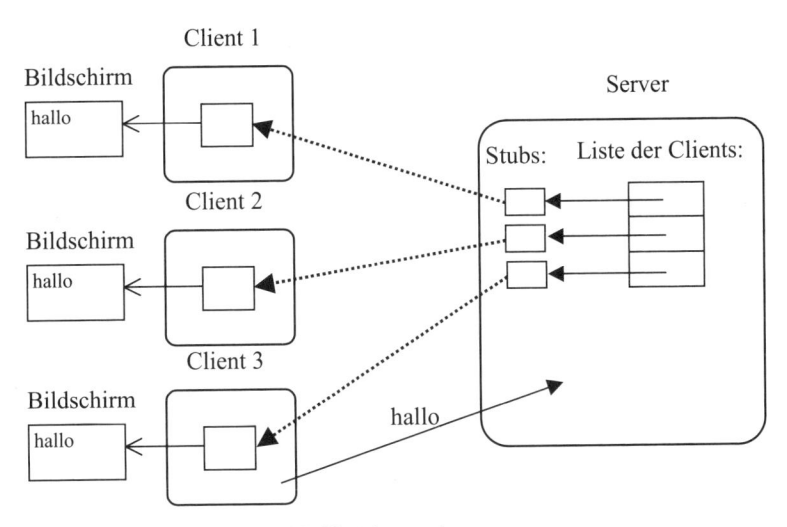

Abbildung 6.9: Prinzip der RMI-Chat-Anwendung

Wir entwickeln nun die Anwendung wieder auf bewährte Art und Weise.

1. **Schnittstellen definieren:** In dieser Anwendung benötigen wir gemäß den soeben gegebenen Erläuterungen zwei RMI-Schnittstellen:
   - eine Schnittstelle des Servers namens ChatServer, die Clients zum An- und Abmelden (Methoden addClient und removeClient) sowie zum Übermitteln eines Redebeitrags an den Server (Methode sendMessage) benutzen,
   - und eine Schnittstelle des Clients namens ChatClient, die der Server zum Übermitteln eines Redebeitrags an den Client (Methode print) benutzt.

   Die Schnittstelle ChatClient enthält daneben eine weitere Methode namens getName. Damit kann der Server den Spitznamen eines Clients erfragen. Diese Methode wird in der Anwendung intensiv genutzt. Man könnte den Spitznamen eines Clients dem Server beim Anmelden als zusätzlichen Parameter einfach mitteilen. Bei der hier gezeigten Realisierung wird aber kein besonderer Wert auf Effizienz gelegt. Stattdessen steht eine intensive Nutzung von RMI zu Demonstrationszwecken im Vordergrund.

   Wir zeigen zunächst in **Listing 6.20** die Schnittstelle ChatClient:

Listing 6.20:

```
public interface ChatClient extends java.rmi.Remote
{
    public String getName() throws java.rmi.RemoteException;
    public void print(String msg) throws java.rmi.RemoteException;
}
```

In **Listing 6.21** folgt die Schnittstelle ChatServer:

Listing 6.21:

```
import java.rmi.*;

public interface ChatServer extends Remote
{
    public boolean addClient(ChatClient objRef) throws RemoteException;
    public void removeClient(ChatClient objRef) throws RemoteException;
    public void sendMessage(String name, String msg)
            throws RemoteException;
}
```

Die Methode addClient gibt einen boolean-Wert zurück. Falls die Anmeldung erfolgreich war, wird true zurückgegeben, sonst false. Eine Anmeldung ist immer dann erfolgreich, falls niemand anders unter diesem Namen angemeldet ist (d.h. der Name des Clients muss eindeutig sein).

Der entscheidende und wichtige Punkt bei der Definition der beiden Schnittstellen ist der Typ des Parameters der Methoden addClient und removeClient. Als Typ ist hier ChatClient angegeben. Dies ist eine RMI-Schnittstelle. Beim Aufruf der Methode addClient durch den Client wird hier ein Objekt angegeben, dessen Klasse diese Schnittstelle implementiert. Beim Aufruf der „tatsächlichen" Methode auf dem Chat-Server wird aber als Parameter eine Referenz auf ein entsprechendes Stub-Objekt angegeben (vgl. **Abbildung 6.8** mit den Referenzen r und r'). Deshalb können wir hier als Typ des

6.5 Referenzübergabe für Parameter und Rückgabewerte

Parameters nicht die Implementierungsklasse angeben. Die Angabe der Schnittstelle aber, die sowohl von der von uns selbst geschriebenen Klasse als auch von der automatisch generierten Stub-Klasse implementiert wird, passt für beide Fälle, sowohl für den Aufruf auf Client-Seite als auch für die aufgerufene Methode auf Server-Seite. Die Vorgehensweise für Referenzübergabe lautet also: in der Schnittstelle muss als Typ eine andere RMI-Schnittstelle angegeben werden.

2. **Schnittstellen implementieren:** Wir haben im ersten Schritt zwei RMI-Schnittstellen definiert. Folglich müssen wir auch zwei Schnittstellen implementieren. Betrachten wir zuerst die Implementierung der Server-Schnittstelle ChatServer in **Listing 6.22**. Die Liste der Referenzen auf die Client-Objekte, genauer auf die dazugehörigen Stubs (s. **Abbildung 6.9**), wird durch ein Objekt der Klasse ArrayList des Packages java.util realisiert. In einer ArrayList können Referenzen auf Objekte jeder beliebigen Klasse mit der Methode add gespeichert und mit der Methode remove wieder gelöscht werden. Seit Java 5 kann über das Sprachkonzept Generics angegeben werden, dass in die ArrayList nur Objekte eines bestimmten Typs, in diesem Fall des Typs ChatClient, eingefügt werden dürfen. Mit Hilfe eines so genannten Iterators, den man sich durch die Methode iterator von einem ArrayList-Objekt beschaffen kann, kann man alle abgespeicherten Elemente der ArrayList durchlaufen. Auch der Iterator ist durch den Typ der in der ArrayList enthaltenen Elemente parametrisiert. Die Methode hasNext des Iterators gibt an, ob es weitere Elemente gibt, oder ob man bereits alle gesehen hat. Das jeweils nächste Element des ArrayList-Objekts kann man sich durch die Methode next vom Iterator beschaffen.

Listing 6.22:

```
import java.rmi.*;
import java.rmi.server.*;
import java.util.*;
public class ChatServerImpl extends UnicastRemoteObject
                            implements ChatServer
{
    private ArrayList<ChatClient> allClients;

    public ChatServerImpl() throws RemoteException
    {
        allClients = new ArrayList<ChatClient>();
    }
    public synchronized boolean addClient(ChatClient objRef)
        throws RemoteException
    {
        String name = objRef.getName();
        for(Iterator<ChatClient> iter = allClients.iterator();
            iter.hasNext();)
        {
            ChatClient cc = iter.next();
            try
            {
                if(cc.getName().equals(name))
                {
                    return false;
                }
            }
```

```
            catch(RemoteException exc)
            {
                iter.remove();
            }
        }
        allClients.add(objRef);
        return true;
    }

    public synchronized void removeClient(ChatClient objRef)
            throws RemoteException
    {
        allClients.remove(objRef);
    }

    public synchronized void sendMessage(String name, String msg)
            throws RemoteException
    {
        for(Iterator<ChatClient> iter = allClients.iterator();
            iter.hasNext();)
        {
            ChatClient cc = iter.next();
            try
            {
                cc.print(name + ": " + msg);
            }
            catch(RemoteException exc)
            {
                iter.remove();
            }
        }
    }
}
```

Auch wenn diese Klasse nicht viele Zeilen Code enthält, so hat sie es dennoch in sich; es gibt eine Reihe von Details zu besprechen. Zunächst fällt auf, dass alle drei Methoden der Klasse ChatServerImpl synchronized sind. Dies ist aus mehreren Gründen nötig. Zum einen sind die Methoden der Klasse ArrayList nicht synchronized, so dass es beim parallelen Einfügen und Löschen in die ArrayList zu Problemen kommen könnte. Ein gegenseitiger Ausschluss für die ArrayList-Methoden wäre aber nicht ausreichend, denn auch während des Durchlaufens der Liste sollen keine Änderungen an der Liste vorgenommen werden. Darüber hinaus könnte ohne synchronized die Eindeutigkeit für die Namen der angemeldeten Benutzer nicht mehr garantiert werden. Damit dies klarer wird, betrachten wir den Fall, dass sich zwei Clients unter demselben Namen anmelden wollen. Wenn die Methode addClient nicht synchronized wäre, dann könnten beide gleichzeitig prüfen, ob es diesen Namen schon gibt. Da der jeweils andere Client seinen Namen noch nicht eingetragen hätte, würden beide zu dem Schluss kommen, dass eine Anmeldung möglich ist. Daraufhin würden sich beide anmelden. Damit ist eine Situation entstanden, die eigentlich vermieden werden sollte. Da addClient aber als synchronized gekennzeichnet ist, ist der eben beschriebene Ablauf nicht möglich.

Ein weiterer bemerkenswerter Punkt in **Listing 6.22** ist die Tatsache, dass alle drei Methoden der Klasse ChatServerImpl intensiv Gebrauch vom Callback-Mechanismus machen, ohne dass dies besonders auffällt. In der Methode addClient wird zunächst die Methode getName auf das sich gerade anmeldende Objekt angewendet. Bitte beachten Sie, dass diese Methode den Client „zurückruft" und sich dabei den Namen des sich anmeldenden Clients beschafft. Anschließend wird mit einer for-Schleife geprüft, ob es

6.5 Referenzübergabe für Parameter und Rückgabewerte

diesen Namen bereits gibt. Dazu erfolgt ein Rückruf bei allen Clients, die sich zuvor bereits angemeldet haben. Es sei an dieser Stelle daran erinnert, dass unsere Chat-Anwendung primär nicht auf hohe Effizienz zielt, sondern das Prinzip der Referenzübergabe bei RMI intensiv demonstrieren soll.

Wird der Name bei den bereits angemeldeten Clients gefunden, ist die Methode zu Ende; ihr Rückgabewert ist false. Damit wird angezeigt, dass der Client nicht angemeldet werden konnte. Falls es den Namen bislang noch nicht gibt, wird der Client in die ArrayList allClients aufgenommen. Die Methode gibt in diesem Fall true zurück, um anzuzeigen, dass die Anmeldung erfolgreich durchgeführt wurde.

Das erfolgreiche Anmelden eines Clients ist in **Abbildung 6.10** in Form eines UML-Sequenzdiagramms abgebildet. In horizontaler Richtung sind die beteiligten Objekte aufgetragen, in vertikaler Richtung (von oben nach unten) die Zeit. Es ist dargestellt, welche Methode welche Methode aufruft und auf welches Objekt eine Methode jeweils angewendet wird. Die Zeit, in der eine Methode aktiv ist, wird durch einen weißen Balken angezeigt. Der Methodenaufruf wird durch einen durchgezogenen Pfeil, die Methodenrückkehr durch einen gestrichelten Pfeil dargestellt. Im Diagramm wird der Umgang mit dem Iterator nicht gezeigt. Bei den Client-Objekten wird nicht die Klasse, sondern die implementierte Schnittstelle ChatClient angegeben. Ferner ist nicht näher spezifiziert, aus welcher Methode heraus der Aufruf addClient erfolgt und auf welches Objekt diese Methode angewendet wurde. Statt eines Objekts wird eine menschliche Figur skizziert. Damit wird angedeutet, dass der Aufruf addClient von einer Benutzeraktion herrührt.

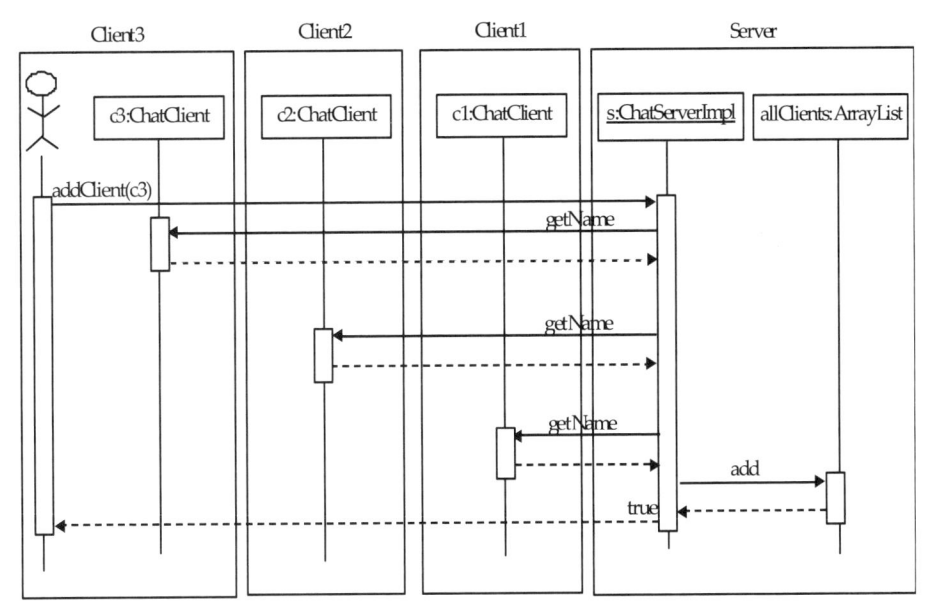

Abbildung 6.10: UML-Sequenzdiagramm für das Anmelden eines Clients

Beim Abmelden eines Clients wird der Methode removeClient auf Client-Seite dasselbe Objekt übergeben wie beim Aufruf von addClient. Auf der Server-Seite wird der Aufruf aber mit einem Stub-Objekt durchgeführt, wobei für jeden Aufruf ein neues Stub-Objekt zur Verfügung gestellt wird. Das heißt, für denselben Client wird addClient ein anderer Parameter übergeben als removeClient. Die ArrayList-Methode remove entfernt aus der Liste dasjenige Objekt, das mit dem als Parameter übergebenen Objekt gleich, nicht aber notwendig identisch ist (das heißt: die Methode equals liefert true zurück, der Vergleich mit == muss nicht, wird aber in der Regel false sein). Zwei Stub-Objekte sind genau dann gleich, wenn sie eine Referenz auf dasselbe Objekt in der Ferne repräsentieren. Aus diesem Grund funktioniert nun also das Entfernen eines Stubs aus der ArrayList mit der Methode remove, auch wenn das der Methode removeClient ein anderes Objekt ist als das, welches in der Liste steht.

Mit Hilfe der Methode sendMessage schließlich kann ein Redebeitrag an alle angemeldeten Clients verteilt werden. Ein beispielhafter Ablauf für das Senden eines Redebeitrags ist wiederum als UML-Sequenzdiagramm in **Abbildung 6.11** zu sehen.

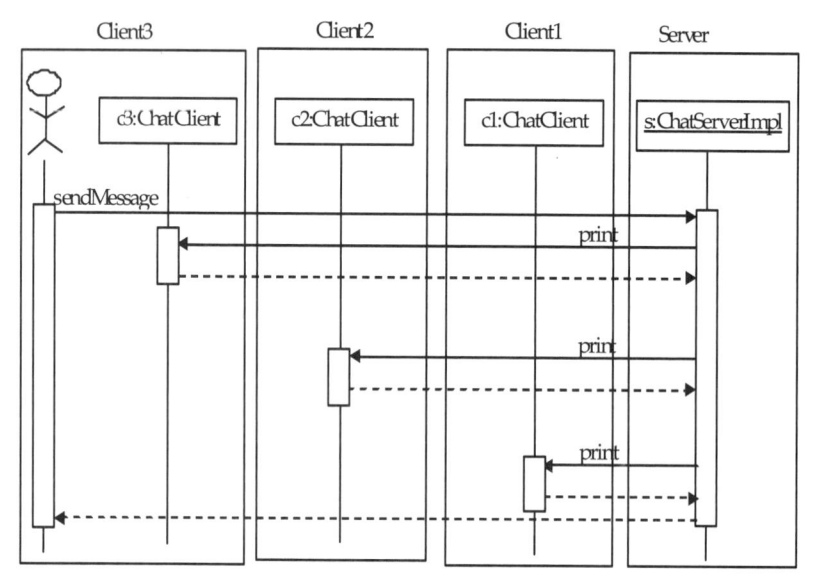

Abbildung 6.11: UML-Sequenzdiagramm für das Übermitteln eines Redebeitrags

Ein letzter erwähnenswerter Aspekt der Klasse ChatServerImpl, der sowohl in der Methode addClient als auch in der Methode sendMessage vorkommt, ist die Behandlung der Ausnahme RemoteException. Wenn diese Ausnahme ausgelöst wird, kann man davon ausgehen, dass der betreffende Client nicht mehr verfügbar ist, z.B. weil er abgebrochen wurde, ohne sich vorher „ordentlich" abzumelden. Als Reaktion wird der Client dann folgerichtig aus der Liste entfernt. Es ist wichtig, dass zum Entfernen nicht die Methode remove der Klasse ArrayList verwendet wird, sondern dass dies über den

Iterator erfolgt, denn sonst würde beim weiteren Iterieren eine ConcurrentModificationException geworfen werden.

Wenden wir uns nun der Implementierung der ChatClient-Schnittstelle zu. Für den Client werden zwei Realisierungen angegeben: eine einfache, kommandozeilenorientierte Version und eine etwas komfortablere Version mit grafischer Benutzeroberfläche. Für das Verständnis der Chat-Anwendung bezüglich RMI genügt es, wenn Sie die einfache Version verstehen. Zu der einfachen Version gehört die Klasse ChatClientImplSimple (s. **Listing 6.23**), welche die ChatClient-Schnittstelle implementiert. Diese Implementierung der Client-Schnittstelle ist sehr einfach. Dem Konstruktor wird der Name des Chat-Teilnehmers als Parameter übergeben. Dieser Parameter wird in das Attribut übernommen. Der Name kann später durch die Methode getName wieder abgefragt werden. Davon macht unter anderem auch der Server in der Methode addClient Gebrauch (s. **Abbildung 6.10**). Die Methode print wird durch eine simple Ausgabe auf den Bildschirm mit System.out.println realisiert.

Listing 6.23:

```java
import java.rmi.*;
import java.rmi.server.UnicastRemoteObject;
public class ChatClientImplSimple extends UnicastRemoteObject
                                  implements ChatClient
{
    private String name;

    public ChatClientImplSimple(String n) throws RemoteException
    {
        name = n;
    }
    public String getName() throws RemoteException
    {
        return name;
    }
    public void print(String msg) throws RemoteException
    {
        System.out.println(msg);
    }
}
```

In der Client-Version mit grafischer Benutzeroberfläche wird die ChatClient-Schnittstelle etwas anders implementiert (s. **Listing 6.24**). Die Methode print schreibt die Ausgabe dieses Mal in eine JTextArea. Dies ist ein Ausgabebereich in einem Fenster, der dem Objekt mit der Methode setOutput mitgeteilt wird. Da die Print-Methode nun aber – vom Server getriggert – als RMI-Aufruf in einem eigenen Thread ausgeführt wird, darf aus dieser Methode kein Zugriff auf die Elemente der grafischen Benutzeroberfläche, also auch nicht auf die JTextArea, erfolgen. Deshalb wird in der Print-Methode ein Auftrag des Typs Updater zum Schreiben einer Zeile in eine JTextArea erzeugt; dieser Auftrag wird dann mit EventQueue.invokeLater an den Event-Dispatcher-Thread zur Ausführung geschickt.

Listing 6.24:

```java
import java.awt.EventQueue;
import java.rmi.RemoteException;
import java.rmi.server.UnicastRemoteObject;
import javax.swing.JTextArea;

public class ChatClientImpl extends UnicastRemoteObject
                            implements ChatClient
{
    private String name;
    private JTextArea output;

    public ChatClientImpl(String n) throws RemoteException
    {
        name = n;
    }

    public void setOutput(JTextArea ta)
    {
        output = ta;
    }

    public String getName() throws RemoteException
    {
        return name;
    }

    public void print(String msg) throws RemoteException
    {
        if(output != null)
        {
            Updater updater = new Updater(output, "> " + msg + "\n");
            EventQueue.invokeLater(updater);
        }
    }
}

class Updater implements Runnable
{
    private JTextArea output;
    private String msg;

    public Updater(JTextArea output, String msg)
    {
        this.output = output;
        this.msg = msg;
    }

    public void run()
    {
        output.append(msg);
    }
}
```

3. **Server programmieren:** Der Server hat dieselbe Form wie in allen Beispielen zuvor (s. **Listing 6.25**):

Listing 6.25:

```java
import java.rmi.*;

public class ChatServerMain
{
    public static void main(String[] args)
    {
```

```
        try
        {
            ChatServerImpl server = new ChatServerImpl();
            Naming.rebind("ChatServer", server);
        }
        catch(Exception e)
        {
            System.out.println(e);
            e.printStackTrace();
        }
    }
}
```

Denkbar wäre, im Server mehrere ChatServerImpl-Objekte zu erzeugen und diese unter unterschiedlichen Namen bei der RMI-Registry anzumelden, wie dies beim Sleep-Beispiel in Abschnitt 6.3 gezeigt wurde. Damit könnte man leicht unterschiedliche Chat-Gruppen für verschiedene Themenbereiche realisieren (häufig auch als Chat-Räume bezeichnet). Die Clients müssten dann entsprechend erweitert werden; sie müssten den Benutzern die Möglichkeit einräumen zu entscheiden, bei welcher Chat-Gruppe sie sich anmelden wollen.

4. **Clients programmieren:** Beide Client-Versionen müssen mit zwei Kommandozeilenargumenten gestartet werden: mit dem Namen des Rechners, auf dem der Server gestartet wurde, und einem selbst gewählten Namen, unter dem die eigenen Redebeiträge angezeigt werden sollen. In der kommandozeilenorientierten Client-Version (s. **Listing 6.26**) wird zunächst – wie in allen anderen Beispielen auch – über Naming.lookup eine Referenz auf ein Server-Objekt beschafft. Danach wird ein eigenes Chat-Client-Objekt mit dem eigenen Namen als Argument erzeugt. Dieses Objekt wird als Parameter der Methode addClient übergeben, mit der sich der Client auf dem Server anmeldet. Falls die Anmeldung erfolgreich war, wird die lokale Methode sendInputToServer aufgerufen. Diese liest so lange Zeilen von der Tastatur und sendet sie mit sendMessage an den Server, bis „Ende" oder „ende" eingegeben wird. Daraufhin ist die Methode beendet. Zurück im Hauptprogramm wird der Client beim Server abgemeldet und der Client beendet.

Listing 6.26:

```
import java.rmi.*;
import java.io.*;

public class ChatClientMainSimple
{
    public static void main(String[] args)
    {
        if(args.length != 2)
        {
            System.out.println("Nötige Kommandozeilenargumente: "
                        + "<Name des Servers> <eigener Name>");
            return;
        }

        try
        {
            ChatServer server = (ChatServer) Naming.lookup("rmi://"
                                                + args[0]
                                                + "/ChatServer");
```

```java
            System.out.println("Kontakt zu Server hergestellt");
            ChatClientImplSimple client =
                            new ChatClientImplSimple(args[1]);
            if(server.addClient(client))
            {
                System.out.println("Ende durch Einagbe 'Ende' "
                        + "oder 'ende'");
                sendInputToServer(server, args[1]);
                server.removeClient(client);
            }
            else
            {
                System.out.println("Es ist schon jemand unter "
                        + "diesem Namen angemeldet");
            }
        }
        catch(Exception e)
        {
            System.out.println(e);
        }
        System.exit(0);
    }

    private static void sendInputToServer(ChatServer server, String name)
    {
        try
        {
            BufferedReader input = new BufferedReader(
                            new InputStreamReader(System.in));
            String line;
            while((line = input.readLine()) != null)
            {
                if(line.equals("ende") || line.equals("Ende"))
                {
                    break;
                }
                server.sendMessage(name, line);
            }
        }
        catch(Exception e)
        {
            System.out.println(e);
        }
    }
}
```

System.in ist ein InputStream. Darauf wird ein InputStreamReader gesetzt, mit dem die von der Tastatur kommenden Bytes in Zeichen gewandelt werden. Darauf wird ein BufferedReader gesetzt. Damit kann mit readLine jeweils eine komplette Zeile gelesen werden.

Es sei noch erwähnt, dass am Ende der Main-Methode zum expliziten Beenden des Prozesses System.exit aufgerufen wird. Ohne diesen Aufruf wäre nur die Main-Methode zu Ende, nicht aber der Prozess, da durch das Erzeugen des RMI-Objekts des Typs ChatClientImplSimple zusätzliche Threads zuvor gestartet worden sind.

Wenden wir uns nun der Client-Version mit grafischer Benutzeroberfläche zu. Zum leichteren Verständnis betrachten wir zunächst eine Skizze der geplanten Benutzeroberfläche. Das Fenster soll drei Bereiche haben: ein Eingabefeld, einen Ausgabebereich und einen Druckknopf zum Beenden des Programms (s. **Abbildung 6.12**).

6.5 Referenzübergabe für Parameter und Rückgabewerte

```
                                    ← Eingabefeld (JTextField)


                                    ← Ausgabebereich (JTextArea)

                                      Druckknopf zum Beenden
                                           des Programms
             Ende               ←          (JButton)
```

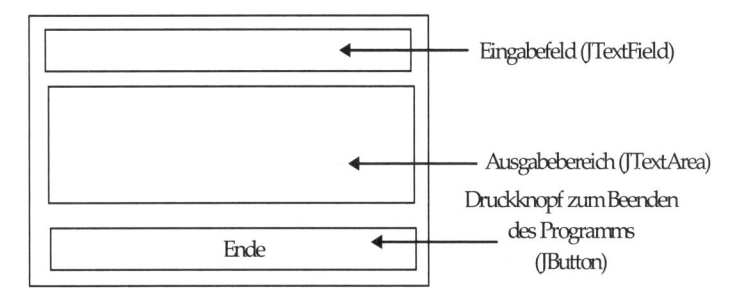

Abbildung 6.12: Fenster der Chat-Client-Version mit grafischer Benutzeroberfläche

Sowohl wenn eine Zeile in das Eingabefeld eingegeben und die Return-Taste gedrückt als auch wenn auf den Druckknopf „Ende" geklickt wird, wird die Methode actionPerformed der Klasse ChatGUI aufgerufen. Darin wird unterschieden, welches Ereignis den Aufruf dieser Methode bewirkt hat. War es ein Klicken auf den Druckknopf, veranlasst der Client die Abmeldung beim Server und beendet sich selbst. War es das Drücken der Return-Taste im Eingabefeld, so veranlasst der Client, dass der eingetippte Text an den Server gesendet und der Inhalt des Eingabefelds gelöscht wird. In beiden Fällen werden aber die RMI-Methoden nicht direkt aufgerufen, sondern es wird jedes Mal ein neuer Thread der Klasse ChatServerCaller gestartet, in dem dies geschieht. Wenn aber unmittelbar nach dem Starten des Threads zum Abmelden beim Server das Programm sich mit Sytem.exit selbst beenden würde, würde vermutlich das Abmelden nicht mehr vollständig ausgeführt werden. Würde aber andererseits auf das Ende des Threads gewartet, dann wäre ein Thread unnötig; dann hätte man den RMI-Aufruf auch direkt in actionPerformed durchführen können. Als Kompromiss wird dem Thread noch 100 Millisekunden Zeit gegeben, zu Ende zu laufen. Wenn er das innerhalb dieser Zeit nicht schafft, wird das Programm trotzdem beendet. Wir haben damit also ein Warten in der Methode actionPerformed, was streng genommen unserem Prinzip aus Kapitel 4 widerspricht. Das Warten von maximal 1/10 Sekunde (in der Regel deutlich weniger lang, wenn der Server schnell reagiert) kurz vor dem Ende des Prozesses dürfte aber in diesem Fall tolerierbar sein.

Das Client-Programm mit grafischer Benutzeroberfläche finden Sie in **Listing 6.27**.

Listing 6.27:

```java
import java.rmi.*;
import java.awt.*;
import java.awt.event.*;
import javax.swing.*;

public class ChatClientMain
{
    public static void main(String[] args)
    {
        if(args.length != 2)
        {
            System.out.println("Nötige Kommandozeilenargumente: "
                        + "<Name des Servers> <eigener Name>");
            return;
```

```java
            }
            try
            {
                ChatServer server = (ChatServer) Naming.lookup("rmi://"
                                                    + args[0]
                                                    + "/ChatServer");
                System.out.println("Kontakt zu Server hergestellt");

                ChatClientImpl client = new ChatClientImpl(args[1]);
                ChatGUI gui = new ChatGUI(client, server);
                client.setOutput(gui.getOutput());

                if(server.addClient(client))
                {
                    EventQueue.invokeLater(new SetVisibleRequest(gui));
                }
                else
                {
                    System.out.println("Es ist schon jemand unter "
                                        + "diesem Namen angemeldet");
                    System.exit(0);
                }
            }
            catch(Exception e)
            {
                System.out.println(e);
            }
        }
    }

    class SetVisibleRequest implements Runnable
    {
        private ChatGUI gui;

        public SetVisibleRequest(ChatGUI gui)
        {
            this.gui = gui;
        }

        public void run()
        {
            gui.setVisible(true);
        }
    }

    class ChatGUI extends JFrame implements ActionListener
    {
        private ChatClient client;
        private ChatServer server;
        private JTextField input;
        private JTextArea output;
        private JButton exit;

        public ChatGUI(ChatClient client, ChatServer server)
        {
            try
            {
                setTitle("ChatClient für " + client.getName());
            }
            catch(RemoteException e)
            {
            }
            setDefaultCloseOperation(WindowConstants.EXIT_ON_CLOSE);
            this.client = client;
            this.server = server;
            setLayout(new BorderLayout());
            input = new JTextField();
            input.addActionListener(this);
            add(input, BorderLayout.NORTH);
```

6.5 Referenzübergabe für Parameter und Rückgabewerte

```java
            output = new JTextArea();
            output.setEditable(false);
            JScrollPane sp = new JScrollPane(output);
            add(sp, BorderLayout.CENTER);
            exit = new JButton("Ende");
            exit.addActionListener(this);
            add(exit, BorderLayout.SOUTH);
            setSize(300, 700);
        }

        public JTextArea getOutput()
        {
            return output;
        }

        public void actionPerformed(ActionEvent evt)
        {
            if(evt.getActionCommand().equals("Ende"))
            {
                ChatServerCaller caller = new ChatServerCaller(server,
                                                               client);
                caller.start();
                try
                {
                    caller.join(100);
                }
                catch(InterruptedException e)
                {
                }
                System.exit(0);
            }
            else
            {
                ChatServerCaller caller = new ChatServerCaller(server,
                                                               client,
                                                               input.getText());
                caller.start();
                input.setText("");
            }
        }
    }

    class ChatServerCaller extends Thread
    {
        private ChatServer server;
        private ChatClient client;
        private String message;
        private boolean remove; //true: call remove, false: call sendMessage

        public ChatServerCaller(ChatServer server, ChatClient client,
                                String message, boolean remove)
        {
            this.server = server;
            this.client = client;
            this.message = message;
            this.remove = remove;
        }

        public ChatServerCaller(ChatServer server, ChatClient client)
        {
            this(server, client, null, true);
        }

        public ChatServerCaller(ChatServer server, ChatClient client,
                                String message)
        {
            this(server, client, message, false);
        }
```

```
        public void run()
        {
            try
            {
                if(remove)
                {
                    server.removeClient(client);
                }
                else
                {
                    server.sendMessage(client.getName(), message);
                }
            }
            catch(RemoteException e)
            {
                System.out.println(e);
            }
        }
    }
```

Wenn Sie die Anwendung mit dem Druckknopf „Ende" beenden, wird der Client in ordentlicher Weise beim Server abgemeldet. Wenn Sie dagegen die Anwendung in anderer Weise beenden (z.B. durch Drücken des Kreuzes rechts oben im Fensterrahmen), dann wird der Client beim Server nicht abgemeldet. Dies ließe sich mit Hilfe eines WindowListeners leicht ergänzen. Diese fehlende Abmeldung ist aber unkritisch, denn beim nächsten Aufruf der Methode addClient oder sendMessage auf dem Server durch einen anderen Client wird der RMI-Callback zum nicht mehr vorhandenen Client scheitern und eine Entfernung dieses Clients aus der Liste der angemeldeten Teilnehmer zur Folge haben. Auf diese Maßnahme kann nicht verzichtet werden, denn der Client könnte ja auch in anderer Form abgebrochen werden, ohne dass das Programm noch eine Chance zum Abmelden bekommt.

Ein bemerkenswerter Aspekt ist noch die Tatsache, dass der Aufruf von setVisible nicht in main erfolgt, wie das bisher immer der Fall war, sondern dass dieser Aufruf an den Event-Dispatcher-Thread delegiert wird. Der wesentliche Unterschied zu den vorausgegangenen Beispielen ist subtil: Nach der Anmeldung des Clients beim Server mit addClient ist es vor dem Sichtbarmachen der Oberfläche möglich, dass die Methode print der Klasse ChatClientImpl aufgerufen wird, weil ein bereits angemeldeter Client in diesem Augenblick einen Redebeitrag leistet. Die Methode print führt nun einen Aufruf von EventQueue.invokeLater durch, welche vom Event-Dispatcher-Thread ausgeführt wird (falls der Event-Dispatcher-Thread noch nicht existiert, so wird er durch diesen Aufruf erzeugt). Anders als in den anderen Beispielen könnte jetzt also beim Sichtbarmachen der Oberfläche der Event-Dispatcher-Thread schon existieren und auch auf die Objekte der Oberfläche zugreifen, so dass es problematisch sein kann, wenn nun der Main-Thread parallel dazu die Methode setVisible aufruft. Deshalb wird der Event-Dispatcher-Thread in unserem Beispielprogramm beauftragt, die Oberfläche sichtbar zu machen. Dass dies keine übertriebene Vorsicht ist, sieht man daran, dass das Programm ohne diese Maßnahme tatsächlich von Zeit zu Zeit beim Starten hängen bleibt. Übrigens sieht man manche Beispiele anderer Autoren, bei denen ausnahmslos alle Zugriffe, auch schon das Aufbauen der Oberfläche mit seinen Elementen, das Anmelden der entsprechenden Listener, das Sichtbarmachen des Fensters usw. an den

Event-Dispatcher-Thread delegiert werden. Dies ist zwar etwas aufwändiger, aber man ist mit dieser Strategie eindeutig immer auf der sicheren Seite.

5. **Anwendung übersetzen und ausführen:** Es sei noch einmal darauf hingewiesen, dass die RMI-Registry nur auf dem Server-Rechner gestartet werden muss, nicht aber auf den Client-Rechnern, auch wenn sich nun auf den Clients Objekte befinden, deren Methoden vom Server mit RMI aufgerufen werden. Mit Hilfe der RMI-Registry erhält ein Client eine Referenz auf das Server-Objekt. Dagegen erhält der Server die Referenz auf die Client-Objekte durch die Methode addClient, nicht aber mit Naming.lookup über eine RMI-Registry. Die Client-Objekte werden gar nicht mit Naming.rebind bei einer RMI-Registry angemeldet. Daher ist eine RMI-Registry auf einem Client nicht nötig (das Starten einer RMI-Registry würde aber auch nicht schaden).

Beachten Sie bitte, dass die Chat-Teilnehmer, die miteinander sprechen („chatten"), nicht gezwungen sind, dieselben Client-Versionen zu verwenden. In **Abbildung 6.13** und **Abbildung 6.14** wird dies an einem Beispiel demonstriert. Die Teilnehmer Xaver und Yvonne führen ein Gespräch miteinander. Xaver verwendet dabei die kommandozeilenorientierte Version (**Abbildung 6.13**), während Yvonne die komfortablere Version mit grafischer Benutzeroberfläche (**Abbildung 6.14**) bevorzugt. Wie in **Abbildung 6.13** zu sehen ist, kann die DOS-Shell leider keine Umlaute darstellen.

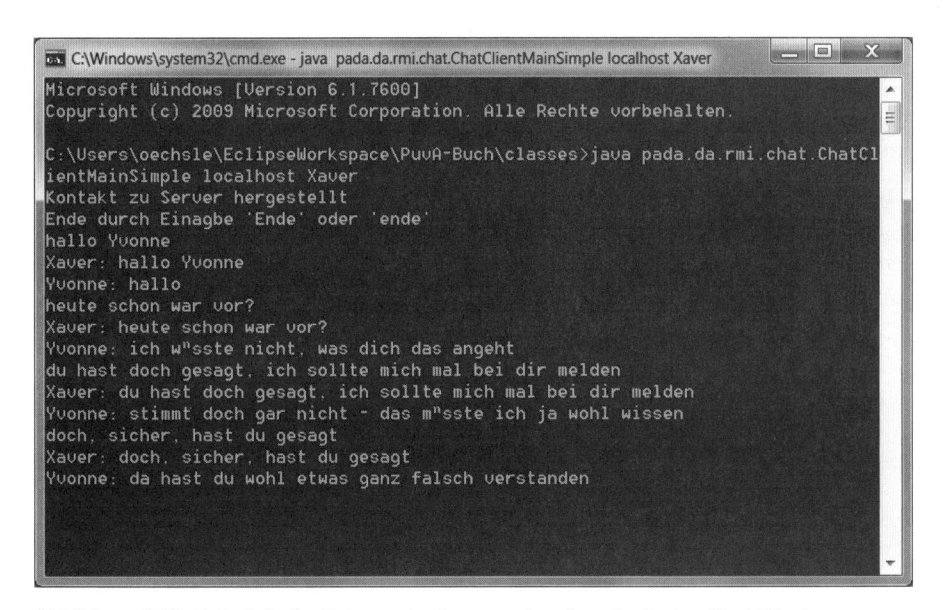

Abbildung 6.13: Beispielhafte Nutzung des kommandozeilenorientierten Chat-Clients

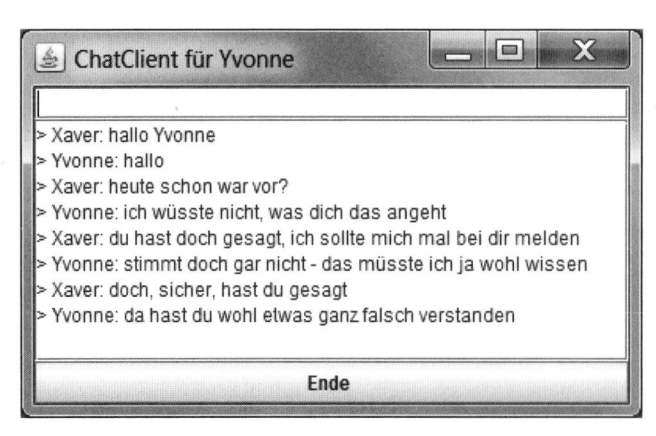

Abbildung 6.14: Beispielhafte Nutzung des Chat-Clients mit grafischer Benutzeroberfläche

Bitte beachten Sie, dass die Referenzübergabe unter Umständen eine Synchronisation nötig macht. Wenn nämlich der Client eine Referenz auf eines seiner Objekte dem Server übergibt und der Server diese Referenz speichert, so dass er auch nach dem RMI-Aufruf noch Zugriff auf das Objekt des Clients hat, dann ist es möglich, dass der Client und der Server gleichzeitig auf das Objekt des Clients zugreifen. Wenn es dabei auch schreibende Zugriffe gibt, dann müssen gemäß unserer Regel aus Kapitel 2 alle lesenden und schreibenden Zugriffe synchronisiert werden. In unserem Chat-Beispiel war eine solche Synchronisation nicht notwendig, denn zum einen wird das Namensattribut nach dem Setzen im Konstruktor nicht mehr verändert. Zum anderen wird der Zugriff auf die grafische Benutzeroberfläche dadurch synchronisiert, dass ein Auftrag zur Ausgabe an den Event-Dispatcher-Thread delegiert wird.

Das Listenbeispiel des vorigen Abschnitts 6.4 könnte nun auch mit einem „Call by reference" realisiert werden. Es wäre dann möglich, die Änderungen, die der Server an der Liste vornimmt, nach dem Methodenaufruf auf dem Client zu sehen, auch wenn die RMI-Methode void ist und keinen Wert zurückgibt. Dies ist deshalb so, weil der Server die Änderungen an der Liste durch einen RMI-Rückruf direkt auf dem Client durchführt.

Ein Objekt, das sowohl ein RMI-Objekt als auch serialisierbar ist (d.h. die Serializable- und eine RMI-Schnittstelle implementiert und aus UnicastRemoteObject abgeleitet ist), wird bei einem RMI-Methodenaufruf als Referenz übergeben. Das heißt, dass die Referenzübergabe Vorrang hat vor der Wertübergabe. Genauere Angaben hierzu folgen in Abschnitt 6.7.

6.6 Transformation lokaler in verteilte Anwendungen

Mit RMI können nun Anwendungen aus vorhergehenden Kapiteln (parallele Anwendungen und Anwendungen mit grafischer Benutzeroberfläche) in einfacher und systematischer Weise auf mehrere Rechner verteilt werden.

6.6.1 Rechnergrenzen überschreitende Synchronisation mit RMI

Die Beispiele aus den Kapiteln 2 und 3 lassen sich folgendermaßen in verteilte Anwendungen umwandeln:

- Die passiven Klassen (s. hierzu **Tabelle 2.4** in Abschnitt 2.11) wie z.B. die Bank oder das Parkhaus bekommen eine RMI-Schnittstelle und werden durch Ableitung aus UnicastRemoteObject zu RMI-Klassen. Es werden dann Objekte dieser Klassen von einem RMI-Server bereitgestellt und unter einem bestimmten Namen bei der RMI-Registry registriert.
- Die aktiven Klassen, die z.B. die Bankangestellten oder die Autos repräsentiert haben, werden zu RMI-Clients. Sie beschaffen sich über Naming.lookup Zugriff auf die RMI-Objekte und können diese dann gemeinsam nutzen.

Als Beispiel betrachten wir zunächst den einfachen Semaphor aus Abschnitt 3.1.1 (**Listing 3.1**). Um ihn aus der Ferne benutzen zu können, brauchen wir zunächst eine RMI-Schnittstelle (s. **Listing 6.28**):

Listing 6.28:

```java
import java.rmi.*;

public interface RMISemaphore extends Remote
{
    public void p() throws RemoteException;
    public void v() throws RemoteException;
}
```

Zur Fernnutzung von Semaphoren muss die Semaphor-Klasse nun diese Schnittstelle implementieren und UnicastRemoteObject als Basisklasse haben (s. **Listing 6.29**):

Listing 6.29:

```java
import java.rmi.*;
import java.rmi.server.UnicastRemoteObject;

public class RMISemaphoreImpl extends UnicastRemoteObject
                              implements RMISemaphore
{
    private int value;

    public RMISemaphoreImpl(int init) throws RemoteException
    {
        if(init < 0)
            init = 0;
        value = init;
    }

    public synchronized void p() throws RemoteException
    {
        while(value == 0)
        {
            try
            {
                wait();
            }
            catch(InterruptedException e)
            {
```

```
            }
        }
        value--;
    }
    public synchronized void v() throws RemoteException
    {
        value++;
        notify();
    }
}
```

Damit können die Beispiele für die Nutzung eines Semaphors für den gegenseitigen Ausschluss (**Listing 3.2** in Abschnitt 3.1.2) und zur Herstellung von vorgegebenen Ausführungsreihenfolgen (**Listing 3.3** in Abschnitt 3.1.3) auch in einer verteilten Umgebung ablaufen. Bisher besaßen die Beispiele ja den Nachteil, dass sie als Muster zur Synchronisation nur für Threads desselben Prozesses verwendet werden konnten. Durch RMI ist dies schlagartig anders. Die Threads T1 bis T5 aus **Listing 3.3** in Abschnitt 3.1.3 z.B. können auf unterschiedlichen Rechnern laufen und sich mit Hilfe des RMI-Semaphors synchronisieren.

Beachten Sie, dass in diesem verteilten Fall nicht der Client-Thread, der die Methode p aufruft, durch wait blockiert wird, falls value == 0 gilt, sondern der Thread, der stellvertretend für den Client auf dem Semaphor-Server läuft. Da dieser Stellvertreter-Thread dadurch aber zunächst nicht aus dem Methodenaufruf zurückkehrt, bleibt auch der Client-Thread hängen. Durch Aufruf der Methode v durch einen anderen Stellvertreter-Thread kann der blockierte Stellvertreter-Thread weiterlaufen, seinen Methodenaufruf beenden und eine Antwort an den Client zurücksenden, wodurch dann auch der Client weiterlaufen kann.

Ein Aufruf der RMI-Methode p kann also beliebig lange dauern. Dies wird dann zum Problem, falls RMI eine Frist kennt, nach der ein noch nicht beendeter Methodenaufruf durch Auslösen einer Ausnahme abgebrochen wird. In der Tat gibt es bei RMI eine solche Frist. Diese kann durch die Umgebungsvariable sun.rmi.transport.tcp.responseTimeout festgelegt werden. Die Angaben erfolgen in Millisekunden. Die Umgebungsvariable kann beim Starten eines Java-Prozesses in der Kommandozeile z. B. so gesetzt werden (beim Starten eines Programms aus Entwicklungsumgebungen wie Eclipse und NetBeans heraus können entsprechende Angaben gemacht werden):

```
java -Dsun.rmi.transport.tcp.responseTime=5000 ...
```

In diesem Beispiel wird die Frist auf 5 Sekunden eingestellt. Ein Wert von 0 bedeutet „unendlich". Dies ist die Voreinstellung, so dass also im Normalfall die Umgebungsvariable nicht explizit gesetzt werden muss, damit ein RMI-Methodenaufruf beliebig lange dauern kann. Sollte die Einstellung aus irgendeinem Grund jedoch anders sein, so müsste ein Client, der die Methode p aufruft, so programmiert werden, dass er auf die Ausnahme einer Fristüberschreitung durch erneutes Aufrufen der Methode p reagiert.

6.6.2 Asynchrone Kommunikation mit RMI

Wie für Semaphore kann auch für Message Queues (Abschnitt 3.2) und Pipes (Abschnitt 3.3) die Benutzung aus der Ferne ermöglicht werden (die Überlegungen bezüglich Timeout, wie sie für Semaphore angestellt wurden, gelten hier in gleicher Weise). Anwendungen auf unterschiedlichen Rechnern und in unterschiedlichen Prozessen können dadurch asynchron miteinander kommunizieren. Damit ist gemeint, dass der Sender und der Empfänger einer Nachricht nicht zur gleichen Zeit verfügbar sein müssen. Das heißt: Es ist möglich, dass erst nach der Beendigung einer Anwendung, welche eine Nachricht gesendet hat, eine weitere Anwendung gestartet wird, welche die zuvor versendete Nachricht empfängt.

Es existieren eine ganze Reihe von frei verfügbaren und kommerziellen Implementierungen verteilter Message Queues. Diese Art von Software wird üblicherweise *Message-Oriented Middleware* (*MOM*) genannt. Im Gegensatz zu einer eigenen Implementierung, die leicht aus der Implementierung der Message Queue von **Listing 3.7** in Abschnitt 3.2.2 gewonnen werden kann, haben MOM-Implementierungen einige zusätzliche Funktionen. Dazu gehört vor allem die Unterstützung des Transaktionskonzepts und daraus folgend der Persistenz (d.h. der zuverlässigen längerfristigen Speicherung). Das bedeutet, dass Nachrichten, die an eine Message Queue gesendet und noch nicht abgeholt worden sind, noch vorhanden sein müssen, wenn der Rechner, auf dem sich die Message Queue befindet, abstürzt und danach wieder hochfährt.

6.6.3 Verteilte MVC-Anwendungen mit RMI

Eine lokale Anwendung mit grafischer Benutzeroberfläche, die streng gemäß des MVC-Entwurfsmusters strukturiert wurde, kann ebenfalls leicht in eine verteilte Anwendung überführt werden. Man geht dazu wie folgt vor:

- Die Modellkomponente der lokalen Anwendung wird als RMI-Objekt auf einem RMI-Server zur Nutzung bereitgestellt und bei einer RMI-Registry angemeldet.

- Die Controller, die sich auf den Clients befinden und deren Methoden bei Benutzeraktionen aufgerufen werden, haben eine Referenz auf die Modellkomponente, die den Controllern z.B. beim Konstruktoraufruf als Parameter übergeben werden. Im lokalen Fall ist dies eine „normale" Referenz auf das Modellobjekt. Im verteilten Fall ist dies eine Referenz auf die in der Ferne liegende RMI-Modellkomponente, die vom Client zu Beginn durch Naming.lookup beschafft und dann allen Controller-Objekten übergeben wird. Wie schon im Chat-Beispiel erwähnt, sollte wegen der Gefahr des „Einfrierens" der Oberfläche der Controller die RMI-Aufrufe nicht selbst ausführen, sondern dazu einen separaten Thread beauftragen.

- Die Views, die zusammen mit den Controllern die wesentlichen Bestandteile des Clients bilden, müssen ebenfalls zu RMI-Objekten gemacht werden. Die Views melden sich dann wie die ChatClient-Objekte im Chat-Beispiel beim Modell über RMI-Aufrufe als Listener an. Immer wenn sich das Modell dann ändert, werden alle Views aller

Clients benachrichtigt. In den Methoden, die dabei aufgerufen werden, sollte kein Zugriff auf Elemente der grafischen Benutzeroberfläche erfolgen. Statt dessen sollte ebenfalls wie im Chat-Beispiel der Event-Dispatcher-Thread mit solchen Aufgaben betraut werden.

Das in den **Abbildungen 4.15** und **4.16** dargestellte Zusammenspiel zwischen den M-, V- und C-Komponenten ist in **Abbildung 6.15** auf den verteilten Fall übertragen worden.

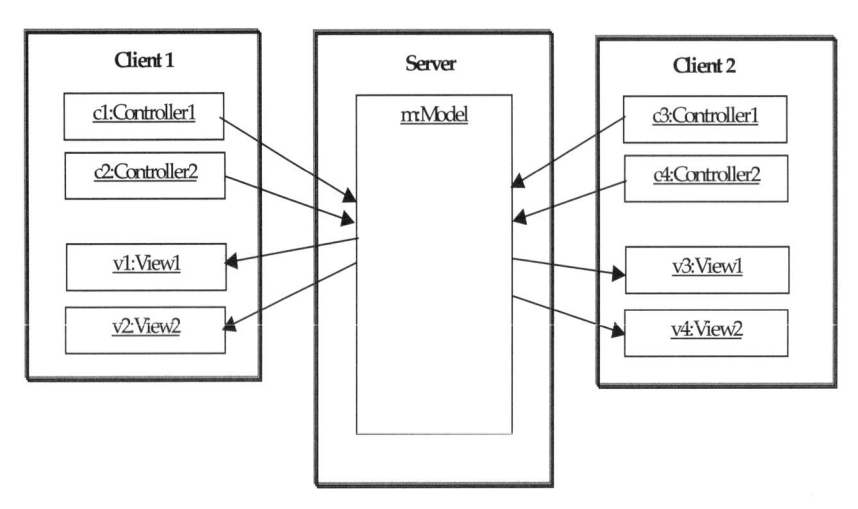

Abbildung 6.15: Zusammenspiel von M-, V- und C-Komponente bei einer verteilten Anwendung

In der Anleitung, wie eine lokale in eine verteilte MVC-Anwendung transformiert werden kann, wurde immer wieder Bezug genommen auf das Chat-Beispiel des vorigen Abschnitts. Dies ist kein Zufall, denn die Chat-Anwendung kann ebenfalls als MVC-Anwendung gesehen werden. Der Chat-Server ist das Modell, an dem sich mit addClient Listener anmelden. Immer wenn eine Benutzerin etwas eingibt und die Return-Taste drückt, wird ein Controller des entsprechenden Client-Programms aktiviert, der über RMI die Methode sendMessage des Servers aufruft. Dadurch wird sozusagen das Modell geändert, worauf alle angemeldeten Listener benachrichtigt werden, die dann veranlassen, die Views zu aktualisieren.

Nach dieser Anleitung könnte man nun beispielsweise die in Abschnitt 4.2.2 selbst entwickelte MVC-Anwendung aus **Listing 4.13** in eine verteilte Anwendung verwandeln. Jeder Client hätte dann das in **Abbildung 4.17** gezeigte Fenster. Sobald einer der Clients den Plus- oder Minus-Button drückt, ändert sich die Anzeige aller Clients. Dabei ändern sich nicht nur die drei Darstellungen der Zahl, sondern auch die Plus- und Minus-Buttons werden entsprechend aktiviert oder deaktiviert (je nachdem, ob der Zählerstand gleich dem Maximum bzw. Minimum ist oder nicht). Aber Achtung: Die Deaktivierung des Plus- bzw. Minus-Buttons garantiert nicht, dass das Maximum nicht überschritten bzw. das Minimum nicht unterschritten werden. Denn wenn sich der Zähler nur um eins vom Maximum bzw. Minimum unterscheidet und zwei Clients den Zähler gleichzeitig erhöhen bzw.

erniedrigen wollen, dann kommt die Deaktivierung der Buttons zu spät; der Zähler könnte dann ohne weitere Vorkehrungen größer als das Maximum bzw. kleiner als das Minimum werden. Aus diesem Grund wird in der Modellkomponente von **Listing 4.13** in den Methoden increment und decrement eine Veränderung des Zählers nur dann vorgenommen, falls das Maximum nicht überschritten bzw. das Minimum nicht unterschritten wird. Aufgrund der in den Methoden vorhandenen Synchronisierung kann somit garantiert werden, dass der Zähler immer in den vorgegebenen Grenzen bleibt.

Die Realisierung für das MVC-Beispiel als verteilte RMI-Anwendung ist etwas länglich und bietet keine weiteren neuen Erkenntnisse, weshalb sie in diesem Buch nicht abgedruckt wird. Sie kann von den Leserinnen und Lesern leicht durch Kombination des Original-Programms aus **Listing 4.13** und dem Chat-Beispiel gewonnen werden.

6.7 Dynamisches Umschalten zwischen Wert- und Referenzübergabe – Migration von Objekten

6.7.1 Das Exportieren und „Unexportieren" von Objekten

Bisher sah es so aus, als würde zum Zeitpunkt der Programmierung festgelegt, ob ein Objekt durch seinen Wert oder seine Referenz als Parameter bzw. als Rückgabewert übergeben wird. Wertübergabe wurde durch Implementierung der Schnittstelle Serializable, Referenzübergabe durch Implementierung der Schnittstelle Remote und Ableitung aus der Klasse UnicastRemoteObject festgelegt. Eine genauere Betrachtung zeigt jedoch, dass die Ableitung einer Klasse aus UnicastRemoteObject nicht zwingend erforderlich für die Referenzübergabe ist. Entscheidend ist vielmehr das so genannte *Exportieren eines Objekts*, welches mit einer der folgenden Static-Methoden der Klasse UnicastRemoteObject durchgeführt werden kann.

```
public class UnicastRemoteObject extends RemoteServer
{
    public static RemoteStub exportObject(Remote obj)
            throws RemoteException {...}
    public static Remote exportObject(Remote obj, int port)
            throws RemoteException {...}
    public static Remote exportObject(Remote obj, int port,
                                      RMIClientSocketFactory csf,
                                      RMIServerSocketFactory ssf)
            throws RemoteException {...}
}
```

Die erste der Methoden namens *exportObject* mit nur einem Remote-Objekt als Parameter werden wir hier nicht näher betrachten, da diese Methode eine mit dem RMI-Compiler rmic erzeugte Stub-Klasse benötigt, was wir hier nicht verwenden wollen. Zu der dritten Variante kommen wir später (Abschnitt 6.10). Wir konzentrieren uns also zunächst auf die zweite Variante.

Durch das Exportieren wird ein Objekt, welches die Remote-Schnittstelle implementieren muss, für die Benutzung „von außen" (d.h. von außerhalb des Prozesses) zugänglich. Es wird ein ServerSocket mit der angegebenen Portnummer geöffnet, an dem Verbindungen für die Benutzung des Objekts angenommen werden. Dazu wird ein Thread erzeugt, der an diesem ServerSocket auf eintreffende Verbindungsaufbauwünsche wartet. Die Portnummer des Servers, die bei zwei der drei Exportieren-Methoden explizit angegeben wird, wurde in **Abbildung 6.5** mit x bezeichnet. Ferner wird beim Exportieren eine Kennung für das Objekt vergeben und das Objekt wird in eine interne Tabelle des Server-Prozesses eingetragen. Die Tabelle (eine Hash-Tabelle) ordnet der Kennung das Objekt (genauer: die lokale Referenz auf das Objekt) zu. Bitte beachten Sie, dass dieser Tabelleneintrag nichts mit dem Eintrag in der RMI-Registry zu tun hat; die Tabelle befindet sich im Server-Prozess (sie ist in **Abbildung 6.5** nicht dargestellt). Der Tabelleneintrag, von dem hier die Rede ist, ist unbedingt notwendig, damit das Objekt ein RMI-Objekt ist und von außerhalb benutzt werden kann. Der Eintrag in der RMI-Registry ist dagegen nicht unbedingt notwendig, wie wir beim Chat-Beispiel für die Client-Objekte gesehen haben. Die Objektkennung ist notwendig, da ein Server selbstverständlich mehrere RMI-Objekte vorhalten kann (wie z.B. beim Sleep-Beispiel in Abschnitt 6.3).

Die Konstruktoren der Klasse UnicastRemoteObject führen nun alle einen solchen Export durch. Daraus folgt, dass alle Objekte von Klassen, die aus UnicastRemoteObject abgeleitet werden, exportiert sind. Da die Methoden für das Exportieren alle eine Ausnahme des Typs RemoteException werfen können und diese in den Konstruktoren der Klasse UnicastRemoteObject nicht abgefangen werden, können auch diese Konstruktoren alle eine RemoteException werfen. Dadurch wird verständlich, dass in Klassen, die aus UnicastRemoteObject abgeleitet werden, die Konstruktoren auch mit „throws RemoteException" gekennzeichnet werden müssen, denn in den Konstruktoren wird implizit oder explizit ein Konstruktor der Basisklasse aufgerufen.

Aus den bisherigen Ausführungen folgt, dass ein RMI-Objekt also nicht von einer Klasse stammen muss, die aus UnicastRemoteObject abgeleitet ist, sondern dass das Exportieren später nachgeholt werden kann. Wenn das Objekt nun auch die Serializable-Schnittstelle implementiert, dann sieht man, dass ein Objekt zunächst als Wert und später, nach dem Exportieren, als Referenz übergeben werden kann. Die Art der Übergabe kann sich also dynamisch (d.h. zur Laufzeit ändern).

Mit der Methode *unexportObject* kann das Exportieren eines Objekts sogar wieder rückgängig gemacht werden:

```
public class UnicastRemoteObject extends RemoteServer
{
    public static boolean unexportObject(Remote obj, boolean force)
            throws NoSuchObjectException {...}
}
```

Der boolesche Parameter force gibt an, ob das Rückgängigmachen des Exportierens in jedem Fall erfolgen soll, auch wenn ein RMI-Aufruf gerade durchgeführt wird oder weitere anstehen. Dann ist als Wert des Parameters true anzugeben. Wird false angegeben,

6.7 Dynamisches Umschalten zwischen Wert- und Referenzübergabe – Migration von Objekten

dann wird das „*Unexportieren*" nur durchgeführt, falls kein RMI-Aufruf läuft und keine weiteren zur Ausführung anstehen. In diesem Fall kann man am Rückgabewert erkennen, ob die Aktion erfolgreich durchgeführt wurde oder nicht. Falls das Objekt momentan gar nicht exportiert ist, wird eine Ausnahme geworfen.

Durch das Exportieren und „Unexportieren" kann also beliebig oft zwischen Wert- und Referenzübergabe hin- und hergeschaltet werden. Eine genauere Betrachtung zeigt weiter, dass auch bei der Referenzübergabe eine Wertübergabe stattfindet. Und zwar wird eine Referenzübergabe durch die Wertübergabe eines Stub-Objekts realisiert. Wie schon am Ende des Abschnitts 6.5 erwähnt wurde, hat die Referenzübergabe Vorrang gegenüber der Wertübergabe. Wir können diesen Sachverhalt damit nun präziser formulieren:

> Für die Übergabe von Parametern bzw. Rückgabewerten beim Aufruf von RMI-Methoden gilt:
> 1. Wenn ein Objekt eine RMI-Schnittstelle implementiert und exportiert wurde, wird es als Referenz übergeben. Das heißt, es wird ein Stub-Objekt für das angegebene Objekt durch Serialisierung als Wert übergeben.
> 2. Wenn die unter 1 genannten Bedingungen nicht zutreffen, das Objekt aber die Schnittstelle Serializable implementiert, dann wird das Objekt selbst durch Serialisierung als Wert übergeben.
> 3. Wenn weder die Bedingungen aus 1 noch die aus 2 zutreffen, so kann das Objekt nicht übergeben werden. Es wird eine Ausnahme geworfen.

Mit diesem Wissen kann nun die in **Abbildung 6.5** dargestellte Situation und speziell die Rolle der RMI-Registry eine Stufe genauer erklärt werden. Die Methoden der RMI-Registry (u.a. rebind und lookup) sind selbst auch RMI-Methoden. Wenn also beim Aufruf von rebind ein exportiertes Objekt als Paramter übergeben wird, wird gemäß der Regel eine serialisierte Kopie des Stubs für dieses Objekt an die RMI-Registry gesendet. Wir erinnern uns, dass es bei der Serialisierung um die Daten eines Objekts (nicht um den Programmcode der Klasse) geht. Das Stub-Objekt besitzt natürlich die Daten, um von jedem Rechner aus die Methoden des exportierten Objekts, für das es steht, in Anspruch nehmen zu können. Dazu gehört im Wesentlichen der Rechner (d.h. die IP-Adresse), auf dem sich der Server befindet, die Portnummer, an dem der Server lauscht, sowie die Objektkennung. Damit kann der Stub eine Verbindung zum Server aufbauen und dem Server durch die Objektkennung mitteilen, mit welchem Objekt er arbeiten möchte. Diese Angaben, die in **Abbildung 6.5** in der rechten Spalte der Tabelle der RMI-Registry stehen, werden also durch ein serialisiertes Stub-Objekt repräsentiert. Durch den Aufruf von Naming.lookup wird dieser Stub nun auf den Client kopiert, denn der Stub ist selbst ein nicht exportiertes Objekt und wird deshalb als Kopie übergeben. Wenn der Client die entsprechenden Methoden aufruft, dann hat der Stub die nötigen Angaben, um den Methodenaufruf auf dem Server anzustoßen. Genau wie die RMI-Registry kann ein Client einen erhaltenen Stub in einem RMI-Methodenaufruf an andere Clients weitergeben, so dass auch diese Clients dadurch Zugriff auf das RMI-Objekt bekommen, auf die der Stub zeigt.

Anhand zweier Beispiele soll das Verständnis für die Wert- und Referenzübergabe nun weiter vertieft werden.

6.7.2 Migration von Objekten

Im ersten Beispiel soll der dynamische Wechsel zwischen Wert- und Referenzübergabe demonstriert werden. Dabei wird ein Objekt zunächst lokal auf dem Client benutzt. Danach wird es auf den Server kopiert und auf dem Client gelöscht. Obwohl auf dem Server nur eine Kopie des ursprünglichen Objekts existiert und nicht das Original-Objekt selber, kann man dennoch so tun, als ob das Original-Objekt auf den Server gewandert (*migriert*) wäre. Der Zustand des Objekts bleibt bei der *Migration* durch die Serialisierung erhalten. Das Objekt kann anschließend vom Client aus weiter benutzt werden, ohne dass die Client-Anwendung etwas von der Migration erfährt. Zu einem späteren Zeitpunkt kann das Objekt wieder heimgeholt werden. Auch dieser Schritt ist für die Anwendung auf dem Client transparent (d.h. unsichtbar).

Als Beispielklasse verwenden wir wieder den Zähler aus Abschnitt 6.2 mit den Methoden increment und reset. Damit die Client-Anwendung den Wechsel nicht mitbekommt, wird ein Vermittler-Objekt zwischen die Client-Anwendung und den Zähler gesetzt. In **Abbildung 6.16** ist die Ausgangslage dargestellt. Die Client-Anwendung hat eine Referenz auf das Vermittler-Objekt des Typs Mediator. Darin befindet sich eine Referenz auf ein lokales Zähler-Objekt. Alle Aufrufe von increment und reset werden vom Mediator an das lokale Zählerobjekt delegiert.

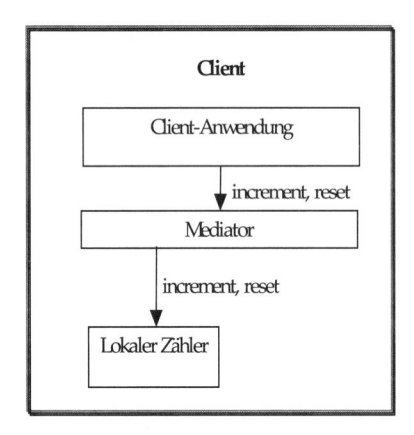

Abbildung 6.16: Ausgangssituation des Migrationsbeispiels

Wenn die Client-Anwendung dem Mediator-Objekt befiehlt, das Objekt auf den Server zu verlagern, wird eine entsprechende RMI-Methode des Migrations-Servers ausgeführt. Das lokale Zählerobjekt wird dabei als Parameter übergeben. Da das Zählerobjekt eine Serializable-Schnittstelle besitzt, aber nicht exportiert ist, wird es auf den Server kopiert. Auf dem Server wird die Kopie exportiert. Wenn nun der empfangene Parameter zurückgegeben wird, dann wird eine Referenz in Form eines serialisierten Stub-Objekts an den Client

6.7 Dynamisches Umschalten zwischen Wert- und Referenzübergabe – Migration von Objekten

zurückgegeben. Der Mediator ersetzt seine Referenz auf die lokale Zählerkopie durch eine Referenz auf das empfangene Stub-Objekt (s. **Abbildung 6.17**). Alle Aufrufe der Client-Anwendung werden nun vom Mediator wie zuvor delegiert. Da der Mediator aber jetzt eine Referenz auf das Stub-Objekt hat, werden die Aufrufe auf dem Server ausgeführt.

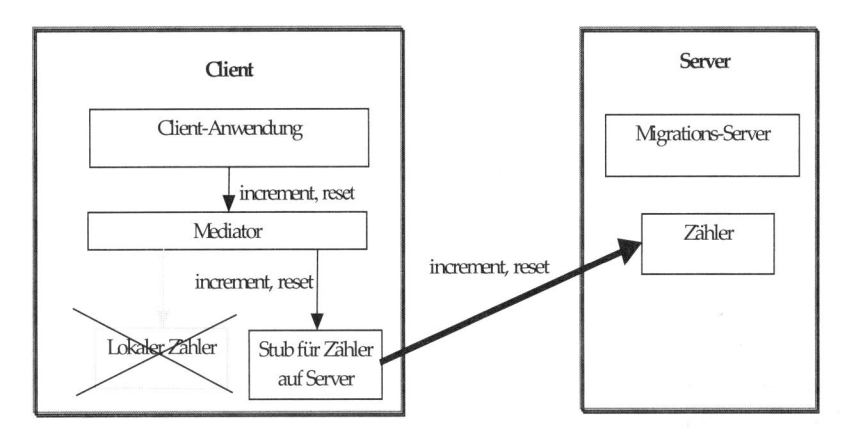

Abbildung 6.17: Situation nach der Migration des Objekts vom Client auf den Server

Die Zählerklasse besitzt neben den Methoden increment und reset eine weitere Methode zum Zurückholen des migrierten Objekts. Darin wird this einfach „unexportiert" und zurückgegeben. Dadurch, dass das Objekt am Ende der Methode nicht mehr exportiert ist, wird das Objekt als Wert zum Client zurückgeliefert. Der Mediator ersetzt die Referenz auf das Stub-Objekt durch eine Referenz auf die erhaltene Kopie; wir haben dadurch wieder die Ausgangssituation aus **Abbildung 6.16** erreicht.

Die hier dargestellte Realisierung verzichtet aus Platzgründen auf eine grafische Benutzeroberfläche für den Client. Es ist aber ohne Weiteres möglich, die Oberfläche aus **Abbildung 6.4** durch zwei Buttons zu erweitern, welche das Verlagern des Zähler-Objekts vom Client zum Server und umgekehrt anstoßen. Sowohl Client und Server sind also kommandozeilenorientiert. Um zu demonstrieren, wo sich das Zählerobjekt momentan befindet, werden in den Methoden increment und reset des Zählerobjekts Ausgaben gemacht. Damit diese Ausgaben von den restlichen Ausgaben leicht unterschieden werden können, sind sie mit „--->" und „<---" geklammert.

Bevor wir das Programm betrachten, sehen wir uns einen Probelauf des Programms an. In **Abbildung 6.18** und **Abbildung 6.19** sind die Ausgaben des Clients bzw. des Servers zu sehen.

Der Ablauf des Clients ist fest programmiert. Vor jedem Schritt muss der Benutzer lediglich die Eingabetaste drücken, damit es weitergeht. Zunächst wird der Zähler zwei Mal erhöht. Man sieht in **Abbildung 6.18** anhand der Ausgabe der Increment-Methode, dass dies lokal auf dem Client ausgeführt wird (achten Sie auf die Ausgaben der Art „---> ... <---"). Danach wird das Objekt auf den Server migriert. Nun wird der Zähler wieder zwei Mal erhöht. Man erkennt einerseits, dass diese Erhöhungen jetzt auf dem Server durchgeführt werden (s. **Abbildung 6.19**). Andererseits sieht man auch, dass das Objekt, das sich auf dem Server befindet, den Zustand vom Client (Wert 2) übernommen hat. Anschließend wird das Objekt wieder zurückgeholt. Die zwei abschließenden Increment-Aufrufe finden wieder lokal statt. Der aktuelle Wert des Servers (4) wurde auf dem Client übernommen. Die Client-Anwendung bekommt bei den 6 Aufrufen von increment die Werte 1 bis 6 zurück, unabhängig davon, wo sich der Zähler befindet.

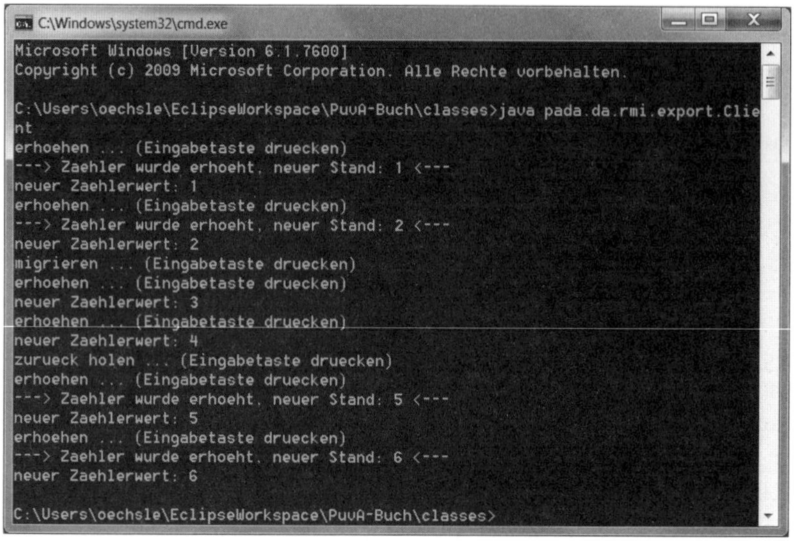

Abbildung 6.18: Ausgaben des Clients für das Migrationsbeispiel

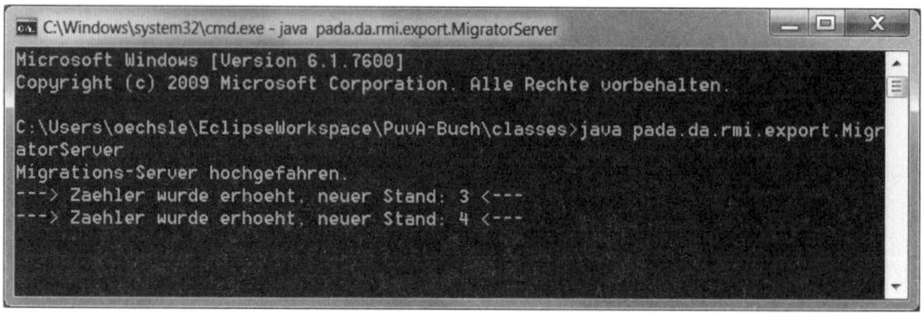

Abbildung 6.19: Ausgaben des Servers für das Migrationsbeispiel

Wir entwickeln nun diese RMI-Anwendung auf bekannte Art und Weise:

1. **Schnittstellen definieren:** Diese Anwendung benötigt zwei RMI-Schnittstellen:
   - eine Schnittstelle für den Zähler, die neben increment und reset auch eine Methode zum Zurückholen des Zählerobjekts vom Server auf den Client enthält (**Listing 6.30**),

6.7 Dynamisches Umschalten zwischen Wert- und Referenzübergabe – Migration von Objekten

- und eine Schnittstelle des Migrations-Servers, um das Zäherobjekt vom Client auf den Server zu senden und den Stub für die Kopie auf dem Server zurückzubekommen (**Listing 6.31**).

Listing 6.30:

```
import java.rmi.*;

public interface Counter extends Remote
{
    public int reset() throws RemoteException;
    public int increment() throws RemoteException;
    public Counter comeBack() throws RemoteException;
}
```

Listing 6.31:

```
import java.rmi.*;

public interface Migrator extends Remote
{
    public Counter migrate(Counter counter) throws RemoteException;
}
```

2. **Schnittstellen implementieren:** Die Implementierung des Zählers (**Listing 6.32**) erzeugt die zuvor gesehenen Ausgaben. Beim Zurückholen des Objekts wird das Exportieren rückgängig gemacht (fett gedruckt). Wichtig ist, dass durch den zweiten Parameter true das „Unexportieren" erzwungen wird, da momentan ein RMI-Aufruf im Gange ist. Da nur der Aufrufer eine Referenz auf das exportierte Objekt erhält und somit nicht für andere Clients zur Verfügung steht, wurde darauf verzichtet, die Methoden des Zählers synchronized zu machen. Achten Sie insbesondere darauf, dass wir dieses Mal zwar die Remote-Schnittstelle implementieren, aber eben nicht von UnicastRemoteObject ableiten.

Listing 6.32:

```
import java.io.Serializable;
import java.rmi.RemoteException;
import java.rmi.server.UnicastRemoteObject;

public class CounterImpl implements Counter, Serializable
{
    private int counter;

    public int reset() throws RemoteException
    {
        counter = 0;
        System.out.println("---> Zaehler wurde zurueckgesetzt <---");
        return counter;
    }

    public int increment() throws RemoteException
    {
        counter++;
        System.out.println("---> Zaehler wurde erhoeht, "
                           + "neuer Stand: " + counter
                           + " <---");
        return counter;
```

```
        }
        public Counter comeBack() throws RemoteException
        {
            UnicastRemoteObject.unexportObject(this, true);
            return this;
        }
    }
```

Bei der Implementierung der Migrationsschnittstelle (**Listing 6.33**) wird die Kopie des Zählerobjekts, die man als Parameter erhält, exportiert (fett gedruckt). Die Angabe der Portnummer 0 bedeutet, dass keine spezifische Portnummer vorgeschrieben wird, sondern dass sich das System eine Portnummer aussuchen darf. Diese Klasse ist wie üblich aus UnicastRemoteObject abgeleitet.

Listing 6.33:

```
import java.rmi.*;
import java.rmi.server.UnicastRemoteObject;

public class MigratorImpl extends UnicastRemoteObject
                          implements Migrator
{
    public MigratorImpl() throws RemoteException
    {
    }

    public Counter migrate(Counter counter) throws RemoteException
    {
        try
        {
            UnicastRemoteObject.exportObject(counter, 0);
        }
        catch(RemoteException e)
        {
            System.out.println("Ausnahme: " + e);
        }
        return counter;
    }
}
```

3. **Server programmieren:** Der Server startet auch gleich die RMI-Registry (s. **Listing 6.34**).

Listing 6.34:

```
import java.rmi.*;
import java.rmi.registry.*;

public class MigratorServer
{
    public static void main(String args[])
    {
        try
        {
            LocateRegistry.createRegistry(1099);
            Naming.rebind("Migrator", new MigratorImpl());
            System.out.println("Migrations-Server hochgefahren.");
        }
        catch(Exception e)
        {
            System.out.println("Ausnahme: " + e.getMessage());
```

6.7 Dynamisches Umschalten zwischen Wert- und Referenzübergabe – Migration von Objekten

        }
      }
    }

4. **Client programmieren:** Der Client besteht neben der Anwendung (Main-Methode) aus dem zuvor beschriebenen Mediator (**Listing 6.35**). Dieser besitzt als Attribut eine Referenz des Typs Counter. Diese Referenz zeigt entweder auf ein lokales Objekt des Typs CounterImpl oder auf einen Stub. Alle Methodenaufrufe für increment und reset werden ohne Fallunterscheidung an dieses Objekt weitergegeben. Beim Verschieben des Objekts auf den Server besorgt man sich zuerst eine Referenz auf den Migrations-Server und ruft die Methode migrate mit dem lokalen Zählerobjekt als Parameter auf. Der Wert des Attributs der Counter-Referenz wird auf den Rückgabewert gesetzt. Beim Zurückholen des Objekts wird die Counter-Referenz wieder überschrieben.

Listing 6.35:

```java
import java.net.MalformedURLException;
import java.rmi.*;

public class Mediator
{
    private Counter counter;

    public Mediator(Counter counter)
    {
        this.counter = counter;
    }

    public int increment() throws RemoteException
    {
        return counter.increment();
    }

    public int reset() throws RemoteException
    {
        return counter.reset();
    }

    public void migrate(String host) throws RemoteException
    {
        try
        {
            Migrator migrator = (Migrator) Naming.lookup("rmi://"
                                                        + host
                                                        + "/Migrator");
            counter = migrator.migrate(counter);
        }
        catch(MalformedURLException e)
        {
        }
        catch(NotBoundException e)
        {
        }
    }

    public void comeBack() throws RemoteException
    {
        counter = counter.comeBack();
    }
}
```

6 Verteilte Anwendungen mit RMI

Die Anwendung in der Main-Methode der Klasse Client (**Listing 6.36**) wartet auf eine Eingabebestätigung der Benutzerin vor jedem Schritt. Der Server, auf den das Objekt migriert wird, ist fest in das Programm „eingebrannt" (hier „localhost"). Der Server könnte stattdessen zur Laufzeit vom Anwender erfragt werden. Denkbar wäre auch, dass das Zählerobjekt der Reihe nach auf unterschiedliche Server migriert und wieder zurückgeholt wird.

Listing 6.36:

```java
import java.io.*;

public class Client
{
    public static void main(String args[])
    {
        BufferedReader sysIn = new BufferedReader(
                                    new InputStreamReader(System.in));
        try
        {
            Counter counter = new CounterImpl();
            Mediator mediator = new Mediator(counter);
            int value;

            System.out.print("erhoehen ... (Eingabetaste druecken)");
            sysIn.readLine();
            value = mediator.increment();
            System.out.println("neuer Zaehlerwert: " + value);

            System.out.print("erhoehen ... (Eingabetaste druecken)");
            sysIn.readLine();
            value = mediator.increment();
            System.out.println("neuer Zaehlerwert: " + value);

            System.out.print("migrieren ... (Eingabetaste druecken)");
            sysIn.readLine();
            mediator.migrate("localhost");

            System.out.print("erhoehen ... (Eingabetaste druecken)");
            sysIn.readLine();
            value = mediator.increment();
            System.out.println("neuer Zaehlerwert: " + value);

            System.out.print("erhoehen ... (Eingabetaste druecken)");
            sysIn.readLine();
            value = mediator.increment();
            System.out.println("neuer Zaehlerwert: " + value);

            System.out.print("zurueck holen ... "
                            + "(Eingabetaste druecken)");
            sysIn.readLine();
            mediator.comeBack();

            System.out.print("erhoehen ... (Eingabetaste druecken)");
            sysIn.readLine();
            value = mediator.increment();
            System.out.println("neuer Zaehlerwert: " + value);

            System.out.print("erhoehen ... (Eingabetaste druecken)");
            sysIn.readLine();
            value = mediator.increment();
            System.out.println("neuer Zaehlerwert: " + value);
        }
        catch(Exception e)
        {
```

```
            System.out.println("Ausnahme: " + e);
        }
    }
}
```

5. **Anwendung übersetzen und ausführen:** Was passiert, wenn die Anwendung ausgeführt wird, wurde bereits erläutert (s. **Abbildung 6.18** und **Abbildung 6.19**).

6.7.3 Eintrag eines Nicht-Stub-Objekts in die RMI-Registry

Am Ende des Abschnitts 6.7.1 wurde erläutert, dass Naming.rebind auch ein RMI-Aufruf ist, bei dem für ein exportiertes Objekt ein serialisiertes Stub-Objekt an die RMI-Registry übertragen und in die Tabelle der RMI-Registry eingetragen wird. Daraus folgt, dass die Kopie des Objekts selbst und nicht sein Stub in die RMI-Registry geschrieben wird, wenn man ein nicht exportiertes Objekt Naming.rebind übergibt. In **Listing 6.37** wird dies ausprobiert. Es wird ein Objekt des Typs CounterImpl mit Naming.rebind bei der RMI-Registry angemeldet. Da die Klasse CounterImpl nicht aus UnicastRemoteObject abgeleitet ist, ist das CounterImpl-Objekt folglich nicht exportiert.

Listing 6.37:

```java
import java.rmi.*;
public class CounterServer
{
    public static void main(String args[])
    {
        try
        {
            Counter c = new CounterImpl();
            Naming.rebind("Counter", c);
        }
        catch(Exception e)
        {
            System.out.println("Ausnahme: " + e.getMessage());
        }
    }
}
```

Bei der Ausführung des Servers fällt auf, dass der Server im Gegensatz zu allen zuvor diskutierten Servern dieses Mal zu Ende läuft. Da das angemeldete Objekt nicht exportiert wurde, wurde kein Thread gestartet. Das Programm ist deshalb zu Ende, nachdem die Main-Methode geendet hat. Wenn man sich nun in einem Client-Programm mit Naming.lookup eine Referenz auf das angemeldete Objekt beschafft und darauf die Methoden increment und reset anwendet, erkennt man anhand der Ausgabe, dass diese Methoden auf dem Client ausgeführt werden, denn die Kopie des Objekts aus der RMI-Registry wurde durch Naming.lookup auf den Client kopiert (es handelt sich ja um ein serialisierbares, nicht exportiertes Objekt). Es ist daher sinnvoll, dass der Server zu Ende gelaufen ist, denn dieser hat nach dem Eintragen des Objekts bei der RMI-Registry keine weiteren Aufgaben; die Methoden des Zählerobjekts werden in diesem Fall vom Client selbst ausgeführt.

6.8 Laden von Klassen über das Netz

Bei der Diskussion des vorigen Abschnitts ging es um die Übertragung von serialisierten Objekten (Stubs und Nicht-Stubs) über das Netz. Dabei werden Daten (im Wesentlichen die aktuellen Werte der Attribute) übertragen. Im Zusammenhang mit RMI kann aber auch Programmcode (Inhalte von Class-Dateien) über das Netz übertragen werden. Ein Szenario, in dem dies z.B. für den Server nötig ist, ist das Folgende: Angenommen, es gibt eine RMI-Schnittstelle mit einer Methode m, die einen Parameter des Typs X besitzt. X sei eine Klasse. Wenn nun ein Client die Klasse Y aus X ableitet und dabei Methoden überschreibt, ein Objekt der Klasse Y erzeugt und dieses als Parameter beim Aufruf der RMI-Methode m übergibt, dann muss der Server Zugriff auf den Programmcode der Klasse Y haben, um die „richtigen" Methoden auf den Parameter anwenden zu können. RMI sieht aus diesem Grund eine Möglichkeit vor, den nötigen Code zur Laufzeit von einem Web-Server zu laden und auszuführen. Da dies natürlich hochgradig gefährlich ist, funktioniert dies nur dann, wenn bestimmte Sicherheitseinstellungen vorgenommen werden.

Im Folgenden wird erläutert, was zu tun ist, damit der Server Programmcode des Clients nachladen kann:

- Der Client muss die benötigten Class-Dateien auf einem Web-Server zum Herunterladen bereitstellen. Die entsprechende Basis-URL muss beim Client in der Umgebungsvariable java.rmi.server.codebase gesetzt werden. Eine Umgebungsvariable kann durch die Static-Methode setProperty der Klasse System im Programmcode mit

    ```
    System.setProperty("java.rmi.server.codebase", "...");
    ```

    oder durch ein spezielles Kommandozeilenargument des Java-Kommandos beim Starten des Clients gesetzt werden:

    ```
    java -Djava.rmi.server.codebase=... <Java-Klasse> <Programmargumente>
    ```

- Beim Server muss ein SecurityManager gesetzt werden, damit das Laden einer Klasse über das Netz möglich ist (der Standard-Security-Manager erlaubt das Laden von Klassen nur aus dem lokalen Dateisystem). Auch das Setzen des Security-Managers kann im Programmcode mit

    ```
    System.setSecurityManager(new RMISecurityManager());
    ```

    oder durch ein Kommandozeilenargument erfolgen:

    ```
    java -Djava.security.manager <Java-Klasse> <Programmargumente>
    ```

Ein Security-Manager benötigt eine Policy-Datei, in der die benötigten Rechte entsprechend gesetzt sind. Da auf Einzelheiten des Java-Sicherheitskonzepts nicht eingegangen werden kann, wird hier eine Policy-Datei angegeben, die alle Rechte gewährt. Diese Einstellung ist natürlich äußerst gefährlich und sollte nur zum Testen in einem abgeschlossenen Netz verwendet werden:

```
grant
{
    permission java.security.AllPermission;
};
```

Die zu benutzende Policy-Datei muss spezifiziert werden. Sie kann u.a. als Kommandozeilenargument beim Starten des Servers angegeben werden:

```
java -Djava.security.policy=<Dateiname> <Java-Klasse> <Programmarg.>
```

Die Rollen von Client und Server sind vertauscht, wenn das einführende Szenario von einem Parameter des Typs X auf den Rückgabetyp übertragen wird. Oder, wenn das Beispiel so belassen wird, kehren sich die Rollen von Client und Server auch dann um, wenn es sich bei dem RMI-Aufruf um einen Callback vom Server auf den Client handelt. In einer konkreten Anwendung kann es sein, dass sowohl der Client als auch der Server Klassen über das Netz nachlädt.

6.9 Realisierung von Stubs und Skeletons

Bis Java-Version 1.2 wurden durch den RMI-Compiler (Kommando rmic) für jede Anwendung spezifische Stub- und Skeleton-Klassen erzeugt. Eine Skeleton-Klasse alter Art kann man sich vorstellen wie den parallelen TCP-Server für das Zähler-Beispiel (s. **Listing 5.13** und **5.14** aus Abschnitt 5.6.2): Wenn der String „increment" empfangen wird, dann wird die Methode increment aufgerufen, wenn aber der String „reset" empfangen wird, dann muss die Methode reset aufgerufen werden. Den Stub kann man sich für das Zählerbeispiel als eine Klasse mit den Methoden increment und reset vorstellen. In der Methode increment wird über eine zuvor aufgebaute TCP-Verbindung der String „increment" verschickt, dann wird auf der TCP-Verbindung auf eine Antwort gewartet, die Antwort wird in eine Zahl gewandelt und zurückgegeben. Die Methode reset ist ähnlich, nur wird stattdessen der String „reset" über die TCP-Verbindung an den Server geschickt.

Wenn sich nun die RMI-Schnittstelle ändert, muss der Code sowohl des Skeletons als auch des Stubs geändert werden: In der Skeleton-Klasse muss auf andere Kommandos reagiert werden, und es müssen andere Methodenaufrufe im Programmcode stehen. Die Stub-Klasse muss andere Methoden haben, und es müssen andere Daten verschickt und als Rückgabewert empfangen werden.

Seit Java-Version 1.2 ist die Erzeugung von Skeleton-Klassen und seit Java-Version 5 die Erzeugung auch von Stub-Klassen nicht mehr nötig. Warum dies so ist, wird im Folgenden grob erläutert.

6.9.1 Realisierung von Skeletons

Seit Java-Version 1.2 gibt es eine generische Skeleton-Klasse, die für alle RMI-Anwendungen verwendet werden kann. Dabei wird die so genannte *Reflection-Programmierschnittstelle* der Java-Klassenbibliothek benutzt. Damit kann man sich z.B. von jedem be-

6 Verteilte Anwendungen mit RMI

liebigen Objekt das dazugehörige Class-Objekt geben lassen. Von diesem Class-Objekt wiederum kann man sich durch Angabe des Namens der Methode als String und der Typen der Parameter ein Method-Objekt beschaffen. Mit diesem Method-Objekt kann man dann die entsprechende Methode auf das entsprechende Objekt anwenden. Das folgende Programmfragment fasst diesen Ablauf auf dem Server zusammen:

```
//Objektkennung wird vom Client gesendet, daraus kann der Server über
//eine Hash-Tabelle eine Referenz auf das richtige RMI-Objekt beschaffen:
Object obj = ...;

//Methodenname wird vom Client gesendet:
String methodName = ...;

//Parameterliste wird ebenfalls vom Client gesendet:
Object[] actualParameterList = ...;

//aus Parameterliste wird Parametertypenliste gebildet:
Class[] formalParameterList = new Class[actualParameterList.length];
for(int i = 0; i < formalParameterList.length; i++)
{
    formalParameterList[i] = actualParameterList[i].getClass();
}

//Methode wird herausgesucht:
Class c = obj.getClass();
Method m = c.getMethod(methodName, formalParameterList);

//Methode m wird auf obj mit actualParameterList angewendet:
Object result = m.invoke(obj, actualParameterList);
```

6.9.2 Realisierung von Stubs

Seit Java-Version 5 werden die Stub-Klassen dynamisch mit Hilfe der so genannten *DynamicProxy-Schnittstelle* erzeugt. Damit kann unter Angabe einer Liste von Schnittstellen (beschrieben durch ein Class-Feld) dynamisch zur Laufzeit ein Class-Objekt erzeugt werden. Die von diesem Class-Objekt beschriebene Klasse, welche die angegebenen Schnittstellen implementiert, existiert nur in der Java Virtual Machine im Hauptspeicher; es existiert keine entsprechende Class-Datei auf der Festplatte wie bei anderen „normalen" Klassen. Hat man ein Class-Objekt, kann man sich unter Angabe einer Parameterliste (angegeben durch ein Class-Feld) einen Konstruktor geben lassen (dies ist sehr ähnlich zu getMethod oben). Der Konstruktor wird durch ein Constructor-Objekt repräsentiert (entspricht dem Method-Objekt oben). Durch Anwendung der Methode newInstance kann mit Angabe einer Parameterliste ein Objekt der dynamisch generierten Klasse erzeugt werden. Bitte machen Sie sich klar, dass wir zwar eine Klasse erzeugt haben, die alle Methoden aller angegebenen Schnittstellen besitzt. Wir können aber keinen Programmcode für diese Methoden angeben. Die Methoden funktionieren nun so, dass bei jedem Aufruf einer dieser Methoden eine Methode des im Konstruktor angegebenen InvocationHandler-Objekts aufgerufen wird. Dieses Objekt implementiert die Schnittstelle *InvocationHandler*:

```
public interface InvocationHandler
{
    public Object invoke(Object proxy, Method method, Object[] args)
            throws Throwable;
}
```

6.9 Realisierung von Stubs und Skeletons

Für die dynamische Stub-Implementierung existiert eine Implementierung der Invocation-Handler-Schnittstelle, bei der im Wesentlichen die Methode *invoke* so realisiert ist, dass der aus dem Methodenparameter gelesene Methodenname zusammen mit der Argumentliste args an den RMI-Server gesendet wird. Das könnte dann z.B. so aussehen:

```
public class RemoteObjectInvocationHandler extends RemoteObject
                                  implements InvocationHandler
{
    //Attribute, die nötig sind zur erfolgreichen Kommunikation
    //mit fernem RMI-Objekt: Rechner, Port, Objektkennung
    ...
    //Attribut für Verbindung zum RMI-Server:
    ...

    //Konstruktor oder Setter-Methoden zum Setzen der Attribute:
    ...

    public Object invoke(Object proxy, Method method, Object[] args)
          throws Throwable
    {
        //falls noch keine Verbindung zum RMI-Server existiert, aufbauen:
        ...

        //Methodenname und Argumente mit Objektkennung an RMI-Server
        //über aufgebaute Verbindung senden:
        ...

        //auf Antwort warten:
        ...

        //falls Ausnahme signalisiert wird, Ausnahme werfen:
        if(...)
        {
            throw new ...;
        }
        //sonst erhaltenen Rückgabewert zurückgeben:
        return ...;
    }
}
```

Zum Verständnis des folgenden Programmfragments muss noch erklärt werden, dass eine RMI-Klasse wie in unseren bisherigen Beispielen nicht nur eine einzige RMI-Schnittstelle, sondern mehrere RMI-Schnittstellen implementieren kann. Der Stub muss folglich auch alle diese Schnittstellen implementieren. Je nachdem, aus welcher Schnittstelle die Methode stammt, die ein Client auf den Stub anwenden will, muss jeweils auf die richtige RMI-Schnittstelle gecastet werden. Damit sollte der prinzipielle Ablauf für die dynamische Erzeugung der Stub-Klasse und des Stub-Objekts problemlos verständlich sein:

```
//Liste der zu implementierenden RMI-Schnittstellen aus RMI-Objekt
//bestimmen, für das ein Stub-Objekt generiert werden soll;
//dazu können mit der Reflection-Programmierschnittstelle alle
//Schnittstellen, die die Klasse des Objekts implementiert, gelesen
//werden; die RMI-Schnittstellen sind dann diejenigen,
//die entweder direkt oder indirekt aus Remote abgeleitet sind:
Class[] interfaces = ...;

//entsprechendes Class-Objekt dynamisch generieren,
//welches die RMI-Schnittstellen implementiert:
Class stubClass = Proxy.getProxyClass(..., interfaces);
```

```
//Constructor mit InvocationHandler-Parameter geben lassen:
Class[] formalParameterList = new Class[1];
formalParameterList[0] = InvocationHandler.class;
Constructor constructor = stubClass.getConstructor(formalParameterList);

//RemoteObjectInvocation-Objekt erzeugen
//(Klasse in Package java.rmi.server):
RemoteObjectInvocationHandler handler =
                         new RemoteObjectInvocationHandler (...);

//Rechner, Port und Objektkennung für RMI-Objekt der Ferne setzen:
...

//Stub-Objekt erzeugen, bei dem alle Methodenaufrufe
//an das Objekt handler delegiert werden:
Object[] actualParameterList = new Object[1];
actualParameterList[0] = handler;
Object stubObject = constructor.newInstance(actualParameterList);
```

6.10 Verschiedenes

Auch wenn das Thema RMI verhältnismäßig ausführlich besprochen wurde, so konnten dennoch nicht alle Themen vertiefend behandelt werden. Hier sind einige weitere Aspekte, die nur angerissen werden können:

- **Sicherheit durch Verschlüsselung:** Wenn mit RMI sicherheitskritische Daten übermittelt werden, dann ist es verhältnismäßig einfach, diese Daten zu verschlüsseln. Wie in Abschnitt 6.7.1 schon beschrieben wurde, besitzt die Klasse UnicastRemoteObject auch eine Export-Methode mit Parametern des Typs *RMIClientSocketFactory* und *RMIServerSocketFactory*. Wenn man das Exportieren durch Ableitung aus UnicastRemoteObject realisieren möchte, gibt es auch die Möglichkeit, einen Konstruktor der Basisklasse UnicastRemoteObject mit einer Portnummer und den beiden Factory-Argumenten zu nutzen. Die Factory-Objekte werden benutzt, um Socket-Objekte und ServerSocket-Objekte für die RMI-Kommunikation zu erzeugen (Methoden *createSocket* bzw. *createServerSocket*). Standardmäßig wird die Klasse *RMISocketFactory* dafür benutzt, wenn die Factory-Klasse nicht explizit angegeben wird. Es ist aber auch möglich, eigene Implementierungen der Schnittstellen RMIClientSocketFactory und RMIServerSocketFactory zu nutzen. Für sicherheitskritische Anwendungen befinden sich in der Java-Klassenbibliothek bereits Socket- und ServerSocket-Factory-Klassen namens *SslRMIClientSocketFactory* und *SslRMIServerSocketFactory*, welche eine mit *SSL* (*Secure Socket Layer*) verschlüsselte Datenübertragung gewährleisten.

- **RMI-Aktivierung:** Wenn ein RMI-Server relativ selten benutzt wird, dann kann es ressourcenschonend sein, wenn dieser Server erst bei Bedarf gestartet und nach längerer Nichtnutzung wieder beendet wird. Ferner wäre es praktisch, wenn ein RMI-Server nach einem Absturz automatisch neu gestartet werden würde. Diese Wünsche werden durch das so genannte Aktivierungskonzept von RMI erfüllt. Mit der Java-Laufzeitumgebung erhält man einen Aktivierungsserver (ausführbares Programm *rmid*). Die selbst programmierten Server melden nun lediglich am Aktivierungsserver, den man zuvor gestartet haben muss, aktivierbare RMI-Klassen an. Durch die Anmeldung erhalten sie spezielle Objekte, die sie in die RMI-Registry mit Naming.bind oder Naming.rebind eintragen können. Die RMI-Server erzeugen typischerweise selbst keine RMI-Objekte. Sie laufen folglich wie der RMI-Server aus Abschnitt 6.7.3 zu Ende. Wenn ein Client das in der RMI-Registry eingetragene Objekt mit Naming.lookup abruft und eine entsprechende Methode aufruft, dann wendet sich dieser spezielle Stub an den Aktivierungsserver, der daraufhin automatisch einen entsprechenden RMI-Server mit RMI-Objekten startet. Der Aktivierungsserver rmid verwendet übrigens eine Log-Datei, um alle angemeldeten Aktivierungen zu speichern. Beim Neustart des Aktivierungsservers werden alle zuvor existierenden Aktivierungen aus der Datei gelesen, so dass diese wieder gültig sind. Ein nochmaliges Aufrufen der Programme zur Einrichtung der Aktivierungen ist nicht nötig. Will man diesen Mechanismus außer Kraft setzen, so muss die Log-Datei vor dem Neustart des Aktivierungsservers gelöscht werden.

- **Verteilte Abfallsammlung (Distributed Garbage Collection):** Innerhalb einer Java Virtual Machine werden nicht mehr referenzierte Objekte durch Abfallsammlungs-Threads eingesammelt und gelöscht. Mit RMI hat man nun rechnerübergreifende Referenzen, die bei der Abfallsammlung berücksichtigt werden müssen. Ein einfacher Referenzzähler würde das Problem nicht lösen, denn ein Stub, der für ein Objekt ausgegeben wird, kann von den Stub-Nutzern beliebig oft kopiert und weiter verteilt werden (die RMI-Registry führt bei jedem Aufruf der Methode lookup ein solches Kopieren des Stubs durch, aber auch jeder andere, der einen Stub besitzt, kann diesen beliebig oft kopieren). Deshalb wird die Abfallsamlung für RMI-Objekte so realisiert, dass jeder existierende Stub periodisch ein Signal an den Prozess sendet, auf dem sich das RMI-Objekt befindet. Der RMI-Server weiß dann, welche Referenzen es neben den lokal vorhandenen in anderen Prozessen auf ein Objekt gibt. Wenn dieses Signal eine gewisse Zeit lang ausbleibt, wird die dazugehörige Referenz als nicht mehr existent angenommen. Falls es weder lokale noch ferne Referenzen auf ein Objekt gibt, kann es gelöscht werden. Bitte beachten Sie, dass ein RMI-Objekt damit nicht gelöscht wird, solange es in der RMI-Registry eingetragen ist, denn in der RMI-Registry befindet sich damit ein Stub, der periodisch die Existenz seiner Referenz dem RMI-Objekt mitteilt.

6.11 Zusammenfassung

Nachdem wir das Prinzip von RMI und ein Kochrezept für die Entwicklung von RMI-Anwendungen kennen gelernt und an einem ersten Beispiel demonstriert haben, wurden drei Aspekte von RMI anhand je eines Beispiels besprochen: implizite Parallelität bei RMI-Aufrufen, Wertübergabe und Referenzübergabe von Parametern bzw. Rückgabewerten von Methoden. Mit grundlegenden Kenntnissen über RMI ausgestattet wurde dann erläutert, wie zuvor besprochene lokale Anwendungen systematisch in verteilte Anwendungen überführt werden können. Eine herausragende Rolle spielt dabei das MVC-Entwurfsmuster. Anschließend wurde das Thema RMI vertieft, indem die Realisierung der Wert- und Referenzübergabe genauer unter die Lupe genommen wurde. Dabei wurde deutlich, dass es durch das Exportieren und „Unexportieren" von Objekten möglich ist, dynamisch zwischen Wert- und Referenzübergabe umzuschalten. Demonstriert wurde diese Möglichkeit durch ein Objekt, das von einem Rechner auf einen anderen Rechner verlagert werden kann, dabei aber der Nutzer des Objekts von dieser Migration nichts mitbekommt. Bei dem Thema Wert- und Referenzübergabe geht es um den Transport von Objekten (Stub- und Nicht-Stub-Objekten) mit Hilfe der Serialisierung, d.h. um den Transport von Daten über das Netz. Im weiteren Verlauf des Kapitels wurde dann auch besprochen, dass es Sinn machen kann, Programmcode über das Netz zu laden. Es wurde erläutert, welche Vorbereitungen getroffen werden müssen, damit das dynamische Laden von Klassen über das Netz automatisch vom RMI-Laufzeitsystem durchgeführt wird. Abschließend wurden einige weitere Aspekte von RMI angesprochen, die leider nicht vertiefend behandelt werden konnten.

Ich hoffe, dass ich Sie davon überzeugen konnte, dass mit RMI eine ausgereifte, elegante, mächtige und in sich geschlossene Technik für die Entwicklung eigenständiger Client-Server-Anwendungen in Java bereitsteht. Es gibt jedoch verteilte Anwendungen, bei denen RMI nicht eingesetzt werden kann, weil als Benutzerschnittstelle ein Browser verwendet werden soll, der das HTTP-Protokoll benutzt. Wir wenden uns im Folgenden derartigen webbasierten Anwendungen zu.

7 Webbasierte Anwendungen mit Servlets und JSP

Nachdem in Kapitel 5 und 6 eigenständige Client-Server-Anwendungen behandelt wurden, geht es in diesem Kapitel um webbasierte Anwendungen. Damit ist gemeint, dass die Client-Seite durch einen Web-Browser wie z.B. Firefox oder Internet Explorer realisiert wird. Auf Server-Seite wird ein Web-Server wie z.B. Apache Tomcat verwendet, der um selbst entwickelte Zusatzprogramme erweitert werden kann. **Abbildung 7.1** zeigt den Ablauf bei der Nutzung dieser Zusatzprogramme.

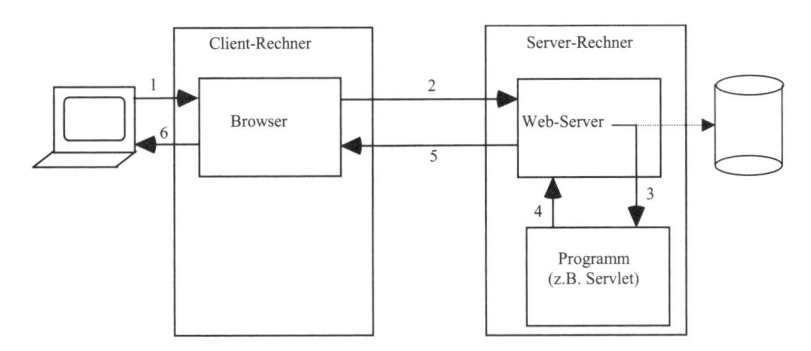

Abbildung 7.1: Prinzip dynamisch generierter Web-Seiten

Im ersten Schritt fordert eine Benutzerin eine Web-Seite an, z.B. indem sie eine entsprechende URL in die Adresszeile des Browser eingibt und die Return-Taste drückt, oder indem sie einen Link in einem bereits geladenen Dokument anklickt. Der Browser baut daraufhin eine TCP-Verbindung zu dem Web-Server auf, dessen Adresse bzw. Rechnername der URL entnommen werden. Über diese Verbindung wird mit Hilfe des HTTP-Protokolls das von der Benutzerin gewünschte Dokument angefordert (Schritt 2 in **Abbildung 7.1**). Der Web-Server analysiert die Anfrage. Im Normalfall ist das angeforderte Dokument eine HTML-Seite, die der Web-Server von der Festplatte liest (in **Abbildung 7.1** gestrichelt dargestellt). Durch spezielle Konfigurationseinstellungen auf dem Web-Server kann der Server aber auch veranlasst werden, bei der Anforderung eines Dokuments mit einem bestimmten Namen oder einem bestimmten Namensmuster diese Anforderung an ein Programm (z.B. ein Servlet) weiterzuleiten (Schritt 3 in **Abbildung 7.1**). Das Programm produziert nun eine Web-Seite und leitet diese an den Web-Server weiter (Schritt 4). Der Web-Server schickt das von dem Programm produzierte Dokument mit Hilfe des HTTP-Protokolls an den Browser zurück (Schritt 5), der es dann auf dem Bildschirm anzeigt (Schritt 6).

In diesem Kapitel beschäftigen wir uns mit der Entwicklung von Servlets. Dazu ist aber ein gutes Verständnis des HTTP-Protokolls nötig.

7.1 HTTP

In Abschnitt 5.1 wurden das Schichtenmodell sowie die beiden Transportprotokolle UDP und TCP besprochen. Im restlichen Teil von Kapitel 5 wurden dann selbst definierte Anwendungsprotokolle verwendet. So wurde z.B. in Abschnitt 5.3 (**Abbildung 5.4**) ein Protokoll definiert, bei dem in UDP-Datagrammen die Strings „increment" oder „reset" vom Client an den Server geschickt werden, worauf der Server mit einer als String codierten Zahl antwortet. In Abschnitt 5.5 wurde dann dieses Protokoll auf TCP übertragen, wobei wegen der Datenstromorientierung von TCP alle Strings durch ein Newline-Symbol abgeschlossen wurden. In Kapitel 6 wurde auf das von RMI benutzte Protokoll nicht näher eingegangen. Aber natürlich ist auch für RMI ein Protokoll auf der Schicht 5 definiert, mit dem festgelegt wird, welche Daten in welcher Reihenfolge und welcher Codierung bei einem Methodenaufruf (Objektkennung, Methodenname, Parameterliste usw.) bzw. bei einer Methodenrückkehr übermittelt werden. In diesem Abschnitt betrachten wir nun das *HTTP-Protokoll*. HTTP steht für *HyperText Transfer Protocol*. Wie die von uns in Kapitel 5 selbst definierten Protokolle ist HTTP auch ein *ASCII-Protokoll* im Gegensatz beispielsweise zum RMI-Protokoll .

7.1.1 GET

Betrachten wir zu Beginn ein kleines Beispiel. Angenommen, es soll von einem Browser folgende *URL* (*Universal Resource Locator*) angefordert werden:

```
http://www.fh-trier.de:8080/fopt/hallo.html
```

Die URL gibt das Protokoll (HTTP), den Server (www.fh-trier.de) und die Portnummer des Servers (hier 8080, ohne Angabe einer Portnummer wird 80 benutzt) sowie den Pfadnamen des Dokuments an (/fopt/hallo.html). Der hier noch häufiger vorkommende Name fopt steht übrigens für „Entwicklung verteilter Anwendungen".

Es muss zuerst eine TCP-Verbindung zum Rechner www.fh-trier.de und der Portnummer 8080 aufgebaut werden (dies kann z.B. mit TELNET durch Eingabe des Kommandos

```
telnet www.fh-trier.de 8080
```

erreicht werden). Im einfachsten Fall kann das Dokument durch folgende *HTTP-Anfrage* (Request) angefordert werden (z.B. durch Eingabe des folgenden Textes in TELNET):

```
GET /fopt/hallo.html HTTP/1.0
```

Achtung: Es ist ganz wichtig, dass nach der *GET-Zeile* eine Leerzeile folgt. Wenn man das Beispiel mit TELNET ausführt, muss nach Eingabe des Textes zwei Mal die Return-Taste gedrückt werden, einmal zum Abschließen der GET-Zeile und einmal zur Eingabe einer Leerzeile (Entsprechendes gilt, falls man die Anforderung des Dokuments mit Hilfe der Socket-Schnittstelle programmiert). Die zusätzliche Leerzeile ist notwendig, da der HTTP-GET-Request aus beliebig vielen Zeilen bestehen kann (siehe unten). Mit der Leerzeile wird das Ende angezeigt.

Die Antwort des Web-Servers sieht so aus:

```
HTTP/1.1 200 OK
Server: Apache-Coyote/1.1
ETag: W/"124-1175157353203"
Last-Modified: Thu, 29 Mar 2007 08:35:53 GMT
Content-Type: text/html
Content-Length: 124
Date: Thu, 29 Mar 2007 08:36:21 GMT
Connection: close

<html>
<head>
<title>Hallo Welt</title>
</head>
<body>
<h1>Hallo Welt</h1>
Herzlich willkommen!
</body>
</html>
```

Die *HTTP-Antwort* (Response) besteht aus einem Kopf (Header) und einem Datenteil. Beide sind durch die erste vorkommende Leerzeile voneinander getrennt (weitere im Datenteil vorkommende Leerzeilen haben keine Bedeutung mehr, sondern sind normale Bestandteile der Daten). Die erste Zeile des Kopfs gibt das benutzte Protokoll (HTTP/1.1) und den Status als Zahl (200) und Text (OK) an. Die Statuscodes sind immer dreistellig. Beginnt die erste Ziffer mit 2, so ist alles in Ordnung. Danach folgen beliebig viele Zeilen der Form:

```
Name: Wert
```

Hier wird z.B. das letzte Änderungsdatum des Dokuments (Last-Modified), der Typ des Datenteils (Content-Type, hier HTML), die Größe des Datenteils (Content-Length, hier 124 Bytes) und das aktuelle Datum mit Uhrzeit (Date) angegeben. Nach der ersten Leerzeile folgt dann das HTML-Dokument. Unmittelbar nach dem Senden der Antwort schließt der Server von sich aus die TCP-Verbindung (wenn man das Beispiel mit TELNET durchführt, sieht man aus diesem Grund die Ausgabe „Verbindung zu Host verloren."). Dass der Server die Verbindung direkt nach dem Senden der Antwort schließen wird, kündigt er im Kopf durch „Connection: close" an (siehe oben).

Solche einfache HTML-Seiten wie die soeben abgerufene gibt es heute nur noch als Beispiele in Lehrbüchern. Im realen Einsatz enthalten Web-Seiten in der Regel viele andere Elemente (z.B. Bilder, auf deren Dateinamen durch IMG-Tags im HTML-Text verwiesen wird). Um die komplette Web-Seite anzuzeigen, muss der Web-Browser dann für jedes im HTML-Text enthaltene IMG-Tag die entsprechende Bild-Datei durch einen erneuten HTTP-Request vom Web-Server anfordern. Da dazu bei HTTP/1.0 jedes Mal eine erneute TCP-Verbindung aufgebaut werden muss, und da das Auf- und Abbauen nicht ohne Aufwand möglich ist, wurde in HTTP/1.1 folgende Verbesserung integriert: Wenn der Browser in seiner Anfrage mitteilt, dass er das HTTP/1.1-Protokoll unterstützt, dann hält der Server nach dem Senden der Antwort die Verbindung noch einige Sekunden geöffnet. In dieser Zeit kann der Browser eine erneute Anfrage senden, ohne eine neue Verbindung aufbauen zu müssen. Wird die Verbindung für einige Sekunden vom Browser nicht mehr benutzt, dann schließt der Server die Verbindung.

Man kann dies mit TELNET versuchen, indem man folgende Zeile an den Web-Server sendet:

```
GET /fopt/hallo.html HTTP/1.1
```

(Bitte wieder auf die zusätzliche Leerzeile achten!)

Der Server antwortet daraufhin nicht wie erhofft. Die erste Zeile der Server-Antwort lautet:

```
HTTP/1.1 400 Bad Request
```

Statuscodes, deren erste Ziffer 4 oder 5 ist, weisen immer auf einen Fehler hin. Wie kann dieser Fehler trotz der Nutzung von HTTP/1.1 vermieden werden?

Wie eine HTTP-Antwort kann auch eine HTTP-Anfrage mehrere Zeilen der Form

```
Name: Wert
```

enthalten. Verwendet man HTTP/1.1, so muss die Anfrage mindestens eine weitere Zeile enthalten, und zwar eine so genannte Host-Zeile:

```
GET /fopt/hallo.html HTTP/1.1
Host: www.fh-trier.de:8080
```

Diese Zeile dient zur Unterstützung eines Servers, der z.B. den Web-Auftritt mehrerer Firmen beinhaltet. Angenommen, man will die Web-Seiten für Firmen ABC und XYZ auf einem einzigen Server halten. Die Startseiten für die beiden Firmen sollen unter folgenden URLs erreichbar sein: http://www.abc.de/index.html und http://www.xyz.com/index.html.

Die Rechnernamen www.abc.de und www.xyz.com werden beide auf die IP-Adresse des Web-Servers abgebildet. In der GET-Anforderung wird dann nur index.html angefordert. Der Server hat dann keine Möglichkeit zu unterscheiden, ob er die Startseite der Firma ABC oder der Firma XYZ liefern soll.

Geben wir also als Protokoll HTTP/1.1 und die zusätzliche Host-Zeile an, dann erhalten wir eine Antwort mit dem OK-Status 200 wie zuvor. Allerdings fehlt in der Antwort die

Zeile „Connection: close". Dafür schließt der Web-Server die Verbindung nicht sofort nach dem Senden der Antwort, sondern erst einige Sekunden später.

Ein „echte" HTTP-Anfrage z.B. vom Internet Explorer sieht wie folgt aus (die Zeile User-Agent wurde dabei gekürzt, natürlich ist auch hier die letzte Zeile eine Leerzeile):

```
GET /fopt/hallo.html HTTP/1.1
Accept: */*
Accept-Language: de
UA-CPU: x86
Accept-Encoding: gzip, deflate
User-Agent: Mozilla/4.0 (compatible; MSIE 7.0; Windows NT 5.1; .NET ...)
Host: localhost:8080
Connection: Keep-Alive
```

Der Browser teilt u.a. seine Sprache (de) und die von ihm akzeptierten Datenformate mit (Accept: */* bedeutet, dass alle Formate akzeptiert werden). Zusätzlich wird zusätzlich zur Angabe des Protokolls HTTP/1.1 betont, dass der Client wünscht, dass der Server die Verbindung noch eine Zeit lang geöffnet lässt (Connection: Keep-Alive).

7.1.2 Formulare

Bei webbasierten Anwendungen werden aber nicht nur Dokumente angefordert, sondern der Benutzer übermittelt auch Daten an den Web-Server, z.B. um einen Suchbegriff einer Suchmaschine mitzuteilen, um Start, Ziel und Uhrzeit an ein Fahrplanauskunftssystem zu senden, oder um die eigene Anschrift bei der Bestellung von Waren zu übertragen. Der Benutzer gibt diese Daten in der Regel in ein Formular ein. In **Abbildung 7.2** ist ein Beispiel für ein Formular zu sehen.

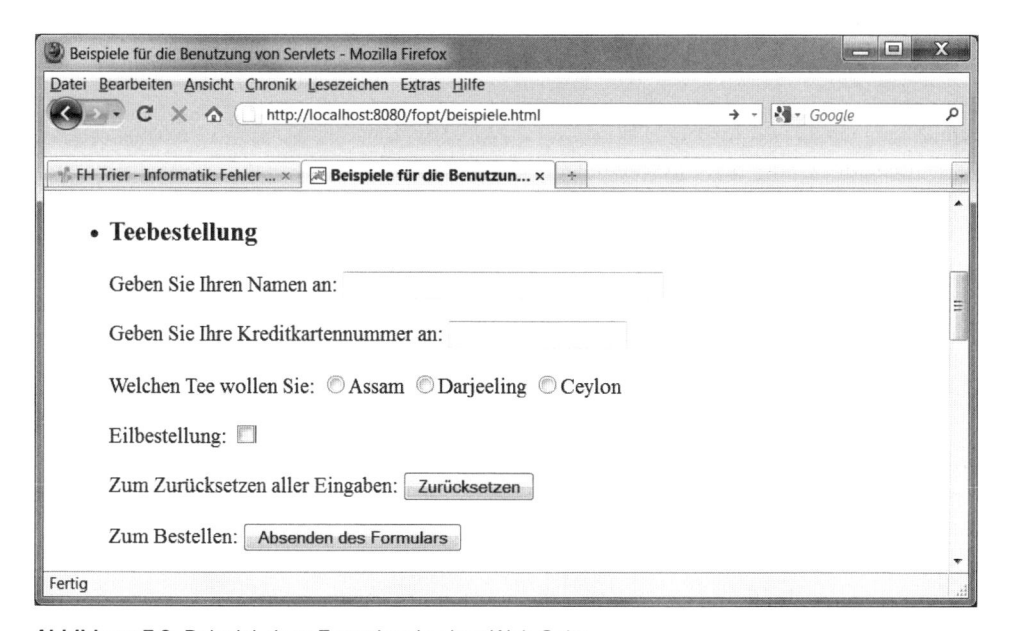

Abbildung 7.2: Beispiel eines Formulars in einer Web-Seite

Der dazugehörige HTML-Quelltext für das Formular sieht so aus:

```
<form method="get" action="Tee">
<p>Geben Sie Ihren Namen an:</p>
<input type="text" name="Besteller" size="40"/>
<p>Geben Sie Ihre Kreditkartennummer an:
<input type="password" name="Kreditkartennummer" size="20"/></p>
<p>Welchen Tee wollen Sie:
<input type="radio" name="Teesorte" value="Assam"/>Assam
<input type="radio" name="Teesorte" value="Darjeeling"/>Darjeeling
<input type="radio" name="Teesorte" value="Ceylon"/>Ceylon</p>
<p>Eilbestellung:
<input type="checkbox" name="Eile"/></p>
<p>Zum Zur&uuml;cksetzen aller Eingaben:
<input type="reset" value="Zur&uuml;cksetzen"/></p>
<p>Zum Bestellen:
<input type="submit" value="Absenden des Formulars"/></p>
</form>
```

Das Formular wird durch <form> und </form> begrenzt. Das Attribut method des Form-Tags hat den Wert GET. Damit wird beim Absenden des Formulars eine GET-Anfrage an den Web-Server übertragen. Eine Alternative dazu wird in 7.1.3 beschrieben. Mit action wird die angeforderte URL festgelegt. Diese kann relativ oder absolut (d.h. mit http://... beginnend) sein. Im Beispiel steht Tee. Wenn die HTML-Seite, in der sich das Formular befindet, als Seite http://www.fh-trier.de:8080/fopt/beispielformular.html abgerufen wurde, dann wird beim Absenden des Formulars die Seite /fopt/Tee vom Server www.fh-trier.de am Port 8080 angefordert. Die Elemente zur Dateneingabe werden alle durch Input-Tags beschrieben. Durch das Typ-Attribut kann man die Art des Eingabeelements angeben:

- Mit type=text wird ein Eingabefeld spezifiziert, in das man einen Text eingeben kann.
- Mit type=password erhält man wie mit type=text ein Eingabefeld, allerdings wird der Text auf dem Bildschirm nicht angezeigt (s. **Abbildung 7.2**).
- Mit type=radio erhält man einen Radio-Button. Um mehrere Radio-Buttons so zu einer Gruppe zusammenzufassen, dass höchstens einer der Buttons selektiert sein kann, muss allen Radio-Buttons der Gruppe derselbe Name zugewiesen werden.
- Mit type=checkbox wird eine Check-Box spezifiziert.
- Mit type=reset erhält man einen Button, mit dem man alle Eingabefelder auf den ursprünglichen Zustand zurücksetzen kann.
- Mit type=submit schließlich erhält man einen Button zum Absenden des Formulars. Das heißt, dass damit eine Anfrage an den entsprechenden Web-Server gesendet wird, wobei die eingegebenen Werte mit übertragen werden.

Die meisten Eingabefelder haben ein Namensattribut. Dieses Attribut ist wichtig, um die eingegebenen Werte den entsprechenden Feldern zuordnen zu können. Wird das in **Abbildung 7.2** ausgefüllte Formular abgeschickt, dann übermittelt der Browser folgende Anfrage an den Web-Server.

```
GET /fopt/Tee?Besteller=Rainer+Oechsle&Kreditkartennummer=4711&Teesorte=
Assam&Eile=on HTTP/1.1
Accept: */*
...
```

(Nach „Teesorte=" folgt kein Newline-Symbol, hier wird nur aus Platzgründen eine neue Zeile benutzt. Die restlichen Zeilen sind wie zuvor.)

Wie man sieht, wird wie üblich mit GET ein Dokument angefordert. An den Dokumentnamen (im Beispiel /fopt/Tee) wird ein Fragezeichen und danach eine Folge von Name-Wert-Paaren (Name=Wert) angehängt, wobei die Name-Wert-Paare durch das Symbol & voneinander getrennt sind. Der Name ist immer der Name eines entsprechenden Eingabeelements des Formulars (z.B. Besteller, Teesorte usw.). Der Wert ist bei einem Eingabefeld der eingegebene Text (wobei Leerzeichen durch Pluszeichen ersetzt werden). Bei einem Radio-Button ist es der Wert, der durch das Value-Attribut des selektierten Radio-Buttons vorgegeben wurde. Wenn kein Wert vorgegeben wurde wie bei der Check-Box im Beispiel, so wird als Wert „on" übermittelt. Ist die Check-Box nicht selektiert, so wird nicht etwa „Eile=off" übermittelt, wie man erwarten könnte, sondern das Name-Wert-Paar für den Namen „Eile" fehlt komplett.

7.1.3 POST

Als Alternative zu GET kann für method auch *POST* in einem Formular festgelegt werden:

```
<form method="post" action="Tee">
...
</form>
```

Die Anzeige im Browser wird dadurch nicht geändert. Wird das Formular ausgefüllt wie zuvor und abgesendet, so sendet der Browser dieses Mal folgende Anfrage an den Web-Server:

```
POST /fopt/Tee HTTP/1.1
Accept: */*
Referer: http://localhost:9090/fopt/beispielformular.html
Accept-Language: de
Content-Type: application/x-www-form-urlencoded
UA-CPU: x86
Accept-Encoding: gzip, deflate
User-Agent: Mozilla/4.0 (compatible; MSIE 7.0; Windows NT 5.1; .NET ...)
Host: localhost:9090
Content-Length: 76
Connection: Keep-Alive
Cache-Control: no-cache

Besteller=Rainer+Oechsle&Kreditkartennummer=4711&Teesorte=Assam&Eile=on
```

Wie man sieht, ist die erste Zeile anders als zuvor. Statt GET steht nun POST. Als Dokument ist nur /fopt/Tee angegeben. Wie die HTTP-Antwort hat jetzt auch die HTTP-Anfrage nicht nur einen Kopf-, sondern auch einen Datenteil, wobei beide durch eine Leerzeile voneinander getrennt sind. Im Kopfteil befindet sich nun auch eine Content-Type- und eine Content-Length-Zeile, welche den Typ und die Länge des Inhalts angeben. Der Inhalt besteht aus einer durch & getrennten Folge von Name-Wert-Paaren (wie zuvor in 7.1.2 beschrieben). Diese Folge von Name-Wert-Paaren wird übrigens nicht durch ein Newline-Symbol abgeschlossen.

Die Vor- und Nachteile bei der Verwendung von POST und GET sind:

- Ein mit GET abgeschicktes Formular kann in die Favoritenliste des Browsers aufgenommen werden. Weil die Formulardaten in die URL hineincodiert werden, kann die URL mit den Formulardaten vom Browser abgespeichert werden. Wird diese URL wieder angefordert, so werden damit die ursprünglichen Formulardaten erneut zum Server geschickt. Dies ist bei POST nicht möglich.
- Da der Browser die angeforderte URL in seiner Adresszeile anzeigt, sieht man bei GET Daten auf dem Bildschirm, die man eigentlich nicht sehen wollte. In obigem Beispiel wurde z.B. die Kreditkartennummer in ein Passwort-Feld eingegeben, so dass die Eingabe nicht auf dem Bildschirm sichtbar sein sollte. Wird aber das Formular über GET abgesendet, so taucht diese Nummer in der URL auf und wird deshalb auch in der Adresszeile des Browsers angezeigt. Bei POST sieht man diese Daten in der Adresszeile nicht.
- Die mit GET übertragenen Daten sind in ihrer Länge begrenzt. Bei POST ist dies nicht der Fall.

Aus diesen Ausführungen folgt, dass man in der Regel POST verwenden sollte, was im Folgenden auch immer eingehalten werden wird.

7.1.4 Format von HTTP-Anfragen und -Antworten

Die bisherigen Erläuterungen zu HTTP lassen sich so zusammenfassen:

Eine HTTP-Anfrage hat im Allgemeinen folgende Struktur:

```
<Kommando> <Dokument> HTTP/1.1
<Name>: <Wert>
...
<Name>: <Wert>

<evtl. Daten>
```

Als Kommando kommt GET oder POST in Frage. Bei GET ist der Datenteil leer, während es bei POST in der Regel einen Datenteil gibt.

Eine HTTP-Antwort sieht im Allgemeinen so aus:

```
HTTP/1.1 <Statuscode> <Statustext>
<Name>: <Wert>
...
<Name>: <Wert>

<evtl. Daten>
```

Bei Antworten gibt es in der Regel immer einen Datenteil. Bei Fehlern wird dadurch z.B. der Grund des Fehlers in Form einer HTML-Seite genauer beschrieben.

7.2 Einführende Servlet-Beispiele

7.2.1 Allgemeine Vorgehensweise

Wie in Kapitel 6 für RMI soll auch für *Servlets* zunächst ein Rezept zur Entwicklung vorgestellt werden.

1. **Servlet-Klasse programmieren:** Dabei ist auf Folgendes zu achten:
   - Die Klasse muss aus *HttpServlet* abgeleitet werden.
   - Es sollten die Methoden *doGet* oder *doPost* oder beide überschrieben werden. Die beiden Parameter sind durch die Methoden der Basisklasse vorgegeben, ebenso die möglichen Ausnahmen, die mit throws angegeben werden müssen.
   - Bei Bedarf können auch noch die Methoden *init* und *destroy* überschrieben werden. Die Methode init wird bei der Aktivierung des Servlets aufgerufen (z.B. beim Hochfahren des Web-Servers bzw. der Installation der Web-Anwendung oder beim ersten Ansprechen des Servlets, je nach Konfiguration). Die Methode destroy wird aufgerufen, bevor das Servlet vernichtet wird (z.B. beim Herunterfahren des Web-Servers bzw. der Deinstallation der Web-Anwendung).

   Da der Begriff Servlet eine gewisse Ähnlichkeit mit dem Begriff Applet (s. 4.1.6) hat, betrachten wir Ähnlichkeiten und Unterschiede zwischen Applets und Servlets.

   Zunächst zu den Ähnlichkeiten: Sowohl Applets als auch Servlets benötigen keine Main-Methoden. Applet- und Servlet-Klassen werden aus vorgegebenen Bibliotheksklassen abgeleitet. Es werden im Programmcode an keiner Stelle Objekte dieser Applet- bzw. Servlet-Klassen erzeugt und deren Methoden aufgerufen; dies erfolgt alles automatisch aus der Laufzeitumgebung heraus. Sowohl Applets als auch Servlets stehen in engem Zusammenhang mit dem World Wide Web.

   Nun zu den Unterschieden: Applets werden von einem Browser auf Client-Seite ausgeführt. Sie haben deshalb eine grafische Benutzeroberfläche. Servlets laufen auf dem Web-Server ab. Sie produzieren Daten (in der Regel HTML-Dokumente, möglich sind aber auch Bilddaten in einem gängigen Format wie z.B. JPEG, PNG usw.), die vom Web-Server an den Browser gesendet werden und vom Browser lediglich angezeigt werden. Servlets haben deshalb keine grafische Benutzeroberfläche.

2. **Servlet-Klasse übersetzen und an die richtige Stelle auf dem Web-Server ablegen:** Zum Übersetzen müssen sich die vom Servlet benutzten Klassen (z.B. HttpServlet) im Klassenpfad befinden. Dies ist bei der normalen Benutzung von Java im Allgemeinen nicht der Fall. Man muss also Vorkehrungen treffen, damit die Datei servlet-api.jar im Klassenpfad enthalten ist. Das Ablegen der Klasse an der geeigneten Stelle auf dem Web-Server ist abhängig vom verwendeten Web-Server.

3. **Konfiguration auf dem Web-Server anpassen:** Die Konfigurationsmöglichkeiten sind abhängig vom verwendeten Web-Server.

4. **Web-Server starten (eventuell vorher herunterfahren) bzw. Anwendung neu laden:** Eine Änderung eines bereits geladenen Servlets bzw. die Änderung von Konfigurationseinstellungen wird nicht in jedem Fall automatisch von einem bereits laufenden Web-Server erkannt. Es kann sein, dass man je nach verwendetem Web-Server und den aktuellen Einstellungen hierzu noch explizit etwas anstoßen muss, damit die neue Servlet-Klasse und die neuen Konfigurationseinstellungen vom Web-Server tatsächlich benutzt werden. Das Herunterfahren und Neustarten des Web-Servers hilft in jedem Fall, ist aber sehr zeitaufwändig.

5. **Servlet mit Hilfe eines Web-Browsers ansprechen und ausprobieren:** Mit Hilfe eines Browsers sendet man das entsprechende GET- oder POST-Kommando, um das Servlet auszuführen. Wenn das Servlet mit einer HTTP-GET-Anfrage angesprochen wird, aber nur die Methode doPost implementiert, erhält man einen Fehlerstatus als Antwort zurück. Dasselbe passiert bei einer HTTP-POST-Anfrage, wenn nur doGet überschrieben wurde.

7.2.2 Erstes Servlet-Beispiel

Zur Entwicklung des ersten Servlet-Beispiels halten wir uns an die soeben besprochene Vorgehensweise:

1. **Servlet-Klasse programmieren:** Die Klasse wird aus HttpServlet abgeleitet. In diesem ersten Beispiel überschreiben wir nur die Methode doGet. Die Methode doGet hat wie die Methode doPost zwei Parameter: einen, mit dem lesend auf die Bestandteile der HTTP-Anfrage zugegriffen werden kann, und einen, mit dem die vom Web-Server gesendete HTTP-Antwort durch das Servlet bestimmt werden kann. In diesem ersten Beispiel kümmern wir uns um die HTTP-Anfrage nicht. Es wird lediglich eine statische HTML-Seite erzeugt, wozu man eigentlich kein Servlet bräuchte (s. **Listing 7.1**).

Listing 7.1:

```java
import java.io.*;
import javax.servlet.*;
import javax.servlet.http.*;

public class HelloWorldServlet extends HttpServlet
{
    protected void doGet(HttpServletRequest request,
                         HttpServletResponse response)
         throws IOException, ServletException
    {
        response.setContentType("text/html");
        PrintWriter out = response.getWriter();
        out.println("<html>");
        out.println("<head>");
        out.println("<title> Hallo Welt</title>");
        out.println("</head>");
        out.println("<body>");
        out.println("<h1> Hallo Welt</h1>");
        out.println("Herzlich willkommen!");
        out.println("</body></html>");
    }
}
```

Mit dem Aufruf der Methode *setContentType* wird die Zeile „Content-Type: text/html" im Kopf der HTTP-Antwort gesetzt. Auf den Datenteil greift man zu, indem man sich von dem Parameter response mit der Methode *getWriter* ein PrintWriter-Objekt geben lässt (auch das ist eine Klasse aus dem Package java.io, s. **Abbildung 5.6**). Die Klasse *PrintWriter* hat mehrere überladene Methoden *print* und *println*, mit denen man den Datenteil in Form von ASCII-Zeichen schreiben kann. In diesem für Servlets nicht untypischen Fall wird eine HTML-Seite generiert.

Die Methoden doGet und doPost können protected sein, da es in der Basisklasse eine Methode namens service gibt, die zuerst aufgerufen wird. Diese Methode ruft abhängig vom HTTP-Kommando die in der Basisklasse definierten Protected-Methoden doGet oder doPost auf. Beide sind so realisiert, dass sie eine Fehlermeldung ausgeben, dass dieses Kommando nicht unterstützt wird. Wenn einer oder beide der Methoden in der abgeleiteten Klasse überschrieben werden, dann wird die entsprechende überschriebene Methode aus der Methode service heraus aufgerufen. Werden sie dagegen nicht überschrieben, erfolgt die Ausgabe, dass dieses Servlet GET bzw. POST nicht unterstützt. Da die Methoden doGet und doPost in der Basisklasse protected sind, genügt es, wenn sie auch in der abgeleiteten Klasse protected sind.

2. **Servlet-Klasse übersetzen und an die richtige Stelle auf dem Web-Server ablegen:**
   Die folgenden Ausführungen sind zum Teil vom verwendeten Web-Server abhängig. In diesem Buch wird der Tomcat-Server von Apache benutzt, der kostenlos heruntergeladen werden kann. Nach dem Entpacken der ZIP-Datei liegt die in **Abbildung 7.3** gezeigte Verzeichnisstruktur vor.

   Im Verzeichnis bin befinden sich u.a. ausführbare Skript-Dateien für Windows und Linux zum Starten und Beenden des Tomcat-Servers. Das Verzeichnis conf enthält mehrere Konfigurationsdateien. Das in **Abbildung 7.3** selektierte Verzeichnis lib beherbergt eine Reihe von Jar-Dateien. Zum Übersetzen der Servlets wird servlet-api.jar benötigt:

   ```
   java -classpath .;<Tomcat-Verzeichnis>\lib\servlet-api.jar <Java-Datei>
   ```

   Die Verzeichnisse temp und work werden vom Tomcat-Server zur Ablage temporärer Dateien benutzt. Das für Anwendungsentwickler wichtigste Verzeichnis ist webapps. Wie der Name erahnen lässt, dient dieses Verzeichnis zur Speicherung von Web-Anwendungen. Jede Anwendung hat im Normalfall ein eigenes Unterverzeichnis in webapps. Neben den im Lieferumfang bereits enthaltenen Anwendungen wie z.B. docs, examples und manager findet sich hier auch das Verzeichnis fopt, in dem die Beispiele dieses Kapitels abgelegt sind.

   Im Verzeichnis der Anwendung kann eine beliebige Unterordnerstruktur erzeugt werden. Angenommen, es gäbe im Verzeichnis fopt eine Ordner namens verz1, darin einen Ordner verz2 und darin eine Datei namens beispiel.html. Wenn der Tomcat-Server auf dem Rechner mit dem Namen tomcat.fh-trier.de gestartet wird und dieser Web-Server auf dem Port 8080 erreichbar ist, dann kann die Datei beispiel.html unter folgender URL vom Tomcat-Server abgerufen werden:

```
http://tomcat.fh-trier.de:8080/fopt/verz1/verz2/beispiel.html
```

Nach der Angabe des Namens der Anwendung (in diesem Fall fopt) wird der normale Pfadname angegeben. Eine Sonderstellung nimmt das Verzeichnis WEB-INF ein. Alle darin enthaltenen Dateien und Verzeichnisse sind von außen nicht zugänglich. Wenn sich also in fopt ein Ordner WEB-INF befindet und darin z.B. die Datei beispiel.html, so ist diese Datei unter der URL

```
http://tomcat.fh-trier.de:8080/fopt/WEB-INF/beispiel.html
```

nicht erreichbar. Das Verzeichnis WEB-INF ist somit der ideale Ort zur Speicherung von Konfigurationsdateien sowie Java- und Class-Dateien.

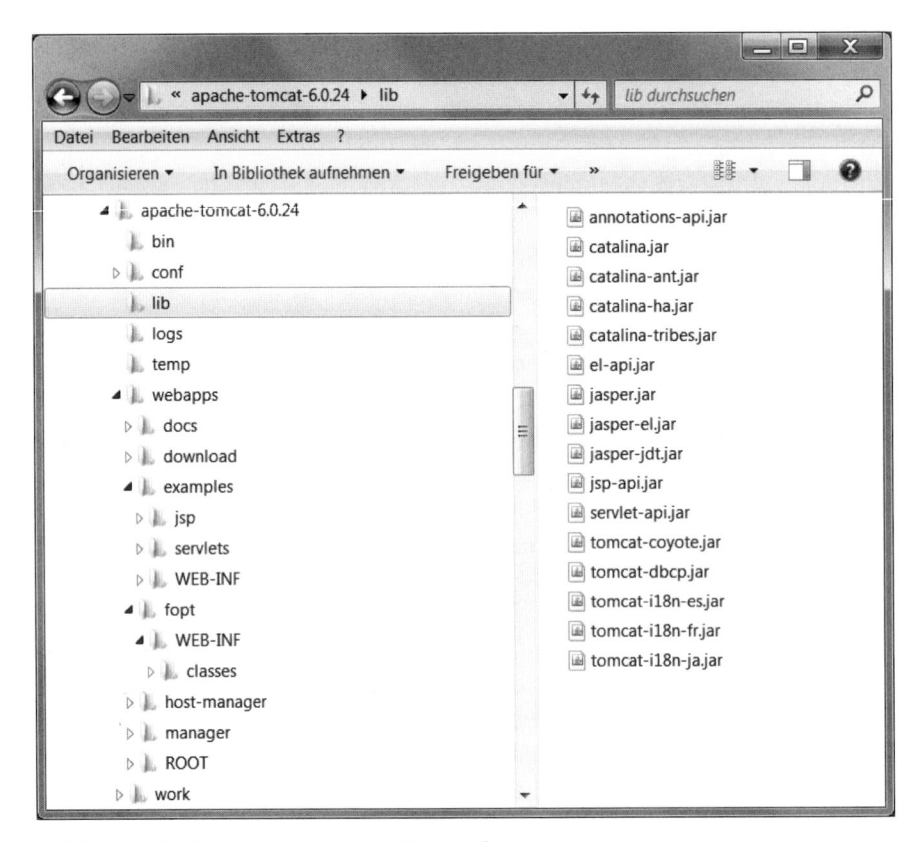

Abbildung 7.3: Verzeichnisstruktur des Tomcat-Servers

So besitzt jedes Verzeichnis einer Anwendung im Normalfall ein Unterverzeichnis WEB-INF, in dem sich zum einen die Konfigurationsdatei web.xml dieser Anwendung befindet und zum anderen das Verzeichnis classes (s. **Abbildung 7.4** für die Anwendung fopt). Dieses Verzeichnis ist der Startpunkt für die Suche nach Java-Klassen beim Laden. Das heißt, dass die Class-Dateien direkt im Verzeichnis classes abgelegt werden, wenn kein Package verwendet wird. Im Falle von Packages beginnt die ent-

7.2 Einführende Servlet-Beispiele

sprechende Pfadstruktur ab diesem Verzeichnis. Wenn also ein Package namens p1.p2 benutzt wird, dann muss sich in classes ein Verzeichnis p1, darin ein Verzeichnis p2 und darin die entsprechende Class-Datei befinden.

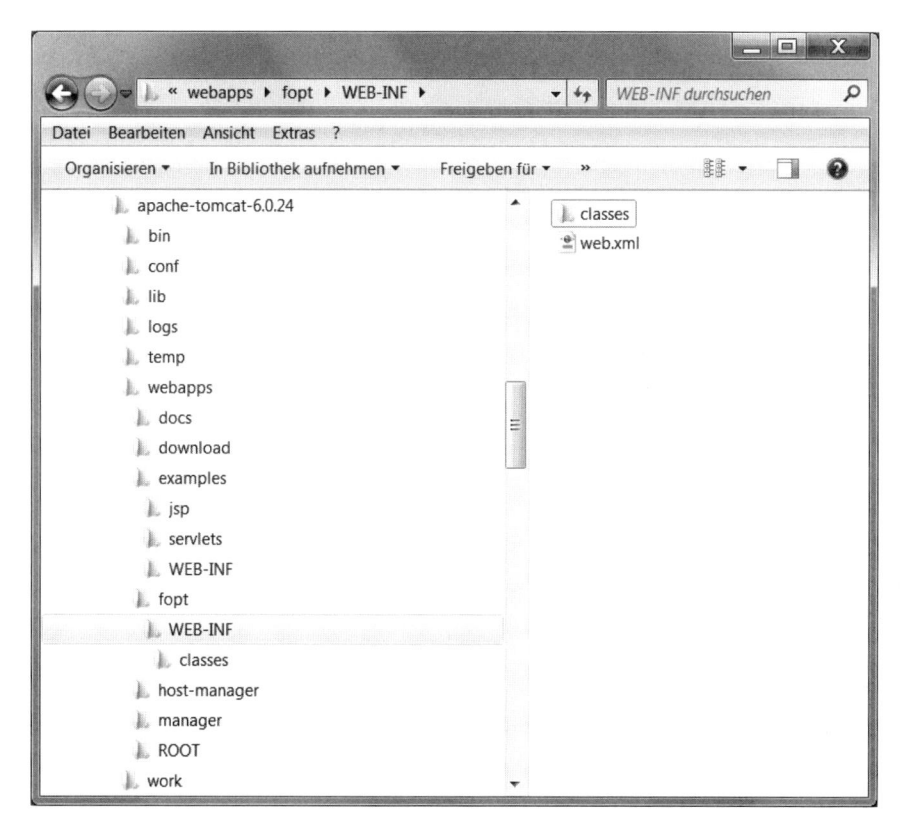

Abbildung 7.4: Verzeichnisstruktur einer Web-Anwendung auf dem Tomcat-Server

Alternativ erlaubt der Tomcat-Server auch, lediglich einen Verweis auf ein Verzeichnis abzulegen, in der sich eine Anwendung befindet, wobei sich dieses Verzeichnis an jeder beliebigen Stelle im Dateisystem befinden kann und eben nicht im Ordner webapps von Tomcat abgelegt werden muss. Auch dieser Ordner sollte dann aber die notwendige Struktur (Verzeichnis WEB-INF, darin die Datei web.xml und das Verzeichnis classes) besitzen. Der Verweis auf den Ordner, in dem sich die Anwendung befindet, wird in der Regel in dem Unterordner Catalina\localhost von conf abgelegt. Für die Anwendung fopt würde die Datei fopt.xml heißen und könnte beispielsweis so aussehen:

```
<Context path="/fopt" reloadable="true"
 docBase="C:\Users\oechsle\EclipseWorkspace\FOPT"
 workDir="C:\Users\oechsle\EclipseWorkspace\FOPT\work" />
```

Wie leicht zu erkennen ist, liegt in diesem Fall der Ordner für die Anwendung fopt im Arbeitsbereich der Entwicklungsumgebung Eclipse. Auch in dieser XML-Datei kann durch reloadable="true" eingestellt werden, dass die Anwendung bei Änderungen vom Tomcat-Server neu geladen wird.

3. **Konfiguration auf dem Web-Server anpassen:** Die soeben erwähnte Datei web.xml (s. **Abbildung 7.4**) dient der Konfiguration einer Anwendung. Hier müssen den Servlets die URL-Bezeichnungen zugeordnet werden, unter denen sie von außen angesprochen werden können. Für unser Beispiel könnte die Datei web.xml so aussehen:

```xml
<?xml version="1.0" encoding="ISO-8859-1"?>
<web-app xmlns="http://java.sun.com/xml/ns/j2ee" version="2.5">
    <display-name>Servlet- und JSP-Beispiele</display-name>
    <description>
     Servlet- und JSP-Beispiele
    </description>

    <servlet>
        <servlet-name>HelloWorld</servlet-name>
        <servlet-class>HelloWorldServlet</servlet-class>
    </servlet>

    <servlet-mapping>
        <servlet-name>HelloWorld</servlet-name>
        <url-pattern>/HalloWelt</url-pattern>
    </servlet-mapping>

</web-app>
```

Neben dem Namen und einer Beschreibung der Anwendung benötigt man in der Regel zwei Einträge pro Servlet: einen zur Definition der Servlet-Klasse (<servlet-class>) und einen zur Angabe des URL-Bezeichners, mit dem das Servlet von außen angesprochen werden kann (<url-mapping>). Der Servlet-Name dient zur Herstellung der Beziehung zwischen einem Servlet- und dem entsprechenden Servlet-Mapping-Tag; der Servlet-Name ist nach außen nicht sichtbar. Wenn Packages verwendet werden, muss im Tag <servlet-class> der vollständige Klassenname (also z.B. p1.p2.HelloWorldServlet, wenn der Package-Name p1.p2 ist) angegeben werden.

Alternativ kann man statt mit web.xml die Konfiguration eines Servlets auch über Annotationen vornehmen. Die Klasse aus **Listing 7.1** würde dann so aussehen (Änderungen durch Fettdruck gekennzeichnet):

```java
import java.io.*;
import javax.servlet.*;
import javax.servlet.annotation.*;
import javax.servlet.http.*;

@WebServlet(name="HelloWorld", urlPatterns={"/HalloWelt"})
public class HelloWorldServlet extends HttpServlet
{
    protected void doGet(HttpServletRequest request,
                    HttpServletResponse response)
         throws IOException, ServletException
    {
        ... //wie bisher
    }
}
```

Die Klasse wird mit der Annotation @WebServlet versehen. Darin kann man wie in web.xml den Namen und die URL angeben.

4. **Web-Server starten (eventuell vorher herunterfahren) bzw. Anwendung neu laden:** Wenn ein Servlet vom Web-Server schon geladen wurde und anschließend dessen Quellcode verändert und neu übersetzt wurde, so wird das Servlet in der Regel ohne weiteres Zutun der Entwicklerin vom Tomcat-Server nicht neu geladen. Um das veränderte Servlet ausprobieren zu können, muss der Tomcat-Server das Servlet neu laden. Dies kann man z.B. auf folgende Weise erreichen:

- Der Server wird herunter- und neu hochgefahren. Dies kann im Laufe der Zeit lästig werden.

- Man kann den Tomcat-Server so konfigurieren, dass der Server das Datum der Class-Dateien sowie der Konfigurationsdatei web.xml periodisch überprüft. Wird eine neuere Datei als die bereits geladene gefunden, wird die Anwendung neu geladen. Man kann diese Einstellung in der Datei context.xml im Verzeichnis conf des Tomcat-Servers durch Ersetzen des Tags <Context> durch <Context reloadable ="true"> vornehmen (anschließend Server neu starten). Oder alternativ kann man - wie oben bereits beschrieben - diese Einstellung in der Konfigurationsdatei einer speziellen Anwendung vornehmen. Ist diese Einstellung wie auch immer vorgenommen worden, dann wird immer, wenn eine neuere Datei web.xml oder neuere Class-Dateien gefunden werden als die bereits geladenen, auf allen vorhandenen Servlet-Objekten die Methode destroy aufgerufen, die Servlet-Objekte gelöscht, die neuen Dateien geladen, neue Servlet-Objekte erzeugt und auf den neuen Servlet-Objekten die Methode init aufgerufen.

- Man kann über die Manager-Schnittstelle das Neuladen einer Anwendung explizit veranlassen.

Um die zuletzt genannte Möglichkeit zu nutzen, muss die Manager-Seite aufgerufen werden. Diese erreicht man von der Tomcat-Startseite über den Link „Tomcat Manager" oder direkt durch Eingabe der URL http://localhost:8080/manager/html (wenn man annimmt, dass der Tomcat-Server lokal gestartet wurde und auf dem Tomcat-Standard-Port 8080 lauscht). Zum erfolgreichen Aufruf dieser Seite muss in der Datei tomcat-users.xml (Verzeichnis conf des Tomcat-Servers) ein Benutzer in der Manager-Rolle definiert sein. Die Datei tomcat-users.xml kann z.B. so aussehen:

```
<?xml version='1.0' encoding='utf-8'?>
<tomcat-users>
  <role rolename="manager"/>
  <user username="tomcat" password="tomcat" roles="manager"/>
</tomcat-users>
```

Wenn man beim Abrufen der Manager-Seite den so definierten Benutzernamen (im Beispiel „tomcat") mit Passwort (im Beispiel ebenfalls „tomcat") eingibt, erscheint die in **Abbildung 7.5** gezeigte Web-Seite.

Durch das Anklicken des Links „Reload" in der Zeile der entsprechenden Anwendung (hier fopt) werden u.a. alle Servlets der Anwendung neu geladen. Aber Vorsicht: Das Klicken auf den Link „Undeploy" löscht das komplette Verzeichnis im Ordner webapps.

7 Webbasierte Anwendungen mit Servlets und JSP

5. **Servlet mit Hilfe eines Web-Browsers ansprechen und ausprobieren:** Das Beispiel-Servlet kann aufgrund des Inhalts der Konfigurationsdatei web.xml mit folgender URL auf einem lokal laufenden Tomcat-Server angesprochen werden:

   ```
   http://localhost:8080/fopt/HalloWelt
   ```

   Da das Servlet die Methode doGet überschreibt, kann die URL in die Adresszeile des Browsers eingegeben werden. Alternativ kann man auch eine HTML-Datei mit einem entsprechenden Link (<a href="...">) verwenden.

In den folgenden Beispielen werden wir auf die Schritte 2 bis 5 nicht mehr eingehen, falls sich gegenüber diesem Beispiel nichts Wesentliches verändert hat.

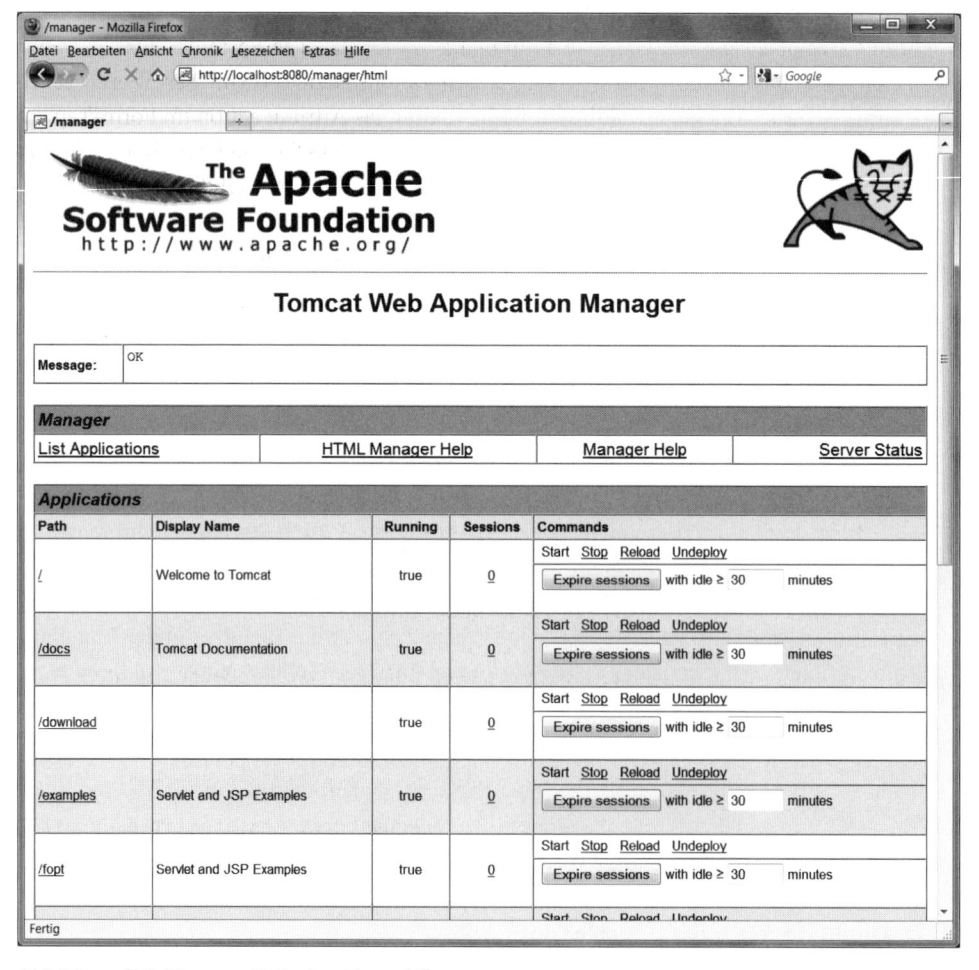

Abbildung 7.5: Manager-Seite des Tomcat-Servers

7.2.3 Zugriff auf Formulardaten

Im ersten Beispiel erzeugte das Servlet eine Ausgabe, die unabhängig von der HTTP-Anfrage war. Im nun folgenden Beispiel werden die Daten eines Eingabeformulars aus der HTTP-Anfrage gelesen und zu Demonstrationszwecken lediglich in die erzeugte Web-Seite geschrieben. In Abschnitt 7.1 wurde gezeigt, dass die eingegebenen Formulardaten bei GET und POST auf unterschiedliche Weise übertragen werden. Erfreulicherweise wird dieser Unterschied durch die Zugriffsmethoden verdeckt; sowohl in doGet als auch in doPost können aus dem ersten Argument mit der Methode *getParameter* die Parameterdaten ausgelesen werden. Als Parameter ist ein String für den Namen des Formulareingabefeldes anzugeben. Es kommt dann der dazugehörige Wert als String zurück oder null, falls der Name bei den aktuellen Formulardaten nicht dabei ist.

Listing 7.2 zeigt ein Servlet, das die Formulardaten für das Tee-Formular aus 7.1.2 ausliest. Wir nehmen dabei an, dass in der Konfigurationsdatei web.xml das Wort Tee als URL für die Klasse TeaServlet definiert wurde (damit das Attribut action im Form-Tag auf dieses Servlet zeigt). Aus Abschnitt 7.1 wissen Sie, dass POST gegenüber GET zu bevorzugen ist. Um zu zeigen, dass das Auslesen der Formulardaten bei GET genauso funktioniert wie bei POST, reagiert dieses Servlet sowohl auf POST- als auch auf GET-Anfragen. Die Methode doGet ist einfach durch einen Aufruf von doPost realisiert.

Listing 7.2:

```java
import java.io.*;
import javax.servlet.*;
import javax.servlet.http.*;

public class TeaServlet extends HttpServlet
{
    protected void doPost(HttpServletRequest request,
                    HttpServletResponse response)
        throws IOException, ServletException
    {
        response.setContentType("text/html");
        PrintWriter out = response.getWriter();
        out.println("<html>");
        out.println("<head>");
        out.println("<title>Servlet-Bearbeitung der Teebestellung");
        out.println("</title>");
        out.println("</head>");
        out.println("<body>");
        out.println("<h1>Auftragsbest&auml;tigung</h1>");
        out.println("Hiermit best&auml;tigen wir Ihren Auftrag:");
        out.println("<ul>");
        out.println("<li>Teesorte: " + request.getParameter("Teesorte"));
        out.println("<li>bestellt von: " +
                    request.getParameter("Besteller"));
        out.println("<li>Kartennummer (nur zur Demo angezeigt): "
                    + request.getParameter("Kreditkartennummer"));
        if(request.getParameter("Eile") != null)
            out.println("<li><b>Eilbestellung</b>");
        out.println("</ul>");
        out.println("Vielen Dank f&uuml;r Ihren Auftrag. "
                    + "Bestellen Sie bald wieder bei uns!");
        out.println("</body>");
        out.println("</html>");
    }
```

```
protected void doGet(HttpServletRequest request,
                     HttpServletResponse response)
         throws IOException, ServletException
{
    doPost(request, response);
}
}
```

7.2.4 Zugriff auf die Daten der HTTP-Anfrage und -Antwort

HttpServletRequest und *HttpServletResponse* sind Schnittstellen, in denen Methoden definiert werden, mit denen man auf die Daten von HTTP-Anfragen und -Antworten zugreifen kann.

Das vorige Beispiel zeigt das Auslesen von Formulardaten für den Fall, dass man die Namen der Formularfelder beim Schreiben des Servlets kennt, was der Normalfall ist; denn wenn man die Namen der Felder nicht kennt, wird das Servlet-Programm in der Regel auch die eingegebenen Daten nicht interpretieren können. Dennoch kann man sich mit der Methode *getParameterNames* eine Enumeration (Auflistung) aller vorhandenen Parameternamen vom Request-Parameter geben lassen. Da nicht auszuschließen ist, dass mehrere Felder denselben Namen tragen, kann es zu einem Parameternamen im Allgemeinen mehrere Werte geben. Um alle Werte zu bekommen, kann man statt der Methode getParameter die Methode *getParameterValues* verwenden. Statt eines Strings wird in diesem Fall ein Feld von Strings zurückgeliefert. Folgendes Programmfragment zeigt, wie man alle Werte zu allen Formularfeldnamen lesen und auf einer HTML-Seite ausgeben kann:

```
out.println("<h3>Alle Parameternamen und ihre Werte</h3>");
Enumeration pars = request.getParameterNames();
out.println("<ul>");
while(pars.hasMoreElements())
{
    String par = (String) pars.nextElement();
    String[] values = request.getParameterValues(par);
    out.print("<li>" + par + ":");
    out.println("<ul>");
    for(int i = 0; i < values.length; i++)
    {
        out.print("<li>" + values[i]);
    }
    out.println("</ul>");
}
out.println("</ul>");
```

In ähnlicher Weise kann man die Kopfzeilen mit der parameterlosen Methode *getHeaderNames* lesen, die ebenfalls eine Enumeration zurückliefert. Damit erhält man eine Auflistung aller Namen vor dem Doppelpunkt im Kopfteil der HTTP-Anfrage. Gibt man einen solchen Namen als Parameter bei *getHeader* an, so liefert die Methode den hinter dem Doppelpunkt stehenden String zurück. Die folgenden Codezeilen lesen alle Kopfzeilen (mit Ausnahme der ersten GET- oder POST-Zeile) der HTTP-Anfrage und geben diese in einer Web-Seite aus:

```
out.println("<h3>Alle Kopfzeilen (bis auf die erste)</h3>");
Enumeration headers = request.getHeaderNames();
out.println("<ul>");
while(headers.hasMoreElements())
```

```
        {
            String header = (String) headers.nextElement();
            String hvalue = request.getHeader(header);
            out.println("<li>" + header + ": " + hvalue);
        }
        out.println("</ul>");
```

Weitere vom Request-Parameter abfragbare Informationen sind z.B. die Art der HTTP-Anfrage (*getMethod*, Rückgabe „GET" oder „POST") oder der Name bzw. die IP-Adresse des Rechners, von dem die HTTP-Anfrage kommt (*getRemoteHost*, *getRemoteAddr*).

Mit dem zweiten Parameter response kann der Kopfteil der HTTP-Antwort festgelegt werden. Im ersten Beispiel wurde schon die Methode setContentType verwendet. Es existiert darüber hinaus die allgemeinere Methode *setHeader*, mit der eine Kopfzeile im Kopfteil erzeugt bzw. ersetzt werden kann. Die Methode hat zwei String-Parameter: der erste Parameter ist der Teil vor dem Doppelpunkt und der zweite Parameter der Teil danach. Ferner kann mit der Methode *setStatus* der Rückgabecode der HTTP-Antwort bestimmt werden (erste Zeile der HTTP-Antwort, s. Abschnitt 7.1). Das Argument dieser Methode ist eine Zahl des Typs int. In HttpServletResponse sind eine ganze Reihe von Konstanten für Statuscodes definiert (z.B. SC_OK für 200 und SC_NOT_FOUND für 404).

7.3 Parallelität bei Servlets

7.3.1 Demonstration der Parallelität von Servlets

Wie in Abschnitt 6.3 für RMI können wir auch bei Servlets die parallelen Abläufe durch länger laufende Methodenaufrufe sichtbar machen. Wie bei RMI verwenden wir auch dieses Mal zu diesem Zweck die Sleep-Methode. Wie lange der auszuführende Thread schlafen soll, könnte eine Konstante sein. Im RMI-Beispiel konnte man die Schlafenszeit jedoch durch einen Parameter einstellen. Wenn dieses Verhalten mit Servlets nachgeahmt werden soll, können wir dies durch ein Formular mit einem Eingabefeld realisieren. Das Eingabefeld hat den Namen „Sekunden". Ein Servlet, welches dann zur Bearbeitung so viele Sekunden braucht, wie man in das Eingabefeld eingetragen hat, zeigt **Listing 7.3**. Formulardaten werden immer als Strings übermittelt. Deshalb muss aus der Eingabe zuerst ein entsprechender Zahlenwert berechnet werden. Wie im RMI-Beispiel könnte unser Programm auch dieses Mal zusätzlich noch Ausgaben mit System.out.println produzieren. Diese Ausgaben würden im Fenster des Tomcat-Servers erscheinen. Darauf wurde aber verzichtet.

Listing 7.3:

```
import java.io.*;
import javax.servlet.*;
import javax.servlet.http.*;

public class SleepingServlet extends HttpServlet
{
```

```java
    protected void doGet(HttpServletRequest request,
                HttpServletResponse response)
            throws IOException, ServletException
    {
        response.setContentType("text/html");
        PrintWriter out = response.getWriter();
        out.println("<html><head><title>Schlafen</title>");
        out.println("</head><body><h1>Schlafen</h1>");
        String secsString = request.getParameter("Sekunden");
        if(secsString != null)
        {
            try
            {
                int secs = Integer.parseInt(secsString);
                Thread.sleep(secs * 1000);
                out.println("Es wurde " + secs
                        + " Sekunden geschlafen.");
            }
            catch(Exception e)
            {
                out.println("Es gab Probleme beim Schlafen.");
            }
        }
        else
        {
            out.println("<h2>GET-Formular");
            out.println("<form method=\"get\">");
            out.println("<input name=\"Sekunden\">");
            out.println("<input type=\"submit\" value=\"Los!\">");
            out.println("</form>");
            out.println("<h2>POST-Formular");
            out.println("<form method=\"post\">");
            out.println("<input name=\"Sekunden\">");
            out.println("<input type=\"submit\" value=\"Los!\">");
            out.println("</form>");
        }
        out.println("</body></html>");
    }
    protected synchronized void doPost(HttpServletRequest request,
                HttpServletResponse response)
            throws IOException, ServletException
    {
        doGet(request, response);
    }
}
```

Wenn das Servlet ohne den Parameternamen „Sekunden" aufgerufen wird (dies ist in der Regel beim ersten Mal der Fall, wenn man nur die URL des Servlets in die Adresszeile eingibt und Return drückt), erzeugt es zwei Formulare, die gleich aussehen. Eines wird mit GET, das andere wird mit POST verschickt. In beiden Fällen wird dasselbe Servlet, das die Formulare erzeugt hat, wieder aktiv. Bitte beachten Sie, dass aus diesem Grund in den vom Servlet erzeugten Formularen die Action-Angabe in den Formular-Tags fehlt. Als Action-URL wird in diesem Fall die aktuelle URL (d.h. die URL, mit der die Formulare geladen wurden) verwendet. Dies ist hier möglich, da dasselbe Servlet, welches die Formulare erzeugt hat, auch auf das Absenden der ausgefüllten Formulare reagiert.

Mit dem einen Formular wird doGet, mit dem anderen doPost aufgerufen. Die beiden Methoden doGet und doPost machen dasselbe. Der Aufruf von doPost ist im Gegensatz zu doGet allerdings synchronisiert. Das heißt, zwei POST-Anfragen können nicht gleichzeitig abgewickelt werden. Es zeigt sich aber, dass zwei GET-Anfragen gleichzeitig bearbeitet werden. Wie bei RMI ist also hier implizite Parallelität im Spiel, da jede HTTP-Anfrage in einem eigenen Thread ausgeführt wird. Das heißt also, dass man mit Parallelität umgehen muss, auch wenn man selbst explizit keine Threads erzeugt. Dies muss im nächsten Beispiel berücksichtigt werden.

Ein solches Servlet, das ziemlich lange braucht, um seine Ausgabe zu erzeugen, dient nur zu Demonstrationszwecken. Wie man Servlets, die länger dauernde Aufträge ausführen, gestalten sollte, wird in Abschnitt 7.4.4 erläutert. Im Folgenden befassen wir uns zunächst mit der Parallelität bei Servlets.

7.3.2 Paralleler Zugriff auf Daten

Im Folgenden wird das Beispiel zum Hochzählen und Zurücksetzen eines Zählers, das schon mit Sockets und RMI realisiert wurde, auf ein Servlet übertragen. Da – wie gerade gesehen – jede HTTP-Anfrage in einem eigenen Thread ausgeführt wird, muss auf korrekte Synchronisation geachtet werden. Im einfachsten Fall könnte man den Zähler durch ein Attribut der Servlet-Klasse repräsentieren. Alle lesenden und schreibenden Zugriffe auf dieses Attribut müssen dann synchronisiert erfolgen. Dies kann durch einen Synchronized-Block oder durch das Kennzeichnen der Methode doGet bzw. doPost mit synchronized erfolgen. Die folgenden Zeilen skizzieren die erste der beiden Möglichkeiten:

```java
public class CounterServlet extends HttpServlet
{
    private int counter;

    protected void doPost(HttpServletRequest request,
                          HttpServletResponse response)
            throws IOException, ServletException
    {
        ...
        int newValue;
        synchronized(this)
        {
            if(...) //Kommando increment
            {
                counter++;
            }
            else if(...) //Kommando reset
            {
                counter = 0;
            }
            newValue = counter;
        }
        ... //Erzeugung der Web-Seite mit Anzeige von newValue
    }
}
```

Alternativ kann der Zugriff auf das Zählerattribut auch durch private Synchronized-Methoden erfolgen:

```java
public class CounterServlet extends HttpServlet
{
    private int counter;

    private synchronized int increment()
    {
        counter++;
        return counter;
```

```
        }
        private synchronized int reset()
        {
            counter = 0;
            return counter;
        }

        protected void doPost(HttpServletRequest request,
                              HttpServletResponse response)
                   throws IOException, ServletException
        {
            ...
            int newValue;
            if(...) //Kommando increment
            {
                newValue = increment();
            }
            else if(...) //Kommando reset
            {
                newValue = reset();
            }
            ... //Erzeugung der Web-Seite mit Anzeige von newValue
        }
    }
```

Schließlich kann das Zählerattribut zusammen mit den Zugriffsmethoden increment und reset in eine eigene Klasse Counter (s. **Listing 7.4**) ausgelagert werden. In der Servlet-Klasse wird dann ein Attribut auf ein Objekt dieser Klasse gehalten. Das Objekt kann bei der ersten Benutzung angelegt werden. Dazu muss in den Servlet-Methoden jedes Mal geprüft werden, ob die Referenz auf das Counter-Objekt null ist. Wenn dies der Fall ist, wird ein Objekt erzeugt. Alternativ kann auch die Methode init überschrieben werden, die für solche Zwecke gedacht ist. Sie wird aufgerufen, bevor der erste Aufruf von doGet oder doPost erfolgt. In **Listing 7.5** wird diese Variante umgesetzt.

Listing 7.4:

```
    public class Counter
    {
        private int counter;

        public synchronized int increment()
        {
            counter++;
            return counter;
        }

        public synchronized int reset()
        {
            counter = 0;
            return counter;
        }
    }
```

Listing 7.5:

```
    import java.io.*;
    import javax.servlet.*;
    import javax.servlet.http.*;

    public class CounterServlet extends HttpServlet
```

```java
{
    private Counter counter;

    public void init()
    {
        counter = new Counter();
    }

    protected void doGet(HttpServletRequest request,
                        HttpServletResponse response)
            throws IOException, ServletException
    {
        response.setContentType("text/html");
        PrintWriter out = response.getWriter();
        out.println("<html>");
        out.println("<head>");
        out.println("<title>Z&auml;hler</title>");
        out.println("</head>");
        out.println("<body>");
        out.println("<h1>Z&auml;hler</h1>");

        String message = "";
        String operation1 = request.getParameter("increment");
        if(operation1 != null)
        {
            int value = counter.increment();
            message = "Der Z&auml;hler wurde auf " + value
                    + " erh&ouml;ht.<p>";
        }
        String operation2 = request.getParameter("reset");
        if(operation2 != null)
        {
            int value = counter.reset();
            message = "Der Z&auml;hler wurde auf " + value
                    + " zur&uuml;ckgesetzt.<p>";
        }
        out.println(message);

        out.println("<form method=\"post\">");
        out.println("<input type=\"submit\" name=\"increment\" "
                + "value=\"Erh&ouml;hen\">");
        out.println("<input type=\"submit\" name=\"reset\" "
                + "value=\"Zur&uuml;cksetzen\">");
        out.println("</form>");

        out.println("</body>");
        out.println("</html>");
    }
    protected void doPost(HttpServletRequest request,
                          HttpServletResponse response)
            throws IOException, ServletException
    {
        doGet(request, response);
    }
}
```

Obwohl wir POST für Formulare bevorzugen, unterstützt das Servlet sowohl das POST- als auch das GET-Kommando. Dies liegt zum einen daran, dass wir weder viele noch geheime Formulardaten übertragen. Zum anderen erzeugt das Servlet das Eingabeformular selbst. Um den ersten Aufruf des Servlets in einfacher Weise zu ermöglichen (z.B. durch Eingabe der Servlet-URL in die Adresszeile des Browsers), ist die Unterstützung des GET-Kommandos notwendig.

Das Formular zum Erhöhen und Zurücksetzen des Zählers ist sehr einfach. Es besteht aus lediglich zwei Submit-Buttons. Um zu unterscheiden, welcher der beiden Buttons das Absenden des Formulars ausgelöst hat, wird den Submit-Buttons ebenfalls ein Name gegeben. Der Name des Buttons wird dann zusammen mit seinem Wert als Name-Wert-Paar wie die anderen Name-Wert-Paare an den Web-Server übermittelt. Man könnte den beiden Buttons denselben Namen geben. In diesem Fall müsste die Fallunterscheidung durch den Wert erfolgen. In dem Programm aus **Listing 7.5** wurde ein anderer Weg beschritten: Den beiden Buttons werden unterschiedliche Namen zugewiesen. Welcher der beiden Buttons gedrückt wurde, erkennt man dann daran, welcher Name definiert ist (d.h. für welchen Namen die Methode getParameter nicht null zurückgibt). Wie in **Listing 7.3** fehlt auch hier in **Listing 7.5** die Action-Angabe im Formular-Tag.

Im Normalfall wird ein Servlet-Objekt erzeugt und dessen Methode init aufgerufen, wenn das Servlet zum ersten Mal angesprochen wird. Für diese Anwendung reicht das aus. Man kann in der Konfigurationsdatei web.xml aber auch festlegen, dass bereits beim Installieren der Anwendung (also auch z.B. beim Neuladen der Anwendung, s. **Abbildung 7.5**) das Servlet-Objekt erzeugt und seine Initialisierungsmethode aufgerufen wird. Dies wird im folgenden Beispiel benutzt werden.

7.3.3 Anwendungsglobale Daten

In manchen größeren Web-Anwendungen ist es notwendig, von unterschiedlichen Servlets aus auf dieselben Daten zuzugreifen. Wir wollen dies anhand unseres Zählerbeispiels illustrieren. Dieses Beispiel ist zugegeben sehr einfach. Man kann jedoch die prinzipielle Vorgehensweise gut an diesem Beispiel erläutern.

Dazu nehmen wir an, dass wir für das Erhöhen und das Zurücksetzen des Zählers unterschiedliche Formulare benutzen wollen (die Notwendigkeit dafür ist wenig einleuchtend, aber stellen Sie sich bitte umfangreiche Formulare vor, die in unterschiedliche kleinere Formulare aufgeteilt werden sollen). Nun ist es selbstverständlich möglich, auch in unterschiedlichen Formularen dieselbe URL als Action anzugeben und damit dasselbe Servlet für die Auswertung unterschiedlicher Formulare zu benutzen. Wenn wir nun aber annehmen, dass wir aus strukturellen Gründen mit unterschiedlichen Servlets auf das Ausfüllen der beiden Formulare reagieren wollen, d.h. einem IncrementServlet und einem ResetServlet, dann ergibt sich das Problem, aus zwei unterschiedlichen Servlets auf dasselbe Counter-Objekt zugreifen zu müssen. Eine mögliche Lösung hierfür wäre die Benutzung von Static-Attributen. Davon wird jedoch abgeraten, weil diese Static-Attribute dann für alle Anwendungen des Tomcat-Servers sichtbar wären. Die empfohlene Lösung für das geschilderte Problem besteht in der Nutzung des so genannten *ServletContexts*. Ein Objekt dieses Typs wird von der von HttpServlet geerbten Methode *getServletContext* zurückgeliefert. Jede im Web-Server aktuell installierte Anwendung hat ihr eigenes Servlet-Context-Objekt (ein besserer Name wäre deshalb *ApplicationContext*). Ein ServletContext-Objekt beinhaltet eine Attributliste: Man kann mit der Methode *setAttribute* unter einem angegebenen Namen eine Referenz auf ein Objekt eines beliebigen Typs im Servlet-Context ablegen. Durch Angabe desselben Strings erhält man mit der Methode *getAttribute* eine Referenz auf das abgelegte Objekt zurück. Mit der Methode *removeAttribute* lässt sich der Name und die dazugehörige Referenz aus dem ServletContext wieder entfernen.

Wenn mehrere Servlets gemeinsame Objekte mit Hilfe des ServletContexts nutzen wollen, müssen zuvor folgende Fragen beantwortet werden:

- Unter welchem Namen werden die Objekte im ServletContext abgelegt?
- Welches der Servlets erzeugt die Objekte und legt sie im ServletContext ab bzw. entfernt sie wieder daraus?

In unserer Beispielanwendung legen wir ein Objekt der Counter-Klasse unter dem Namen „Counter" ab. Das ResetServlet erzeugt das Objekt in seiner Init-Methode und legt es im ServletContext ab. Da man aber nicht weiß, ob zuerst das ResetServlet oder zuerst das IncrementServlet aktiv wird, soll die Initialisierung nicht erst bei der erstmaligen Aktivierung des ResetServlets, sondern bereits beim Installieren bzw. Neuladen der Anwendung erfolgen. Dazu muss in der Konfigurationsdatei web.xml folgende Einstellung vorgenommen werden:

```
<servlet>
    <servlet-name>Reset</servlet-name>
    <servlet-class>ResetServlet</servlet-class>
    <load-on-startup/>
</servlet>
```

Verwendet man zur Konfiguration die Annotation @WebServlet, so kann man durch den Parameter loadOnStartup denselben Effekt erzielen.

In **Listing 7.6** und **Listing 7.7** sind die beiden Servlet-Klassen ResetServlet und IncrementServlet zu finden. Der Umgang mit dem gemeinsam genutzten Objekt der Klasse Counter ist durch Fettdruck hervorgehoben. Achten Sie besonders darauf, dass die Synchronisation in der schon in **Listing 7.4** gezeigten Klasse Counter erfolgt, dass jedoch in den Servlets keine weitere Synchronisation notwendig ist.

Listing 7.6:

```
import java.io.*;
import javax.servlet.*;
import javax.servlet.http.*;

public class ResetServlet extends HttpServlet
{
    public void init()
    {
        Counter counter = new Counter();
        ServletContext ctx = getServletContext();
        ctx.setAttribute("Counter", counter);
    }

    protected void doPost(HttpServletRequest request,
                          HttpServletResponse response)
            throws IOException, ServletException
    {
        response.setContentType("text/html");
        PrintWriter out = response.getWriter();
        out.println("<html><head>");
        out.println("<title>Z&auml;hler</title>");
        out.println("</head>");
```

```
            out.println("<body>");
            out.println("<h1>Zur&uuml;cksetzen des Z&auml;hlers</h1>");

            ServletContext ctx = getServletContext();
            Counter counter = (Counter)ctx.getAttribute("Counter");
            int value = counter.reset();
            out.println("Der Z&auml;hler wurde auf " + value
                       + " zur&uuml;ckgesetzt.<p>");

            out.println("</body>");
            out.println("</html>");
        }
    }
```

Listing 7.7:

```
    import java.io.*;
    import javax.servlet.*;
    import javax.servlet.http.*;

    public class IncrementServlet extends HttpServlet
    {
        protected void doPost(HttpServletRequest request,
                              HttpServletResponse response)
            throws IOException, ServletException
        {
            response.setContentType("text/html");
            PrintWriter out = response.getWriter();
            out.println("<html><head>");
            out.println("<title>Z&auml;hler</title>");
            out.println("</head>");
            out.println("<body>");
            out.println("<h1>Erh&ouml;ung des Z&auml;hlers</h1>");

            ServletContext ctx = getServletContext();
            Counter counter = (Counter)ctx.getAttribute("Counter");
            int value = counter.increment();
            out.println("Der Z&auml;hler wurde auf " + value
                       + " erh&ouml;ht.<p>");

            out.println("</body>");
            out.println("</html>");
        }
    }
```

Der in diesem Beispiel verwendete ServletContext gehört zu einer Web-Anwendung. Er wird erzeugt, wenn die entsprechende Web-Anwendung gestartet wird, und er wird gelöscht, wenn die entsprechende Web-Anwendung angehalten wird. Sollte man beim Erzeugen oder beim Löschen des ServletContexts noch anwendungsspezifische Aktionen durchführen wollen, so kann man einen entsprechenden Listener programmieren, der die Schnittstelle ServletContextListener mit den Methoden contextInitialized und contextDestroyed implementiert. Die Listener-Klasse muss in der Konfigurationsdatei web.xml bekannt gemacht werden.

Zur Illustration einer möglichen Verwendung eines ServletContextListener kommen wir wieder auf das Beispiel von eben zurück. Man kann die Methode init des ResetServlets sowie das Tag <load-on-startup/> in der Datei web.xml entfernen und stattdessen das Counter-Objekt durch einen ServletContextListener erzeugen und in den ServletContext eintragen. **Listing 7.8** zeigt die Klasse CounterInitializer. In der Methode contextInitialized befindet sich jetzt die Programmlogik, die zuvor in der Init-Methode des ResetServlets angesiedelt war. Der einzige Unterschied ist der, dass die Referenz auf den ServletContext jetzt über die Methode getServletContext der Klasse ServletContextEvent beschafft wird. Ein Objekt vom Typ ServletContextEvent wird der Methode contextInitialized beim Aufruf übergeben.

Listing 7.8:

```
import javax.servlet.*;
public class CounterInitializer implements ServletContextListener
{
    public void contextInitialized(ServletContextEvent event)
    {
        Counter counter = new Counter();
        ServletContext ctx = event.getServletContext();
        ctx.setAttribute("Counter", counter);
    }
    public void contextDestroyed(ServletContextEvent event)
    {
    }
}
```

Der Listener muss dann noch in der Konfigurationsdatei web.xml angemeldet werden (falls Packages benutzt werden, so muss natürlich der vollständige Klassenname inklusive Package-Name angegeben werden):

```
<listener>
    <listener-class>CounterInitializer</listener-class>
</listener>
```

Wie bei Servlets kann man statt eines Eintrags in web.xml auch Annotationen verwenden. In diesem Fall müsste man die Klasse einfach durch die Annotation @WebListener kennzeichnen und könnte dann auf den Eintrag in der Datei web.xml verzichten.

Es können übrigens beliebig viele ServletContextListener implementiert werden. Beim Erzeugen des ServletContexts werden dann alle ContextInitialized- und beim Löschen alle ContextDestroyed-Methoden aufgerufen.

Weitere Listener können die Schnittstelle ServletContextAttributeListener implementieren. Hier kann man sich durch Aufruf u.a. der Methoden attributeAdded, attributeReplaced und attributeRemoved benachrichtigen lassen, wenn ein Attribut in den Kontext abgelegt, geändert oder daraus gelöscht wird.

7.4 Sessions und Cookies

In den webbasierten Zählerbeispielen des vorigen Abschnitts gibt es ein einziges Zählerobjekt, auf das alle Benutzer gemeinsam zugreifen. Es gibt aber Anwendungen, bei denen jeder Benutzer ein eigenes Objekt benötigt. Das Standardbeispiel hierzu ist ein Warenkorb für eine webbasierte Anwendung zum elektronischen Einkaufen. Eine Benutzerin bewegt sich durch die unterschiedlichen Seiten mit den Beschreibungen der Waren. Von Zeit zu Zeit legt sie etwas in den Warenkorb. Da der webbasierte Laden von mehreren Personen gleichzeitig besucht werden kann, ist es natürlich wichtig, dass jede Person ihren eigenen Warenkorb besitzt.

In einem Servlet kann man über den Request-Parameter mit der Methode getRemoteAddr abfragen, von welchem Rechner die Anfrage kommt. Diese Angabe sollte aber in keinem Fall dazu verwendet werden, Benutzer zu unterscheiden. Und zwar aus folgenden Gründen:

- Ein Rechner kann gleichzeitig oder rasch hintereinander von unterschiedlichen Personen benutzt werden. Bei Großrechnern ist die gleichzeitige Nutzung durch mehrere Personen der Normalfall. In einer Hochschule werden die Rechner der PC-Pools von mehreren Personen nacheinander benutzt. Wenn sich eine Studentin in einem Web-Shop Waren in ihren Warenkorb legt und sich dann ohne Abmeldung am Web-Shop am System abmeldet, dann würde der nächste Student, der sich am selben Rechner anmeldet und den Web-Shop betritt, aufgrund der IP-Adresse nicht von der vorigen Benutzerin unterschieden werden können. Dies könnte unter Umständen dazu führen, dass der Student Waren bestellt, die er nicht haben möchte, oder dass der Student nachsehen kann, welche Waren sich die Studentin in den Warenkorb gelegt hatte.

- Bei WWW werden häufig *Proxies* verwendet, die häufig benutzte Web-Seiten in einem Cache-Speicher halten. Falls der Proxy die Seite nicht hat, beschafft sich der Proxy die Seite vom Web-Server. In diesem Fall kommen dann die Anfragen für alle Benutzer des Proxy-Rechners immer von diesem Proxy; die Unterscheidung von Benutzern ist nicht möglich.

- Ein ähnlicher Effekt passiert bei der *Adressenabbildung* (*NAT: Network Address Translation*). NAT wird verwendet, wenn ein lokales Netz mit privaten IP-Adressen an das Internet angeschlossen wird, wobei für den Anschluss nur eine einzige öffentliche IP-Adresse zur Verfügung steht, die sich die Rechner des lokalen Netzes teilen. Auch in diesem Fall funktioniert eine Unterscheidung von Benutzern anhand der IP-Adresse nicht. Dieser Fall ist im Prinzip so wie der vorige, nur dass hier die Adressumsetzung auf der Schicht 3 statt wie oben auf der Schicht 5 vorgenommen wird.

Die Nutzung der IP-Adresse zur Unterscheidung funktioniert also aus mehreren Gründen nicht. In diesem Abschnitt wird erläutert, wie man das Problem lösen kann. Dazu verwenden wir wieder das einfache Zählerbeispiel. Die Leserinnen und Leser sind sicherlich in der Lage, dieses Beispiel auf kompliziertere Datenstrukturen zu übertragen.

7.4.1 Sessions

Mit Hilfe von *Sessions* wird eine Entwicklerin in die Lage versetzt, in einfacher Weise unterschiedliche Benutzer zu unterscheiden und damit z.B. einen Warenkorb oder einen Zähler pro Anwender zu realisieren. Eine Session wird durch die Methode *getSession* des Request-Parameters von doGet bzw. doPost erzeugt:

```
public interface HttpServletRequest extends ServletRequest
{
    public HttpSession getSession(boolean create);
    public HttpSession getSession();
    ...
}
```

Mit getSession wird eine laufende Session des Benutzers zurückgegeben. Falls keine Session existiert (weil der Benutzer z.B. zum ersten Mal dieses Servlet aufruft), wird eine neue Session erzeugt, falls die Methode getSession mit dem Argument true oder ohne Argumente aufgerufen wird. Falls getSession mit dem Parameter false aufgerufen wird, dann wird für den Fall, dass noch keine Session existiert, null zurückgeliefert.

HttpSession ist wie HttpServletRequest und HttpServletResponse eine Schnittstelle. Wie zuvor beim ServletContext gibt es Methoden zum Speichern von Objekten beliebigen Typs im Session-Objekt, zum Abrufen und zum Löschen dieser Objekte. Die Objekte werden mit einem frei wählbaren Bezeichner assoziiert:

```
public interface HttpSession
{
    public void setAttribute(String name, Object value);
    public Object getAttribute(String name);
    public void removeAttribute(String name);
    ...
}
```

Damit lässt sich die Aufgabe, für jeden Anwender einen eigenen Zähler zu realisieren, einfach umsetzen. In der Servlet-Methode lässt man sich mit getSession ein Session-Objekt geben. Beim ersten Mal wird die Session neu erzeugt und besitzt folglich noch kein Zähler-Attribut. Wenn dies der Fall ist (getAttribute liefert null zurück), wird ein neues Zählerobjekt erzeugt und unter dem Namen „Counter" in der Session abgelegt. Bei den folgenden Aufrufen der Servlet-Methode durch denselben Benutzer liefert getSession die zuvor erzeugte Session zurück, über die man mit getAttribute auf das zuvor dort abgelegte Zählerobjekt zugreifen kann. In **Listing 7.9** ist die soeben skizzierte Lösung als Java-Programm formuliert.

Listing 7.9:

```
import java.io.*;
import javax.servlet.*;
import javax.servlet.http.*;

public class CounterSessionServlet extends HttpServlet
{
    protected void doGet(HttpServletRequest request,
                    HttpServletResponse response)
            throws IOException, ServletException
    {
        response.setContentType("text/html");
        PrintWriter out = response.getWriter();
        out.println("<html>");
        out.println("<head>");
        out.println("<title>Z&auml;hler</title>");
        out.println("</head>");
        out.println("<body>");
        out.println("<h1>Z&auml;hler</h1>");
```

```java
            HttpSession session = request.getSession(true);
            Counter counter = (Counter)session.getAttribute("Counter");
            if(counter == null)
            {
                counter = new Counter();
                session.setAttribute("Counter", counter);
            }
            String message = "";
            String operation1 = request.getParameter("increment");
            if(operation1 != null)
            {
                int value = counter.increment();
                message = "Der Z&auml;hler wurde auf " + value
                        + " erh&ouml;ht.<p>";
            }
            String operation2 = request.getParameter("reset");
            if(operation2 != null)
            {
                int value = counter.reset();
                message = "Der Z&auml;hler wurde auf " + value
                        + " zur&uuml;ckgesetzt.<p>";
            }
            out.println(message);

            out.println("<form method=\"post\">");
            out.println("<input type=\"submit\" name=\"increment\" "
                    + "value=\"Erh&ouml;hen\">");
            out.println("<input type=\"submit\" name=\"reset\" "
                    + "value=\"Zur&uuml;cksetzen\">");
            out.println("</form>");

            out.println("</body>");
            out.println("</html>");
        }

        protected void doPost(HttpServletRequest request,
                            HttpServletResponse response)
                throws IOException, ServletException
        {
            doGet(request, response);
        }
    }
```

Wenn man davon ausgeht, dass eine Web-Anwendung auf einem Web-Server relativ lange ununterbrochen läuft, dann erkennt man, dass es nicht möglich ist, dass ständig neue Session- und neue Zählerobjekte erzeugt werden können, ohne dass diese wieder gelöscht werden. Die Anwendung würde irgendwann den verfügbaren Speicher aufgebraucht haben und das Erzeugen eines neuen Objekts würde mit einer Ausnahme enden. Dieses Problem besteht für alle Anwendungen mit Sessions, nicht nur für unsere Zähleranwendung.

Zwei Lösungen existieren für dieses Problem: Zum einen können die Benutzer anzeigen, dass sie in Zukunft diese Session nicht mehr benutzen werden. Auf vielen Web-Seiten gibt es zu diesem Zweck einen Link auf eine Seite zum Abmelden („Logout"). Im entsprechenden Servlet wird die Session explizit gelöscht. Zu diesem Zweck ruft man die Methode *invalidate* auf dem Session-Objekt auf. Beim nächsten Aufruf von getSession wird die Session für diesen Benutzer dann nicht mehr gefunden.

Allerdings kann man sich nicht darauf verlassen, dass der Benutzer sich explizit abmeldet. Der Benutzer könnte z.B. auch einfach seinen Browser beenden und nie wieder auf die Web-Anwendung zugreifen. Der Web-Server kann dies nicht erkennen, da HTTP ein zustandsloses Protokoll ist. Das bedeutet, dass ein GET- oder POST-Kommando sowie die dazugehörige Antwort über eine TCP-Verbindung gesendet wird. Die Verbindung wird dann nach einiger Zeit abgebaut. Ob derselbe Benutzer in Zukunft nochmals ein Kommando an denselben Web-Server sendet oder nicht, weiß man nicht. Deshalb muss die Beendigung einer Session durch eine Zeitsteuerung ergänzt werden: Wenn eine Session eine bestimmte Zeit lang nicht mehr benutzt wurde, wird sie automatisch beendet. Durch das Löschen des Session-Objekts verlieren auch alle in der Session gespeicherten Attribute ihre Referenz und werden im Zuge der Java-Abfallsammlung (Garbage Collection) ebenfalls gelöscht. Mit der Methode *setMaxInactiveInterval* kann man für jede Session einstellen, nach welcher Zeit das Session-Objekt automatisch gelöscht wird, falls sie so lange nicht mehr benutzt wurde. Mit weiteren Methoden kann man sich die Zeiten geben lassen, zu denen die Session erzeugt bzw. zuletzt benutzt wurde:

```
public interface HttpSession
{
    public void invalidate();
    public void setMaxInactiveInterval(int interval);
    public int getMaxInactiveInterval();
    public long getCreationTime();
    public long getLastAccessedTime();
    ...
}
```

Wegen des automatischen Löschens von Sessions muss sich also unser Servlet aus **Listing 7.9** nicht um das Löschen der Session- und Zählerobjekte kümmern. Da jeder Benutzer sein eigenes Zählerobjekt besitzt, könnte man annehmen, dass die Methoden increment und reset in der Klasse Counter (s. **Listing 7.4**) nun nicht mehr synchronized sein müssen. Diese Annahme ist jedoch falsch, was jede Leserin und jeder Leser durch ein kleines Experiment ausprobieren kann. Wenn man z.B. den Internet Explorer mehrfach startet und die Anwendung aus **Listing 7.9** benutzt, stellt man fest, dass es für jeden Internet Explorer eine eigene Session mit einem eigenen Zähler gibt. Wenn man jedoch in einem Internet Explorer mehrere Registerkarten öffnet und in diesen auf die Anwendung zugreift, dann sieht man, dass jetzt auf demselben Zähler gearbeitet wird. Würden die Methoden increment oder reset etwas länger dauern (was man mit Hilfe von Thread.sleep erzwingen kann), dann kann man z.B. in einer Registerkarte den Aufruf von increment anstoßen, auf eine zweite Registerkarte wechseln und ebenfalls den Aufruf von increment anstoßen. Wenn die Methode increment nicht synchronized wäre, dann würde increment zwei Mal gleichzeitig von zwei Threads ausgeführt, und das für dasselbe Objekt. Wie in Kapitel 2 ausführlich diskutiert, sollen solche Abläufe verhindert werden. Auf synchronized kann also auch in diesem Fall nicht verzichtet werden.

Wie für den ServletContext kann man auch für Sessions einen oder mehrere Listener anmelden, deren Methoden beim Erzeugen bzw. Löschen von Sessions aufgerufen werden. Die zu implementierende Schnittstelle heißt in diesem Fall HttpSessionListener und hat die Methoden sessionCreated und sessionDestroyed. Beide Methoden bekommen als Argument ein Objekt des Typs HttpSessionEvent übergeben. Von diesem Event-Objekt kann man mit Hilfe der Methode getSession auf die soeben erzeugte bzw. die demnächst gelöschte Session zugreifen. Ähnlich wie zuvor beim globalen Zähler kann man das Erzeugen und Abspeichern des Counter-Objekts aus dem Programmcode des CounterSession-Servlets (**Listing 7.9**) löschen und in die Methode sessionCreated eines HttpSessionListeners verlagern. **Listing 7.10** zeigt die entsprechende Listener-Klasse.

Listing 7.10:

```
import javax.servlet.http.*;
public class CounterSessionInitializer implements HttpSessionListener
{
    public void sessionCreated(HttpSessionEvent event)
    {
        Counter counter = new Counter();
        HttpSession session = event.getSession();
        session.setAttribute("Counter", counter);
    }
    public void sessionDestroyed(HttpSessionEvent event)
    {
    }
}
```

Bei dieser Lösung wird also immer dann, wenn eine neue Session erzeugt wird, ein Counter-Objekt generiert und in der Session abgelegt. Diese Lösung ist natürlich dann nicht besonders gut, wenn in der Anwendung auch für andere Zwecke Sessions erzeugt werden, die keinen Zähler benötigen. Dann ist es besser, die Session wie ursprünglich im Servlet zu initialisieren.

Zur Demonstration, dass auch mehrere Listener nebeneinander existieren können, wird in **Listing 7.11** noch ein zweiter SessionListener angegeben, der die Anzahl der vorhandenen Sessions zählt und auf die Standardausgabe ausgibt.

Listing 7.11:

```
import javax.servlet.http.*;
public class SessionListenerExample implements HttpSessionListener
{
    private int numberOfSessions;

    public void sessionCreated(HttpSessionEvent event)
    {
        numberOfSessions++;
        System.out.println("Anzahl der Sessions: " + numberOfSessions);
    }
    public void sessionDestroyed(HttpSessionEvent event)
    {
        numberOfSessions--;
        System.out.println("Anzahl der Sessions: " + numberOfSessions);
    }
}
```

Die Konfigurationsdatei web.xml müsste um die folgenden Zeilen ergänzt werden, damit beide SessionListener aktiv sind:

```
<listener>
    <listener-class>CounterSessionInitializer</listener-class>
</listener>
```

```
<listener>
    <listener-class>SessionListenerExample</listener-class>
</listener>
```

Alternativ kann man die Klassen mit @WebListener annotieren und braucht dann die Einträge in der Datei web.xml nicht vorzunehmen.

Wie für den ServletContext gibt es auch für Sessions Listener, die benachrichtigt werden, wenn Attribute zu einer Session hinzugefügt, geändert oder aus einer Session gelöscht werden. Diese Listener müssen die Schnittstelle HttpSessionAttributeListener mit den Methoden attributeAdded, attributeReplaced und attributeRemoved implementieren.

7.4.2 Realisierung von Sessions mit Cookies

Sessions werden im Regelfall mit Hilfe von *Cookies* realisiert. Um zu verstehen, wie dies funktioniert, kann man einfach den Datenverkehr bei der Benutzung unserer Anwendung aus **Listing 7.9** beobachten. Der Wechsel der Datenübertragungsrichtung wird durch gestrichelte Linien angezeigt:

```
GET /fopt/ZaehlerSitzung HTTP/1.1
Accept: */*
Accept-Language: de
UA-CPU: x86
Accept-Encoding: gzip, deflate
User-Agent: Mozilla/4.0 (...)
Host: localhost:8080
Connection: Keep-Alive

------------------------------------
HTTP/1.1 200 OK
Server: Apache-Coyote/1.1
Set-Cookie: JSESSIONID=1B90CA2B5ABBE6B60E490DF41B997D03; Path=/fopt
Content-Type: text/html
Content-Length: 256
Date: Thu, 05 Apr 2007 14:50:40 GMT

<html>
<head>
<title>Z&auml;hler</title>
</head>
<body>
<h1>Z&auml;hler</h1>

<form method="post">
<input type="submit" name="increment" value="Erh&ouml;hen">
<input type="submit" name="reset" value="Zur&uuml;cksetzen">
</form>
</body>
</html>

------------------------------------
POST /fopt/ZaehlerSitzung HTTP/1.1
Accept: */*
Referer: http://localhost:9090/fopt/ZaehlerSitzung
Accept-Language: de
Content-Type: application/x-www-form-urlencoded
UA-CPU: x86
Accept-Encoding: gzip, deflate
User-Agent: Mozilla/4.0 (...)
Host: localhost:8080
Content-Length: 19
Connection: Keep-Alive
```

```
              Cache-Control: no-cache
              Cookie: JSESSIONID=1B90CA2B5ABBE6B60E490DF41B997D03

              increment=Erh%F6hen
              ----------------------------------
              HTTP/1.1 200 OK
              Server: Apache-Coyote/1.1
              Content-Type: text/html
              Content-Length: 299
              Date: Thu, 05 Apr 2007 14:51:05 GMT


              <html>
              <head>
              <title>Z&auml;hler</title>
              </head>
              <body>
              <h1>Z&auml;hler</h1>
              Der Z&auml;hler wurde auf 1 erh&ouml;ht.<p>
              <form method="post">
              <input type="submit" name="increment" value="Erh&ouml;hen">
              <input type="submit" name="reset" value="Zur&uuml;cksetzen">
              </form>
              </body>
              </html>
```

Zu Beginn wird das Servlet mit GET angesprochen. Der Benutzer hat z.B. die Servlet-URL in die Adresszeile des Browsers eingegeben und die Return-Taste gedrückt. In der Antwort sehen wir eine von unserem Servlet produzierte Web-Seite, die ein Formular enthält. Das Entscheidende dabei ist nun aber, dass sich im Kopfteil der HTTP-Antwort eine Set-Cookie-Zeile (oben fett gedruckt) befindet. Ein Cookie ist ein Name-Wert-Paar. Der Name lautet in diesem Fall JSESSIONID, der Wert ist eine längliche Kennung, welche die Session auf dem Server eindeutig identifiziert und die nicht ohne Weiteres zufällig erraten werden kann. Diese Kennung lässt sich vom Session-Objekt übrigens mit der Methode *getId* erfragen. In der Regel benötigt ein Servlet diese Kennung aber nicht.

Sofern bei dem benutzten Browser Cookies nicht deaktiviert sind, schickt der Browser bei jeder neuen Anfrage an denselben Web-Server mit demselben URL-Pfad, der in Set-Cookie enthalten war (/fopt), das erhaltene Name-Wert-Paar in einer Cookie-Zeile im Kopfteil der HTTP-Anfrage an den Web-Server (oben fett gedruckt). Damit kann man sich nun leicht vorstellen, wie der Session-Mechanismus implementiert ist. Auf dem Web-Server gibt es eine Session-Tabelle, in der Session-Kennungen mit Session-Objekten assoziiert sind. Beim Aufruf der Methode getSession wird geprüft, ob der Kopfteil der HTTP-Anfrage eine Cookie-Zeile enthält, die mit JSESSIONID beginnt. Falls dies der Fall ist, wird der nach dem Gleichheitszeichen folgende Wert in der Session-Tabelle gesucht. Ist er darin enthalten, wird das entsprechende Session-Objekt zurückgeliefert. Andernfalls wird eine neue Session-Kennung und ein neues Session-Objekt erzeugt und in der Sesssion-Tabelle abgelegt. Ferner wird in den Kopfteil der HTTP-Antwort eine entsprechende Set-Cookie-Zeile eingefügt.

7.4.3 Direkter Zugriff auf Cookies

Wir haben gesehen, dass Sessions durch Cookies realisiert werden. Die Servlet-Klassenbibliothek bietet auch einen direkten Zugriff auf Cookies an. Es existiert eine Klasse

Cookie, deren wichtigste Attribute, nämlich der Name und der Wert des Cookies, im Konstruktor gesetzt werden. Daneben haben Cookies weitere Attribute wie z.B. einen Kommentar, einen Pfadnamen, eine maximale Lebenszeit und eine Versionsnummer, die alle mit entsprechenden Setter-Methoden gesetzt und mit entsprechenden Getter-Methoden gelesen werden können:

```
public class Cookie implements Cloneable
{
    public Cookie(String name, String value) {...}
    public String getName() {...}
    public String getValue() {...}
    public void setValue(String newValue) {...}
    public String getComment() {...}
    public void setComment(String purpose) {...}
    public String getPath() {...}
    public void setPath(String uri) {...}
    public int getMaxAge() {...}
    public void setMaxAge(int expiry) {...}
    public int getVersion() {...}
    public void setVersion(int v) {...}
    ...
}
```

Cookies werden auf dem Server erzeugt und können mit der Methode *addCookie* des Response-Parameters von doGet und doPost in den Kopfteil einer HTTP-Antwort eingefügt und damit zum Client transportiert werden:

```
public interface HttpServletResponse extends ServletResponse
{
    public void addCookie(Cookie cookie);
    ...
}
```

Wie der Name der Methode addCookie vermuten lässt, können mehrere Cookies in den Kopfteil eingefügt werden. Entsprechend kann der Browser auch mehrere Cookies an den Web-Server in einer HTTP-Anfrage senden. Mit der Methode *getCookies* des Request-Parameters von doGet und doPost lassen sich alle Cookies auslesen:

```
public interface HttpServletRequest extends ServletRequest
{
    public Cookie[] getCookies();
    ...
}
```

Durch die Session-Unterstützung ist in der Regel der direkte Zugriff auf Cookies nicht notwendig. Die für die Realisierung von Sessions benutzten Cookies werden aber vom Browser nicht persistent gespeichert (z.B auf der Festplatte), sondern sind vergessen, sobald der Browser geschlossen wird. Wenn Cookies an einen Browser gesendet werden sollen, die dort längerfristig gespeichert werden, dann muss man direkt mit Cookies arbeiten. Dabei muss mit der Methode *setMaxAge* der Klasse Cookie die Lebenszeit des Cookies entsprechend eingestellt werden. Das Speichern der Cookies durch den Browser wird allerdings nur dann durchgeführt, wenn die Konfigurationseinstellungen des Browsers dies erlauben.

7.4.4 Servlets mit länger dauernden Aufträgen

Wie schon erwähnt wurde, dient das SleepingServlet in **Listing 7.3** (Abschnitt 7.3.1) lediglich der Demonstration von impliziter Parallelität bei Servlets. Für grafische Benutzeroberflächen wurde in Abschnitt 4.3 (**Listing 4.17** und **Abbildung 4.20**) gezeigt, welche negativen Effekte eine länger dauernde Ereignisbehandlung hat. Dieses Beispiel mündete in der Aufstellung einer Regel, die besagt, dass die Ereignisbehandlung in möglichst kurzer Zeit abgeschlossen sein sollte. Diese Regel gilt auch für Servlets. Ein länger laufendes Servlet ist aus ergonomischen Gesichtspunkten schlecht; die Benutzerin wird unsicher, wenn der Server mit seiner Antwort so lang braucht, und fragt sich, ob denn noch alles in Ordnung ist. Aus diesem Grund sollte man in solchen Fällen ähnlich vorgehen wie in Kapitel 4 bei der Besprechung solcher Aufgaben im Zusammenhang mit grafischen Benutzeroberflächen: Eine Aufgabe, die länger dauern kann, sollte von einem Servlet in einen separaten Thread ausgelagert werden. Anders als bei grafischen Benutzeroberflächen kann aber dieser Thread nicht veranlassen, dass sich die Benutzeroberfläche ändert. Hier muss leider das zuvor verschmähte aktive Warten (Polling) benutzt werden: Das Servlet startet einen Thread und produziert sofort eine Seite, mit der die Benutzerin immer wieder nachsehen kann, ob der gestartete Auftrag schon zu Ende gelaufen ist und falls ja, welches Ergebnis er produziert hat. Das wiederholte Nachsehen kann automatisiert werden: Im Kopfteil einer HTTP-Antwort kann mit einer Refresh-Zeile der Browser angewiesen werden, nach einer dort angegebenen Zeit automatisch die aktuelle Seite oder eine ebenfalls in der Refresh-Zeile angegeben Seite (neu) zu laden. Es ist in einem solchen Szenario möglich, dass mehrere Aufträge gleichzeitig laufen. Um sicherzustellen, dass der Status des eigenen Auftrags abgefragt wird, sollte man auch für diesen Fall Sessions oder Cookies einsetzen.

In **Listing 7.12**, **Listing 7.13** und **Listing 7.14** wird das Sleep-Beispiel aus **Listing 7.3** in der soeben skizzierten Weise realisiert. Das Servlet aus **Listing 7.12** dient zum Abrufen des Formulars, mit dem die Laufzeit des Auftrags angegeben werden kann, der mit Sleep simuliert wird. Die Reaktion auf das Absenden des ausgefüllten Formulars erfolgt dann auch in diesem Servlet. Es wird ein Thread des Typs SleepingThread (s. **Listing 7.13**) gestartet, eine Session erzeugt und in dieser Session wird eine Referenz auf das Thread-Objekt abgelegt. Ferner wird eine HTML-Seite produziert, die besagt, dass die Bearbeitung des Auftrags begonnen hat. Diese Seite wird nur 2 Sekunden angezeigt. Danach lädt der Browser automatisch eine weitere Seite, die durch das Servlet aus **Listing 7.14** produziert wird und die den aktuellen Stand der Bearbeitung anzeigt; wir nehmen dabei an, dass dieses zweite Servlet unter dem Namen „SchlafenAbfragen" erreichbar ist.

Listing 7.12:

```
import java.io.*;
import javax.servlet.*;
import javax.servlet.http.*;

public class SleepingSessionServlet extends HttpServlet
{
    protected void doGet(HttpServletRequest request,
                    HttpServletResponse response)
        throws IOException, ServletException
```

```
    {
        response.setContentType("text/html");
        PrintWriter out = response.getWriter();
        out.println("<html>");
        out.println("<head>");
        out.println("<title>Schlafen mit Abfragen</title>");
        out.println("</head>");
        out.println("<body>");
        out.println("<h1>Schlafen mit Abfragen</h1>");

        String secsString = request.getParameter("Sekunden");
        if(secsString != null)
        {
            try
            {
                int secs = Integer.parseInt(secsString);
                if(secs < 0)
                {
                    throw new NumberFormatException();
                }
                SleepingThread t = new SleepingThread(secs);
                t.start();
                HttpSession session = request.getSession(true);
                session.setMaxInactiveInterval(10);
                session.setAttribute("SleepingThread", t);
                response.setHeader("Refresh", "2; URL=SchlafenAbfragen");
                out.println("<b>Der Auftrag wurde gestartet!</b>");
                out.println("<p>");
                out.println("Sie werden automatisch weitergeleitet ...");
                out.println("</body>");
                out.println("</html>");
                return;
            }
            catch(NumberFormatException e)
            {
                out.println("Es muss eine nicht negative Zahl "
                        + "eingegeben werden.");
            }
        }

        out.println("<h2>GET-Formular");
        out.println("<form method=\"get\">");
        out.println("<input name=\"Sekunden\">");
        out.println("<input type=\"submit\" value=\"Los!\">");
        out.println("</form>");

        out.println("<h2>POST-Formular");
        out.println("<form method=\"post\">");
        out.println("<input name=\"Sekunden\">");
        out.println("<input type=\"submit\" value=\"Los!\">");
        out.println("</form>");

        out.println("</body>");
        out.println("</html>");
    }
    protected void doPost(HttpServletRequest request,
                    HttpServletResponse response)
            throws IOException, ServletException
    {
        doGet(request, response);
    }
}
```

Listing 7.13:

```
class SleepingThread extends Thread
{
```

```
        private int secs;
        private String message;

        public SleepingThread(int secs)
        {
            this.secs = secs;
        }

        public void run()
        {
            try
            {
                Thread.sleep(secs * 1000);
                message = "Es wurde " + secs
                        + " Sekunden geschlafen.";
            }
            catch(InterruptedException e)
            {
                message = "Es gab Probleme beim Schlafen.";
            }
        }

        public String getMessage()
        {
            return message;
        }
}
```

Das Servlet aus **Listing 7.14** dient zum Abfragen, wie weit die Bearbeitung des Auftrags fortgeschritten ist. Die Abfrage erfolgt in diesem Fall durch die Methode isAlive der Thread-Klasse. Falls der Auftrag noch läuft, wird eine entsprechende Meldung ausgegeben und der Browser wird aufgefordert, nach 5 Sekunden dasselbe Servlet nochmals zu aktivieren (in diesem Fall fehlt in der Refresh-Zeile die Angabe der URL). Falls der Auftrag beendet ist, wird die Methode join aufgerufen. Dies erscheint auf den ersten Blick unnötig, da man ja schon weiß, dass der Thread zu Ende gelaufen ist. Weil der Zugriff auf das vom Thread errechnete Ergebnis (hier simuliert durch das Attribut message) in nicht synchronisierter Weise erfolgt, garantiert der Aufruf von join, dass es keinen negativen Effekt gibt, der im Zusammenhang mit volatile (s. Abschnitt 2.3.5) erläutert wurde. Im Abschnitt 2.3.6 wird explizit darauf eingegangen, dass man mit join diesen Effekt verhindern kann. In dem Servlet wird im Falle der Beendigung des Auftrags ein Link auf das Servlet aus **Listing 7.12** erzeugt, wobei hierbei angenommen ist, dass dieses Servlet unter dem Namen „SchlafenSitzung" abrufbar ist. Außerdem wird in diesem Fall die Session durch Aufruf der Methode invalidate gelöscht.

Listing 7.14

```
import java.io.*;

import javax.servlet.*;
import javax.servlet.http.*;

public class SleepingPollingSessionServlet extends HttpServlet
{
    protected void doGet(HttpServletRequest request,
                    HttpServletResponse response)
            throws IOException, ServletException
    {
        response.setContentType("text/html");
        PrintWriter out = response.getWriter();
```

```java
            out.println("<html>");
            out.println("<head>");
            out.println("<title>Schlafen mit Abfragen</title>");
            out.println("</head>");
            out.println("<body>");
            out.println("<h1>Schlafen mit Abfragen</h1>");

            HttpSession session = request.getSession(false);
            if(session != null)
            {
                SleepingThread t;
                t = (SleepingThread) session.getAttribute("SleepingThread");
                if(t != null)
                {
                    if(t.isAlive())
                    {
                        out.println("Der Auftrag ist noch nicht beendet!");
                        response.setHeader("Refresh", "5");
                    }
                    else
                    {
                        out.println("<b>Der Auftrag ist beendet!</b>");
                        out.println("<p>");
                        try
                        {
                            t.join();
                        }
                        catch(InterruptedException e)
                        {
                        }
                        out.print("Das Ergebnis lautet: " + t.getMessage());
                        out.println("<p>");
                        out.println("<a "
                            + "href=\"SchlafenSitzung\">Zur&uuml;ck!</a>");
                        session.invalidate();
                    }
                }
                else
                {
                    out.println("Fehler: Der Auftrag ist unbekannt!");
                    out.println("<p>");
                    out.println("<a "
                        + "href=\"SchlafenSitzung\">Zur&uuml;ck!</a>");
                }
            }
            else
            {
                out.println("Fehler: Es gibt keine Sitzung!");
                out.println("<p>");
                out.println("<a href=\"SchlafenSitzung\">Zur&uuml;ck!</a>");
            }

            out.println("</body>");
            out.println("</html>");
    }
}
```

Die Problematik des längeren Wartens steckt auch in so genannten *Wiki-Anwendungen*. Das sind Anwendungen, bei denen mehreren Personen lesender und ändernder Zugriff auf Texte gewährt wird. Man kann einen Text lesen und über einen speziellen Link ein Eingabeformular bekommen, in dem in einem Editorfenster der bisher erstellte Text steht. Dieser kann nun von einem Benutzer beliebig verändert werden. Durch das Absenden des Formulars wird der Text auf den Web-Server übertragen. Wenn auch das Servlet, welches darauf reagiert, den Text in synchronisierter Weise schreibt, so wird dadurch nicht das Problem umgangen, dass mehrere Benutzer den gleichen Ausgangstext abrufen und gleichzeitig

Änderungen an dem Text vornehmen können. Wenn dann die beiden Benutzer ihre Änderungen an den Server abschicken, dann gewinnt derjenige, der dies als Letzter macht; die Änderungen des anderen Benutzers werden einfach überschrieben und sind somit verloren. Abhilfe kann dadurch geschaffen werden, dass man sich merkt, dass ein Benutzer den Text zum Editieren abgerufen hat und ihn als gesperrt auf dem Server kennzeichnet. Wenn nun eine Benutzerin den Text ebenfalls editieren möchte, dann wird sie eine negative Nachricht erhalten. Sie muss dann immer wieder versuchen, den Text abzurufen; ein Warten auf die Freigabe des Textes sollte aus den zu Beginn dieses Abschnitts genannten Gründen eben nicht implementiert werden. Wegen der Zustandslosigkeit des HTTP-Protokolls kann es aber passieren, dass derjenige Benutzer, der den Text zum Editieren abgerufen und damit gesperrt hat, seine Änderungen nie an den Web-Server zurücksendet. Dies würde bewirken, dass der Text immer gesperrt bleibt. Aus diesem Grund muss das Sperren befristet werden. Nun kann es aber passieren, dass ein Benutzer, dessen Sperrfrist abgelaufen ist, den Text doch noch an den Web-Server sendet, obwohl er von einer anderen Benutzerin zum Editieren abgerufen wurde und entsprechend nun für sie gesperrt ist. Um dies zu erkennen, können wieder Sessions oder Cookies eingesetzt werden: Bei jedem Sperren wird eine neue Session bzw. ein neues Cookie erzeugt und an den Browser des Anwenders gesendet. Gleichzeitig wird auf dem Server der Text als gesperrt markiert. Dabei werden auch die Session bzw. das Cookie und die aktuelle Sperrzeit gespeichert. Änderungen am Text werden nur akzeptiert, wenn die HTTP-Anfrage die richtige Session-Kennung bzw. das richtige Cookie vorweist. In diesem Fall wird die Sperre dann freigegeben. Wird ein gesperrter Text ein weiteres Mal zum Editieren angefordert, wird aufgrund der verstrichenen Sperrzeit entschieden, ob eine negative Meldung produziert oder die alte Sperre aufgehoben und durch eine neue ersetzt wird. Die Nutzung von Sperren macht die Nutzung von synchronized dennoch nicht überflüssig.

7.5 Übertragung von Dateien mit Servlets

Dateiübertragungen in einem Client-Server-Umfeld werden in der Regel mit den Begriffen Hochladen (Upload) und Herunterladen (Download) von Dateien bezeichnet. Hier geht man von der Vorstellung aus, dass der Client tiefer und der Server höher positioniert ist. Dementsprechend meint man mit Hochladen das Übertragen einer Datei vom Client zum Server und mit Herunterladen das Übertragen einer Datei vom Server zum Client. In diesem Abschnitt betrachten wir beide Möglichkeiten im Servlet-Umfeld.

7.5.1 Herunterladen von Dateien

Wir beginnen unsere Betrachtung mit dem Herunterladen von Dateien. Dabei handelt es sich um nichts, was wesentlich anders wäre als das, was in den bisherigen Beispielen vorkam. Bisher wurde nämlich immer eine HTML-Seite vom Server zum Client übertragen, wobei die Tatsache, ob die Inhalte der HTML-Seite vom Servlet aus einer Datei gelesen

7.5 Übertragung von Dateien mit Servlets

oder auf andere Weise erzeugt werden, für die jetzige Betrachtung irrelevant ist. Das heißt also: Es wurde bereits besprochen, wie HTML-„Dateien" mittels Servlets heruntergeladen werden können. Wenn also nun andere Dateitypen vom Server zum Client übertragen werden sollen, muss das Servlet lediglich einen anderen Content-Type setzen und einen dazu passenden Inhalt erzeugen. Je nach Dateityp kann der Browser den Inhalt dann direkt in seinem Fenster anzeigen. Oder alternativ öffnet der Browser einen Dialog, mit dem eine Benutzerin auswählen kann, ob sie die Datei abspeichern oder mit einem Programm außerhalb des Browsers öffnen möchte.

In **Listing 7.15** ist der Programmcode eines Servlets gezeigt, das eine „normale" Textdatei erzeugt (Content-Type: text/plain). Das Servlet wird aktiviert, wenn ein Formular (s. **Abbildung 7.6**) mit einem Eingabefeld namens lines ausgefüllt wurde. Darin kann der Benutzer eine (positive) Zahl eingeben, mit der er bestimmt, wie viele Zeilen die erzeugte Textdatei enthalten soll.

Listing 7.15:

```java
import java.io.*;
import javax.servlet.*;
import javax.servlet.http.*;

public class DownloadServlet extends HttpServlet
{
    protected void doGet(HttpServletRequest request,
                         HttpServletResponse response)
        throws IOException, ServletException
    {
        String linesString = request.getParameter("lines");
        int numberOfLines = 0;
        try
        {
            numberOfLines = Integer.parseInt(linesString);
            if(numberOfLines <= 0)
            {
                throw new NumberFormatException();
            }
        }
        catch(NumberFormatException e)
        {
            response.setStatus(HttpServletResponse.SC_BAD_REQUEST);
            response.setContentType("text/html");
            PrintWriter out = response.getWriter();
            out.println("<html>");
            out.println("<head>");
            out.println("<title>Fehler</title>");
            out.println("</head>");
            out.println("<body>");
            out.println("<h3>Der eingegebene Text '" + linesString +
                        "' ist keine positive ganze Zahl.</h3>");
            out.println("</body>");
            out.println("</html>");
            return;
        }

        response.setContentType("text/plain");
        response.setHeader("Content-Disposition",
                           "attachment; filename=\"lines.txt\"");
        PrintWriter out = response.getWriter();
        for(int i = 1; i <= numberOfLines; i++)
        {
            out.println("Zeile " + i);
```

7 Webbasierte Anwendungen mit Servlets und JSP

```
      }
    }
  }
```

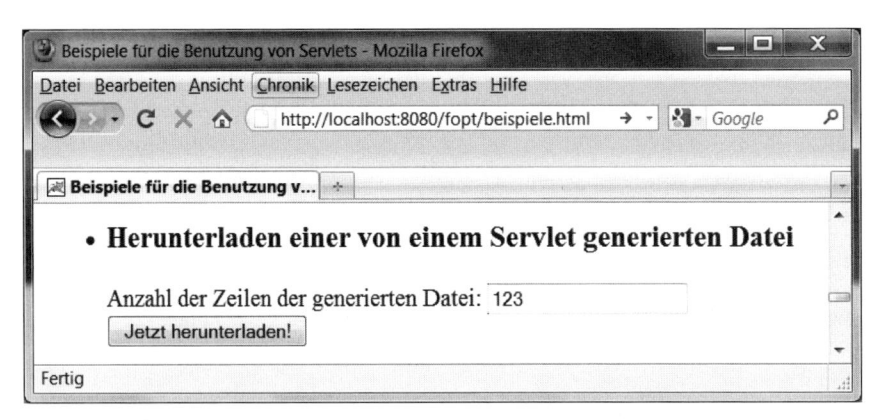

Abbildung 7.6: Formular zur Eingabe der Zeilenzahl der zu erzeugenden Datei

Nach einer korrekten Eingabe (wie dies im Beispiel aus **Abbildung 7.6** der Fall ist) öffnet der Browser beispielsweise den in **Abbildung 7.7** gezeigten Dialog, mit dem man auswählen kann, ob die Datei gespeichert oder mit einem Programm wie einem einfachen Texteditor geöffnet werden soll. Falls keine korrekte Eingabe erkannt wird, produziert das Servlet eine Fehlerseite.

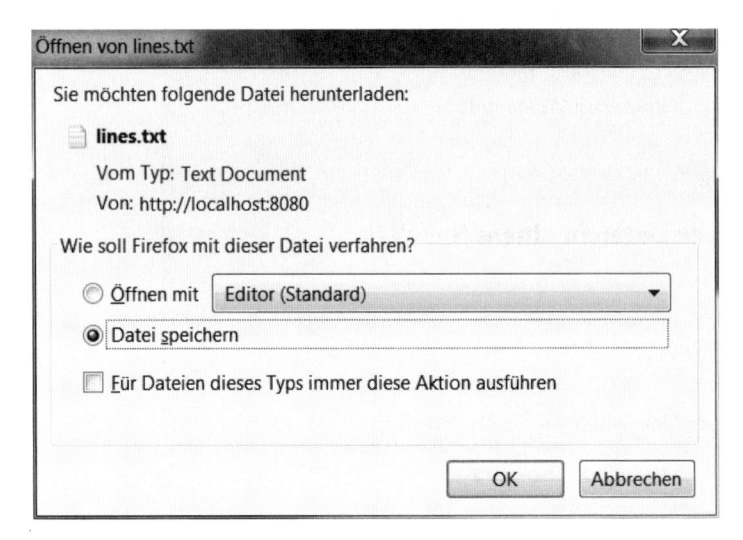

Abbildung 7.7: Firefox-Dialog zum Auswählen, ob Datei geöffnet oder gespeichert werden soll

Für andere Dateitypen wie etwa PDF, PNG, JPG oder Excel ist das Vorgehen prinzipiell gleich. In diesem Fall ist es in der Regel jedoch etwas aufwändiger, dazu passenden Inhalt zu erzeugen. Jedoch gibt es hierzu für viele Formate entsprechende Klassenbibliotheken, die die Entwicklerinnen dabei unterstützen.

7.5.2 Hochladen von Dateien

Um Dateien hochladen zu können, benötigt man in einem Formular ein spezielles Eingabefeld, mit dem man eine Datei auf dem lokalen Dateisystem des Clients angeben kann:

```
<input name="..." type="file"/>
```

Das folgende Formular ist ein Eingabeformular, in dem man seinen Vornamen und seinen Nachnamen eingeben sowie eine Datei, die den Lebenslauf enthalten soll, hochladen kann:

```
<form method="post" enctype="multipart/form-data"
action="Hochladen">
<p>Vorname: <input name="vorname" type="text"/></p>
<p>Nachname: <input name="nachname" type="text"/></p>
<p>Lebenslauf: <input name="lebenslauf" type="file"/></p>
<p><input type="submit" value="Jetzt hochladen!"/></p>
</form>
```

Entscheidend ist neben dem Eingabefeld des Typs „file" auch, dass im Form-Tag als Codierungsart (enctype) „multipart/form-data" angegeben wird. **Abbildung 7.8** zeigt, wie das Formular in einem Browser dargestellt wird. Durch das Drücken auf den Button „Durchsuchen..." erhält man einen Dialog wie allgemein üblich beim Öffnen von Dateien. Mit Hilfe dieses Dialogs kann man sich durch das lokale Dateisystem hangeln und eine Datei auswählen. Der Button „Durchsuchen..." muss nicht gesondert angegeben werden, sondern er kommt mit dem Eingabefeld des Typs „file" automatisch mit.

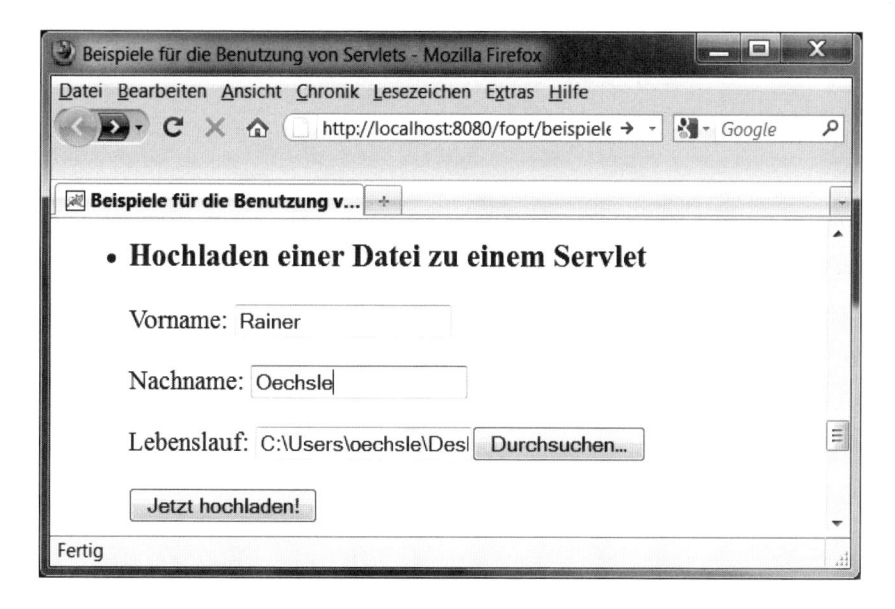

Abbildung 7.8: Formular mit der Möglichkeit, eine Datei zum Hochladen auszuwählen

Das Servlet, welches auf das Absenden des Formulars reagiert, ist das Servlet Upload in **Listing 7.16**. Es verarbeitet die eingehenden Daten nicht, sondern zeigt lediglich zur Demonstration an, welche Daten angekommen sind.

Listing 7.16:

```java
import java.io.*;
import java.util.*;
import javax.servlet.*;
import javax.servlet.http.*;

public class UploadServlet extends HttpServlet
{
    protected void doPost(HttpServletRequest request,
                    HttpServletResponse response)
            throws IOException, ServletException
    {
        response.setContentType("text/html");
        PrintWriter out = response.getWriter();
        out.println("<html>");
        out.println("<head>");
        out.println("<title>Antwort auf Hochladen" + "</title>");
        out.println("</head>");
        out.println("<body>");
        out.println("<h1>Antwort auf Hochladen</h1>");
        out.println("<h3>Folgende Kopffelder sind " +
                    "angekommen:</h3>");
        out.println("<xmp>");

        Enumeration<?> headers = request.getHeaderNames();
        while(headers.hasMoreElements())
        {
            String header = (String) headers.nextElement();
            String hvalue = request.getHeader(header);
            out.println(header + ": " + hvalue);
        }
        out.println("</xmp>");

        out.println("<h3>Folgende Daten sind " + "angekommen:</h3>");
        out.println("<xmp>");
        BufferedReader br = **request.getReader()**;
        String line;
        while((line = br.readLine()) != null)
        {
            out.println(line); // --> Ausgabe der Datei
        }
        out.println("</xmp>");
        out.println("</body></html>");
    }
}
```

Wie man dem Programmcode entnehmen kann, werden zuerst alle Kopffelder ausgelesen, deren Wert bestimmt und diese Daten in die erzeugte HTML-Seite übernommen. Im zweiten Teil des Servlets wird auf den Parameter request die Methode getReader angewendet, welche einen BufferedReader zurückliefert. Dies ist ganz analog zum Aufruf von getWriter auf den Parameter response. Wie man über den dadurch benutzbaren PrintWriter auf den Datenteil der HTTP-Antwort schreibend zugreifen kann, so kann man über den BufferedReader den Datenteil der HTTP-Anfrage zeilenweise lesen. Die durch das Demo-Servlet gelesenen Daten werden einfach in die produzierte HTML-Antwortseite geschrieben. Ein Beispiel einer solchen Antwortseite zeigt **Abbildung 7.9**. Wie man sieht, werden die drei Teile des Eingabeformulars durch eine spezielle Zeichenkette, die mit vielen „-" beginnt, voneinander getrennt. Diese Zeichenkette wird im Kopfteil der HTTP-Anfrage in der Zeile „content-type" als „boundary" bekannt gegeben. Der Content-Type ist übrigens – wie im Formular eingestellt – als „multipart/form-data" angegeben. Jeder der drei Teile, die durch die spezielle Zeichenkette voneinander getrennt sind, hat wiederum das Format: beliebig viele Kopfzeilen – Leerzeile – Datenteil. Die Kopfzeilen enthalten immer den Namen des jeweiligen Eingabefelds. Im dritten Teil ist außerdem noch der Dateiname der hochgeladenen Datei sowie in einer weiteren Kopfzeile der Typ der Datei („text/plain") erkennbar. Nach der Leerzeile folgt der Inhalt der Datei.

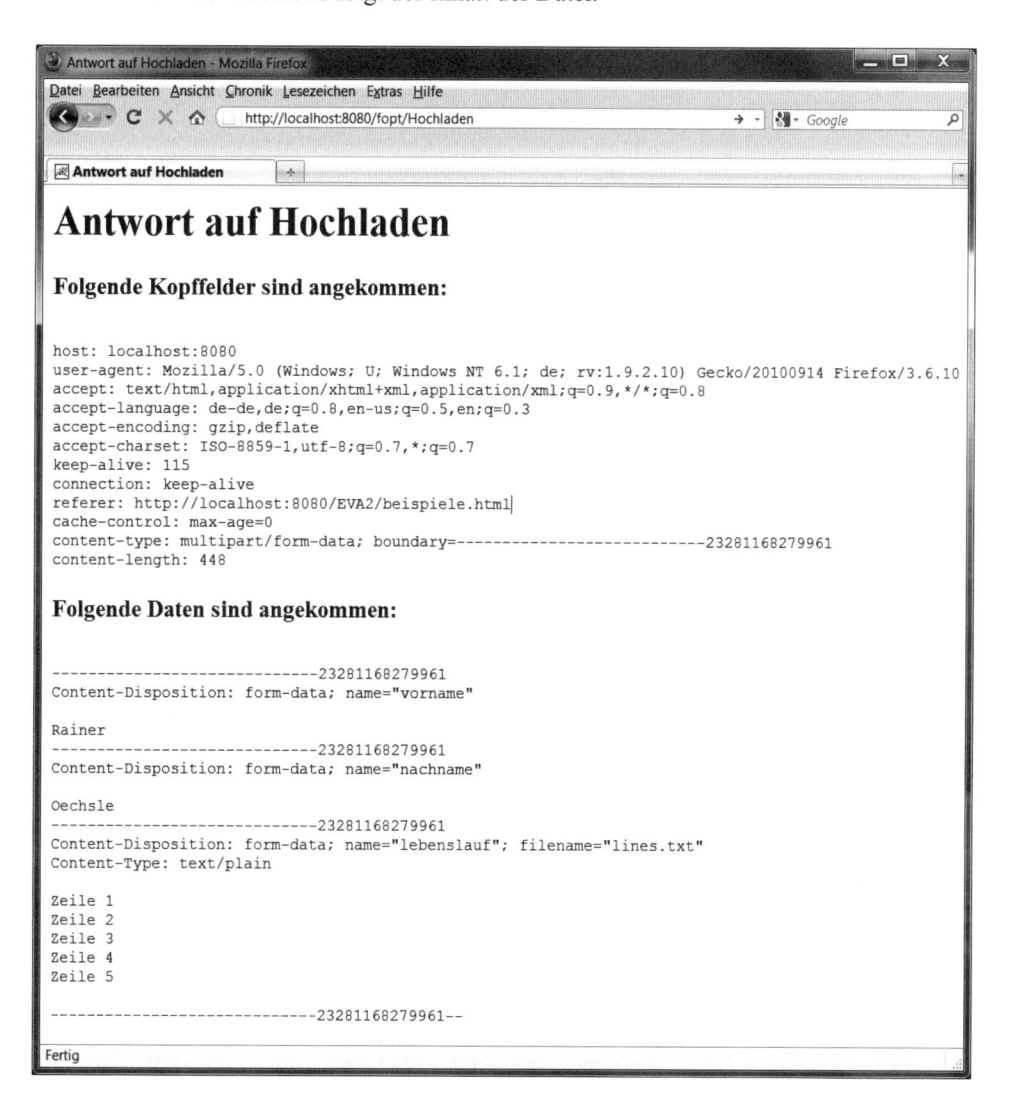

Abbildung 7.9: Antwortseite des Upload-Servlets

Will man die Daten verarbeiten, müssen die gezeigten Eingabedaten, die man über den BufferedReader liest, entsprechend analysiert werden, was einen gewissen Aufwand verursacht. Es gibt aber frei verfügbare Klassen, die das Parsen der Eingabedaten unterstützen und den Programmierern dabei viel Arbeit abnehmen.

7.6 JSP (Java Server Pages)

Bei Servlets wird HTML-Text in Java-Code eingebettet. Bei größeren Web-Seiten kann dies lästig und unübersichtlich werden. Man muss den HTML-Text als String-Argumente der Methode println angeben. Dadurch können keine HTML-Editoren zur Erstellung des HTML-Textes verwendet werden. Durch *JSP (Java Server Pages)* wird das Servlet-Prinzip „HTML in Java" umgekehrt; eine JSP-Seite ist eine HTML-Seite, in die Java-Code eingestreut werden kann, also „Java in HTML".

JSP-Seiten unterscheiden sich von Servlets allerdings nur in der Notation; aus einer JSP-Seite wird beim ersten Ansprechen der Seite ein Servlet erzeugt. Aus diesem Grund dauert der erste Aufruf einer JSP-Seite etwas länger, denn immerhin passiert Folgendes beim ersten Aufruf: Aus dem JSP-Text wird eine Java-Quellcode-Datei generiert, diese Datei wird übersetzt, die übersetzte Datei wird geladen, ein Servlet-Objekt dieser Klasse wird erzeugt, die Init-Methode wird aufgerufen und schließlich wird durch Aufruf der Methode doGet oder doPost die Antwortseite erzeugt. Wie bei selbst geschriebenen Servlets bleibt das Servlet-Objekt erhalten. Wenn die JSP-Seite geändert wird, dann wird die Neuerzeugung der Servlet-Klasse und des Servlet-Objekts allerdings automatisch vom Tomcat-Web-Server angestoßen, ohne dass der Entwickler die Standardkonfiguration ändern oder die Anwendung explizit neu laden müsste, wie dies bei den Servlets der Fall war.

Eine JSP-Seite ist im Grunde eine HTML-Seite mit eingestreutem Java-Code. Die Datei, welche den JSP-Text beinhaltet, hat die Endung .jsp. Sie muss in keinem bestimmten Verzeichnis innerhalb des Web-Anwendungsverzeichnisses abgelegt werden (wie z.B. die Class-Dateien in WEB-INF/classes). Die JSP-Dateien können also z.B. direkt in dem Verzeichnis der Web-Anwendung, das sich bei Tomcat innerhalb des Verzeichnisses webapps befindet, gespeichert werden.

JSP bietet einige neue syntaktische Elemente, die im Folgenden überblicksartig erläutert werden.

7.6.1 Scripting-Elemente

Java-Code kann durch so genannte *JSP-Scriptlets* (mit <% und %> geklammerter Code) in den HTML-Text eingestreut werden. Der so geklammerte Code muss dabei keine vollständige Java-Anweisung sein, sondern der Java-Code kann in dem bzw. den folgenden JSP-Scriptlets fortgesetzt werden. Ein Beispiel hierfür ist in **Listing 7.17** zu finden.

Listing 7.17:

```
<html>
<body>
Ich w&uuml;nsche Ihnen einen
<% if(Math.random() < 0.5) { %>
wundersch&ouml;nen
<% } else { >%
herrlichen
<% } %>
```

```
Tag.
</body>
</html>
```

Der obige Ausschnitt wirkt auf den ersten Blick vielleicht etwas befremdlich. Wenn man sich aber klar macht, dass im Prinzip eine JSP-Seite der Form

```
Zeile 1
<% Java-Code1 %>
Zeile 2
<% Java-Code2 %>
Zeile 3
```

in ein Servlet der Form

```
public class XyzServlet extends HttpServlet
{
    protected void doGet(HttpServletRequest request,
                        HttpServletResponse response)
            throws IOException, ServletException
    {
        response.setContentType("text/html");
        PrintWriter out = response.getWriter();
        out.println("Zeile 1");
        Java-Code1
        out.println("Zeile 2");
        Java-Code2
        out.println("Zeile 3");
    }
    protected void doPost(HttpServletRequest request,
                          HttpServletResponse response)
            throws IOException, ServletException
    {
        doGet(request, response);
    }
}
```

übersetzt wird, dann wird das obige Beispiel verständlich.

Die folgenden Parameter und lokalen Variablen können in den Scriptlets ohne vorherige Deklaration verwendet werden:

- request: erster Parameter der Methode doGet bzw. doPost vom Typ HttpServlet-Request;

- response: zweiter Parameter der Methode doGet bzw. doPost vom Typ HttpServlet-Response;

- out: Ausgabestrom vom Typ JspWriter (kann wie PrintWriter mit print und println benutzt werden, um in den Datenteil der HTTP-Antwort zu schreiben);

- session: HttpSession-Objekt, das mit getSession vom Parameter request geliefert wird;

- application: ServletContext, der von this.getServletContext() zurückgegeben wird.

Damit ist z.B. eine Abfrage von Formulardaten in einfacher Weise möglich:

```
<% if(request.getParameter("Eile") != null) { %>
<b>Sie haben eine Eilbestellung aufgegeben!</b>
<% } %>
```

Zur vereinfachten Formulierung von Ausgaben der Art

```
<% out.println("i = " + i); %>
```

(i sei z.B. eine initialisierte, lokale Variable) kann statt eines JSP-Scriptlets auch ein *JSP-Ausdruck* in einer JSP-Seite benutzt werden (geklammert durch <%= und %>):

```
<%= "i = " + i %>
```

oder

```
i = <%= i %>
```

Das heißt: Durch das zusätzliche Gleichheitszeichen kann man sich das „out.println(...)" ersparen.

Mit den bisher besprochenen JSP-Scriptlets und -Ausdrücken kann nur Java-Code innerhalb der Servlet-Methode angegeben werden. Wenn man aber Hilfsmethoden oder Attribute wie z.B. beim Zählerbeispiel aus Abschnitt 7.3.2 benötigt, kann das mit den bisherigen Sprachmitteln nicht ausgedrückt werden. Dazu dienen so genannte *JSP-Deklarationen*, die durch <%! und %> geklammert werden. Während man also mit

```
<% int local; %>
```

eine lokale Variable vereinbart, der in Java bekanntlich vor der ersten lesenden Nutzung ein Wert zugewiesen worden sein muss, definiert man mit

```
<%! int attribute; %>
```

ein Attribut, das in Java immer automatisch mit 0 initialisiert ist.

Eine JSP-Seite, welche die Anzahl der Zugriffe zählt, erhält man also z.B. durch die JSP-Seite aus **Listing 7.18**.

Listing 7.18:

```
<html>
<body>
<%! private int accessCount; %>
Diese Seite wird zum <%= ++accessCount %>. Mal besucht.
</html>
```

7.6.2 Direktiven

Mit den soeben beschriebenen Scripting-Elementen kann nur Java-Code innerhalb der erzeugten Java-Klasse beschrieben werden. Andere Aspekte wie z.B. Java-Import-Anweisungen können damit nicht formuliert werden. Dazu dienen die so genannten *Direktiven*, die eher statischer Natur sind und im Allgemeinen folgende Form haben:

```
<%@ Direktivenname name1="wert1" name2="wert2" ... %>
```

Die wichtigste Direktive ist die *Page-Direktive*, mit der u.a. Java-Import-Anweisungen formuliert werden können:

```
<%@ page import="java.util.*, java.net.*" %>
```

Standardmäßig wird beim Aufruf einer JSP-Seite immer eine Session erzeugt, falls es noch keine gibt. Dies kann mit Hilfe der Page-Direktive abgeschaltet werden:

```
<%@ page session="false" %>
```

Auf die Beschreibung weiterer Möglichkeiten der Page-Direktive wird hier verzichtet. Stattdessen seien noch zwei weitere Direktiven erwähnt: Mit der *Include-Direktive* kann eine Datei angegeben werden, deren Inhalt in statischer Weise (d.h. zum Zeitpunkt, zu dem aus der JSP-Seite ein Servlet generiert wird) die Include-Direktive ersetzt:

```
<%@ include file="/kopfzeile.html" %>
```

Mit der *Taglib-Direktive* kann eine Tag-Bibliothek angegeben werden, in der neue Tags definiert werden, die dann in der JSP-Seite benutzt werden können.

7.6.3 Aktionen

Aktionen sind „syntaktischer Zucker". Das heißt: Sie bieten einige Vereinfachungen, könnten aber auch mit Hilfe von JSP-Scriptlets ausgedrückt werden. So stehen die *Include- und Forward-Aktionen* für die entsprechenden Methodenaufrufe eines *RequestDispatchers*. Damit kann von einem Servlet bzw. einer JSP-Seite ein anderes Servlet bzw. eine andere JSP-Seite aufgerufen werden. Include dient dazu, dass Ausgaben von einem anderen Servlet bzw. einer anderen JSP-Seite dynamisch in die laufende JSP-Seite eingefügt wird. Das heißt, die Ausgaben vor und nach der Include-Anweisung sind in der ausgegebenen Seite enthalten. Dagegen ist die Idee von Forward, dass die komplette Erzeugung der Ausgabe an ein anderes Servlet bzw. an eine andere JSP-Seite delegiert wird. Gab es schon Ausgaben vor der Forward-Aktion und diese wurden noch nicht zur Übertragung an den Client freigegeben, so sind diese Ausgaben einfach verloren. Wurden sie dagegen schon zur Übertragung an den Client freigegeben, so erzeugt die Forward-Aktion eine Ausnahme. Ausgaben, die der Forward-Aktion folgen, werden ignoriert. Das heißt also, dass alle Ausgaben ausschließlich von dem Servlet bzw. von der JSP-Seite erzeugt werden, an die mit Forward weitergeleitet wird.

Die JSP-Forward-Aktion wird z.B. so formuliert:

```
<jsp:forward page="otherPage.jsp"/>
```

Diese Anweisung steht für folgenden Code, der ohne die Klammerung durch <% und %> auch in jedem Servlet stehen könnte:

```
<%
  RequestDispatcher disp = request.getRequestDispatcher("otherPage.jsp");
  disp.forward(request, response);
%>
```

Die JSP-Include-Aktion ist syntaktisch ähnlich; sowohl in der Formulierung als JSP-Aktion als auch in der Ersatzformulierung muss forward durch include ersetzt werden. Da Servlet-Objekte durch den Web-Server erzeugt werden, hat man in einem Servlet bzw. einer JSP-Seite keine Referenz auf ein anderes Servlet bzw. eine andere JSP-Seite. Mit Include und Forward ruft man durch die Angabe einer URL ein anderes Servlet bzw. eine andere JSP-Seite auf bzw. delegiert die weitere Verarbeitung an diese.

Im Vergleich zu dem Include aus Abschnitt 7.6.2 ist das hier diskutierte Include ein dynamisches Include, das zur Laufzeit ausgewertet wird. Auf diese Art können Servlets und JSP-Seiten zusammenwirken, ohne dass dabei die Client-Seite (d.h. der Browser und die Benutzerin) davon etwas mitbekommt (d.h. die im Browser angezeigte URL ist die ursprünglich angeforderte URL, nicht diejenige, an die delegiert wurde). Im Gegensatz dazu steht die Refresh-Aufforderung mit Angabe einer URL, von der in **Listing 7.12** (Abschnitt 7.4.4) Gebrauch gemacht wurde. Hier wird der Browser aufgefordert, eine neue URL zu laden, was dann auch durch die angezeigte URL widergespiegelt wird. Eine Alternative zu diesem Refresh ist übrigens die Verwendung der Methode *sendRedirect* des Response-Parameters. In diesem Fall wird in der HTTP-Antwort statt der Statuscodes 200 der Statuscode 302 („Moved Temporarily") mit der Angabe einer neuen URL zurückgegeben, auf die der Browser seine Anforderung umlenken soll (Zeile „Location" im Kopfteil). Über das Zusammenwirken von Servlets und JSP-Seiten folgen im nächsten Abschnitt 7.7 noch einige Anmerkungen.

Eine weitere Gruppe von JSP-Aktionen betreffen *Beans* (nicht zu verwechseln mit Enterprise Java Beans). Ein Bean ist ein Objekt einer beliebigen Klasse, das aus keiner bestimmten Klasse abgeleitet werden und keine bestimmte Schnittstelle implementieren muss. Die einzige Forderung ist, dass ein Bean einen parameterlosen Konstruktor besitzen muss. Häufig haben Beans noch Getter- und Setter-Methoden; dies ist aber nicht unbedingt erforderlich. Die Klasse Counter aus **Listing 7.4** kann somit auch als Bean gesehen werden, da es einen parameterlosen Konstruktor gibt. Mit der *UseBean-Aktion* wird ein Bean-Objekt in einer JSP-Seite vereinbart:

```
<jsp:useBean id="..." class="..." scope="..."/>
```

Id ist ein beliebiger Bezeichner, über den das Bean im Folgenden identifiziert werden kann. Class ist die Java-Klasse. *Scope* bedeutet Geltungsbereich und muss als Wert eine der folgenden vier Möglichkeiten haben:

- scope="page": Dies entspricht einfach dem Erzeugen eines Objekts der angegebenen Klasse und dem Abspeichern der Referenz in einer lokalen Variable:

```
<jsp:useBean id="counter" class="Counter" scope="page"/>
```

steht für

```
<%
  Counter counter = new Counter();
%>
```

- scope="request": Der Request-Parameter der Methoden doGet und doPost besitzt wie der ServletContext und Session-Objekte die Methoden setAttribute, getAttribute und removeAttribute zum Abspeichern, Abfragen und Löschen von Attributen. Das Ablegen von Attributen im Request-Parameter macht nur Sinn im Zusammenhang mit Include und Forward. Damit können im Request-Parameter Daten von einem Servlet bzw. einer JSP-Seite an ein anderes Servlet bzw. eine andere JSP-Seite übergeben werden. Die UseBean-Aktion mit dem Geltungsbereich "request" versucht zunächst, ein Objekt mit dem angegebenen Namen aus dem Request-Objekt auszulesen. Wenn dies nicht gelingt, wird ein neues Objekt erzeugt und unter diesem Namen im Request-Objekt abgelegt.

    ```
    <jsp:useBean id="counter" class="Counter" scope="request"/>
    ```

    steht für

    ```
    <%
      Counter counter = (Counter)request.getAttribute("counter");
      if(counter == null)
      {
          counter = new Counter();
          request.setAttribute("counter", counter);
      }
    %>
    ```

- scope="session": Die Bedeutung ist ähnlich wie zuvor, nur dass hier das Bean-Objekt im Session-Objekt gesucht bzw. abgelegt wird.

    ```
    <jsp:useBean id="counter" class="Counter" scope="session"/>
    ```
    steht für

    ```
    <%
      HttpSession session = request.getSession(true);
      Counter counter = (Counter)session.getAttribute("counter");
      if(counter == null)
      {
          counter = new Counter();
          session.setAttribute("counter", counter);
      }
    %>
    ```

- scope="application": Die Bedeutung ist ähnlich wie zuvor, nur dass hier das Bean-Objekt im ServletContext gesucht bzw. abgelegt wird.

    ```
    <jsp:useBean id="counter" class="Counter" scope="application"/>
    ```

    steht für

    ```
    <%
      ServletContext application = getServletContext();
      Counter counter = (Counter)application.getAttribute("counter");
      if(counter == null)
      {
          counter = new Counter();
          application.setAttribute("counter", counter);
      }
    %>
    ```

Da Beans in der Regel Getter- und Setter-Methoden haben, existieren entsprechende Aktionen zum Aufruf dieser Methoden. Angenommen, es gebe eine Klasse Person mit den Methoden getAge und setAge zum Lesen und Setzen des Alters. Ferner sei über eine Use-Bean-Aktion ein Objekt der Klasse Person mit der Id „author" angelegt. Dann kann mit

```
<jsp:setProperty name="author" property="age" value="53"/>
```

das Attribut Age auf 53 gesetzt werden. Die Aktion entspricht folgendem JSP-Scriptlet:

```
<%
  author.setAge(53);
%>
```

Falls value in der *SetProperty-Aktion* weggelassen wird, dann wird der Wert durch Aufruf der Methode getParameter auf den Request-Parameter mit dem String-Argument „age" gewonnen, wobei in diesem Fall auch eine automatische Transformation von String nach int erfolgt. Sollte das Feld in den Formulardaten nicht auch zufällig „age" heißen, sondern z.B. „alter", kann dies durch param in der Set-Property-Aktion angegeben werden:

```
<jsp:setProperty name="author" property="age" param="alter"/>
```

In diesem Fall wird der zu setzende Wert durch einen Aufruf von getParameter mit dem String-Argument „alter" ermittelt. Es macht keinen Sinn, sowohl value als auch param anzugeben. Als Property kann auch „*" vorkommen (weder mit value noch mit param):

```
<jsp:setProperty name="author" property="*"/>
```

Dies bedeutet, dass alle Methoden der Form setXyz auf dem Objekt author aufgerufen werden, für die getParameter mit dem String „xyz" einen Wert liefert. Die Methode setXyz wird dann mit diesem Wert als Argument (eventuell nach einer erfolgten Datentyptransformation) aufgerufen.

Das Pendant zur SetProperty-Aktion ist die *GetProperty-Aktion*. Damit wird der Wert eines Bean-Attributs gelesen und in die Ausgabe geschrieben:

```
<jsp:getProperty name="author" property="age"/>
```

entspricht

```
<%= author.getAge() %>
```

7.7 MVC-Prinzip mit Servlets und JSPs

Als Motivation für JSP wurde zu Beginn des Abschnitts 7.6 erläutert, dass es sehr mühsam und unübersichtlich ist, viel HTML-Text in einem Java-Servlet-Programm einzubetten. Das Umgekehrte gilt aber auch: Viele Java-Code-Einstreuungen in einer JSP-Seite tragen nicht gerade zur guten Lesbarkeit bei. Die Stärken der beiden Arten zur Erzeugung dynamischer Web-Seiten sind:

- Servlets sind besonders gut geeignet zur Verarbeitung der Eingabedaten (in der Regel sind dies die von den Benutzern in ein Formular eingetragenen Daten). Dies umfasst typischerweise die Prüfung der Daten auf Vollständigkeit und Gültigkeit und bei positivem Resultat die Veränderung anwendungsspezifischer Daten. In dem einfachen Zählerbeispiel war dies die Erhöhung oder das Zurücksetzen eines Zählers, der global für alle Benutzer der Anwendung oder für jeden Benutzer separat existierte. In einem realitätsnaheren Beispiel eines Web-Shops könnten hier der pro Benutzer vorhandene Warenkorb oder Benutzerstammdaten verändert werden.

- JSP-Seiten sind besonders gut geeignet zum Erzeugen von HTML-Text. Dabei werden in der Regel auch anwendungsglobale oder pro Benutzer vorhandene Daten ausgegeben (im Web-Shop-Beispiel z.B. können die vorhandenen Waren oder der Warenkorb der aktuellen Benutzerin angezeigt werden). Falls die Eingabe fehlerhaft war, so wird in vielen Anwendungen das Formular nochmals angezeigt, wobei die schon eingegebenen Daten wieder angezeigt werden (eventuell mit einem Kommentar versehen), um die komplette Neueingabe den Nutzern zu ersparen. Das bedeutet, dass die JSP-Seite nicht nur lesend auf Daten zugreift, deren Geltungsbereich die gesamte Anwendung oder die aktuelle Sitzung ist, sondern auch auf Daten, die nur für die aktuelle HTTP-Anfrage gültig sind.

Daraus folgt, dass weder Servlets noch JSP-Seiten allein ideal sind, sondern dass die Kombination beider Techniken anzustreben ist:

- Da die Servlets die Eingabedaten verarbeiten und somit aufgrund einer Benutzeraktion aktiviert werden, kann man sie auch als Controller im Rahmen des MVC-Modells (s. Abschnitt 4.2) sehen.

- Die Daten, auf die in der Regel schreibend von den Servlet-Controllern zugegriffen wird, haben unterschiedliche Geltungsbereiche (die aktuelle HTTP-Anfrage, die aktuelle Sitzung oder die gesamte Anwendung). Je nach Geltungsbereich werden diese Daten im Request-, Session- oder ServletContext-Objekt verankert. Ihre Gesamtheit kann als die Modellkomponente der Anwendung aufgefasst werden. Es sei daran erinnert, dass der Zugriff auf Daten mit den Geltungsbereichen gesamte Anwendung und aktuelle Sitzung synchronisiert erfolgen sollte (s. hierzu 7.3.3 und 7.4.1). Wenn keine zusätzlichen Threads gestartet werden, muss jedoch der Zugriff auf Daten mit einem Geltungsbereich, der sich auf die aktuelle HTTP-Anfrage beschränkt, nicht synchronisiert werden. In vielen Web-Anwendungen werden alle oder ein Teil der Daten der Modellkomponente zusätzlich in einer Datenbank gehalten.

- Die JSP-Seiten schließlich, welche für die Darstellung zuständig sind, stellen die View-Komponente dar. Das Zusammenwirken zwischen den Controllern und den Views erfolgt in diesem Fall nicht indirekt über das Modell, sondern durch ein explizites Forward an die „richtige" JSP-Seite. In **Abbildung 7.10** ist das soeben Gesagte in einer Grafik zusammengefasst.

Wieder greifen wir auf unser Zähler-Beispiel zurück, um das soeben erläuterte MVC-Prinzip mit Hilfe eines Beispiels zu illustrieren. Um auch beispielhaft zu zeigen, wie unsere

Anwendung auf falsche Eingaben reagiert, soll man über den Web-Browser den Zähler nicht nur zurücksetzen und erhöhen, sondern auch auf einen beliebigen Wert setzen können, der über ein Eingabefeld von einer Benutzerin vorgegeben wird. Die Klasse Counter aus **Listing 7.4** wird zu diesem Zweck um eine Set-Methode erweitert. Wie sich später noch zeigen wird, brauchen wir auch eine Get-Methode, welche den aktuellen Zählerstand zurückliefert. Die beiden neuen Methoden sind wie die beiden vorhandenen Methoden synchronized. Die Angabe des Programmcodes ist dazu sicherlich nicht notwendig. Damit haben wir die Modellkomponente schon programmiert; sie besteht ausschließlich aus der so erweiterten Klasse Counter.

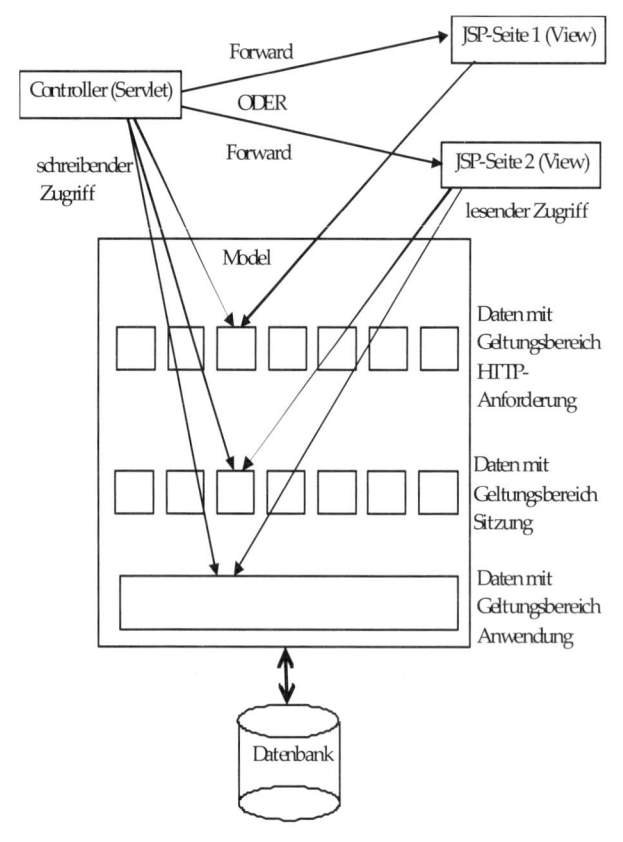

Abbildung 7.10: MVC-Prinzip für webbasierte Anwendungen

Weiterhin werden wir zur Demonstration unterschiedlicher Geltungsbereiche (Scopes) in den Servlets und JSP-Seiten mit drei unterschiedlichen Counter-Objekten arbeiten: je eines für den Geltungsbereich request, session und application.

Über die Web-Seite können alle drei Zähler zurückgesetzt, erhöht oder auf einen beliebigen Wert gesetzt werden. Jede der drei Aktionen wird von einem anderen Servlet behandelt. Diese drei Servlets bilden den Controller-Teil unserer MVC-Web-Anwendung. Da alle drei Servlets sehr ähnlich sind und das Servlet für das Setzen der Zähler auf einen eingegebenen Wert das umfangreichste Servlet ist, ist nur der Programmcode dieses Servlets namens SetControllerServlet (**Listing 7.19**) dargestellt – die Servlets für das Zurücksetzen und Erhöhen sind ähnlich, aber einfacher.

Listing 7.19:

```java
import java.io.*;
import javax.servlet.*;
import javax.servlet.http.*;
import servlets.examples.more.*;

public class SetControllerServlet extends HttpServlet
{
    protected void doGet(HttpServletRequest request,
                    HttpServletResponse response)
        throws IOException, ServletException
    {
        boolean inputOkay = false;
        int newValue = 0;
        String newValueString = request.getParameter("newValue");
        if(newValueString != null)
        {
            try
            {
                newValue = Integer.parseInt(newValueString);
                inputOkay = true;
            }
            catch(NumberFormatException e)
            {
            }
        }
        if(!inputOkay)
        {
            RequestDispatcher dispatcher =
                    request.getRequestDispatcher("/modelError.jsp");
            dispatcher.forward(request, response);
            return;
        }

        Counter requestCounter =
                    (Counter)request.getAttribute("requestCounter");
        if(requestCounter == null)
        {
            requestCounter = new Counter();
            request.setAttribute("requestCounter", requestCounter);
        }
        requestCounter.set(newValue);

        HttpSession session = request.getSession(true);
        Counter sessionCounter =
                    (Counter)session.getAttribute("sessionCounter");
        if(sessionCounter == null)
        {
            sessionCounter = new Counter();
            session.setAttribute("sessionCounter", sessionCounter);
        }
        sessionCounter.set(newValue);

        ServletContext application = getServletContext();
        Counter applicationCounter =
                (Counter)application.getAttribute("applicationCounter");
        if(applicationCounter == null)
        {
            applicationCounter = new Counter();
            application.setAttribute("applicationCounter",
                                    applicationCounter);
```

```
            }
            applicationCounter.set(newValue);

            RequestDispatcher dispatcher =
                        request.getRequestDispatcher("/modelOkay.jsp");
            dispatcher.forward(request, response);
        }
    }
```

Das Servlet geht davon aus, dass in einem Eingabefeld namens newValue der zu setzende Wert als String steht. Falls es einen Parameter dieses Namens nicht gibt oder der String nicht geparst werden kann, wird die Kontrolle an die JSP-Seite modelError.jsp weitergeleitet und das Servlet beendet. Andernfalls wird aus dem Request-Geltungsbereich ein Attribut namens requestCounter gelesen. Falls es dieses nicht gibt, wird ein neues Counter-Objekt erzeugt und unter diesem Namen im Request-Objekt abgelegt. In beiden Fällen hat man im Anschluss ein Counter-Objekt zur Verfügung. Auf dieses wird die Set-Methode mit dem geparsten Eingabewert als Parameter angewendet. Im weiteren Verlauf des Servlets wird dasselbe mit dem Session- und dem Anwendungsgeltungsbereich durchgeführt, wobei als Namen der Attribute sessionCounter und applicationCounter verwendet werden. Zum Schluss wird die Erzeugung der View an die JSP-Seite modelOkay.jsp delegiert.

In **Listing 7.20** und **Listing 7.21** ist die View-Komponente der MVC-Beispielanwendung in Form zweier JSP-Seiten gezeigt. **Listing 7.20** enthält die JSP-Seite modelOkay.jsp, die man zu Beginn aufrufen kann. An diese Seite wird aber auch die Kontrolle vom SetControllerServlet übertragen, falls die Eingabe korrekt war, sowie in jedem Fall vom ResetControllerServlet und dem IncrementControllerServlet. Im oberen Teil der JSP-Seite sieht man drei Aktionen des Typs useBean, wobei jedes Mal die Klasse Counter angegeben wird. Der wesentliche Unterschied besteht aber in den Angaben des Scopes. Im zweiten Teil der JSP-Seite wird dann auf jede der drei zuvor deklarierten Beans die Methode get angewendet und der jeweils zurückgelieferte Wert in die produzierte HTML-Seite geschrieben. Zum Schluss werden drei Formulare erzeugt: eines zum Zurücksetzen, eines zum Erhöhen und eines zum Setzen aller Zähler. Nur das letzte Formular hat ein Eingabefeld, das den Namen newValue hat. Von dieser Tatsache geht das SetControllerServlet in **Listing 7.19** aus.

Listing 7.20:

```
<html>
<head><title>MVC</title></head>
<body>
<h1>MVC mit Servlets und JSPs</h1>

<jsp:useBean id="requestCounter" class="Counter" scope="request"/>
<jsp:useBean id="sessionCounter" class="Counter" scope="session"/>
<jsp:useBean id="applicationCounter" class="Counter"
 scope="application"/>

<ul>
<li>Z&auml;hler f&uuml;r scope="request": <%= requestCounter.get() %>
</li>
<li>Z&auml;hler f&uuml;r scope="session": <%= sessionCounter.get() %>
</li>
<li>Z&auml;hler f&uuml;r scope="application":
    <%= applicationCounter.get() %>
```

7.7 MVC-Prinzip mit Servlets und JSPs

```
        </li>
    </ul>

    <form method="get" action="mvc_zuruecksetzen">
    <input value="Alle Z&auml;hler zur&uuml;cksetzen!" type="submit"/>
    </form>

    <form method="get" action="mvc_erhoehen">
    <input value="Alle Z&auml;hler erh&ouml;hen!" type="submit"/>
    </form>

    <form method="get" action="mvc_setzen">
    <input name="newValue" type="text"/>
    <input value="Alle Z&auml;hler auf diesen Wert setzen!" type="submit"/>
    </form>

</body>
</html>
```

Auf die JSP-Seite modelError.jsp (**Listing 7.21**) wird im Fehlerfall weitergeleitet. Diese Seite enthält eine Fehlermeldung sowie einen Link auf die JSP-Seite modelOkay.jsp.

Listing 7.21:

```
<html>
<head><title>MVC</title></head>
<body>
<h1>MVC mit Servlets und JSPs</h1>

<h3>Fehler in Eingabefeld: "<%= request.getParameter("newValue") %>":
    keine ganze Zahl.</h3>

<a href="modelOkay.jsp">Zur&uuml;ck zur Hauptseite.</a>

</body>
</html>
```

Abbildung 7.11 und **Abbildung 7.12** zeigen die durch **Listing 7.20** und **Listing 7.21** produzierten Web-Seiten.

Abbildung 7.11: Ansicht im Browser der durch modelOkay.jsp produzierten Seite nach dem Erhöhen

Für den Geltungsbereich Request gilt, dass bei jedem Aufruf eines der Controller-Servlets ein entsprechendes Counter-Objekt neu erzeugt und damit mit 0 initialisiert wird. Deshalb ist der Stand dieses Zählers zwar nach dem Zurücksetzen und dem Setzen auf einen bestimmten Wert so wie erwartet, aber nach jedem Erhöhen ist der angezeigte Wert 1. Der Zähler mit dem Geltungsbereich Session existiert wie erwartet pro Session, während der Zählerstand mit dem Geltungsbereich Application global einmal vorhanden ist.

Abbildung 7.12: Ansicht im Browser der durch modelError.jsp produzierten Seite

In den vorherigen Beispielen für webbasierte Zähleranwendungen (**Listing 7.5**, **Listing 7.6**, **Listing 7.7** und **Listing 7.9**) wurde der Benutzerin immer der Wert angezeigt, den sie durch ihre Aktion gesetzt hat, denn es wurde immer der Wert in die Web-Seite geschrieben, der vom Aufruf der Methoden increment und reset zurückgeliefert wurde. In dem MVC-Beispiel dieses Abschnitts ist das nicht notwendig der Fall, denn das Verändern der Zähler-Objekte erfolgt in den Controller-Servlets, der angezeigte Wert wird aber hinterher in der JSP-Seite durch Aufruf der Get-Methode von den Zähler-Objekten gelesen. Zwischen dem Ändern und dem Lesen des Werts kann sich aber der Zählerstand durch die Aktivität eines anderen Benutzers schon wieder verändert haben. Dieses Verhalten muss nicht als fehlerhaft angesehen werden. Es kann aber irritierend wirken, wenn ein Zähler auf 0 oder einen anderen bestimmten Wert gesetzt wird und die Ergebnisseite zeigt einen davon abweichenden Wert an (beim Erhöhen fällt dieses Verhalten weniger auf). Sollte ein solches Verhalten der Web-Anwendung daher unerwünscht sein, so kann man das Beispiel dieses Abschnitts so ändern, dass die vom Servlet gesetzten Werte als Attribute in das Request-Objekt geschrieben werden, von wo sich die JSP-Seite die anzuzeigenden Zählerwerte beschafft. In diesem Fall müsste die JSP-Seite dann gar nicht auf die Modellkomponente zugreifen.

Da bei der Entwicklung webbasierter Anwendungen mit Servlets und JSPs nach dem soeben erläuterten MVC-Prinzip immer wieder gleichartige Aufgaben anfallen, wurden Frameworks entwickelt, welche die Entwicklung solcher Anwendungen erleichtern. Die beiden bekanntesten sind *Struts* von Apache und *JSF* (*Java Server Faces*) von Sun. Ein weiteres interessantes Framework in diesem Umfeld ist *ICEfaces* von ICEsoft Technologies. ICEfaces basiert auf JSF und erweitert dieses. Alle Frameworks sind im Detail unterschiedlich, die den Frameworks zugrunde liegende Idee ist aber sehr ähnlich. Alle Frameworks stellen Bibliotheken mit neuen Tags zur Verfügung, mit denen in JSP-Seiten Formulare spezifiziert werden können, wobei die einzelnen Eingabefelder mit Objekten assoziiert werden können, deren Attributwerte als Vorbelegung in die Eingabefelder geschrieben werden. Umgekehrt werden die von einer Benutzerin eingegebenen Werte dann automatisch in die Attribute der Objekte übertragen. Eine weitere Funktion der Frameworks ist die Entkopplung von Controllern und JSP-Views durch XML-Konfigurationsdateien. In JSF kann ein Controller einen String als Ergebnis seiner Auswertung zurückgeben. In einer Konfigurationsdatei wird für jeden Controller definiert, welcher Rückgabestring welcher JSP-Seite zugeordnet ist. Mit Hilfe dieser Zuordnung wird dann die JSP-Seite ausgewählt, an die die weitere Verarbeitung delegiert wird.

Wenn wir am Ende dieses Abschnitts auf das MVC-Beispiel zurückblicken und es mit dem Original-MVC-Prinzip aus Abschnitt 4.2 vergleichen, dann fallen zwei Aspekte auf:

- Es wird bei jeder Benutzeraktion immer eine komplett neue HTML-Seite produziert. Ein solches Vorgehen ist besonders bei umfangreichen Web-Seiten nicht effizient und elegant. Bei einer grafischen Benutzeroberfläche (s. Kapitel 4) werden im Gegensatz dazu nur die notwendigen Bestandteile (Labels, CheckBoxes, RadioButtons, Listen, Bäume usw.) aktualisiert und nicht jedes Mal der komplette Fensterinhalt neu generiert.

- Die Views werden nicht am Modell registriert und somit auch nicht bei jeder Änderung des Modells automatisch aktualisiert. Die Views sind nur für die Darstellung der Antwort auf eine Benutzeraktion zuständig. Entsprechend wird der Bildschirm auch nur dann aktualisiert, wenn der Benutzer aktiv wurde. Es handelt sich hier also um eine abgeschwächte Form des MVC-Prinzips. Man könnte die automatische Aktualisierung durch das periodische Neuanfordern einer Seite mit Hilfe einer Refresh-Zeile nachahmen, wodurch dann aber die komplette HTML-Seite wieder neu geladen würde.

Im folgenden Abschnitt wird gezeigt, wie man diese Problematik behandeln kann.

7.8 MVC-Prinzip mit AJAX und GWT

Will man bei einer Benutzeraktion nicht eine komplette Web-Seite laden, sondern nur die Teile aktualisieren, die sich aufgrund der Benutzeraktion verändert haben, so funktioniert dies mit reinem HTML nicht. Man benötigt dazu ein Programm auf der Client-Seite, d.h. ein Programm, das durch einen Browser ausgeführt wird. Hierzu bieten sich für Java-Entwicklerinnen zunächst Applets an (s. Abschnitt 4.1.6). Man könnte im einfachsten Fall alle veränderlichen Teile durch Swing-Elemente darstellen, die sich in einem oder eventuell auch mehreren Applets auf einer Web-Seite befinden und diese dann wie üblich aktualisieren. Zusätzlich gibt es die Möglichkeit, aus einem Applet heraus auf die Elemente der HTML-Seite, in dem sich das Applet befindet, zuzugreifen und diese zu verändern. Die HTML-Seite wird dabei als Baum dargestellt, wobei die Wurzel dem Tag html entspricht. Die direkten Nachfolger der Wurzel sind alle Tags, die direkt im Bereich von <html> bis </html> geschachtelt sind, sich aber nicht in tieferen Schachtelungsebenen befinden. Dies trifft z.B. für <body> zu. Somit ist ein Knoten, der body repäsentiert, ein direkter Nachfolger der Wurzel. Im Bereich <body> bis </body> können sich zum Beispiel mehrere Tags der Art h1 befinden. Knoten, welche diese Tags repräsentieren, sind damit direkte Nachfolger des Knotens, der body darstellt. Man bezeichnet diesen Baum, der das ganze HTML-Dokument repräsentiert, als DOM (*Document Object Model*). Von Applets heraus kann man auf diesen Baum zugreifen und dabei Knoten verändern, hinzufügen und löschen, wodurch sich die durch den Baum repräsentierte HTML-Seite ändert.

Nun haben sich aber (leider) Applets nicht auf breiter Ebene durchgesetzt, sondern die Programme, die von einem Browser ausgeführt werden, sind heute in der Regel JavaScript-Programme. In JavaScript-Programmen kann man ebenfalls problemlos auf den DOM-Baum zugreifen und somit die aktuelle HTML-Seite verändern. Zum Laden der neuen oder geänderten Seiteninhalte wird heute typischerweise AJAX verwendet. AJAX steht für *Asynchronous JavaScript And XML*. Wie der Name sagt, werden die JavaScript-Aufrufe an den Server asynchron durchgeführt. Damit ist gemeint, dass der Aufruf an den Server abgesetzt wird, dass aber – anders als bei RMI – nicht auf die Antwort des Servers gewartet wird, sondern dass das JavaScript-Programm direkt weiterläuft. Der Grund dafür ist, dass JavaScript nur einen einzigen Thread zur Ausführung vorsieht. Würde also der Aufruf synchron durchgeführt und würde die Antwort des Servers lange auf sich warten lassen, so könnten in diesem längeren Zeitraum keine anderen JavaScript-Funktionen ausgeführt und damit z.B. auf keine Benutzeraktionen reagiert werden. Beim Absetzen des JavaScript-Aufrufs wird eine Funktion angegeben, die aufgerufen wird, wenn die Antwort vom Server eintrifft. Die Funktion manipuliert typischerweise den DOM-Baum unter Nutzung der vom Server erhaltenen Daten. Diese Funktion wird natürlich auch von dem einzig vorhandenen JavaScript-Thread ausgeführt, so dass während der Ausführung dieser Funktion nicht auf Benutzeraktionen reagiert werden kann, damit keine Parallelität vorhanden ist und man sich um Probleme, die Parallelität verursachen könnte, nicht kümmern muss. Es sei daran erinnert, dass eine ähnliche Problematik in Kapitel 6 im Zusammenhang mit RMI und grafischen Benutzeroberflächen behandelt wurde. Der Event-Dispatcher-Thread kann mit dem Thread zur Ausführung der JavaScript-Funktionen verglichen werden. Da der Event-Dispatcher-Thread nicht blockiert werden soll, werden die RMI-Aufrufe, die aufgrund von Benutzeraktionen von diesem Thread ausgeführt werden, in separate Threads ausgelagert, was man durchaus als asynchrone Durchführung des RMI-Aufrufs interpretieren kann.

Auch wenn der Name JavaScript eine große Ähnlichkeit mit Java suggeriert, so gibt es trotz einiger Ähnlichkeiten auch eine ganze Reihe starker Unterschiede. Aus didaktischer Sicht wäre die Nutzung einer zusätzlichen Programmiersprache auf den letzten Seiten dieses Buches nicht besonders günstig. Zum Glück gibt es aber das *Google Web Toolkit* (GWT). Durch GWT kann man Programme für den Web-Browser in Java schreiben, die in JavaScript übersetzt werden. Mit GWT wird Programmiererinnen eine Klassenbibliothek an die Hand gegeben, mit der sie ähnlich wie in Swing programmieren können. Außerdem gibt es eine Unterstützung zur Durchführung von AJAX-Aufrufen, die aus GWT-Sicht wie asynchrone RMI-Aufrufe aussehen. Der Programmcode, den man für die Ausführung auf dem Server schreibt, wird automatisch in Programmcode für ein Servlet umgewandelt. Die

Kommunikation zwischen Browser und Web-Server wird mit dem HTTP-Protokoll realisiert. Damit hat man als Programmierer aber nichts zu tun – genau so wenig, wie man sich als Entwicklerin bei der Nutzung von RMI um das RMI-Protokoll kümmern muss.

Bei der Beschreibung des Beispiels mit AJAX und GWT lehnen wir uns an das von RMI-Anwendungen bekannte Vorgehen an. Das heißt, dass wir mit der Beschreibung der Schnittstelle zwischen Client und Server beginnen (s. **Listing 7.22**).

Listing 7.22:

```
import com.google.gwt.user.client.rpc.*;

@RemoteServiceRelativePath("counter")
public interface CounterService extends RemoteService
{
    public int reset();
    public int increment();
    public int get();
}
```

Die Schnittstelle ist derjenigen aus den RMI-Beispielen sehr ähnlich. Es gibt eine zusätzliche Methode get, die dazu dient am Anfang den richtigen Anfangswert anzuzeigen. Diese Schnittstelle wird wie üblich mit synchronized implementiert (s. **Listing 7.23**). Da daraus ein Servlet erzeugt wird und es von jeder Servlet-Klasse nur ein Objekt gibt, wird der Name dieses Objekts durch die Annotation RemoteServiceRelativePath bereits hier in der Schnittstelle angegeben. Das ist auch der Name, der für das Servlet in der Datei web.xml als url-pattern angegeben werden muss.

Listing 7.23:

```
import com.google.gwt.user.server.rpc.RemoteServiceServlet;

public class CounterServiceImpl extends RemoteServiceServlet
                                implements CounterService
{
    private int counter;

    public synchronized int reset()
    {
        counter = 0;
        return counter;
    }

    public synchronized int increment()
    {
        counter++;
        return counter;
    }

    public synchronized int get()
    {
        return counter;
    }
}
```

Eine Besonderheit ist, dass die Schnittstelle auf Server-Seite zwar implementiert, dass diese Schnittstelle aber nicht auf Client-Seite verwendet wird, denn zum einen macht bei einem asynchronen Aufruf ein Rückgabewert keinen Sinn. Zum anderen muss eine Callback-Methode angegeben werden können, die aufgerufen wird, wenn der Aufruf zurückkehrt. Deshalb benötigt man für jede angegebene Schnittstelle eine asynchrone Schnittstelle, die systematisch aus der synchronen Schittstelle abgeleitet werden kann: alle Methoden müssen void sein und ein zusätzliches Argument vom Typ AsyncCallback besitzen. AsyncCallback ist eine generische Schnitstelle, besitzt also einen Typparameter. Der Typparameter muss dem Typ des Rückgabewerts in der dazugehörigen synchronen Methode entsprechen, wobei bei primitiven Datentypen wie int dann aber die entsprechenden Wrapper-Klassen wie Integer verwendet werden müssen. Die Schnittstelle AsyncCallback hat je eine Methode für den Erfolgsfall und das Scheitern des Methodenaufrufs.

Die asynchrone Schnittstelle, die der Client zum Anstoßen der Methodenaufrufe auf dem Server benutzt, zeigt **Listing 7.24**.

Listing 7.24:

```
import com.google.gwt.user.client.rpc.AsyncCallback;

public interface CounterServiceAsync
{
    public void reset(AsyncCallback<Integer> callback);
    public void increment(AsyncCallback<Integer> callback);
    public void get(AsyncCallback<Integer> callback);
}
```

In unserem Fall waren alle Methoden parameterlos und hatten den Rückgabetyp int. Deshalb haben jetzt alle Methoden einen Parameter des Typs AsyncCallback<Integer>. Hätten die Methoden Parameter, so wären diese in der asynchronen Schnittstelle ebenfalls vorhanden. Der AsyncCallback-Parameter muss immer der letzte Parameter sein.

Zum Client wird anfangs eine komplette HTML-Seite geschickt. In diese ist ein JavaScript-Programm eingebettet, das aus einem GWT-Java-Programm generiert wird. In diesem Programm kann man auf Teile der HTML-Seite zugreifen. Die HTML-Seite sieht in vereinfachter Form zum Beispiel wie folgt aus:

```
<html>
  <head>
    <script type="text/javascript" language="javascript"
      src="serversidecounter/serversidecounter.nocache.js"></script>
  </head>

  <body>

    <h1>Z&auml;hlerbeispiel</h1>

    <p>Dies ist ein normaler HTML-Text, in dem sich zwei Buttons
    sowie der aktuelle Wert des Z&auml;hlers befinden.</p>

    <table align="left">
      <tr>
        <th>1. Funktion</th>
        <td id="resetButtonContainer"></td>
      </tr>
      <tr>
        <th>2. Funktion</th>
        <td id="incrementButtonContainer"></td>
```

```
            </tr>
            <tr>
                <th>Antwort</th>
                <td id="answerLabelContainer"></td>
            </tr>
        </table>
    </body>
</html>
```

Die HTML-Seite enthält zum einen ein Tag script im Kopfteil, durch den das JavaScript-Programm eingebettet wird. Zum anderen enthält die HTML-Seite eine Tabelle mit Zellen (Tags th und td, th steht für Table Header und td für Table Data), die Kennungen haben können, die durch das Attribut id festgelegt werden. Auf diese Kennungen wird im Client-Programm (s. **Listing 7.25**), das in das in die Web-Seite eingebettete JavaScript-Programm umgewandelt wird, Bezug genommen. Die Hauptklasse solcher Anwendungen muss die Schnittstelle EntryPoint implementieren und damit eine Methode namens onModuleLoad besitzen. In dieser Methode wird die Oberfläche aufgebaut. Im vorliegenden Beispiel werden ähnlich wie in Swing zwei Buttons für das Zurücksetzen und das Erhöhen des Zählers sowie ein Label zum Anzeigen des Zählerwerts erzeugt. Weiterhin werden – ebenfalls ähnlich wie in Swing – Listener an die Buttons angemeldet, deren Methoden beim Klicken auf die Buttons aufgerufen werden. Die Buttons und das Label werden dann aber nicht in ein Frame eingefügt, sondern in die Web-Seite. Durch Aufruf von RootPanel.get erhält man Zugriff auf die Knoten im DOM-Baum mit der als Parameter angegebenen Kennung. Diesen Knoten fügt man die Buttons und das Label hinzu. Um Dienste auf dem Server aufrufen zu können, benötigt man ein Objekt, das die asynchrone Schnittstelle implementiert. Dieses Objekt erhält man durch Aufruf der Methode GWT.create unter Angabe des Class-Objekts, welches die synchrone Schnittstelle repräsentiert. Das Objekt wird in der letzten Anweisung der Methode onModuleLoad verwendet, um die Abfrage des aktuellen Zählerstands anzustoßen. Die Hauptklasse besitzt neben der Initialisierungsmethode onModuleLoad noch die beiden Methoden onSuccess und onFailure, die aufgerufen werden, wenn der AJAX-Aufruf erfolgreich war bzw. scheiterte. Im Erfolgsfall wird der Wert des Labels und damit die Web-Seite nur an dieser einen Stelle aktualisiert. Bei einem Fehlschlag erscheint durch Window.alert ein Fehlerdialog.

Listing 7.25:

```java
import com.google.gwt.core.client.*;
import com.google.gwt.event.dom.client.*;
import com.google.gwt.user.client.Window;
import com.google.gwt.user.client.rpc.AsyncCallback;
import com.google.gwt.user.client.ui.*;

public class ServersideCounter implements EntryPoint
{
    private Label answerLabel;

    public void onModuleLoad()
    {
        Button resetButton = new Button();
        Button incrementButton = new Button();
        answerLabel = new Label();
        CounterServiceAsync counterService =
```

```java
                    (CounterServiceAsync) GWT.create(CounterService.class);
        resetButton.setText("Zuruecksetzen");
        resetButton.addClickHandler(
                        new ResetHandler(counterService, this));
        incrementButton.setText("Erhoehen");
        incrementButton.addClickHandler(
                        new IncrementHandler(counterService, this));
        RootPanel.get("resetButtonContainer").add(resetButton);
        RootPanel.get("incrementButtonContainer").add(incrementButton);
        RootPanel.get("answerLabelContainer").add(answerLabel);

        counterService.get(new AsyncHandler(this));
    }

    public void onSuccess(int newValue)
    {
        answerLabel.setText("" + newValue);
    }

    public void onFailure(String message)
    {
        Window.alert("Fehler: " + message);
    }
}

class ResetHandler implements ClickHandler
{
    private CounterServiceAsync counterService;
    private ServersideCounter serversideCounter;

    public ResetHandler(CounterServiceAsync counterService,
                        ServersideCounter serversideCounter)
    {
        this.counterService = counterService;
        this.serversideCounter = serversideCounter;
    }

    public void onClick(ClickEvent event)
    {
        counterService.reset(new AsyncHandler(serversideCounter));
    }
}

class IncrementHandler implements ClickHandler
{
    private CounterServiceAsync counterService;
    private ServersideCounter serversideCounter;

    public IncrementHandler(CounterServiceAsync counterService,
                        ServersideCounter serversideCounter)
    {
        this.counterService = counterService;
        this.serversideCounter = serversideCounter;
    }

    public void onClick(ClickEvent event)
    {
        counterService.increment(new AsyncHandler(serversideCounter));
    }
}

class AsyncHandler implements AsyncCallback<Integer>
{
    private ServersideCounter serversideCounter;

    public AsyncHandler(ServersideCounter serversideCounter)
    {
        this.serversideCounter = serversideCounter;
    }
```

```
        public void onSuccess(Integer result)
        {
            serversideCounter.onSuccess(result.intValue());
        }
        public void onFailure(Throwable caught)
        {
            serversideCounter.onFailure(caught.getMessage());
        }
}
```

In **Listing 7.25** gibt es neben der Hauptklasse, welche die Schnittstelle EntryPoint implementiert, noch drei weitere Klassen. Die Klassen ResetHandler und IncrementHandler sind Listener-Klassen für die Buttons zum Zurücksetzen und Erhöhen des Zählers. In den Methoden onClick dieser Klassen wird die jeweils asynchrone Variante der Methoden reset bzw. increment aufgerufen. Dazu benötigt man ein Objekt, welches die asynchrone Schnittstelle implementiert. Dieses wird im Konstruktor gesetzt. Ferner benötigt man beim Aufruf dieser Methoden ein Callback-Objekt. Dazu verwendet man Objekte der Klasse AsyncHandler, der dritten zusätzlich vorhandenen Klasse in **Listing 7.25**. Ihre Methoden onSuccess und onFailure werden aufgerufen, wenn der angestoßene Methodenaufruf erfolgreich bzw. mit einem Fehler endet. Die Realisierung ist in unserem Beispiel so, dass die entsprechenden Methoden der Hauptklasse aufgerufen werden.

Um zu beweisen, dass bei einer Veränderung des Zählers nicht die ganze HTML-Seite erneut vom Server auf den Client übertragen wird, ist im Folgenden gezeigt, welche Daten beim Drücken des Erhöhen-Buttons übertragen werden, wobei einige Informationen weggelassen wurden (zu sehen an drei Punkten). Fett hervorgehoben sind die relevaten Stellen: das POST-Kommando mit der Angabe des Servlet-Namens, im Datenteil des POST-Kommandos der Methodenname increment sowie in der Antwort (die Zeile mit den Strichen trennt Anforderung und Antwort voneinander) eine 1 im Datenteil, die den Rückgabewert des Increment-Aufrufs darstellt. In diesem Fall wird der Datenteil nicht im XML-Format übertragen, sondern mit JSON (*JavaScript Object Notation*). JavaScript bietet Methoden zum Serialisieren und Deserialisieren von Datenstrukturen in JSON an.

```
POST /serversidecounter/counter HTTP/1.1
Host: 127.0.0.1:8080
...
Content-Type: text/x-gwt-rpc; charset=utf-8
Content-Length: 152

5|0|4|http://127.0.0.1:8080/serversidecounter/|2F06490E4E23B78346ADF5...|
de.fh_trier.serversidecounter.client.CounterService|increment|1|2|3|4|0|
------------------------------------------------------------------------
HTTP/1.1 200 OK
Content-Type: application/json; charset=utf-8
Content-Length: 14
Content-Disposition: attachment
Server: Jetty(6.1.x)

//OK[1,[],0,5]
```

Damit wurde das erste der am Ende des vorigen Abschnitts geschilderten Probleme gelöst, nämlich dass immer ganze HTML-Seiten übertragen werden. Das zweite Problem besteht aber weiterhin: Wenn sich der Zählerstand auf dem Server ändert, werden nicht alle angezeigten Web-Seiten automatisch aktualisiert. Dieses Problem lässt sich nicht durch Aufrufe vom Server an den Client wie bei RMI lösen, da in der Welt des Web das Pull-Prinzip gilt. Das heißt, der Server kann nicht von sich aus Daten an den Client senden (Push-Prinzip), sondern der Client muss immer aktiv Daten anfordern. Als Ersatzlösung bleibt nichts anderes übrig als das ungeliebte Polling, d.h. das wiederholte Abfragen des Zählerstands durch den Client. Dieses Abfragen kann man aber effizient gestalten, indem beim Abfragen der momentan lokal bekannte Zählerstand als Parameter mitgegeben wird und die Methode erst dann einen Wert zurückgibt, wenn sich der aktuelle Zählerstand von dem als Argument der Methode angegebenen Wert unterscheidet. Dabei ergibt sich allerdings das Problem, dass der Aufruf dieser Methode beliebig lang dauern kann und es bei der Überschreitung einer für den Methodenaufruf festgelegten Frist zu einem Fehler kommt. Dem kann dadurch entgegengewirkt werden, dass die Methode so implementiert wird, dass sie zurückkehrt, falls ein neuer Wert vorliegt oder eine bestimmte maximale Zeitdauer (z.B. 30 Sekunden) für den Methodenaufruf erreicht wird, was immer auch zuerst eintreten mag. Dies stellt einen vernünftigen Kompromiss zwischen der optimalen Lösung (Rückkehr erst bei geändertem Zählerstand) und dem permanenten, ungebremsten Abfragen des aktuellen Werts dar.

Zur Realisierung erweitern wir die Schnittstelle aus **Listing 7.22** um die Methode getIfDifferent für den soeben beschriebenen Zweck:

```
public int getIfDifferent(int currentValue);
```

Die Implementierung der Schnittstelle **Listing 7.23** ändert sich dann in zwei Punkten: In die Methoden reset und increment, die den Zähler ändern, wird ein Aufruf von notifyAll eingefügt. Außerdem muss die Klasse CounterServiceImpl um eine Implementierung der Methode getIfDifferent ergänzt werden:

```
public synchronized int getIfDifferent(int currentValue)
{
    long startTime = System.currentTimeMillis();
    while((counter == currentValue) &&
        (System.currentTimeMillis() - startTime < MAX_TIME))
    {
        try
        {
            wait(MAX_TIME);
        }
        catch(Exception e)
        {
        }
    }
    return counter;
}
```

In der Implementierung von getIfDifferent wird eine Variante der Wait-Methode verwendet, bei der eine maximale Wartezeit angegeben werden kann. Die Konstante MAX_TIME wurde zu diesem Zweck mit einem Wert von 30.000 (entspricht 30 Sekunden) der Klasse hinzugefügt.

Die asynchrone Schnittstelle aus **Listing 7.24** muss entsprechend erweitert werden:

```
public void getIfDifferent(int currentValue,
                           AsyncCallback<Integer> callback);
```

Nun muss im Java-Code, aus dem ein JavaScript-Programm erzeugt wird (s. **Listing 7.25**), der Aufruf der Methode getIfDifferent in der Methode onModuleLoad angestoßen werden. Ferner muss dabei ein Callback-Objekt angegeben werden, dessen Methoden zusätzlich zu der Anzeige des neuen Zählerwerts bzw. der Ausgabe einer Fehlermeldung den Aufruf der Methode getIfDifferent erneut starten.

Wie gezeigt ist es somit also unter Verwendung von AJAX und GWT möglich, auch in webbasierten Anwendungen das MVC-Prinzip fast ohne Einschränkungen umzusetzen.

7.9 Zusammenfassung

In diesem Kapitel wurde in die Entwicklung webbasierter Anwendungen mit Servlets und JSP eingeführt. Eine webbasierte Anwendung besteht im einfachsten Fall aus Programmcode, der nur auf der Serverseite ausgeführt wird und im Regelfall HTML-Seiten generiert. Dieser Programmcode ist keine vollständige Anwendung, sondern ergänzt einen Web-Server wie den Tomcat-Server von Apache um anwendungsspezifische Teile. Auf der Clientseite wird ein Browser wie z.B. Internet Explorer oder Firefox verwendet. In vielen Fällen wird heute zum Browser nicht reiner HTML-Text gesendet, sondern in den HTML-Text sind kleine Programmteile eingebaut (in der Regel in JavaScript geschrieben), die dann vom Browser ausgeführt werden.

Ein Servlet wird aus der Klasse HttpServlet abgeleitet und kann eine oder mehrere der Methoden doGet, doPost, init und destroy überschreiben. Wenn ein Servlet durch eine HTTP-GET- oder -POST-Anfrage angesprochen wird, dann wird die entsprechende Methode doGet bzw. doPost aufgerufen. Über die beiden Parameter dieser Methoden hat man Zugriff auf den Kopf- und Datenteil der HTTP-Anfrage und der zu erzeugenden HTTP-Antwort. So kann man aus der Anfrage auf bequeme Art und Weise mit Hilfe geeigneter Methoden die in einem Formular eingegebenen Daten auslesen. Oder man kann im Kopfteil der Antwort den Statuscode und den MIME-Typ festlegen sowie den HTML-Text für den Datenteil der HTTP-Antwort angeben. Durch Servlet-Methoden, deren Ausführung durch Aufruf der Thread.sleep-Methode künstlich verlängert wird, kann man erkennen, dass jede HTTP-Anfrage in einem eigenen Thread ausgeführt wird. Wie bei RMI ist deshalb bei der Nutzung gemeinsamer Daten auf korrekte Synchronisation zu achten.

Für Daten werden im Rahmen webbasierter Anwendungen mehrere Geltungsbereiche (Scopes) unterschieden:

- Daten, die allen Anwendern in gleicher Weise zur Verfügung stehen, können als Attribute von Servlet-Klassen realisiert werden. Wenn allerdings dieselben Daten von mehreren Servlets benötigt werden, empfiehlt sich eine Speicherung der Daten im Servlet-

Context. Falls die Daten auch verändert werden, müssen alle lesenden und schreibenden Zugriffe synchronisiert werden.

- Daten, die für jede Benutzerin unterschieden werden müssen wie z.B. in einer Web-Shop-Anwendung die Inhalte von Warenkörben, können in so genannten Session-Objekten abgelegt werden. Mit Sessions können Benutzer unterschieden werden. Sessions werden in der Regel mit Cookies realisiert, auf die man als Servlet-Entwickler auch direkten Zugriff hat. Über Registerkarten eines Browsers kann man erreichen, dass mehrere HTTP-Anfragen für dieselbe Session parallel abgewickelt werden. Aus diesem Grund muss auch der Zugriff auf Daten, deren Geltungsbereich eine Session ist, synchronisiert erfolgen.

- Durch Include- und Forward-Anweisungen kann eine HTTP-Anfrage an andere Servlets delegiert werden. Vorverarbeitete Daten können dabei im Request-Objekt abgelegt werden und so an das nächste Servlet übergeben werden. Wenn die Daten nur über dieses Request-Objekt erreichbar sind und explizit keine weiteren Threads gestartet werden, muss der Zugriff auf diese Daten nicht synchronisiert werden.

- Schließlich gibt es noch Daten, die nur über lokale Variablen erreichbar sind. Der Zugriff auf solche Objekte muss nicht synchronisiert werden.

Längere HTML-Texte sind nur mit Mühe in Servlets zu erstellen. Deshalb wird durch JSP-Seiten das Prinzip „HTML in Java" umgekehrt zu „Java in HTML": Eine JSP-Seite ist wie eine HTML-Seite, in die durch die Sprachelemente Scriptlets, Direktiven und Aktionen an unterschiedlichen Stellen Java-Code eingestreut wird. Aus einer JSP-Seite wird bei der ersten Aktivierung der Seite ein Servlet erzeugt. Servlets und JSP-Seiten sind also letztlich dasselbe; sie unterscheiden sich lediglich durch ihre Notation.

JSP-Seiten sind jedoch kein Allheilmittel und nicht grundsätzlich besser als Servlets. Deshalb ist es ratsam, sowohl Servlets als auch JSP-Seiten zu benutzen. Als Hilfsmittel zur Strukturierung von webbasierten Anwendungen dient das modifizierte MVC-Entwurfsmuster: Servlets sind zur Realisierung von Controllern geeignet, welche auf Benutzeraktionen reagieren und Eingabedaten verarbeiten, während JSP-Seiten vor allem zur Erzeugung von HTML-Text eingesetzt werden sollten. Die Daten mit ihren unterschiedlichen Geltungsbereichen stellen die Modellkomponente dar. JSP-Seiten werden in der Regel durch eine Forward-Anweisung von den Controller-Servlets aktiviert. Für die Entwicklung größerer webbasierter Anwendungen nach dem MVC-Prinzip ist der Einsatz von Frameworks wie Struts, JSF (Java Server Faces) oder ICEfaces zu empfehlen.

Ein Nachteil dieser Art webbasierter Anwendungen ist, dass jedes Mal eine komplett neue HTML-Seite produziert wird. Dieser Nachteil lässt sich durch den Einsatz von JavaScript und AJAX im Web-Browser beheben. Damit können nur die Daten vom Server abgerufen werden, die sich geändert haben. Anschließend können diese durch einen Zugriff auf den DOM-Baum in die HTML-Seite eingebaut werden. Mit GWT lassen sich diese Programme in Java schreiben und dann in JavaScript übersetzen. Mit zusätzlichem intelligenten Polling lassen sich damit auch webbasierte Anwendungen fast ohne Einschränkungen nach dem MVC-Prinzip wie in lokalen und RMI-Anwendungen gestalten.

Literatur

Das Literaturverzeichnis ist thematisch gegliedert. Zuerst werden Bücher empfohlen, welche helfen sollen, eventuell vorhandene Lücken bei den Java-Grundlagen zu schließen. Anschließend folgen fünf Blöcke von Literaturhinweisen, welche die in diesem Buch behandelten Themen aus einer anderen Perspektive beleuchten und vertiefen. Es folgen Literaturempfehlungen zu einem Thema, das in diesem Buch angerissen, aber nicht vertiefend behandelt wurde, nämlich die Frameworks Struts und JSF zur Entwicklung webbasierter Anwendungen. Die restlichen Literaturangaben betreffen Themen, die in diesem Buch nicht erwähnt sind, für die dieses Buch aber eine gute Ausgangsbasis darstellt. Dabei handelt es sich um die Anbindung von Datenbanken, die heute mit objekt-relationalen Mappern wie Hibernate realisiert wird, sowie um das Framework EJB (Enterprise Java Beans), das die Entwicklung größerer verteilter Anwendungen auf Server-Seite unterstützt. In den zum Schluss angegebenen Büchern werden verteilte Systeme aus einem allgemeineren und teilweise auch abstrakteren Blickwinkel betrachtet.

Java

Guido Krüger, Thomas Stark: Handbuch der Java-Programmierung: Standard Edition Version 6.
6. Auflage, Addison-Wesley Longman, 2009.

Christian Ullenboom: Java ist auch eine Insel: Programmieren mit der Java Standard Edition Version 6. 8. Auflage, Galileo Computing, 2009.

Parallele Programmierung

Brian Goetz, Joshua Bloch, Joseph Bowbeer, Doug Lea, David Holmes, Tim Peierls:
Java Concurrency in Practice. 1st Edition, Addison-Wesley Longman, 2006.

Scott Oaks, Henry Wong: Java Threads.
3rd Edition, O'Reilly, 2004.

Grafische Benutzeroberflächen

Kathy Walrath, Mary Campione, Alison Huml: The JFC Swing Tutorial: A Guide to Constructing GUIs. 2nd Edition, Addison-Wesley Longman, 2004.

John Zukowski: The Definitive Guide to Java Swing. 3rd Edition, Apress, 2005.

Sockets, RMI

Dietmar Abts: Masterkurs Client/Server-Programmierung mit Java: Anwendungen entwickeln mit Standard-Technologien: JDBC, UDP, TCP, HTTP, XML-RPC, RMI, JMS und JAX-WS. 3. Auflage. Vieweg+Teubner, 2010.

Kenneth Calvert, Michael Donahoo: TCP/IP Sockets in Java:Practical Guide for Programmers. 2nd Edition. Morgan Kaufmann, 2008.

AJAX, Servlets, JSP

Ralph Steyer: AJAX mit Servlets und JSP. 1. Auflage, Addison-Wesley, 2006.

Bryan Basham, Kathy Sierra, Bert Bates, Jörg Beyer, Lars Schulten: Servlets und JSP von Kopf bis Fuß. 1. Auflage, O'Reilly, 2008.

GWT

Robert Hanson, Adam Tacy: GWT im Einsatz: AJAX-Anwendungen entwickeln mit dem Google Web Toolkit. 1. Auflage, Hanser, 2007.

Michael Seemann: Das Google Web Toolkit: GWT. 1. Auflage, O'Reilly, 2007.

Struts und Java Server Faces (JSF)

Donald Brown, Chad Michael Davis, Scott Stanlick: Struts 2 im Einsatz. 1. Auflage, Hanser, 2008.

Bernd Müller: Java Server Faces 2.0. 2. Auflage, Hanser, 2010.

Enterprise Java Beans (EJB)

Martin Backschat, Bernd Rücker: Enterprise JavaBeans 3.0: Grundlagen - Konzepte - Praxis. 2. Auflage, Spektrum Akademischer Verlag, 2007.

Werner Eberling, Jan Leßner: Enterprise JavaBeans 3.0: Das EJB3-Praxisbuch für Ein- und Umsteiger. 1. Auflage. Hanser, 2007.

Hibernate

Christian Bauer, Gavin King: Java-Persistence mit Hibernate. 1. Auflage, Hanser, 2007.

Richard Oates, Thomas Langer, Stefan Wille, Tosten Lueckow, Gerald Bachlmayr: Spring & Hibernate: Eine praxisbezogene Einführung. 2. Auflage, Hanser, 2008.

Verteilte Systeme

George Coulouris, Jean Dollimore, Tim Kindberg: Distributed Systems - Concepts and Design. 4th Edition, Addison-Wesley / Pearson Education, 2005.

Andrew S. Tanenbaum, Maarten van Steen: Distributed Systems - Principles and Paradigms. 2nd Edition. Pearson, 2007.

Register

A

accept 251
acquire 99, 149
ActionEvent 189, 193
ActionListener 187, 189
actionPerformed 187, 189
activeCount 84
activeGroupCount 84
add 152, 182
addActionListener 187, 189
addChangeListener 189
addCookie 373
addListSelectionListener 189
addMouseListener 189
Adressenabbildung 366
AJAX 398
Aktion 387
aktive Klasse 95
aktives Objekt 95
aktives Warten 34, 42, 58, 374
AlreadyBoundException 284
Animation 221
Annotation 352, 363, 365, 399
Anwendungsprotokoll 242
Anwendungsschicht 230
Applet 199, 397
Applet-Tag 200
Application Layer 230
ApplicationContext 362
ArrayBlockingQueue 152
ASCII-Protokoll 256, 260, 340

AsyncCallback 400
Asynchronous JavaScript And XML 398
atomar 39, 148
Atomarität 39
AtomicInteger 148
Audio-Video-Konferenz 230, 232
Auftragnehmer 235
Auskunftsdienst 276
await 143, 144, 149
awaitTermination 138

B

Bankier-Algorithmus 167
Bean 388
Bedarfsanalyse 167
Betriebsmittel 153
Betriebsmittelgraph 158
Betriebsmitteltyp 160
Betriebsmittelverwalter 160
Betriebssystem 15, 16
bind 284
Bitübertragungsschicht 229
BlockingQueue 139, 151
BorderLayout 183, 190
BoundedRangeModel 210
BufferedInputStream 254
BufferedOutputStream 254
BufferedReader 254, 256
BufferedWriter 254, 255, 256
busy waiting 34
ButtonGroup 193
ByteArrayInputStream 253

Register

ByteArrayOutputStream 253

C

call 136
Call by Reference 291, 300
Call by Value 291
Callable 137
Callback 54, 300, 400
cancel 137
ChangeEvent 189
ChangeListener 189
CharacterArrayReader 253
CharacterArrayWriter 253
Client 235
Client-Server-Anwendung 235, 236
close 240, 251, 252
Comparable 152
Comparator 152
compareAndSet 148
concurrency 13
Condition 143
connect 240
Consumer 67
Container-Klassse 190
Cookie 371
Cookie (Klasse) 373
countDown 149
CountDownLatch 149
createRegistry 285
createServerSocket 336
createSocket 336
currentThread 79
currentTimeMillis 76
CyclicBarrier 149

D

Daemon 83
Daemon Threads 87
Data Link Layer 229
Datagramm 232
datagrammorientiert 232
Datagrammverlust 232
DatagramPacket 238, 239
DatagramSocket 238, 239, 240
DataInputStream 254
DataOutputStream 254
datenstromorientiert 233, 255
datenstromorientierte Kommunikation 113
DefaultBoundedRangeModel 210
DefaultTableModel 210
DefaultTreeModel 210
Dekomprimieren 255
Delayed 152
DelayQueue 152
Denial-of-Service 266
deprecated 48, 83, 88
Deserialisierung 292
destroy 347
Diensterbringer 235
Dienstschnittstelle 226
Direktive 386
DISPOSE_ON_CLOSE 186
DNS 231
DO_NOTHING_ON_CLOSE 186
Document 210
Document Object Model 398
doGet 347
DOM 398
Domain Name System 231
doPost 347
down 99
drahtloses Funknetz 229
drawOval 197
dumpStack 88
DynamicProxy 334

E

EA-intensive Threads 81
Eingabestrom 252
elektronische Post 230
Entschlüsseln 255
Ereignisbehandlungs-Thread 215
Erzeuger 67, 109
Erzeuger-Verbraucher-Prinzip 151
Erzeuger-Verbraucher-Problem 111, 144
Ethernet 229

Event-Dispatcher 215
EventQueue 216
exchange 150
Exchanger 150
execute 135
Executor 135
ExecutorService 137
EXIT_ON_CLOSE 186
Exportieren 321
exportObject 321

F

fair 74, 142, 149
Fern-Methodenaufruf 274
FileInputStream 253
FileOutputStream 253
FileReader 253
FileWriter 253
fillOval 197
Firewall 239
FlowLayout 183, 190
flush 256
Flusskontrolle 233
Forward-Aktion 387
Future 137

G

gegenseitiger Ausschluss 99, 158
getActionCommand 198
getAllByName 239
getAttribute 362
getByName 238
getCompletedTaskCount 139
getCookies 373
getDelay 152
getHeader 356
getHeaderNames 356
getHoldCount 143
getHostAddress 238
getHostName 238
getId 372
getInetAddress 251
getInputStream 252, 255

GET-Kommando 341
getLargestPoolSize 139
getLocalAddress 240
getLocalHost 239
getLocalPort 240, 251
getMethod 357
getName 25
getOutputStream 252, 255
getParameter 355
getParameterNames 356
getParameterValues 356
getPriority 75
GetProperty-Aktion 390
getQueueLength 142
getRegistry 286
getRemoteAddr 357
getRemoteHost 357
getServletContext 362
getSession 366
getSoTimeout 240
getSource 189
getState 88
getThreadGroup 83, 84
getWriter 349
getX 189
getY 189
Google Web Toolkit 398
Grafikkontext 194
Graphics 194
GridLayout 185, 190
GWT 398

H

Herunterladen von Dateien 378
HIDE_ON_CLOSE 185
Hintergrund-Threads 87
Hochladen von Dateien 378, 381
holdsLock 88
HTMLDocument 210
HTTP 256, 340
HTTP-Anfrage 341, 346
HTTP-Antwort 341, 346
HttpServlet 347

HttpServletRequest 356
HttpServletResponse 356
HttpSession 367
HyperText Transfer Protocol 340

I

ICEfaces 396
IllegalMonitorStateException 60, 72
Include-Aktion 387
Include-Direktive 387
InetAddress 238
init 199, 347
InputStream 252
InputStreamReader 255
Intermediate Container 190
Internet Protocol 229
interrupt 50, 141
interrupted 51
InterruptedException 27, 43, 51
Interrupt-Flag 50
invalidate 368
Invariante 48, 57, 131
InvocationHandler 334
invoke 335
invokeAll 138, 139
invokeAndWait 216
invokeAny 138
invokeLater 216
IP 229
IP-Adresse 229, 230
IPv4 230
IPv6 231
isAlive 42
isCancelled 137
isDaemon 87
isDone 137
isInterrupted 50
isReachable 239

J

JApplet 199
Jar-Datei 200
Java Server Faces 396

Java Server Pages 384
JavaScript 398
JavaScript Object Notation 403
JButton 187
JCheckBox 193
JCheckBoxMenuItem 194
JComboBox 193
JFrame 182
JLabel 182
JList 194
JMenu 194
JMenuBar 194
JMenuItem 194
join 42
joinGroup 246
JPanel 193
JPasswordField 193
JRadioButton 193
JRadioButtonMenuItem 194
JScrollPane 193
JSF 396
JSlider 194
JSON 403
JSP 384
JSP-Ausdruck 386
JSP-Deklaration 386
JSplitPane 193
JSP-Scriptlet 384
JTabbedPane 193
JTable 194
JTextArea 194
JTextField 193
JTree 194

K

Kommunikationsprotokoll 226
Komprimieren 255
konsistenter Zustand 57, 131
Konsistenz 57, 131
Konsistenzbedingung 57, 131
kritischer Abschnitt 100
Kunde 235

L

Layout-Manager 183
leaveGroup 246
Leitungsschicht 229
Leser-Schreiber-Problem 126
Lesesperre 143
LinkedBlockingQueue 152
list 284
ListSelectionEvent 189
ListSelectionListener 189
localhost 231
LocateRegistry 285
lock 141
Lock 141
lockInterruptibly 142
lookup 278, 284

M

MAC 229
MAC-Adresse 229
MAX_PRIORITY 75
Medium Access Control 229
Medium-Zugangskontrolle 229
Mehrkernprozessor 13
Message Queue 108, 111
Message-Oriented Middleware 319
Migration 324
migrieren 324
MIN_PRIORITY 75
Model – View – Controller 201
MOM 319
mouseClicked 189
mouseEntered 189
MouseEvent 189
mouseExited 189
MouseListener 189
mousePressed 189
mouseReleased 189
Multicast 246
Multicast-Adresse 231
MulticastSocket 246
Multicore-Prozessor 13
Mutex 99
mutual exclusion 99
MVC 201, 319, 391, 405

N

nachrichtenorientierte Kommunikation 113
Naming 278, 284
nanoTime 76
NAT 366
Nebenläufigkeit 13
Network Address Translation 366
Network Layer 229
newCondition 142, 144
newLine 256
NORM_PRIORITY 75
notify 59
notifyAll 71

O

ObjectInputStream 294
ObjectOutputStream 294
offer 152
OutputStream 252
OutputStreamWriter 255

P

p 99
Page-Direktive 387
paintComponent 194
Parallelität 13, 14
    dynamisch 261
    echt 13
    statisch 261
passive Klasse 95
passives Objekt 95
Petri-Netz 171
Philosophen-Problem 116
Physical Layer 229
ping 239
Pipe 113
PlainDocument 210
poll 152
Polling 34, 374, 404
POP 256

Portnummer 230, 232, 237, 239, 251
POST-Kommando 345, 403
print 349
println 349
PrintWriter 349
Prioritäten 75
PriorityBlockingQueue 152
Producer 67
Programm 15
Protokoll 226
Proxy 366
Prozess 15, 16
Prozessorzuteilungsstrategie 75
Pseudoparallelität 13
Pull-Prinzip 404
punktierte Dezimalnotation 230
Push-Prinzip 404
put 139, 151

R

read 252
Reader 252
readLine 256
readObject 294
ReadWriteLock 143
rebind 278, 284
receive 240
rechenintensive Threads 81
Rechner 15, 16
ReentrantLock 142
ReentrantReadWriteLock 143
Referenzübergabe 300
Reflection API 333
Registry 286
Reihenfolgevertauschung 230, 232
release 99, 149
Remote 275
Remote Method Invocation 273
RemoteException 275, 276
RemoteServiceRelativePath 399
removeActionListener 187
removeAttribute 363
repaint 198

RequestDispatcher 387
resume 83, 88
Return by Reference 291
Return by Value 291
RMI 273
rmic 280, 333
RMIClientSocketFactory 336
rmid 336
rmiregistry 280
RMI-Registry 276, 280, 284, 285
RMIServerSocketFactory 336
RMISocketFactory 336
run 19
Runnable 21

S

Sandbox 201
Sandkasten 201
ScheduledExecutorService 141
ScheduledThreadPoolExecutor 141
Scheduling 75
Schicht 226
Schichtenmodell 226
Schreibsperre 143
Scope 388
Secure Socket Layer 336
Semaphor 98, 149
    additiv 104
    binär 104
Semaphorgruppe 106
send 240
sendRedirect 388
serialisierbar 292
serialisieren 292
Serialisierung 292
Serializable 292
Server 235
ServerSocket 238, 250, 251
Servlet 347
ServletContext 362
Session 366
setAttribute 362
setColor 198

setContentType 349
setDaemon 87
setDefaultCloseOperation 185
setDefaultUncaughtExceptionHandler 88
setHeader 357
setLayout 185
setLocation 182
setMaxAge 373
setMaxInactiveInterval 369
setMaxPriority 83
setName 25
setPriority 75
SetProperty-Aktion 390
setSize 182
setSoTimeout 240
setStatus 357
setText 188
setUncaughtExceptionHandler 88
setVisible 183
shutdown 138
shutdownInput 252
shutdownNow 138
shutdownOutput 252
signal 143
signalAll 143
Skeleton 274, 275, 333
sleep 26
SMTP 256
Socket 238, 250, 251
Socket-Schnittstelle 234
Sperre 35, 141
SSL 336
SslRMIClientSocketFactory 336
SslRMIServerSocketFactory 336
start 20
stateChanged 189
stop 48, 83, 88
Struts 396
Stub 274, 275, 333, 334
submit 138
suspend 83, 88
Swing 181
synchronized 35

Synchronized-Block 36
Synchronized-Methode 37
SynchronousQueue 152
System
    eng gekoppelt 14
    lose gekoppelt 14

T

TableModel 210, 211
Taglib-Direktive 387
take 139, 151
TCP 230, 233, 250
TCPSocket 256
Thread 15, 16, 261
    (Klasse) 19
ThreadGroup 83
Thread-Gruppe 82
ThreadLocal 89
Thread-Pool 136, 138
ThreadPoolExecutor 138
thread-safe 148, 216, 220
Timer 220
Time-To-Live 247
TimeUnit 137
Top-Level-Container 190
transient 295
Transmission Control Protocol 230, 233
transparent 273
Transparenz 275
Transport Layer 229
Transportschicht 229
TreeModel 210
Treiber 230
tryLock 142

U

Überlastkontrolle 233
UDP 230, 232, 239
unbind 284
uncaughtException 88
Unexportieren 323
unexportObject 322
Unicast-Adresse 230

UnicastRemoteObject 275, 321
Universal Resource Locator 340
unlock 141
unteilbar 39, 148
unzuverlässig 230
up 99
URL 271, 340
URLConnection 271
UseBean-Aktion 388
User Datagram Protocol 230, 232
User Threads 87

V

v 99
valueChanged 189
verbindungslos 230, 232
verbindungsorientiert 233
Verbraucher 67, 109
Verklemmung 65, 106, 120, 153
Verlust 230
Vermittlungsschicht 229
Verschlüsseln 255
verteilte Anwendungen 14
verteilte Systeme 14
verteiltes System 15, 16
Verteilung 14
Verteilungstransparenz 274
Virtualisierung 14
volatile 40
Vordergrund-Threads 87

W

wait 59, 66
well-known port number 235
Wertübergabe 291
Wiki 377
wohlbekannte Portnummer 235, 236
World Wide Web 230
write 252, 255
writeInt 254
writeObject 294
Writer 252
WWW 230

Y

yield 88

Z

Zustandsübergangsdiagramm 93
zuverlässig 233

GUT AUFGELEGT
ICH BLEIBE OFFEN LIEGEN ;-) DANK SPEZIAL-
FORMAT UND PATENTIERTER BINDUNG

Kösel FD 351 · Patent-No. 0748702